111 GRÜNDE, DARTS ZU LIEBEN

Gordon Shumway

111 GRÜNDE, DARTS ZU LIEBEN

Eine Liebeserklärung an den
großartigsten Sport der Welt

**Aktualisierte und erweiterte Neuausgabe
mit elf zusätzlichen Bonusgründen**

SCHWARZKOPF & SCHWARZKOPF

INHALT

Vorworte des Autors 7
Vorwort von »Barney« Raymond van Barneveld 10
Vorwort von Phil »The Power« Taylor 12

KAPITEL 1: EIN NEUES HOBBY MUSS HER! 15
Weil Neulinge nur Bahnhof verstehen! – Weil es das fairste Spiel der Welt ist! – Weil es das schwerste Spiel der Welt ist! – Weil es Sport ist, also vielleicht! – Weil es definitiv kein Glücksspiel ist! – Weil man Neulinge so schön verarschen kann!

KAPITEL 2: OH GOTT, ES IST JA NUR EIN KNEIPENSPIEL! . . . 35
Weil keiner weiß, wer Darts wirklich erfunden hat! – Weil es günstig ist! – Weil es egal ist, woher du kommst! – Weil es so dämliche Vorurteile gibt! – Weil es kein Ponyhof ist! – Weil es die wahre Liebe ist! – Weil man damit Geld verdienen kann! – Weil Schreiber wichtig sind!! – Weil man Caller werden kann! – Weil man einen 9-Darter werfen kann! – Weil man einen Spitznamen bekommt! – Weil Darter Rücksicht nehmen!

KAPITEL 3: WAS, WOHER UND WARUM? 71
Weil es »Q« gibt! – Weil das letzte Einhorn in England lebt! – Weil es den Schotten gibt! – Weil es Darts aus der Kiste gibt! – Weil »Augen auf beim Hosenkauf«! – Weil es in der Glotze kommt! – Weil es Exhibitions gibt! – Weil es Foren gibt!

KAPITEL 4: WAS MAN WISSEN SOLLTE 93
Weil es das Dartboard gibt! – Weil es »Tungsten« gibt! – Weil es keine Gewichtsprobleme gibt! – Weil es Hand und Fuß hat! – Weil das Handgelenk so wichtig ist! – Weil »501« keine Jeans ist! – Weil man trainieren darf und nicht muss! – Weil man sich einspielen muss! – Weil es Psychospielchen gibt! – Weil es eine Kleiderordnung gibt! – Weil es »Indiana James und der braune Gürtel des Todes« gibt!

KAPITEL 5: OHNE FLEISS KEIN PILS – ÜBEN, ÜBEN, ÜBEN . . 121
Weil jeder einen Average hat! – Weil man 7 Leben hat! – Weil man Fußball spielen kann! – Weil man einen vollen Killer halbieren darf! – Weil es »Shanghai« gibt! – Weil fast alle Wege zum Doppel führen! – Weil Barneys Wege direkt nach Rom führen!

KAPITEL 6: DIE BIRNE SO WEICH 137
Weil es die Angst vor Frauen gibt! – Weil es im Kopf entschieden wird! – Weil man gegen das Board spielen muss! – Weil es das »Darterlatein« gibt! – Weil es manchmal am seidenen Faden hängt! – Weil man gerne auf eigenen Füßen steht!

KAPITEL 7: DER MIT DEM STROM DARTET! 153
Weil es »Tüdelüdeltüt« macht! – Weil man auch auf Radkappen wirft!

KAPITEL 8: DEN GÖTTERN SO NAH 161
Weil es Phil »The Power« Taylor gibt! – Weil »The Power« 16 Mal kann! – Weil es Trick-Shots gibt! – Weil es »Barney« gibt! – Weil es den Auserwählten wirklich gibt! – Weil es die »Green Machine« gibt! – Weil es »The Crafty Cockney« gibt! – Weil Bristow es wissen muss! – Weil es »Old Stoneface« gibt! – Weil mit Leighton Rees alles begann! – Weil es »Jocky« gab! – Weil es noch große Entertainer gibt! – Weil es Sid Waddell gab! – Weil es die »Bad Boys« gibt! – Weil man auch mit einer Rindswurst werfen kann! – Weil es Wikinger gibt! – Weil es auch Frauen spielen! – Weil alle Pfefferminztee trinken!

KAPITEL 9: TURNIERE, KOHLE & STRESS 207
Weil es die PDC-Weltmeisterschaft gibt! – Weil es das PDC-WM-Finale 2007 gab! – Weil es 11 besondere Spiele gibt! – Weil es die BDO-Weltmeisterschaft gibt! – Weil es den WDF World Cup gibt! – Weil es den WDF Europe Cup GIBT! – Weil es die Winmau World Masters gibt! – Weil es die World Matchplay gibt! – Weil es die Premier League of Darts gibt! – Weil es die News of the World gab! – Weil es die PDC European

Championship gibt! – Weil es den Grand Slam of Darts gibt! – Weil man in die Wüste geschickt wird! – Weil es die Kehrseite der Medaille gibt! – Weil es nichts mit Olympia zu tun hat! – Weil die Profis Deutschland lieben! – Weil alle Nationalitäten gemeinsam feiern!

KAPITEL 10: MACHER, LACHER UND GESCHACHER 249
Weil es die PDC und Barry Hearn gibt! – Weil es noch echte Pioniere gibt!! – Weil es das »Meet the Power« gab! – Weil ich sonst nie den »bunten Toni« kennengelernt hätte! – Weil man die unglaublichsten Geschichten erlebt! – Weil es bald Sponsoren gibt, geben sollte, geben müsste! – Weil es die »World Champions« gibt! – Weil es die »Order of Merit« gibt! – Weil es die »Hall of Fame« gibt! – Weil man nicht weiß, wohin die Reise geht! – Weil es die BDO gibt! – Weil es die WDF gibt! – Weil es den DDV (Deutscher Dart-Verband e.V.) gibt – Weil es die DDV-Bundesliga gibt! – Weil es gute Spieler in diesem Land gibt!!

KAPITEL 11: »GAME ON ...« –
DIE WIRRE WELT DES WAHNSINNS! 285
Weil 24:2 leider auch morgens 12 ist! – Weil es das 170er-Finish gibt! – Weil man Leben retten kann! – Weil es eine »Charity« gibt! – Weil es die » Jägermeister-Brothers« gibt! – Weil man sein Schicksal in die Hand nehmen kann! – Weil es das House of Darts gibt! – Weil es »Unicorn Hessen« gibt! – Weil ich sonst nicht Gordon Shumway heißen würde!

KAPITEL 12: DIE BONUSGRÜNDE 315
Weil es die Legende »Langer« gibt! – Weil es den »DSP« gibt! – Weil es »Sport1« gibt! – Weil »Game On ...« in ist! – Weil man Prioritäten setzen muss! – Weil es den Dart-Boom gibt! – Weil es das Ligaspiel gibt! – Weil es die Schweizer gibt! – Weil es die Vereinsmitglieder gibt! – Weil es »The Real Deal« gibt! – Weil es das mysteriöse »S« gibt!

Nachwort von Wayne »Hawaii 501« Mardle 358
Danksagung 359

LIEBE DARTERINNEN, LIEBE DARTER, LIEBE DARTFANS, LIEBE LESERINNEN, LIEBE LESER,

ich freue mich ganz arg und bedanke mich sehr, dass ihr euch für mein Buch *111 Gründe, Darts zu lieben!* entschieden und das andere zum Glück wieder zurückgestellt habt. Ich möchte euch in diesem Buch erklären, warum Darts für mich nicht nur ein Spiel, Spaß und Kampf, sondern schlichtweg mein Leben ist. Die Faszination, die von Darts ausgeht, ist nur äußerst schwierig in Worte zu fassen. Auf der einen Seite sind die Regeln so einfach, das Werfen aber so verdammt schwierig. In Deutschland gibt es bereits einige Bücher über das »Pfeilwurfspiel«, wohlgemerkt auch in unserer Muttersprache, aber trotzdem konnte mich keiner davon abhalten, selbst eines zu verfassen.

Sicherlich besteht Darts auch aus Regelwerk und Statistiken, jedoch ist das bei keinem von euch der Grund gewesen, mit dem Dartsport zu beginnen. Eher war es die Neugier, ob man es wirklich schaffen würde, die drei kleinen Pfeile dahin zu werfen, wo man sie auch hinhaben wollte. Ich habe versucht, so gut wie möglich auf Statistiken zu verzichten, aber einige lassen sich einfach nicht vermeiden, wenn man zum Beispiel über die großen Sieger des Dartsports und die größten Turniere der Welt sprechen möchte. Aber Gott sei Dank ist Darts zum größten Teil reiner Spaß, und den will ich euch durch meine 111 Gründe, warum ich Darts so liebe, näherbringen. Ich hoffe, dass es mir gelungen ist.

Seit knapp 30 Jahren spiele ich nun Darts, seit 22 Jahren bin ich »Master Caller« und »Master of Ceremonies«. Und ich schwöre, nicht ein einziger Tag war langweilig! Darts ist für mich eine Sucht … Also, jetzt 'ne Tüte Chips, Glotze aus und los geht's …

»Game on …«

Euer Gordon Shumway

DA BIN ICH WIEDER!

Hallo ihr Verrückten, liebe Neulinge, alte Hasen und Fans unseres geliebten Spiels – und meinetwegen auch Sports – namens DARTS!

Was soll ich sagen? Dank euch erscheint *111 Gründe, Darts zu lieben* nun in der 2. Auflage, einer um elf Bonusgründen erweiterten Ausgabe.

Darüber freue ich mich sehr, und es macht mich unglaublich stolz. Seit der Erstveröffentlichung im August 2013 ist im Bereich des Dartsports wirklich viel passiert. Darts ist noch größer, noch erfolgreicher, noch schriller, noch lauter und bunter geworden. Die mediale Präsenz wurde erneut gesteigert, auf der ganzen Welt ausverkaufte Hallen, wohin man blickt, sogar zu einem eigenen Hochglanzmagazin hat es unser Hobby in Deutschland gebracht. Mittlerweile gibt es an jeder Ecke mindestens einen Experten, der ganz genau weiß, wie es geht. Gehen sollte. Vielleicht. Vielleicht fragt er doch noch mal nach.

Tatsächlich ist dem alten Pfeilwurfspiel in den vergangenen Jahren der erste Schritt ins Rampenlicht geglückt. Aufgrund Eurer Liebe und Neugier zum Darts haltet ihr nun dieses Buch in euren Händen und lest diese Zeilen. Auf 111+11 Gründen versuche ich, euch meine Liebe zu diesem Spiel näherzubringen. Ich würde mich freuen, wenn ihr euch nach dem Lesen an die Oche stellt und ein paar Darts werft.

Kauft euch ein paar Darts, sucht euch eine tolle Kneipe oder Vereinsheim, ein paar nette Leute und lasst es krachen. Darts besticht durch Coolness im entscheidenden Moment und purer, gelebter Emotion danach.

Jetzt sind es schon knapp 34 Jahre als Spieler, und 25 Jahre als »Master Caller« und »Master of Ceremonies« und eine Sucht ist es immer noch. Aber eines muss ich korrigieren: Darts ist keine Religion, denn durch Darts kam es noch zu keinem Krieg oder

Terror! Darts ist purer Spaß und allergrößte Unterhaltung. Es ist egal, wo du herkommst, was du bist oder an wen du glaubst! Im Darts gibt es keine Unterschiede, vor der Oche sind alle gleich. Darts ist ehrlicher als jede Religion!

NEVER GIVE UP UNTIL THE FAT MAN SAYS »GAME SHOT«!

In diesem Sinn…
»Game on …« (und das ist von mir!)

Euer Gordon Shumway

Ein spezieller Dank gilt natürlich meinen Sponsoren! Die Firma Unicorn Darts Ltd., die mich seit mehr als zehn Jahren mit den besten Darts und Material ausstattet, Beckmann Optik in Rodgau, die mir mit ihren gigantischen Brillen den absoluten Durchblick verschaffen, dartWrap für das beste Dartcase der Welt, Swiss Darts Management für das Booking meiner Jobs und finally dem Apotheken-Hörnchen für seine schicken Schigga!

FOREWORD

A few weeks after my switch from the BDO system to the Professional Darts Corporation I had the pleasure to meet with Gordon Shumway in Munich, Germany.

The months following, Gordon became a good friend, not only as a person and darts lover, but also as somebody who knew a lot about our game. The advises Gordon gave me were very useful and helped me a lot during my career.

After winning the PDC World Title our friendship became even closer and it is really refreshing for me to talk with him about darts and my profession. I hope Gordons book will be a success and I can advise everybody to read this book, learn the in and outs of the game of darts, and also become a darts lover.

»Barney« Raymond van Barneveld

VORWORT

Ein paar Wochen nach meinem Wechsel von der British Darts Organisation zur Professional Darts Corporation hatte ich das Vergnügen, Gordon in München kennenzulernen.

In den folgenden Monaten wurde Gordon ein guter Freund, nicht nur als Mensch und Darts-Liebhaber, sondern auch als jemand, der eine Menge über unser Spiel wusste. Die Ratschläge, die mir Gordon in meiner Karriere gab, waren sehr hilfreich für mich.

Nach dem Gewinn der PDC-Weltmeisterschaft wurde unsere Freundschaft noch enger, und es ist wirklich erfrischend für mich, mit ihm über Darts und meinen Beruf zu sprechen. Ich hoffe, dass Gordons Buch ein großer Erfolg wird, und kann nur jedem raten, es zu lesen. Lerne die »In« and »Outs« des Dartsports und werde auch ein Darts-Liebhaber!

»Barney« Raymond van Barneveld

FOREWORD

I met Gordon for the first time in February 1993 – 20 years ago – during the WDF Berlin Open which I won. Gordon is not just a normal darts fan because he finally followed my career now for three decades. Again I met him from time to time at the World Championships at the Circus Tavern. In 2005 when darts become really popular in Germany Gordon was the first »Master of Ceremonies« of the GDC »German Darts Corporation«, which later became the PDC Europe. In this time we have met regularly not only on the big tournaments but also at different exhibitions and tournaments where he was the Master Caller. In 2008 I visited Gordons darts pub the »House of Darts« near Frankfurt which is the most special darts place I've ever been. If you have the chance to visit the pub – do it! You will also see a lot of my original darts stuff there.

Some years ago Gordon gave me two pairs of customized shoes as a present. These shoes were really special because there was my name on it. In these shoes, I won about one million British Pounds prize money. These shoes are now with my wax figure at Madame Tussauds in Blackpool.

There are probably not many people who love the sport of darts even more than he did. For Gordon it's easy to name 111 reasons why you will love our sport. If you read this book you will understand why darts is Gordon's life. If you talk about darts knowledge in Germany you have to name Gordon first.

And now have fun and enjoy – see you soon in Germany!

Phil »The Power« Taylor

VORWORT

Zum ersten Mal traf ich Gordon während der WDF Berlin Open, welche ich übrigens gewann, im Februar 1993. Gordon ist nicht nur ein normaler Dartsfan, schließlich verfolgt er meine Karriere seit drei Jahrzehnten. Danach habe ich ihn hin und wieder bei den Weltmeisterschaften in der Circus Tavern getroffen. In 2005, als Darts in Deutschland populär wurde, war Gordon der erste »Master of Ceremonies« der GDC (German Darts Corporation), welche später die PDC Europe wurde. In dieser Zeit habe ich Gordon regelmäßig auf den großen Turnieren und Exhibitions getroffen, wo er auch als Master Caller arbeitete. 2008 besuchte ich Gordons Pub, das House of Darts in der Nähe von Frankfurt, welches in meinen Augen die außergewöhnlichste Dartslocation ist, die ich jemals gesehen habe. Wenn du die Chance hast, das House of Darts zu besuchen – tue es! Du wirst auch eine Menge meiner Sachen dort finden.

Vor einigen Jahren bekam ich von Gordon zwei Paar extra angefertigte Schuhe geschenkt. Das Besondere ist, dass mein Name auf diesen eingestickt ist. In diesen Schuhen habe ich ungefähr eine Million Britische Pfund an Preisgeld gewonnen. Diese Schuhe trägt nun meine Wachsfigur bei Madame Tussauds in Blackpool.

Es gibt wahrscheinlich nicht viele Menschen, die den Dartsport so sehr lieben, wie er es tut. Gordon fällt es leicht, 111 Gründe zu nennen, warum er ihn so liebt. Wenn du dieses Buch liest, wirst du verstehen, warum Darts Gordons Leben ist. Wenn du in Deutschland über Dartwissen sprichst, dann musst du Gordons Namen zuerst nennen.

Und nun viel Spaß und genieß es – bis bald in Deutschland!

Phil »The Power« Taylor

KAPITEL 1

EIN NEUES HOBBY MUSS HER!

GRUND NR. 1

WEIL NEULINGE NUR BAHNHOF VERSTEHEN!

Selbstverständlich gibt es beim Darts, wie bei jedem anderen Hobby auch, ein gewisses Vokabular, bei dem Anfänger sich verwundert die Augen reiben. Ich möchte den Anfängern unter euch die wichtigsten Begriffe kurz erläutern, ohne dass ihr vor Langeweile mit der Stirn auf die Tischplatte knallt. Vielleicht versuche ich es einmal so zu erklären …

WELCHE AUSDRÜCKE KÖNNTE MAN HÖREN, WENN MAN ZUM ERSTEN MAL EINE DARTKNEIPE BETRITT:

- »*Der Tag hätte so schön werden können …!*« – Na, da freut sich aber jemand über euren Besuch!
- »*Blödmannsgehilfe*« – Richtig, hier spricht euch ein Dartspieler freundlich an, weil ihr ihm gerade in seinen Wurf gerannt seid. Also, beim Betreten einer Dartkneipe immer schauen, ob die Dartscheiben im Eingangsbereich hängen. Wenn ja, bitte warten, bis der Spieler seine Darts geworfen hat.
- »*Ja, leck mich doch!*« – Das Wurfergebnis eines Spielers war suboptimal!
- »*Bitte einen Pfefferminztee!*« – Ein Dartspieler bestellt sich sein Lieblingsgetränk.
- *Darts* – So nennt man das Spiel oder die Wurfpfeile selbst.
- *Barrel* – Das schwere Stück Metall des Darts, also das Teil, an dem ihr das Pfeilchen festhaltet. Vorne ist da, wo die Spitze ist!
- *Shaft* – Gegenüber von der Spitze ist ein Loch mit Gewinde, da dreht man den Shaft rein. Der Shaft kann aus Plastik, Nylon, Aluminium, Titanium, etc. bestehen. In den Shaft steckt man das Flight.
- *Flight* – Der Flügel des Darts. Es gibt Flights in den verschiedensten Formen, alle haben jedoch eine gewisse Aus-

wirkung auf das Flugverhalten des Darts. Bitte sagt nie »Flys«, sonst brauche ich gleich einen Grappa! Wer das sagt, outet sich als Vollhorst, den König der Inkompetenz! Die Dinger heißen nicht Flies, Flys, Flügel, sondern nur Flights!

- **Point und/oder Tip** – Bezeichnet die Spitze des Darts.
- **Oche** – Die Abwurfmarkierung, an die man sich stellt. Meistens ein Stück Kantholz. (Für E-Darter ein Streifen aus feinstem Klebeband.)
- **»Kommaherganzkurz!«** – Flo und Gregor sind auch da.
- **Board** – Ein anderer Ausdruck für »Dartscheibe«, man kann auch »Dartboard« sagen.
- **Spider** – Der Bandstahl, der in die Scheibe eingelassen ist und die Scheibe in ihre Felder unterteilt.
- **Single** – Nicht der Beziehungsstatus des hässlichen Idioten am Tresen, sondern die großen Felder des Dartboards zwischen dem äußeren Ring (den Doppeln) und dem inneren Ring (Dreifach) und zwischen dem inneren Ring und dem Single-Bull. Diese Felder zählen die Punkte einfach!
- **Triple** – Der innere Ring der Scheibe. Hier zählen die Punkte dreifach.
- **»Was kostet eine Flasche Bacardi?«** – Jyhan verhandelt!
- **Double** – Der äußere Ring der Scheibe. Hier zählen die Punkte zweifach (doppelt).
- **Single-Bull** – Der äußere Kreis in der Mitte der Scheibe. Meistens ist seine Farbe Grün und zählt 25 Punkte. ACHTUNG ... Gerade der Nordrhein-Westfale sagt hier gerne einmal »Halbbull« oder auch »Grünbull«. Bitte nicht nachmachen oder sogar angewöhnen, es heißt Single-Bull!!!
- **Geiler Arsch** – Die neue Bedienung kommt immer dienstags.
- **Bulls-Eye** – Das Feld in der Mitte der Scheibe; ein kleiner roter Punkt mit großer Bedeutung. Das Feld zählt 50 Punkte und ist ein Doppelfeld. Auch hier schlägt der Nordrhein-Westfale aus der Art und nutzt Äußerungen wie »Dickbull«, »Vollbull«

oder »Rotbull«. Liebe Anfänger, sagt »Bulls-Eye«! Oder ihr zieht besser gleich ins Ruhrgebiet ...
- *Segmente* – Stimmt's, ihr schaut Eurosport mit Rolf Kalb? Streicht das Wort »Segment« oder »Segmente« bitte ganz schnell aus eurem Sprachschatz, das sagt nämlich nur Rolf Kalb. Sagt meinetwegen »das Feld«. Aber bitte, bitte nicht »Segment«!
- *Rolf Kalb* – Die Stimme des Dartsports auf Eurosport.
- *»Drück ab!«* – Hier wird auch E-Dart gespielt!
- *Chalker / Marker* – Steht für Schreiber, also die Person, die rechts oder links vorm Board vor der Schreibtafel steht und eure Würfe notiert. Wenn kein Caller anwesend ist, ist der Schreiber auch der Schiedsrichter!
- *Caller* – Der Herr rechts von euch, der ohne Rücksicht auf Peinlichkeiten jeden eurer Würfe ins Mikro brüllt. Auch wenn es 3, 5, 7 oder 11 Punkte sind. Meist handelt es sich bei Callern um Herren mittleren Alters, die ein wenig mit Übergewicht zu kämpfen haben.
- *Leg* – Es bezeichnet ein Spiel: 301, 501, 701, 1001, und so weiter. Für richtige Dartspieler gibt es eigentlich nur »501 Double Out«.
- *Bouncer* – Ein aus dem Board fallender Dart.
- *501 Double Out* – Das Standardspiel. Jeder Spieler hat zu Beginn 501 Punkte und muss mit einem Wurf in den äußeren Kreis (siehe »Double«) das Spiel beenden. Die Kunst hierbei ist, dass man exakt auf null kommen muss.
- *Three in a bed* – Ihr müsst jetzt ganz tapfer sein, das hat jetzt nichts mit eurer Frau, dem UPS-Fahrer und dem Typen von Bofrost zu tun. »Three in a bed«, also »Drei in einem Bett«, bedeutet, drei Darts in ein Triple-Feld zu werfen. Das können drei Triple 5er, drei dreifache 19er oder eine 180 sein.
- *Short-Leg* – Als »Short-Leg« bezeichnet man ein Spiel »501 Double Out«, das man mit weniger als 18 Darts beendet.
- *Pfefferminztee* – Das Lieblingsgetränk aller Dartspieler – ohne Ausnahme! In manchen Gegenden nennt man den Pfefferminz-

tee gerne auch Bier, Bacardi, Wodka, Jack Daniel's, Jim Beam, Havanna Club, Jägermeister, und so weiter. Manche Darter mischen den Tee gerne auch mit Cola ... Aber ganz egal, wie man es auch nennt, es bleibt immer Pfefferminztee.
- **High-Finish** – Ab einer Restpunktzahl von 170 (außer 169, 168, 166, 165, 163, 162 und 159) kann man ein Spiel im Modus »Double Out« mit 2 oder 3 Darts beenden. Als »High-Finish« bezeichnet man das Beenden eines Legs ab einer Restpunktzahl von 101!
- **»Es ist zu laut!«** – Bernd Roith ist da!
- **Score** – Die Punktzahl, die ihr geworfen habt!
- **High-Score** – So wird ein Spiel genannt, bei dem jeder Spieler versucht, mit 30 Darts (also 10 Runden à 3 Darts) so viele Punkte wie möglich zu werfen.
- **Shanghai** – Einfach bei einer Dartübertragung Sport1 einschalten. Elmar Paulke erklärt diesen Begriff an diesem Abend bestimmt gerne!
- **»Ich mach jetzt mal den Taylor!«** – Ein Gast leidet nach dem Genuss von vier bis fünf Tassen Pfefferminztee unter maßloser Selbstüberschätzung. Taylor ist der beste Dartspieler aller Zeiten und der, der jetzt gleich wirft, wahrscheinlich eine absolute Vollnull!
- **»Das hab ich von McDart!«** – McDart ist für die meisten Deutschlands Darthändler Nummer 1, und dafür habe ich jetzt kein Geld bekommen. Ich kenne noch andere Darthändler, aber die Namen kann ich mir nie merken.
- **»Zaunbier?«** – Ein stark angetrunkener Gast fragt euch, ob ihr auch ein Bier wollt.
- **DSF und/oder Sport1** – Der Sender, der Darts in Deutschland salonfähig machte!
- **Englische Runde** – Zwei Darter spielen ein Leg »501 Double Out«, ein Dritter schreibt das Match. Der Verlierer der Partie geht schreiben, der Schreiber spielt gegen den Gewinner der letzten Partie. Der Verlierer aus diesem Match geht wieder

schreiben, und der Schreiber spielt. Der Verlierer der Partie geht schreiben, der Schreiber spielt gegen den Gewinner der letzten Partie. Der Verlierer aus diesem Match geht wieder schreiben, und der Schreiber spielt. Der Verlierer der Partie geht schreiben, der Schreiber spielt gegen den Gewinner der letzten Partie. Der Verlierer aus diesem Match geht wieder schreiben, und der Schreiber spielt. Der Verlierer der Partie geht schreiben, der Schreiber spielt gegen den Gewinner der letzten Partie. Der Verlierer aus diesem Match geht wieder schreiben, und der Schreiber spielt. Der Verlierer der Partie geht schreiben, der Schreiber spielt gegen den Gewinner der letzten Partie. Der Verlierer aus diesem Match geht wieder schreiben, und der Schreiber spielt. Der Scheiß nervt wie Sau, oder?

- *PDC* – Der Verband, bei dem die Guten spielen!
- *BDO* – Der Verband, bei dem die Schl… die Amateure spielen!
- *Check* – Das Wort bedeutet, dass man ein Leg durch den Wurf in das richtige Doppel beendet hat. Wenn ein Caller vorhanden ist, sagt dieser »Check«, sobald der Dart das Doppel getroffen hat, ansonsten übernimmt der Schreiber diese Aufgabe.
- *»Game on«* – Das sagt der Caller, wenn das Spiel beginnt.
- *»Practise / Practice«* – So wird das Training der Darter genannt.
- *»Hast'n Freund?«* – Ein Gast mittwochs morgens um 01:42 Uhr zur neuen Bedienung.
- *»Game shot«* – Das sagt der Caller, wenn das Spiel beendet wurde.

GRUND NR. 2

WEIL ES DAS FAIRSTE SPIEL DER WELT IST!

Ein Darts-Match beginnt und endet immer mit einem Handschlag. Das ist so. Überall. Auf der ganzen Welt. Immer. Ohne Ausnahme. Das alte Spiel mit den drei Pfeilen beginnt mit dieser höflichen und respektvollen Geste. Meist ist es kein echtes »Händeschütteln«, eher berühren sich die Spieler kurz, indem sie die Fäuste aneinanderhalten. Da alle Spieler bezüglich ihrer Wurfhand sehr eigen sind, vermeidet man den Hautkontakt, im Speziellen der Handinnenflächen (Linkshänder dürfen an dieser Stelle mit ihrer rechten Hand gerne machen, was sie wollen). Dabei äußern sie Floskeln wie »Good Darts«, »Schöne Pfeile«, oder auch »die Allerschönsten« (Der Russe hingegen sagt an dieser Stelle gerne »Хорошо Дартс«).

Natürlich wünscht man seinem Gegenspieler nicht wirklich, dass er möglichst alles trifft. Wie bescheuert müsste man auch sein? Eigentlich wünscht man ihm, dass er möglichst am Board vorbeiwirft, ihm bei jedem Wurf zwei Darts wieder herausfallen, oder sieben Wochen Durchfall und ganz kurze Arme, dass er die Hose nicht herunter bekommt. Darts ist zwar fair, aber dass ich meinem Gegner wünsche, dass er super spielt – so weit kommt's noch! Im Leben nicht!

Jeder Darter – können wir uns darauf verständigen, dass »Darter« ab sofort für Mann und Frau gleichermaßen gilt? Danke ... – Also noch mal, jeder Darter bevorzugt für seine Wurfhand einen ganz bestimmten Zustand. Die einen mögen die Hand gerne etwas trocken, die anderen wünschen sich die feuchtere, also klebrigere Variante. Dazu jedoch später mehr. Durch das Aneinanderhalten der Fäuste vermeidet der Spieler die Berührung der Hand seines Gegenübers. Nicht auszudenken, wenn der Gegner sich Rheumasalbe an die Finger geschmiert hätte! Wie schnell hat man mal die Finger an den Augen, oder am Mund, oder man ist später auf der Toilette! Und schon hätte man ein Problem ...

Darts benötigt keine Schiedsrichter, Linienrichter, keine Punktrichter oder sonstigen Personen, die über das Schicksal der Spieler entscheiden. Darts lässt keinen Raum für Diskussionen und Spekulationen. Entweder das verdammte Ding ist drin, oder eben auch nicht. Man kann nicht wie in anderen Spiel- und Sportarten lügen und betrügen. Jeder kann sehen, ob die Spitze des Darts im richtigen Doppelfeld steckt, vorausgesetzt, man spielt die Variante »Doppel aus«! Kannst du dir ein Fußball-, Basket- oder Handballspiel ohne Schiedsrichter vorstellen? Beim Eishockey wären alle nach zehn Minuten zahnlos ... Okay, das sind die meisten Eishockeyspieler auch so, aber ansonsten wäre es NOCH schlimmer! Oder Eiskunstlauf, ohne die streng dreinblickenden Punktrichterinnen, geschweige denn die Sportarten, in denen man verliert, weil einem Schieds- oder Punktrichter deine Nase nicht gefällt. Mir fällt immer wieder Boxen ein. Da haut der eine Typ dem anderen so oft in die Schublade, und am Ende gewinnt der, der aussieht, als sei er mit einem Lachen in die Kreissäge gelaufen, weil der Verband vorher festlegte, wer am Ende den Lorbeerkranz bekommt.

Oder die Schiedsrichter, die einen Elfer pfeifen, weil bei Media Markt ein neuer, noch größerer Panasonic-3D-Fernseher steht. Hoyzer ... Gesundheit! Das gibt es beim Darts alles nicht. Am Ende des Spiels bleibt ein bestimmtes Feld übrig, welches es zu treffen gilt. Ohne Wenn und Aber. Entweder man trifft es, oder man verliert! Aus diesem Grund kann man Darts auch spielen, ohne einen Referee bemühen zu müssen. Aber Darts wäre das blutigste und brutalste aller Spiele, würde es die Drähte nicht geben, welche die Felder voneinander trennen. Felder? Mooooment, da war doch was! Richtig, der echte und wahre Dartexperte spricht hierbei von Segmenten – ich vergaß! Also, die Felder einer Dartscheibe werden durch Drähte unterteilt. Bei neueren Versionen ist dies mittlerweile ein Bandstahl, der die einzelnen Felder trennt – ja ja, meinetwegen auch die Segmente. Im Darts gibt es nicht dieses dämliche »Der Ball war noch nicht mit einer vollen Umdrehung, also mit vollem Umfang, hinter der Linie!« Drin, oder nicht drin – keine Diskussion!

Im E-Dart, der elektronischen Variante des Dartsports, ist es mit der Fairness ähnlich, nur gibt es hier einen entscheidenden Regelunterschied. Dieser lautet: »Der Automat hat immer recht!« Dies bedeutet, dass, wenn ein Dart zwar im richtigen Doppelfeld steckt und das Spiel eigentlich beendet wäre, dies der Automat aber nicht registriert, dann hat der Werfer Pech gehabt. Der Wurf wird nicht gewertet. In dieser Situation kann man nur auf die Fairness seines Gegners hoffen. Nur wenn der Gegner den Wurf akzeptiert, kann das Spiel als gewonnen gewertet werden. Wenn der Gegner dies aber nicht tut und den Wurf nicht anerkennt, dann muss weitergespielt werden, und der Gegner hat zukünftig einen Freund weniger …

Sicherlich kommt es auch mal vor, dass sich zwei Spieler auf der Bühne nicht ganz so wohlgesinnt sind. Das ist aber nur von kurzer Dauer. Mir ist in all den Jahren nie zu Ohren gekommen, dass der eine den anderen Spieler von der Bühne geschmissen hätte oder es Ohrfeigen gab. Der Respekt untereinander ist einfach zu groß.

Egal wie schlecht eure Laune auch ist, denkt daran: Jeder Einzelne von euch vertritt den Dartsport.

GRUND NR. 3

WEIL ES DAS SCHWERSTE SPIEL DER WELT IST!

Was heißt hier »vielleicht«? Darts ist das schwerste Spiel! Warum? Wer schon einmal ein Elfmeterschießen vorm Fernseher oder im Stadion verfolgt hat, der weiß, wie einfach es ist, sich äußerst dämlich anzustellen. Schließlich ist ein Fußballtor 7,32 Meter breit und 2,44 Meter hoch. Wie oft saß ich schon vor der Glotze und konnte es nicht fassen, wie die angeblich besten Fußballer der Welt zu blöd waren, einen handelsüblichen Ball in ein Ding zu kriegen, das die Größe einer geräumigen Doppelgarage hat. Besonders witzig finde ich das Torwandschießen im *Aktuellen Sportstudio*. Hier kann der überbezahlte Fußball-Millionär sein Unvermögen gänzlich zur Schau stellen. Da ist nix zu sehen von irgendeiner Koordination, geschweige denn einer Fuß-Auge-Koordination! Pfff …

Die »dreifache 20«, also die 60, das Feld mit der höchsten Wertung, ist – wie alle anderen Triple auch – in der Mitte gemessen

3,1 Zentimeter lang und 0,9 Zentimeter breit. 0,9? Ich weiß, ich weiß, im Fernsehen sagen sie immer 0,8 Millimeter, stimmt aber seit der Verwendung von Bandstahl nicht mehr. Früher, also als wir noch tolle Figuren und Haare hatten, da bestand der Spider – die Drahtspinne – aus normalem, fast »daumendickem« Draht und lag auf der Scheibe auf. Heute ist es, wie bereits erwähnt, Bandstahl, welcher ins Board eingelassen ist. Der Bandstahl bewirkt, dass das die Triple- und Double-Felder um circa einen Millimeter größer wurden – ohne Ausnahme bei allen Herstellern.

Ein Triple-Feld ist also ungefähr genauso groß wie die kleine, schmale Seite einer Streichholzschachtel. Genau das einem Fußballer zu erklären, der auf dem Weg zum Elfmeterpunkt einen Haufen in der Hose hat, ist extrem schwierig. Eine 180, also drei Darts in dieses Feld zu platzieren, ist für jeden Darter das höchste der Gefühle. Eine 180 kann – je nach Partner – besser sein als Sex! Wie gesagt, KANN! Sollte man mit einer Person sprechen, die niemals mit drei Darts vor einem Board stand, hört man meist immer das Gleiche … »Na ja, so schwer kann das doch nicht sein!« Oder wie Stefan Raab sagte: »Bisschen Pfeilchen werfen!« All diesen Spezialisten wird schlagartig bewusst, wie schwer es ist, drei Darts auf eine Stelle der Scheibe zu werfen. Wenn der erste nicht ansatzweise dort steckt, wo man ihn hinhaben wollte, schwindet bei vielen die Lust ganz schnell. Oder es macht Lust auf mehr, vorausgesetzt, es packt einen der Ehrgeiz.

Sofern man vor Spielbeginn die Variante »Double Out« wählt, endet jedes Darts-Match mit dem Wurf aufs Doppel-Feld. Den größten Spaß macht das Spiel allerdings erst, wenn man derjenige ist, der zuerst darauf werfen darf. Möglichst sollte man dann aber auch treffen. Ansonsten macht es dem Gegner ein klein wenig mehr Freude. Sobald es jedoch beim Darts um eine Siegprämie geht – und sei es nur ein Bier, welches man im Fall einer Niederlage seinem Kontrahenten bezahlen muss –, wird man merken, wie Stress und psychischer Druck einer ruhigen Wurfhand übel mitspielen können. Das Herz schlägt einem bis zum Hals, die Hand fängt an zu zittern, und das verflixte Doppel-Feld wird immer kleiner.

Aus einer Entfernung von 2,37 Metern versucht man also nun, den Dart in diesem kleinen Feld unterzubringen. Voraussetzung beim Dartsport ist eine sehr gute Hand-Auge-Koordination. Im Gegensatz zu einem Sportschützen, der über Kimme und Korn zielt, zielt der Spieler in der Regel nicht mit der Spitze seines Darts. Ein Dartspieler kneift beim Zielen auch nicht ein Auge zu (das passiert meistens nur, wenn er zwei bis drei Dartboards sieht, obwohl nur eines an der Wand hängt). Die meisten Darter haben beim Abwurf den Dart nicht vor Augen, sondern seitlich neben dem Kopf, oder unter dem Kinn. Die Augen und die Hand des Darters sind quasi unmittelbar miteinander verbunden. Der Spieler sieht quasi zusätzlich auch mit seiner Hand … Man stelle sich mal vor, der Tennisspieler würde nicht die kleine gelbe Filzkugel mit seinen Augen fixieren, sondern sich einfach auf seinen Arm verlassen. Was dabei herauskommt, wenn man den Ball vorm Elfmeter nicht mit den Augen anvisiert, kann man sich regelmäßig bei der englischen Fußball-Nationalmannschaft ansehen …

Nun heißt es also, den Blutdruck möglichst unter Kontrolle zu halten und das Zittern einzustellen. Wenn das so einfach wäre!

»Ein Dartmatch wird im Kopf entschieden!« Das hat man auch schon 1000 Mal gehört, diesmal stimmt es aber. Darts wäre so einfach, wäre es kein mentales Spiel. Ein Spiel, welches oft durch negative Gedanken verloren oder durch positive gewonnen wird. Immer in den Momenten, in denen man sie am wenigsten braucht, kommt die Stimme oder der Gedanke aus dem Nichts. Das ist fast so wie die Immodium-Akut-Reklame. »Für die Situationen, in denen man Durchfall am wenigsten braucht!« Ich habe noch keinen kennengelernt, der sagte: »Och, jetzt hätte ich richtig Bock auf Durchfall!« – egal …

Da waren sie nun, die drei Probleme. Drei Darts in der Hand und ein kleines Doppel vor Augen. Und immer der fiese Gedanke, der wie ein Spruchband hinter der Stirn abläuft ... »Du darfst nicht verkacken!« Zu scoren, also möglichst viele Punkte zu werfen, um so schnell wie möglich von 501 auf null zu kommen, ist irgendwann Routine, aber das Finish, also der entscheidende Moment, das Spiel zu den eigenen Gunsten beenden zu können, ist immer wieder eine neue nervenaufreibende Herausforderung. Vor allen Dingen, wenn der Gegner ebenfalls danach die Chance hat, das Spiel für sich zu entscheiden. Mein lieber Schwan, da kann einem schon hübsch der Stift gehen, ganz besonders sogar, wenn man für sein Team auf Punktejagd geht.

Ein viel größeres Problem als das Treffen des passenden Doppelfeldes ist in besonderen Situationen des psychischen Drucks das Treffen eines Singlefeldes, das heißt, das Treffen eines »großen« Segmentes (da ist es wieder), um sich ein Doppel übrig zu lassen. Man hat zum Beispiel eine Restpunktzahl in Höhe von 57 und versucht, durch den Wurf in die »einfache 17« sich 40, also die Doppel 20, zu stellen. Der Darter sagt »stellen«, ist so. Auch bei den alten Hasen und Profis kann man es immer und immer wieder erleben, dass in Ausnahmesituationen auch ein großes Feld zum Hindernis werden kann. Da wird der Arm schwer oder die Hand zittert, und peng, fliegt das Pfeilchen ins Nachbarfeld. Ätsch!

Darts kann das tollste Spiel überhaupt sein, aber gepaart mit großer Nervosität kann es die reinste Hölle sein. Training, Training und nochmals Training ist hier der beste Ratgeber. Und ich meine nicht nur alleine, sondern gerade im Wettkampf lernt man am meisten. Derjenige, der Turniere gewinnen will, sollte sich über eines im Klaren sein – man lernt aus der Niederlage! Je mehr Turniererfahrung man hat, umso mehr hat man seine Nerven unter Kontrolle.

Wer mal ein Finish mit dem Bulls-Eye beendet hat, während der Gegner bereits auf dem Doppel wartete, der weiß aber auch – Darts ist geil, und jedes Training lohnt sich. Ab ans Board!

GRUND NR. 4

WEIL ES SPORT IST, ALSO VIELLEICHT!

Ist Darts wirklich ein Sport? Um diese Frage beantworten zu können, müsste man sich mit der Definition des Begriffes »Sport« beschäftigen und auseinandersetzen. Aber hat da überhaupt jemand Lust zu? Ich eher weniger, aber was soll ich machen, schließlich schreibe ich das Buch ... Also dann, ich geh mal nachschauen ...

Während ich suche, muss ich aber noch loswerden, dass mich solche Diskussionen fürchterlich nerven, weil sie so fürchterlich deutsch sind. Ist es das oder das? Der typisch Deutsche versucht, für alles Schubladen zu finden. Das wurde uns mit der Muttermilch oder durch Claus Hipp so eingetrichtert! Ist Darts Sport, oder nicht? Eigentlich scheißegal, Hauptsache es macht Spaß. »Falls Darts ein Sport wäre und die Aufnahme in den DOSB (Deutscher Olympischer Sportbund) gelingen sollte, dann könnte man mit Unsummen an Fördergeldern rechnen!«, so die Stimmen einiger Dartfunktionäre vor einigen Jahren. Blablablabla ... Darts wurde als Sport vom DOSB anerkannt, und seitdem ist absolut nichts passiert. Darts muss weder Mitglied des Deutschen Olympischen Sportbundes sein, noch brauche ich das »Silberne Lorbeerblatt« oder überhaupt eine Anerkennung dieser rüstigen Rentnertruppe. Ich muss diese ganzen deutschen Bürokraten enttäuschen, es gibt einfach keine Schublade für Darts, denn Darts ist eine Einstellung, schlichtweg eine Religion!

So, da bin ich wieder! Laut Wikipedia werden unter dem Begriff **Sport** verschiedene Bewegungs-, Spiel- und Wettkampfformen zusammengefasst, die meist im Zusammenhang mit körperlichen Aktivitäten des Menschen stehen. Und jetzt? Darts ist definitiv ein Spiel, bei dem man sich bewegt. Beim Werfen der Arm und beim Pfeilchenholen die Beine! Ist das eine körperliche Aktivität? Also ich für meinen Teil verbrenne schon beim Aufheben eines herausgefallenen Darts mehr Kalorien als ein Schachspieler, dessen Hobby ebenfalls als Sport gilt. Skat ist, wie normalerweise immer blöd dahergelabert, kein Sport. Da beim Skat die Karten gemischt werden, haben nicht alle Spieler die gleichen Voraussetzungen, diesbezüglich kann Skat – rein rechtlich gesehen – kein Sport sein. Pokern ist auch kein Sport. Aber Angeln.

Ich möchte euch jetzt hier überhaupt nicht mit langweiliger Rechnerei und trockenen Zahlen nerven, aber pro drei Darts läuft der Spieler mindestens 4,74 Meter. Ich sage »mindestens«, da man ja noch an seinem Gegner vorbeiläuft und sich hinter ihm anstellt. Ich würde sagen, dass man meist circa 5,50 Meter läuft. Jeder von euch kann sich jetzt gerne ausrechnen, welche Strecken man beim Training, im Ligaspiel oder auf einem Turnier zurücklegt. Wer ein Leg mit 18 Darts beendet, ist circa 33 Meter weit gelaufen! Bei drei Legs wäre es auf jeden Fall eine größere Wegstrecke, als Mario Gomez gegen Portugal gelaufen ist. Egal, ein Darter läuft mehr als zum Beispiel ein Springreiter während eines kompletten Turniers oder ein Schwimmer wie zum Beispiel Michael Phelps!

Spaß beiseite, den meisten Dartspielern ist es sowieso völlig egal, ob man sie als Sportler bezeichnet oder nicht. Darts ist ein Konzentrations(sport)spiel, bei dem man mit seinem Sportgerät möglichst sicher umgehen können sollte.

Was ist eigentlich mit »Sport«-Schützen, also Schießen? Ist das Sport? Ach ja, wirklich? Arm hoch, zielen und peng. Was macht der Darter denn großartig anders? Arm hoch, zielen und nicht ganz so laut peng ... Im Gegensatz zum Schützen muss der Darter aber seinem Sportgerät hinterherlaufen. Der Darter bewegt sich also wesentlich mehr als ein Schütze.

Voraussetzungen, um ein guter Dartspieler zu werden, sind:
- gute Hand-Auge-Koordination
- Nervenstärke
- die Fähigkeit, sich auch über einen langen Zeitraum konzentrieren zu können

- ein verständnisvoller Partner bzw. ein guter Fachanwalt für Scheidungsrecht

Ich persönlich vergleiche Darts meist mit Wrestling, nur dass beim Darts der Gewinner nicht schon vorher feststeht. Darts bedeutet großartige Leistung, gepaart mit Show und Party. Wer sich heute ein Ticket für ein Darts-Event kauft, der weiß, was ihn erwartet. Der Großteil des Publikums verkleidet sich, es wird getrunken, getanzt und gefeiert. Man muss nicht nach England reisen, um das Flair einer solchen Veranstaltung erleben zu können. Seit einigen Jahren kehren die besten Dartspieler der Welt regelmäßig nach Deutschland zurück, schließlich gibt es mittlerweile fünf bis sechs große Turniere hierzulande.

Lasst euch bitte nicht von den Anti-Dartern euer Hobby und den Spaß am Dartspielen vermiesen. Diese ewig Negativen mit ihren blöden Sprüchen wie »Alle Darter sind fett, tätowiert und saufen wie die Kühe« haben wir alle mehr als einmal gehört. Klischee ... (Übrigens ist der Autor des Buches tätowiert, hat 15 Kilo Übergewicht und trinkt gerne mal ein Bier.)

Darts hat Atmosphäre, lebt von Spannung und Stimmung. Darts ist wie ein guter Thriller, nie langweilig, ganz im Gegenteil, es fördert die Durchblutung der Herzkranzgefäße!

Darts ist die am schnellsten boomende Indoor-Sportart der Welt! Das sollte jetzt aber als Argument wirklich genügen, oder? Am wichtigsten ist es jedoch, dass man ganz für sich alleine entscheidet, ob man Sport treibt, wenn man Darts wirft. Auf jeden Fall ist Darts im Deutschen Olympischen Sportbund (DOSB) als Sportart aufgenommen und gelistet. FAKT!

GRUND NR. 5

WEIL ES DEFINITIV KEIN GLÜCKSSPIEL IST!

Wäre ja auch noch schöner! Gar nicht auszudenken, wenn beim Darts auf Dauer auch die Unfähigen gewinnen könnten. Darts ist vieles, aber definitiv kein Glücksspiel. Es kommt einem sicherlich hin und wieder so vor, als ob Glück im Spiel ist, wenn man zum Beispiel auf einem Turnier oder während eines Ligaspiels wieder gegen so eine Blindschleiche spielen muss, die dann urplötzlich einen lichten Moment hat. Am besten sind die, die sich dann auch noch mit Sätzen wie »Oh, das habe ich ja noch nie getroffen!« fürchterlich beliebt machen. Auch immer wieder gerne genommen sind Äußerungen wie »Das geht?!«.

Zum Glück setzt sich aber beim Darts am Ende doch meist der Bessere durch. Darts ist hin und wieder komisch. Da hat man einen Mördertag und spielt wie ein junger Gott, und am Ende trifft man das entscheidende Doppel nicht. Jedem von uns ist das schon passiert, leider meist nicht nur einmal. 140, 100, 135, 85, der Gegner steht bei 300irgendwas. Man selbst hat 32 Rest und der Spaß beginnt ... »Vorbei, vorbei, vorbei ...« Der Gegner wirft 45, oder 'ne geschmeidige 26 ... Man selbst wieder »vorbei, vorbei, einfache 16«. Der Blutdruck steigt, nicht nur weil man nervös wird, nein, eher weil man sich am liebsten diesen beschissenen Pfeil gerne selbst ins Hirn rammen würde. Im Training 60 Millionen Mal getroffen, und jetzt ist man einfach zu doof! *Aaaaaaarrrrrrrrrrggggggghhhhhhhhh!!!*

Egal, der Kontrahent ist ja noch bei über 170 Punkten. Und wieder halbiert man seine Restpunktzahl und langsam wird es ungemütlich. Nicht dass man mich hier falsch versteht, aber es gibt Niederlagen und Niederlagen. Ein tolles Match gegen den Besseren zu verlieren ist okay, aber saudumm zu verlieren und jeder hatte 25 Darts auf Doppel ist grausam. Ich hasse Niederlagen so oder so, aber die doofen tun besonders weh. Tage. Wochen. Manche für immer ...

Glücksspiel ist Darts aber nicht. Ganz früher war Darts aber mal verboten. Das kann man in jedem Buch über den Pfeilwurfsport nachlesen. In jedem, kein Spaß! Früher dachte man wirklich, dass man einfach wirft und wo der Pfeil landet, einfach auf Glück und Zufall basiert. Wenn ich so manche Spieler in meiner Liga sehe, dann denke ich immer, die hatten damals recht. Ihr könnt ja mal abends in eurer Kneipe den Besten rausdeuten und ihm anbieten, dass man ihm ein Bier bezahlt, wenn er fünf Runden lang jeden Pfeil in die »große 20« wirft. Also das Feld, welches zwischen Triple und Double liegt. Das wird ein Spaß, sage ich euch. Aber nicht für ihn! 15 Darts hintereinander in die 20 zu werfen hat nichts mit Glück zu tun, sondern nur mit reinem Können. Sollte euer Kollege es wirklich schaffen, zwölf Darts in die 20 zu werfen, dann startet spätestens jetzt der »Dicke Haufen«-Modus. Den hat er nämlich in der Hose, wenn er zum letzten Mal an der Abwurflinie steht. Sollte er es wirklich schaffen, dann hat er sich das Getränk redlich verdient.

In England widerlegte damals ein Gastwirt, dass Darts nichts mit Glück und Zufall zu tun hatte. Er nahm kurzerhand ein Dartboard mit in den Gerichtssaal und ließ den besten Spieler seines Pubs dreimal in die 20 werfen. Der Gerichtsdiener konnte das natürlich nicht, und nach weiteren Demonstrationen fällte der vorsitzende Richter sein Urteil, dass Darts ab sofort ein legales Spiel sei. Dieses Urteil verhalf nun dem Spiel zum Siegeszug durch die englischen Kneipen.

Es gibt viele Möglichkeiten zu demonstrieren, dass Darts definitiv nichts mit Glück oder Dusel zu tun hat. Wenn man einem erfahrenen und guten Dartspieler – ich rede jetzt nicht von einem Profi oder gar Weltmeister – die Dartscheibe mit einem Stück Papier verdeckt, dann sollte er immer noch in der Lage sein, ein bis zwei Darts in den Bull, also in die Mitte der Scheibe, werfen zu können. Kann er es nicht, dann ist er eine Pfeife – hahaha ... Genau das Gleiche gilt für die Triple- und Double-Felder. Mit geschlossenen oder verbundenen Augen geht es nicht! Wir erinnern uns, wir sprechen von Hand-Auge-Koordination. Wenn man die Augen vor einem Match schließt, wird man hinterher feststellen, dass sich der Schreiber leise aus dem Staub gemacht hat, zumindest beim Steel Dart würde keiner freiwillig neben dem Board stehen bleiben. Mit geschlossenen Augen fehlt jede Koordination, jedes Gefühl für Höhe und Weite.

GRUND NR. 6

WEIL MAN NEULINGE SO SCHÖN VERARSCHEN KANN!

Und das macht sogar richtig Spaß! Aber mal Ernst beiseite, da mussten wir doch alle irgendwann im Leben ein- oder mehrmals durch, oder? Egal ob in der Lehre, im neuen Job, oder wenn man einfach nur der »Neue« war. Irgendeiner hat einen verarscht und am Ende war es gar nicht so schlimm. Das geht natürlich auch beim Darts ...

In Zeiten, als es noch die D-Mark gab, war es besonders einfach. Eine 180, also den höchstmöglichen Wurf beim Darts, nennt man bekanntlich auch »Mark 80«, eine 100 nennt man »Mark«. Wie man eine 140 nennt, könnt ihr euch jetzt denken. Nee, egal ... Wenn mir morgens auf Turnieren besonders langweilig wurde, dann habe ich mir einen dieser »Ich habe gerade vor fünf Wochen angefangen, bin aber hier in dieser Halle der Allerschlauste«-Typen rausgesucht und habe mich neben ihn gestellt und gesagt:

»Ich wette mit dir um ein großes Bier, dass ich mich jetzt hier hinstelle und eine ›Mark 80‹ werfe!« – »Nie im Leben!«, war meistens die Antwort. Dann gab man sich die Hand, und die Wette war besiegelt. Dann habe ich in meine Hosentasche gegriffen und abgezählt eine Mark und 80 Pfennig aus der Tasche geholt und diese auf den Fußboden geworfen. »Und jetzt geh Bier holen!« Das dämliche Gesicht war wesentlich mehr wert als seine Wettschulden. Eine Kultnummer bei vorlauten Newbies ist diese verdammt lustige Verarsche, dass man dem Gegner anbietet, dass die Punkte seines Wurfes verdoppelt werden. Natürlich spielt man die Variante »501 Double Out«. Leider kommt man bei dieser Variante aber nie in den Genuss, aufs Doppel werfen zu dürfen, da man am Ende nie auf eine gerade Zahl kommt. So'n Pech und doch so schön – für die anderen! Prominentestes Opfer dieser Nummer wurde Elmar Paulke, Darts-Kommentator bei Sport1 im Practice-Bereich des Thistle Hotels, dem Spielerhotel bei der PDC-Weltmeisterschaft im Jahr 2008.

Ich schlage Elmar vor, dass er ein Leg »501 Double Out« gegen Roland Scholten spielen soll, wobei seine Punktzahl doppelt gewertet wird. Er ist Feuer und Flamme und geht die Wette ein. Der Unwissende ... Der Verlierer bezahlt eine Runde. Na dann ... Elmar startet mit T20, S20, D20, also mit einem von ihm immer wieder gern zitierten Shanghai! 120 bedeutet in seinem Fall 240 Punkte! Was nun folgt, muss als legendär bezeichnet werden. Elmar zelebriert das Ergebnis seines Wurfs ganz im Stil der großen Sportstars dieser Welt. Mit der typischen Becker-Faust rennt er durch die Bar und schreit: »Da isser wieder! Immer da, wenn man ihn braucht!« Wir biegen uns vor Lachen, und Elmar lässt seiner Freude freien Lauf. *»Den mach ich weg, da lach ich doch!«* Seine Freude kennt keine Grenzen, weicht aber neun Darts später der Erkenntnis, dass er das Spiel niemals auf einem Doppel beenden kann. Da steht er nun, der Herr DSF-Dart-Kommentator (damals war es noch das DSF), und ruft: »Ihr Schweine habt mich verarscht!« Roland Scholten krümmt sich vor Lachen, und wir liegen auf den Tischen und haben Bauchschmerzen und bekommen keine Luft. Elmar bezahlt. Später sagt er: »Wenn das einer erfährt, dass der Dart-Kommentator, der sogenannte Fachmann, auf so einen Scheiß reinfällt, dann lachen die sich doch alle tot!«

Natürlich haben es damals alle erfahren, und in der Zwischenzeit hat er ja die Geschichte in seinem Buch selbst erzählt.

KAPITEL 2

OH GOTT, ES IST JA NUR EIN KNEIPENSPIEL!

GRUND NR. 7

WEIL KEINER WEISS, WER DARTS WIRKLICH ERFUNDEN HAT!

Wer hat's erfunden? Auf jeden Fall nicht die Schweizer, obwohl sie mit Wilhelm Tell auch einen hatten, der anscheinend über eine gute Hand-Auge-Koordination verfügte. Wer Darts nun wirklich erfunden hat, weiß eigentlich keiner zu 100 Prozent. Einige sagen die Franzosen, andere wiederum behaupten die Engländer. Angeblich sollen die Franzosen kleine speerähnliche Pfeile als Waffen in Schlachten benutzt haben. Auch den Engländern sollen diese Waffen nicht unbekannt gewesen sein. In Frankreich nennt man Darts jedoch »Fléchettes« (steht für »kleine Pfeile«). Ich muss gestehen, dass ich an diesen ganzen Geschichtchen zwei Dinge nicht verstehe:

1. Die Darts wurden in Schlachten als Waffe verwendet? Wie soll man sich das vorstellen? Da saßen und lagen irgendwelche Franzosen in der Gegend rum oder hockten auf Bäumen und warteten, bis der böse Feind kam. Und frei nach dem Motto »Da, du pöser Pursche!« warf man ein kleines Pfeilchen nach ihm. Sicherlich tut es höllisch weh, wenn man einen Dart ins Bein, den Arm oder den Bauch bekommen würde, aber um daran zu sterben, oder jemanden wirklich kampfunfähig zu machen, bedarf es meiner Meinung nach anderer Dinge, oder? Die Franzosen sind schon ein lustiges Völkchen …

2. Wenn die Franzosen tatsächlich die Erfinder der Darts waren, warum gibt es dann nicht einen, der mal irgendwo etwas gerissen hat? Komisch, oder? Ich müsste jetzt schon Weltranglisten der WDF nach einem Franzosen durchforsten, denn nicht ein einziger französischer Dartspieler fällt mir persönlich jetzt ein.

Heinrich VIII. von England bekam (angeblich) von der zweiten seiner sechs Ehefrauen (der Typ ist mir sympathisch) namens Anne Boleyn ein Set dieser kleinen Pfeile geschenkt. Das brachte ihr aber wenig Glück, denn 1536 ließ er der Guten – aufgrund von irgendwelchen außerehelichen Liebeleien – die Rübe abhauen (auch sympathisch). Da waren's nur noch fünf! »Unlucky«, wie der Darter zu sagen pflegt.

Jetzt aber mal im Ernst: Was man definitiv sagen kann, ist, dass Darts eines der ältesten etablierten Kneipenspiele Englands ist und in den späten 70er-Jahren zu einer der populärsten Indoor-Sportarten geworden ist. Wenn man eine billige Dartscheibe aus gerolltem Papier kauft, dann findet man auf der Rückseite der Scheibe noch ein anderes Bild, welches der Zielscheibe der Bogenschützen sehr ähnelt. Diesbezüglich kann man schon annehmen, dass Darts seinen Ursprung im Bogenschießen hat. Man sollte wissen, dass Darts in England eher als »Arrows« bezeichnet wird.

Das Dartspiel, wie wir es heute kennen und betreiben, ist noch nicht so alt, wie wir vielleicht denken. Im 16. Jahrhundert wurden kleine Pfeile mittels eines Blasrohrs gepustet. Auf der Suche nach etwas Neuem importierte man Mitte des 19. Jahrhunderts kleine Holzpfeile aus Frankreich, die man nicht pustete, sondern versuchte zu werfen. Wie oben bereits erwähnt, wurden diese »Fléchettes« später »French Darts« genannt.

Egal welche Geschichten ich jetzt noch aus dem Hut ziehe, es sieht so aus, als stamme Darts zur Hälfte aus Frankreich (die Pfeile) und zur anderen Hälfte aus England (die Scheibe). Die Wahrheit liegt also irgendwo in der Mitte, und dabei wollen wir es belassen. Auf jeden Fall haben wir Deutschen nichts damit zu tun … Moment, vielleicht waren wir Deutschen ja doch zu einem kleinen, aber entscheidenden Punkt an der erfolgreichen Geschichte des Dartsports beteiligt! Ich zumindest kenne fast keinen, der beim Darts einen französischen Rotwein trinkt. Was trinken nämlich alle beim Darts? Richtig! Bier und am liebsten deutsches Bier. Der Vorteil liegt hier eindeutig auf unserer Seite, schließlich vertragen wir mehr. Deshalb ist der Engländer, wenn er in Deutschland zu Gast ist, meist hackenbreit.

GRUND NR. 8

WEIL ES GÜNSTIG IST!

Während es Tennis- oder Golfspieler in puncto Kosten bei ihrem Hobby nicht gerade glücklich getroffen haben, kann der Dartspieler eigentlich beruhigt aufatmen. Für den Darter beginnen die Kosten eigentlich erst dann, wenn er sich dafür entscheidet, an weiter entfernten Turnieren teilnehmen zu wollen. Dafür hat der Anfänger aber noch ein wenig Zeit. Wem der Dartsport zu teuer ist, dem kann ich nicht mehr helfen. Außer Bierdeckel-, Kronkorken- oder Unterhosensammeln gibt es eigentlich kein Hobby, das noch preiswerter ist. Eine Komplettausstattung gibt es sicherlich für circa 50 Euro. Dazu zähle ich ein paar Darts, ein Dartboard, Shafts und Flights. Mehr braucht es nicht, um monatelang trainieren zu können.

Darts ist ein Hobby, das den Spieler finanziell definitiv nicht ruiniert. Sicherlich hat man bei der elektronischen Variante des Spiels noch den Einwurf, also das Spielgeld, zu berücksichtigen, aber dies entfällt beim Steeldart gänzlich. Wer Darts spielen möchte, der kann es erlernen, kein Problem! Ein gebrauchtes Dartset kann man für zehn bis 15 Euro bekommen, bei Shafts und Flights reden wir über einen oder zwei Euro pro Set. Man muss zu Beginn nicht Titanium-Shafts auf seine Darts schrauben, die knapp 20 Euro kosten. Handelsübliche Shafts aus Nylon sollten es tun. Eine gebrauchte Dartscheibe kann man in Dartkneipen und/oder Vereinsheimen für ebenfalls 5–15 Euro erstehen. Vielleicht hat das Board ein paar Beulen und hier und da schauen ein paar Sisalfasern heraus, alles kein Problem, für den Anfang reicht es völlig aus. Ein Dartshirt muss eigentlich auch noch nicht sein, vorausgesetzt, man spielt nicht für ein Team. Wenn man für eine Mannschaft spielt, sollte ein einheitliches Shirt auf jeden Fall Pflicht sein. Ansonsten könnt ihr ganz hervorragend in einem kurzärmligen Hemd, einem Polo- oder T-Shirt spielen. Ihr müsst euch dafür nicht extra neue

Klamotten anschaffen. Trainieren kann man wunderbar in einer Jeans, sobald das Spiel aber einen offiziellen Charakter hat, sind eine schwarze Stoffhose und schwarze Straßenschuhe ebenfalls Pflicht. Ordentliche Kleidung sollte beim Dartsport eine Selbstverständlichkeit werden. Dies ist leider bisher noch nicht der Fall, sollte aber einem Anfänger so beigebracht werden.

Kommen wir zum wichtigsten Kleidungsstück eines Dartspielers. Die Schuhe! Die Schuhe eines Dartspielers dürfen ruhig mehr kosten als die Darts, mit denen er spielt. Gerne auch das Doppelte. Sehr gute, bequeme Schuhe gibt es nicht für ganz wenig Geld. Viele ältere Menschen sagen gerne »Billig kauft zweimal!«, und das stimmt. Denkt daran, ihr benötigt einen Schuh, der nach eventuell zehn Stunden immer noch bequem sein soll. Beim Dartspielen darf euch gerne alles wehtun, aber nicht die Füße. Diesen Schuh solltet ihr sowohl beim Training als auch während eines Turniers oder Ligaspiels tragen. Tragt im Training nie Schuhe, die wesentlich flacher oder höher sind als die Schuhe, die ihr während eines Matches tragt. Wenn ein Schuh etwas teurer ist, dann verträgt er es auch, wenn man ihn sehr oft anzieht.

Ich habe zum Beispiel zweimal das gleiche Paar Schuhe zum Dartspielen. Das eine Paar ziehe ich im Training an, dass andere für Ligaspiele oder Turniere. Denkt daran, das Hobby Darts kostet ansonsten fast nichts, also müsst (sollt) ihr beim Schuh nicht sparen. Aldi-, Lidl- und Penny-Schlappen bringen euch beim Darts nicht weiter. Die Sohle ist meist geklebt, und die Füße fangen aufgrund der ganzen hübschen Chemie nach kurzer Zeit an zu brennen. Ein Fußbett ist in diesen Latschen sowieso nicht vorhanden, also schmerzen die Haxen nach spätestens vier Stunden wie Hölle. Dies hat zur Folge, dass ihr euch nicht mehr wie gewohnt an die Oche stellen könnt. Eine schwarze Stoffhose kann man im Werksverkauf für 40 Euro bekommen, ein Paar sehr gute Schuhe aber nicht. Bei der Geburt habt ihr ein paar (hoffentlich) gesunde Füße mitbekommen, deshalb kann ich es nicht verstehen, warum die meisten

Männer beim Thema Schuhe sparen wollen. Man hat nur dieses eine Paar Füße, und wenn sie kaputt sind, dann nützen gute Schuhe auch nichts mehr. Fragt Spieler wie Taylor oder van Barneveld! Sie werden euch das Gleiche erzählen. Und wenn ihr die ersten Turniere gewinnt, haben sich die Schuhe schon ausgezahlt. Denkt daran, wenn ihr euch das nächste Mal ein Paar Schuhe zum Dartspielen kauft: Sie müssen schwarz sein und dürfen ruhig ein wenig mehr kosten! Ich werde immer blöde angeschaut, wenn ich mich im Schuhgeschäft hinstelle, als würde ich einen Dart werfen wollen. Wenn du dann auch noch sagst, dass eigentlich nur der rechte Schuh bequem sein muss, dann denken sie sowieso, dass du sie nicht mehr alle hast. Natürlich muss der linke Schuh auch bequem sein, schließlich wollt ihr ja nicht schief vorm Tresen stehen, oder?

GRUND NR. 9

WEIL ES EGAL IST, WOHER DU KOMMST!

Jeder von uns kennt diese spontanen Abende, an denen man keine Lust verspürt, nach Hause zu gehen. Durch Zufall hat man sich getroffen und bleibt einfach sitzen, unabhängig von der Uhrzeit oder vermeintlichen Terminen am nächsten Morgen. Es kann auch schon mal vorkommen, dass die Sonne aufgeht, bevor man den Weg nach Hause antritt. Auch der direkte Weg von der Kneipe zur Arbeit ist kein seltenes Unterfangen. Sicherlich werden solche Nächte seltener, wenn man ein wenig älter wird. Persönlich bin ich aber in der glücklichen Lage, sagen zu können, dass ich Leute in meinem Leben habe, mit denen ich hin und wieder solche Momente erlebe. In diesen Situationen genießt man einfach den Moment, ohne dabei Rücksicht auf die Striche und Kreuze auf dem eigenen Deckel zu nehmen. Man quatscht, klönt, tratscht, und hin und wieder lästert man sich auch das Ohr blutig. Ein Fremder in einer Dartkneipe ist kein Fremder! Du wirst immer freundlich und herzlich empfangen werden. Es ist mir nicht bekannt, dass jemals ein Dartspieler nicht hätte mitspielen dürfen, wenn er freundlich fragte. Ich bin fest der Überzeugung, dass solche Abende nur unter Männern möglich sind. Nichts gegen die Mädels oder Frauen, aber Männer können zusammensitzen, trinken und lachen, ohne dabei beste Freunde sein zu müssen. Bei Frauen ist das völlig ausgeschlossen. Hier beginnt nach kürzester Zeit die typische Grüppchenbildung, und diejenige mit drei Speckringen lästert über die, die vier davon hat. Männern sind solche Fragen völlig Latte, schließlich redet man über weltbewegende Dinge wie Darts, Averages, das vergangene und das kommende Ligaspiel, Turniere, 180er, High-Finishes, und natürlich diskutiert man die Frage aller Fragen: Wer zur Hölle gibt als Nächstes einen aus?

Warum habe ich aber so viele dieser tollen Abende erlebt? Die Antwort ist völlig simpel. Hunderte solcher Abende und Nächte habe ich erlebt, weil ich Darts spiele und liebe! Und die Menschen in meinem Umfeld tun dies auch. Es gibt für mich keine eingeschworenere Gemeinschaft als Dartspieler. Das soziale Umfeld und die gesellschaftliche Herkunft eines jeden Einzelnen ist im Dartsport völlig egal. Hier ist jeder herzlich willkommen. Der Arbeiter, der Akademiker, der Pilot, der Arbeitslose, es ist schlichtweg völlig egal, womit du dein Geld verdienst. Keinen interessiert es, ob du weiß, schwarz, fett, dürr, arm, reich bist oder irgendein Gebrechen hast. Du bist Darter, das sollte reichen, um dich als Kumpel zu qualifizieren. Ob daraus eine Freundschaft werden wird, steht überhaupt nicht zur Debatte. Du wirst als Dartspieler akzeptiert und respektiert. Ich glaube nicht, dass Personen, die gemeinschaftlich einem anderen Hobby nacheifern, dies auch nur im Ansatz so erleben oder verstehen können. Auch Snobs wirst du beim Darts selten finden. Eher ist es ein bisschen mehr »Arbeiterklasse« als dieses hochnäsige Volk, welches man gerne in den Tennisvereinen, Golfclubs und bei den Reitern findet. Oh Gott, wenn ich mich nur daran erinnere. Einige meiner damaligen Freunde waren im Tennisverein. Was da zum Teil für Typen durch die Gegend liefen ... Wenn da der Ball nicht so flog, wie man wollte, flog der Schläger und zwar an den Netzpfosten. Egal, der Papa hat ja gleich zwei neue gekauft. Die Schnösel mit ihren schicken Pullovern von Benetton, die sie sich auch noch in ihrer Freizeit so elegant um die Schultern legten und in mir damit einen unwiderstehlichen Brechreiz auslösten. Meine damalige Freundin war mit so einem Vogel befreundet. Der Papa war Pilot bei der Lufthansa, und Bubilein wurden die teuren Klamotten rektal eingeführt. Wie gerne hätte ich diesem Typen schon damals mit 150 Stundenkilometern ins Gesicht gegriffen. Heute ist er Anwalt – somit lasse ich es lieber ... Nein, da waren mir die Darter immer wesentlich lieber. Die Allermeisten der Jungs sind geradeaus und ehrlich. Es gibt nur wenige, die dich anlügen und aus der Freundschaft einen Profit schlagen wollen. Diese Gehirnakrobaten hast du aber in jedem Verein. Darts ist rau, nicht immer hübsch, passt selten ins Weltbild der Supersportler und wird oft mit Vorurteilen überhäuft!

Darts hat mich viele tolle und tragische Momente erleben lassen, vor allen Dingen hat es mir aber Freunde fürs Leben geschenkt. Diese Jungs möchte ich einfach nicht mehr missen.

 GRUND NR. 10

WEIL ES SO DÄMLICHE VORURTEILE GIBT!

Alle Dartspieler sind fett, haben eine Menge Tattoos und saufen wie ostafrikanische Bergziegen. Das sind nur einige der vielen geistreichen Vorurteile, mit denen ein Dartspieler im Laufe seines Lebens konfrontiert wird. Die Ahnungslosen verstehen einfach nicht, dass Darts kein Spiel ist, bei dem man 1.500 Meter in einer bestimmten Zeit gelaufen sein muss, oder man möglichst viele Darts auf einmal werfen soll. Darts ist ein Konzentrations- und Geschicklichkeitsspiel, geprägt von Ruhe und der Fähigkeit, sich über einen längeren Zeitraum möglichst lange fokussieren und konzentrieren zu können. Dies alles unter höchster nervlicher Anspannung und psychischem Druck. Dass man mit Bulimie, Parkinson und einem gesunden ADH-Syndrom nicht zu den Turnierfavoriten zählen wird, ist selbstredend und logisch, wobei es ADHS nach neuster Erkenntnis gar nicht gibt. In Hessen sagen wir »hibbelisch« dazu.

Vor Nervosität zittern sollte man auf jeden Fall nicht, hilfreich ist es eher, wenn man ausgeglichen und ruhig ist. Komischerweise sagt man genau diese Dinge Personen nach, die ein wenig mehr Gewicht auf den Rippen haben. Ein sicherer Stand an der Abwurflinie ist ebenfalls Voraussetzung, auch da hilft ein wenig mehr Gewicht. Okay, es gibt Spieler, die hüpfen trotz eines höheres Gewichts wie ein Gummiball, aber das ist die Ausnahme. Wenn es beim Darts so viele dicke Menschen geben würde, dann müssten die Krankenkassen ja dankbar sein, dass sich diese Patienten wenigstens überhaupt bewegen. Vom dartspielenden Teil der Bevölkerung könnte sich der Rest die Gelassenheit und große Toleranz abschauen. Es gibt kein anderes Hobby, bei dem man mit größerem Schwachsinn konfrontiert wird. »Ihr steht ja nur da und bewegt nur euren Arm!« Entschuldigung, das machen 85 Prozent der Fußballer, und die bewegen noch nicht einmal den Arm, verdienen aber Millionen damit! Wie oft habe ich diesen geistigen Durchfall ertragen:

»Wie kann man sich denn im Fernsehen nur Darts anschauen? Das ist doch total langweilig!« – »Gut, man muss es mögen, für was interessierst du dich denn?« – »Für die Formel 1« – »Oh cool, für welches Team fährst du denn?« – »Sehr witzig, nee ich schau mir das nur im Fernsehen an!« – »Ahhhh ja …«

Mir versuchte auch jemand mal zu erklären, dass Poker wesentlich anstrengender sei als Darts! »Wegen des Denkens!« Was soll man da als unterbelichteter Darter noch sagen? Dartspieler sind natürlich auch ALLE tätowiert. Ganz sicher. Über Facebook schrieb mir neulich jemand, er wolle sich jetzt auch ein Tattoo stechen lassen, da schließlich alle Darter tätowiert seien. Ich schrieb ihm, dass dies so definitiv nicht stimmt, woraufhin er mir die Namen »Lewis, Taylor, Hamilton, Whitlock« postete. Ich antwortete mit »Barney, Wade, van Gerwen, Newton, Pipe«, woraufhin er sagte, dass diese Herren wahrscheinlich an Stellen tätowiert sind, wo man es nicht gleich sehen kann. Ja nee, is klar! Das Schlimmste wäre, wenn all diejenigen Darts spielen würden, die ein Tattoo haben. Die Kneipen würden platzen. Die meisten Spieler meiner Mannschaft sind nicht tätowiert, und trotzdem lasse ich sie mitspielen! Tattoos haben überhaupt nichts mit dem Dartsport zu tun, schon gar nicht in Deutschland. In England sind sowieso mehr Menschen tätowiert als hier bei uns. Und zum Thema Alkohol muss man eigentlich auch nichts mehr schreiben. Da es ein Kneipenspiel ist, spielt man Darts zu 98 Prozent wo? Genau, in der Kneipe – logisch, oder? Somit ist es auch selbsterklärend, dass es immer wieder Menschen geben wird, die dabei ein Bier trinken. Würde man Tennis oder Golf in der Kneipe spielen, dann würde es auch den ein oder anderen Spieler geben, der mal ein »lecker Pilsken« trinken würde. Es wird aber keiner dazu gezwungen, obwohl es immer so dargestellt wird, also fallen wir nachts alle hackendicht aus der Kneipe. So ist es aber nicht! Wir haben fast alle Familien, einen Job und Kinder. Vor allen Dingen haben wir aber Verantwortung! Wir unterbrechen das Trinken nicht mit Dartspielen, es ist definitiv umgekehrt. Oft.

GRUND NR. 11

WEIL ES KEIN PONYHOF IST!

Richtig, Darts ist nämlich was für echte Männer! Also Steeldarts, die echte knallharte Variante des Spiels. Mit der Spitze aus Metall, ohne Bimmelimm, Tüddeldüü und Sprüche wie »Hast de ma zwei Euro«!

Wir reden von echten, den einzig wahren Darts, nicht von Zeugs für Jungs mit »Hello Kitty«-Tattoo! Früher hieß es »Raus mit dem Speer und rein in das Mammut.« Heute ist es eben Darts – Steeldarts, oder »Steeltip« im Englischen!

Wenn sich ein echter Mann verletzen möchte, dann soll und muss es bluten! Alles andere läuft unter dem Begriff »Erkältung«. Ich habe noch nie gehört, dass sich ein E-Darter (Softtip, die sanfte und zarte Variante des Spiels) verletzt hat, weil ihm sein Playmobil-Dart auf den Schuh gefallen ist!

Der, der sich beim Spiel mit den drei Pfeilchen verletzt, hat es bei seinen Mitstreitern in puncto Anerkennung geschafft. So wie damals – Ende der 80er – mein alter, schottischer Dartkollege Kenny McCollum. Noch heute wird die Geschichte nach 17 Pils und 12 Hütchen in den Dartkneipen dieser Region erzählt. Den Begriff »Hütchen« erkläre ich, wenn ich zum Thema »Darts & Alkohol« komme. Es geschah auf einem hessischen Ranglistenturnier in Pfungstadt (in der Nähe von Darmstadt). Kenny war an der Reihe zu werfen ... Der erste Dart steckte in der 20, der zweite Dart prallte vom Draht ab und ... Lasst mich vorher bitte kurz erwähnen, dass wir früher bei Dartturnieren noch während der Spiele Alkohol konsumieren durften. Holla, die Waldfee! ... also der zweite Dart prallte vom Draht ab und kam wieder in Richtung Kenny zurück. Kenny – zu diesem Zeitpunkt nicht mehr ganz nüchtern – trat den Dart mit rechts, und zwar volley und Vollspann! Sensationell, nur leider hörte keiner, dass der Dart irgendwo einschlug, ganz im Gegenteil, wir sahen unseren Schotten mit schmerzverzerrtem Gesicht auf dem Fußboden liegen. Der Dart steckte im Knochen seines Spanns, welcher im nahe gelegenen Krankenhaus von einem Arzt mittels einer Zange herausgezogen wurde.

Selbstverständlich kam Kenny ein wenig später zum Ort des Geschehens zurück, um uns seinen Gips zu präsentieren. Bei Pils Nr. 23 und 24 haben wir dann die Geschichte in allen Einzelheiten nochmals aufgearbeitet.

Ich selbst habe einmal gegen einen Intelligenzallergiker spielen müssen, welcher meinte, während des Matches vor Wut mit seinen drei Darts in der Hand auf das Board einschlagen zu müssen. Das Board flog natürlich mit einem lauten Knall aus der Halterung zu Boden. Unschön an der ganzen Sache war, dass die Spitzen seiner Darts durch die geschlossene Faust aus seinem Handrücken herausragten. Der Idiot war weiß wie die Wand, was man vom Fußboden leider nicht behaupten konnte!

Ein anderer Mannschaftskollege verpasste einem Holzpfeiler eine Kopfnuss und nur, weil er sich ärgerte, dass er das Doppel auch mit dem x-ten Dart nicht treffen konnte. Der Gute hatte eine ordentliche Platzwunde an der Stirn, spielte sein Match aber noch zu Ende. Dem Holzpfeiler ging es bestens.

GRUND NR. 12

WEIL ES DIE WAHRE LIEBE IST!

Hattet ihr schon ein- oder mehrmals keine Lust mehr auf eure Partnerin oder euren Partner? Ja? Ich auch … Trennungen fallen dann meist mehr oder minder schwer, manchmal ist man auch froh, dass es endlich vorüber ist. Komisch, aber auf Darts hatte ich immer Lust, ausnahmslos immer. Auch angefasst habe ich sie immer gerne. Das Spiel mit den Pfeilen wurde mir auch nie langweilig, obwohl es ja eigentlich immer dasselbe ist. Man versucht, möglichst schnell viele Punkte zu werfen, um dann ganz schnell vor seinem Kontrahenten das Doppel zu treffen. Und trotzdem ist jedes neue Leg eine neue Herausforderung. Jedes Leg ist anders.

Von dieser Stelle aus einen ganz herzlichen Gruß an die Damen, die mich in meinem Leben mit dem Satz »Ich oder deine Darts« beglückten. Sie hätten es sich aber denken können, dass ich mich immer für meine Darts entscheiden würde. Darts war und ist mein

Leben. Selbstverständlich ist mir meine Familie am wichtigsten, aber Darts kommt gleich ein Triple danach.

In Zeiten, in denen ich solo war, spielte ich immer am erfolgreichsten Darts, da ich täglich über Stunden trainierte. Ich war in dieser Hinsicht wirklich ein Bekloppter. Wenn ich einmal aufgrund einer nicht getroffenen Doppel 10 aus einem Turnier ausschied, trainierte ich aus Zorn in den nächsten Tagen nur noch den Wurf auf dieses Feld. Stundenlang. Bis heute ist die Doppel 10 mein absolutes Lieblingsdoppel. Mein damaliger täglicher Trainingsplan bestand immer aus den gleichen Abläufen. 50-mal die Triple 20, 50-mal die Triple 19, 50-mal die Triple 18. Danach jeweils 25-mal die Doppel 20, Doppel 18, Doppel 16, Doppel 10, Doppel 8, Doppel 4 und Doppel 2. Danach noch ein paar Bulls-Eye. Fertig.

In Zeiten der Ehe und kleinen Kinder ist es dann leider vorbei mit dem stundenlangen Üben. Wäre ich Profidarter, dann wäre es etwas anderes, aber wenn man nach zehn oder mehr Stunden aus dem Büro fällt, kann man schlecht von der Familie verlangen, dass Vati jetzt noch ein bisschen Löcher in den Sisal sticht. Wenn ich gute Laune habe, der Tag erfolgreich war und alles meinen Vorstellungen entsprach, dann spiele ich gerne Darts, um zu entspannen. Wenn der Tag aber so richtig beschissen war, alles in die Hose ging, die Kollegen sich krank meldeten und einige Kunden sauer waren, dann spiele ich am liebsten Darts, um mich abzureagieren. Ich spiele eigentlich immer. Und gerne. Mal mehr, mal weniger, und manchmal hasse ich es, dass mich mein Job vom Spielen abhält. Wen das Darts-Fieber einmal erwischt hat, der wird es sein Leben lang nicht mehr los.

Bei mir begann es im Alter von neun Jahren. Ich verbrachte oft die Hälfte meiner Ferien bei meinen Großeltern im Odenwald. Auch an Wochenenden war ich oft dort. Auf dem Treppenabsatz zum Keller hing eine Dartscheibe, welche mein Interesse weckte. Nun ist ein Treppenabsatz selten so breit, dass man eine Dartscheibe hätte richtig aufhängen können. So hing sie viel zu tief, und man stand höchstens 1,40 Meter entfernt. Unter der Scheibe, so ein komisches Ding aus Papier und einem gelben Plastik-Spider, stand ein Eimer mit ungefähr 50 Plastikpfeilen. Die hübschen Kirmesdinger in Gelb, Rot, Blau und Grün. Dort stand ich nun und warf alle Pfeile auf die Scheibe und immer hübsch in die Mitte. Immer und immer wieder, oft den ganzen Tag. So ging das einige Besuche lang, bis mein Großvater entschied, dass ich die Scheibe samt der Pfeile doch bitte mit nach Hause nehmen sollte. Gesagt und natürlich getan. Meine Mutter war schwer begeistert, schließlich gilt Darts als ein Spiel für Erwachsene. Für Mom waren die Plastikpfeile einfach Waffen, mit denen man locker in Nordkorea hätte einmarschieren können. So spielte ich mit einigen Freunden in meinem großen Souterrain-Zimmer, welches ich mir mit meinem Bruder teilte. Dieses Zimmer lag unter der Wohnung meiner Eltern, wohlgemerkt mit separatem Eingang.

Im Alter von 13 Jahren schlich ich mich abends aus meinem Zimmer und lief in den Nachbarort, denn dort war eine Kneipe, in der »die Großen« Darts spielten. Das »Hokus Pokus« in Weiskirchen. Leider nur ein altes Bristle-Board, aber viel zu viele Jungs, die spielen wollten. Aber sie haben mich mitmachen lassen, obwohl ich dem ein oder anderen sicherlich mit meiner Neugier auf Darts auf den Keks ging. So ging es Monate, dass ich immer wieder in diese Kneipe ging, jedoch hatte ich leider keine eigenen Darts, und mit den blau-gelb-rot-grünen Plastikgurken hätte ich mich in Grund und Boden geschämt. Meine Mutter zu überzeugen, dass sie mir Darts kaufte, war ungleich schwerer als die erste 180, denn es sollte noch einige Jahre dauern, bis sie den Kauf solcher Waffen billigte.

Meine erste große Liebe und Beziehung bedeutete das vorläufige Ende meiner Dartkarriere. Mit 14 bis 15 Jahren hat man dann doch Lust auf andere Dinge, als stundenlang vor einer Dartscheibe zu stehen. Auf der Abschlussfahrt meiner Schulklasse verschlug es mich dann erstmals nach England, um genau zu sein nach Margate. Selbstverständlich gab es dort einen Pub, in dem ein Board hing.

Bei einem Tagesausflug nach London kaufte ich mir dann meine ersten eigenen Darts! Aus Messing, und meine Mutter wusste davon nichts – bis jetzt.

Hatte ich mich früher noch für Fußball interessiert – meine ehemalige Mathelehrerin ist die Frau von Eintracht Frankfurts Urgestein Charly Körbel –, galt mein Interesse nun voll und ganz dem Dartsport.

Boris Becker sagte einmal, dass sein Tennisschläger die Verlängerung seines Armes und ein Teil von ihm sei. Ich kann das bestätigen, schließlich geht es mir und meinen Pfeilchen genauso. Alleine durch das Anfassen des Barrels weiß ich, ob es ein guter oder schlechter Tag zum Spielen ist. Oft habe ich die Darts einfach wieder zurückgelegt, weil ich wusste, dass es keinen Sinn machen würde. Umgekehrt geht das natürlich auch. Da mir die Firma Unicorn einen Dart mit einem extremen Grip entwarf, muss ich recht häufig zu einem neuen Set Darts greifen. Die Griffigkeit meines Darts ist so aggressiv, dass ich in einer Spielpause locker eine Eckbank in »Eiche rustikal« raspeln könnte! Deshalb nenne ich meine Darts liebevoll »The Rasp of Death« – die Raspel des Todes! Dieser brutale Grip geht natürlich schnell flöten, wenn sich die Darts oft berühren und gegeneinanderschlagen. Aber seit ich diese Darts habe, kann ich auch im Winter in Kneipen spielen, in denen es noch kälter ist als vor der Tür. HOTZENPLOTZ, SKOL!

Meine Darts sind mir heilig. Es kommt nur sehr selten vor, dass ich jemanden mit dem Set Darts spielen lasse, welches ich selbst gerade in Gebrauch habe. Da ich meistens mehrere Sets mit mir rumschleppe, ist es häufig ein anderer Dart, den ich zur Probe von anderen Leuten werfen lasse. Ich bin sehr eigen, wenn es um meine »Liebe« geht. Meine Frau würde ich ja auch nicht verleihen … Wenn ich sehe, wie einige andere Spieler mit ihren Darts umgehen, dann tut es mir in der Seele weh. Natürlich sammelt der leidenschaftliche Darter über die Jahre hinweg ein paar Pfeile. Meine Sammlung ist zwar nicht so groß wie die des Schweizers Beni Petris, aber es sind bestimmt 70 bis 80 Sets Darts, die ich im Schrank meines Büros aufbewahre. Noch heute kann ich kein Dartmatch im Fernsehen anschauen, ohne selbst zwischendurch ein paar Pfeile zu werfen, obwohl sich langsam ein gewisser körperlicher Verschleiß einstellt. Das Handgelenk und der Ellbogen benötigen immer ihre obligatorischen 20 Minuten, bis dann endlich alles »geschmiert« ist und rundläuft. Mein bester Freund heißt Diclofenac, aber kein Arzt auf dieser Welt könnte mir das Dartspielen verbieten. Und wenn mir der rechte Arm abfaulen würde, dann geht es eben mit links weiter.

Meine Darts haben mich nie im Stich gelassen, verraten oder betrogen. Sie haben immer zu mir gehalten, sowohl in Shortlegs als auch in Legs, über die meine Darts und ich kein weiteres Wort verlieren wollen. ***Das ist Liebe!***

GRUND NR. 13

WEIL MAN DAMIT GELD VERDIENEN KANN!

Und sogar sehr viel! Seit Gründung der PDC (Professional Darts Corporation) bietet der Dartsport die Möglichkeit, seinen Lebensunterhaltung damit bestreiten zu können. Die nachfolgenden Herren können dies sogar außerordentlich gut. Wer sind aber die Großverdiener des professionellen Dartsports, und was konnten sie in ihrer Karriere an Preisgeld bisher einstreichen?

STAND: ENDE MAI 2013

- Phil Taylor   ca. € 6.338.481
- Raymond van Barneveld   ca. € 2.340.913
- James Wade   ca. € 1.870.185
- Adrian Lewis   ca. € 1.617.944
- Gary Anderson   ca. € 1.118.072
- Simon Whitlock   ca. € 1.085.793

- Michael van Gerwen   ca. € 960.438
- Andy Hamilton   ca. € 929.118
- John Lowe   ca. € 465.207
- Eric Bristow   ca. € 395.391
- Bob Anderson   ca. € 373.439
- Jocky Wilson   ca. € 175.650

Da gibt es jetzt bei einigen Turnern, Schwimmern, Skispringern, Volleyballern und Tischtennisspielern ganz lange Gesichter! Die Preisgelder der PDC-Turniere befinden sich jetzt schon auf einem sehr hohen Niveau, trotzdem bin ich mir sicher, dass in einigen Jahren der Sieger der PDC-Weltmeisterschaft 500.000 Euro erhalten wird. Vielleicht ist es in zehn Jahren schon eine Million Euro.

Derzeit kann man bei diesen Turnieren am meisten verdienen. Das Gesamtpreisgeld beträgt:
- PDC World Championship   ca. € 1.202.230
- PDC Premier League of Darts   ca. € 615.920
- PDC World Matchplay   ca. € 473.347
- PDC World Grand Prix   ca. € 414.179
- PDC Players Championship Finals   ca. € 295.842
- PDC European Championship   ca. € 236.673
- PDC UK Open   ca. € 236.673
- PDC World Cup of Darts   ca. € 177.505

Das Gesamtbudget der PDC Pro Tour beläuft sich auf circa 6.013.643 Euro!

GRUND NR. 14

WEIL SCHREIBER WICHTIG SIND!!

Bei einem Schreiber, auch »Chalker« oder »Marker« genannt, handelt es sich um die Person, die entweder vorne links oder rechts vor der Schreibtafel steht und eure Würfe mit einem Stift notiert und diese von eurer Restpunktzahl abzieht, also subtrahiert.

Dem Schreiber eines Spiels kommt eine sehr gewissenvolle Aufgabe zu. Er ist nämlich – sollte kein Caller anwesend sein – zusätzlich auch der Schiedsrichter der Partie. Dies bedeutet, dass sich der Schreiber sowohl im Regelwerk als auch in den Grundrechenarten auskennen sollte. Letzteres ist jedoch weitaus wichtiger. Es gibt für erfahrene, langjährige Spieler nichts Schlimmeres als einen Schreiber, der nicht rechnen kann. Jeder alte Darthase wird euch zu Beginn eurer Dartkarriere erklären, dass das Schreiben genauso wichtig ist wie das eigentliche Spielen. Ich gebe euch den Tipp, das Schreiben bzw. Rechnen genauso zu üben. Es bringt nichts, wenn ihr nur das Werfen eurer Darts übt, im Falle einer Niederlage das nächste Spiel schreiben müsst und dann nicht wisst, was ihr zu tun habt.

Es gibt so einige Grundregeln, die ein Schreiber unbedingt beachten muss, aber die aller-allerwichtigste ist, dass der Schreiber mit dem Gesicht zur Schreibtafel steht und dort wie eingefroren verweilt. Er darf sich – während der Spieler wirft – unter keinen Umständen umdrehen, bücken, den Kopf bewegen oder sonstige Verrenkungen veranstalten. Er darf sich überhaupt nicht bewegen und/oder reden, einfach gar nichts. Der Schreiber hat einfach dazustehen und zu warten, bis der dritte Pfeil geworfen wurde. »Schnauze halten und gucken!« Erst nachdem der letzte Dart geworfen wurde, darf sich der Schreiber bewegen, um eventuell nachzuschauen, wo die Darts stecken. Erst jetzt darf er dem Spieler sagen, was er gesehen hat, und das sollte möglichst in direktem Zusammenhang mit dem Wurf des Spielers zu tun haben. Also nicht »Du hast tolle Schuhe«, sondern am besten die geworfene Punktzahl. Wenn ihr ein Dart-Neuling seid und schreiben müsst, dann bittet die Spieler darum, die Darts so lange stecken zu lassen, bis ihr die Punktzahl errechnet habt.

Sagt dem Spieler, wenn er seine Darts aus dem Board zieht, welche Punktzahl ihr für ihn notiert, so kommt es hinterher nicht zu irgendwelchen überflüssigen Diskussionen. Übt das Schreiben eines Spiels vorher am besten in eurer Kneipe oder euerm Vereinsheim beim Training. Irgendwann gehen euch die Zahlen in Fleisch und Blut über.

Ich möchte euch jetzt noch kurz erklären, wie man ein Leg richtig auf einer Tafel schreibt. Natürlich gibt es jetzt die Klugscheißer, die sagen: »In unserem Verein oder unserer Kneipe hängen aber Bildschirme, und ich muss die Zahlen nur tippen!« Super, da hast du aber schön aufgepasst! Blöd nur, dass auf einem Turnier selten 64 PCs und Monitore hängen! Ihr solltet auf jeden Fall das Schreiben eines Legs mit dem Stift üben.

Wenn zwei Spieler gegeneinander antreten, wird oben in der Mitte der Schreibtafel vermerkt, welcher Modus gespielt werden soll, zum Beispiel »501 B.o. 7«. Das bedeutet, dass die Spieler von 501 abwärts spielen und das Spiel mit einem Doppel beendet werden muss. »B.o.« bedeutet »Best of«, und wenn da 7 steht, dann muss ein Spieler vier Legs, also viermal 501, gewinnen. Das Spiel kann 4:0, 4:1, 4:2, 4:3 ausgehen. Natürlich könnt ihr auch 0:4 auf den Sack bekommen, das geht auch!

Wer ein Spiel beginnen darf, entscheidet entweder der Münzwurf oder der Wurf auf das Bull. Das heißt, es wird so lange geworfen, bis einer der beiden Spieler keinen Bull trifft. Hier unterscheidet man natürlich zwischen Single-Bull und Bulls-Eye. Trifft ein Spieler den Single-Bull und der Gegner das Bulls-Eye, fängt der Spieler an, der die meisten Punkte erzielt hat. Das wäre in diesem Fall ... Richtig, der Spieler, der das Bulls-Eye warf! (Für die Menschen aus Nordrhein-Westfalen: »Hömma, dat Vollbull is besser als dat Halbbull!«) In der Kneipe um die Ecke darf meistens der beginnen, der näher am Bull ist. Würde man bei manchen warten, bis sie einen Bull getroffen haben, müsste man wahrscheinlich den Jahresurlaub verplanen.

Nun aber los ... Die »Scores«, also die geworfenen Punktzahlen, werden immer links außen bzw. rechts außen notiert. Wenn ihr das Match beginnt, dann stehen eure Scores links außen an der Schreibtafel, rechts daneben eure Restpunktzahl. Die geworfenen Punkte eures Kontrahenten stehen am äußeren rechten Rand der Tafel, seine Restpunktzahl steht links daneben. Somit stehen die Restpunktzahlen beider Spieler mittig auf der Tafel. Hier ein Beispiel:

Score	Rest	Rest	Score
45	456	401	100
60	396	261	140
81	315	216	45
125	190	121	95
60	130	60	61
90	40	Check	
		(Spieler hat S20-D20 geworfen)	

Zu Beginn meiner »Karriere« erlebte ich eine der lustigsten Geschichten, wenn es um das Schreiben geht. Ich möchte sie euch nicht vorenthalten und hoffe, dass mein Kollege Rainer jetzt nicht allzu sauer ist.

Es muss Ende der Achtziger gewesen sein, als ich gemeinsam mit ein paar Dartkollegen an einem Turnier teilnahm. Wenn irgendwo ein Schreiber fehlte, nahm einer aus der Turnierleitung das Mikro zur Hand und rief: »Schreiber, Board 18!« Mein Freund Rainer sagte: »Bin gleich da, ich geh nur schnell schreiben.« Nachdem er sich gerade wieder zu uns gesetzt hatte, ertönte erneut die Stimme der Turnierleitung: »Schreiber, Board 4!« Rainer stellte sein Bier ab und sagte: »Ach komm, das kann doch nicht wahr sein!« Stand auf und ging zu Board 4, um die Partie zu schreiben. Als er nach einigen Minuten sich wieder zu uns setzen wollte, kam prompt die nächste Durchsage: »Dringend, Schreiber zu Board 10!«

Rainer wurde nun richtig sauer und steuerte auf den Tisch der Turnierleitung zu und sagte: »Was soll der Mist, ich habe einmal verloren, habe bereits zweimal geschrieben, und nun ruft ihr mich zum dritten Mal auf, dass ich wieder schreiben soll – es reicht!« Der Herr von der Turnierleitung reagierte etwas irritiert und sagte: »Wir haben dich nicht ausgerufen!« – »Natürlich«, sagte Rainer, »Schreiber an Board 4, Board 10 und ja, ich bin Rainer SCHREIBER!«

Ja, mein Kollege heißt Rainer Schreiber!

Okay, eine Geschichte übers Schreiben fällt mir gerade noch ein. Für das Turnier »Meet the Power II« in Geiselwind suchte die Turnierleitung schreibwillige Weiber, ähh ... freiwillige Schreiber. Essen und Trinken für die Schreiber übernahm der Veranstalter. Unter anderem meldete sich eine Dame, die erklärte, dass sie gerne auf das Angebot zurückkommen würde. »Haben Sie schon mal geschrieben?«, so Ralf Rademacher, der an diesem Tag das Turnier mit seinem Team leitete. »Ja, sicher!«, sagte die Dame und wurde in den elitären Kreis der käuflichen Profi-Schreiber aufgenommen. Ein paar Minuten später hatte sie ihren ersten Einsatz. Da stand sie nun bewaffnet mit einem Stift vor der Schreibtafel. Als der erste Spieler seine Darts aus dem Board zog, sagte sie: »Und was soll ich jetzt schreiben?« Der Spieler sagte: »Ja das, was ich geworfen habe!« Die Dame wurde etwas unruhig und sagte »Ach, ich soll rechnen? Nein, davon war nie die Rede. Ich sollte etwas schreiben!«

Sie musste sich die Getränke und das Essen ab diesem Zeitpunkt wieder selbst bezahlen ...

 GRUND NR. 15

WEIL MAN CALLER WERDEN KANN!

»Ooooooooonehundredandeiiiiiiiiiiiiiiiiiiiiighty!« Dieser Schrei ins Mikrofon gehört zum Dartsport wie die Pfeile selbst. Ich wollte eigentlich nie Caller werden, Darts-Weltmeister, dass wäre es gewesen. Aber Caller? Ich weiß ja nicht … Ich bin es trotzdem geworden, eher aber aus reinem Zufall. Den meisten Callern ist es so ergangen. Mein Kollege Russ Bray, der Typ mit der unglaublichen Stimme, war auch nur die Notlösung, weil der gebuchte Caller aufgrund von Krankheit absagen musste. Bei mir sagte der gebuchte Caller nicht ab, wir hatten überhaupt keinen. Mein damaliger Verein bewarb sich damals – ich denke, es war im Sommer 1991 – für die Ausrichtung des hessischen Pokalhalbfinales und Finales der Mannschaften. Alle Spiele auf der Bühne, aber kein Caller in Sicht.

»Wer hat die größte Schnauze und die meisten Dartmatches auf Video gesehen? Wo ist Gordon?«, so oder so ähnlich lief wohl die damalige Auswahl auf der Suche nach einem geeigneten Caller. Anders kann ich es mir nicht erklären. In der Tat besaß ich für damalige Verhältnisse eine sehr große Sammlung mit den Spielen der englischen Profis. Aus diesen Videos schöpfte ich auch meine Kenntnis über das Callen. Mein damaliger Lieblingscaller war Martin Fitzmaurice, der heute nicht mehr callt und bis vor Kurzem als »Master of Ceremony« der BDO (British Darts Organisation) arbeitete. Also der, der die Spieler auf die Bühne ruft, das »Warmup« mit dem Publikum macht, bevor die Kameras angehen. Nur mal so, der gute Martin kann die Deutschen nicht so gut leiden. Das hat wohl einen geschichtlichen Hintergrund, denn zum Anheizen des Publikums macht er gerne schäbige Witze über Deutsche und deren Nazi-Vergangenheit. Es gibt halt die Ewiggestrigen, und Martin Fitzmaurice gehört dazu. Nach einer weiteren rassistischen Äußerung beendete die BDO im letzten April die Zusammenarbeit mit ihm. Trotzdem war er einer der besten Caller, die es wahrscheinlich im Dartsport gab. Ich habe es geliebt, wenn er seine 180 und 140 rief. Ich versuchte sein »Game on« und »Game shot« zu imitieren und die 180 beim Ausruf etwas in die Länge zu ziehen.

Ordentliches Kopfrechnen ist die Voraussetzung für den Job des Callers. Anfänglich war ich supernervös, schließlich war ich früher in der Schule die mathematische Vollnull. Nach 22 Jahren als Caller klappt es jetzt mittlerweile ganz gut mit der Subtraktion. Okay, alles über 501 wird schon wieder schwierig – Spaß beiseite. Eigentlich rechnet man nach dieser Zeit nicht mehr richtig. Man hat Bilder im Kopf, und ein Bild steht für eine Zahl. Klingt komisch, ist aber so! Wenn ich zum Beispiel einen Dart in der Triple 20, Triple 19 und Single 19 sehe, dann weiß ich, dass es 136 Punkte sind, jedoch muss ich nicht 60 + 57 + 19 zählen. Verstanden? Keiner von euch muss es wirklich ausrechnen, dass es 140 Punkte sind, wenn zwei Darts in der Triple 20 und einer in der Single 20 stecken. Ihr wisst einfach, dass es 140 Punkte sind. Richtig? Genauso geht es mir auch, nur sollte das auch bei einer Triple 13, Single 16 und Doppel 14 klappen. Schon gut, es sind 84! Ich calle generell in Englisch, weil es beim Darts einfach so sein muss. Fertig. Deutsch hört sich in meinen Ohren für dieses Spiel einfach schrecklich an. Übrigens, es sind 83 Punkte – ätsch!

Eine weitere Voraussetzung sollte eine Stimme sein, die dem Publikum möglichst keine Zahnschmerzen bereitet. So hat jeder seinen Lieblingscaller. Russ Bray, George Noble, Bruce Spendley, Freddie Williams, Paul Hinks, Phil Jones, Rab Butler, Paul Booth, Richard Ashdown und Jacques Nieuwlaat sind alles sehr gute Referees! Ich habe zwei Lieblingscaller, nämlich Russ Bray und George Noble. Russ ist ein unglaublich lustiger und sehr netter Typ, gesegnet mit einer der ungewöhnlichsten Stimmen überhaupt. Gerade Werbespots oder Darttrailer von Sky Sports, welche mit seiner Stimme unterlegt sind, finde ich unglaublich gut. Klar, wenn Russ eine 180 brüllt, dann fliegt dir der Kitt aus der Brille! Und dann gibt es noch George Noble, ebenfalls supernett, und ich denke, rein fachlich die absolute Nummer eins. Ich habe es noch nie erlebt, dass sich George einmal verrechnet hätte. Ich mag auch diese alten Caller wie Freddie Williams und Bruce Spendley, von denen man eine Unmenge lernen kann. Beide haben auch tolle Stimmen.

Mir persönlich macht es einfach auch Spaß, als »Master Caller« mit dem Publikum zu arbeiten. Diesbezüglich liebe ich Exhibitions, Veranstaltungen, bei denen man Spaß mit den Leuten machen kann und nicht alles so ernst abläuft. Wenn man dann noch einen Profi-Darter an der Seite hat, der ebenfalls die Sau rauslassen kann, dann wird es ein grandioser Abend. Zugegeben, ich wäre gerne auch Profi-Caller in England geworden, aber ich bin mir sicher, dass mir das nicht vergönnt ist. Dies hat mehrere Gründe, die ich zum Abschluss dieses Kapitels gerne erläutern möchte:

Alle Caller der PDC sind freiberuflich tätig. Sie haben einen Vertrag mit dem Turnierdirektor namens Tommy Cox. Dieser war unter anderem mal Manager von Eric Bristow und Phil Taylor. Tommy Cox betreibt eine Firma, die der PDC die Caller und die Hauptschreiber zur Verfügung stellt. Die Caller sind nicht die Angestellten der PDC. Je nach Einsatz wird dann der PDC eine Rechnung über geleistete Arbeit der Caller gestellt. Tommy Cox ist ein Mensch, der nie Fehler macht! Das ist völlig ausgeschlossen. Das weiß jeder Caller, jeder Spieler, der liebe Gott, einfach alle! Es ist generell immer der Fehler eines anderen. Immer. Beispiel gefällig?

Einige Jahre war ich auch der »Master of Ceremony« beim PDC-Turnier im Gerry Weber Convention Center in Halle/Westfalen. Meine Aufgabe war es, die Spieler auf die Bühne zu rufen. Ich denke, ihr wisst, was ich meine. Tommy Cox legt die Reihenfolge der Spiele fest, welche auf der Hauptbühne stattfinden werden. Am Anfang sind es meistens sieben Spiele, danach bekommt man vor jedem Spiel den Zettel mit der anstehenden Partie in die Hand gedrückt und muss auf die Bühne, um das Spiel anzukündigen. An diesem Tag hat der gute Tommy sich schon zweimal bei der Auswahl der Spieler geirrt, das heißt, sie hätten gar nicht gegeneinander gespielt. Egal, schließlich war es der Fehler eines anderen … Tommy schreibt in meinem Beisein die nächste Partie auf. »John Part gegen Mervyn King« steht gut leserlich auf dem kleinen Zettel. Ich gehe auf die Bühne, mache mein Mikrofon an, hole Luft, schaue nach links und sehe, dass an den Boards zu meiner Linken bereits John Part gegen Mervyn King spielt und Mervyn bereits mit 3:1 führt. Also Mikro aus, runter von der Bühne und zu Tommy Cox. Ich gebe ihm den Zettel und sage: »Die zwei Jungs spielen schon an Board 2!« Tommy Cox schaut mich an und sagt: »Von wem hast du diesen Zettel bekommen?« Ich denke, er verarscht mich, und ich sage: »Na, von dir vor drei Minuten, von wem sonst?« Er wirkt leicht verärgert, als er sagt: »Von mir hast du den Zettel nicht!« Ich bin fassungslos und sage: »Tommy, du hast mir doch gerade eben diesen Zettel in die Hand gedrückt und ihn vorher in meinem Beisein geschrieben!« Sein Gesicht gleicht nun einer Tomate, als er zu mir sagt: »Sag du mir nicht, was ich geschrieben habe und was nicht!« Wie gerne hätte ich ihm damals mein Mikro dahin gesteckt, wo keine Sonne scheint. Und ich meine nicht Norwegen … Beste Freunde werden wir auf jeden Fall nicht mehr. Es gibt einfach Leute, die brauchst du wie Durchfall im Freibad.

Außerdem denke ich, dass die deutsche Nationalität nicht förderlich ist, um eine Karriere als Caller in England anzustreben. Dies wird der Grund sein, warum die PDC lieber jungen Holländern die Chance gibt, als einem deutschen Caller mit ausreichend Erfahrung die Möglichkeit zu bieten, sich unter Beweis zu stellen. Stellt euch vor, der »Ally Pally« ist ausverkauft, und ein Deutscher leitet das urbritischste Spiel aller Spiele überhaupt. Und im Publikum sitzen vielleicht noch 150 englische Fußball-Hooligans, und du kommst mit einem fröhlichen »Grüß Gott« auf die Bühne. Wenn du dann da stehst, dann bist du in deren Augen automatisch Hitlers Enkel. Keine Chance, das können und werden sie nicht zulassen! Somit beschränke ich mich auf meine Tätigkeiten in Deutschland.

Das Highlight meiner Caller-Karriere habe ich leider schon hinter mich gebracht, als ich zum Ende des »Meet the Power«-Turniers in München das Finale zwischen Phil Taylor und Raymond van Barneveld callte. Obwohl es das wahrscheinlich einfachste Match der Welt ist, war ich niemals zuvor so nervös in meinem Leben. Mir lief das Wasser aus meiner Hand, in der ich das Mikrofon hielt, den Arm hinab in den Ärmel meines Sakkos, obwohl die beiden die einfachsten Scores schmeißen. Meistens geht es ja 140, 140, 100, 125 und Check! Oder 180, 140, 135 ... und so weiter, und das Ding ist zu. Trotzdem habe ich im ersten Leg wirklich gezittert, als ginge es um mein Leben. Danach habe ich es einfach genossen und wurde mir bewusst, dass ich der einzige Deutsche war – und immer noch bin –, der die beiden Größten der Großen callen durfte! Das Spiel werde ich mein Leben lang nicht vergessen, und ich muss gestehen, dass es mich heute noch sehr stolz macht.

Falls mal einer von euch callen sollte, folgende Tipps: Steht absolut still und schaut nur auf das Board. Erst wenn der dritte Dart geworfen wurde, dürft ihr euch bewegen! Sich umdrehen und dem werfenden Spieler ins Gesicht schauen zieht unweigerlich die Todesstrafe nach sich! Tut das NIEMALS!!! »Game shot ...«

GRUND NR. 16

WEIL MAN EINEN 9-DARTER WERFEN KANN!

Einen »9-Darter werfen« bedeutet, dass man ein Dartmatch in der Variante »501 Straight In / Double Out« mit neun Darts beendet. Man muss also, ausgehend von der Startpunkzahl 501, mit einem Wurf in ein Doppelfeld am Ende mit neun Darts exakt auf null kommen. So weit okay ...

Ein sogenannter 9-Darter im Dartsport ist das Höchste, das Größte, das Geilste, einfach der unfassbarste Moment im Leben eines Dartspielers. Okay, okay, vielleicht nicht mehr für Phil Taylor oder Raymond van Barneveld, die hatten nämlich schon ein paar davon. Selbst Top-Profis wie zum Beispiel Terry Jenkins haben noch nie einen 9-Darter während eines Spiels geworfen. Innerhalb von ein paar Sekunden kannst du dir dein eigenes Denkmal setzen, nämlich genau dann, wenn der neunte perfekte Dart ins richtige Doppel fliegt.

Die meisten behaupten, dass ein 9-Darter mit einem »Hole-in-One« beim Golf zu vergleichen ist. Ich halte diesen Vergleich für sehr fragwürdig, schließlich muss sich der Golfer nur einmal konzentrieren, der Darter neun Mal.

Es gibt bei der »Double Out«-Variante exakt 71 Möglichkeiten, einen 9-Darter zu werfen. Wenn man davon ausgeht, dass der Spieler mit den ersten sechs Darts zwei 180er geworfen hat, wird die Restpunktzahl von 141 meistens wie folgt beendet (T steht für Triple, D für Double):

- T20, T19, D12 (60-57-24)
- T20, T15, D18 (60-45-36)
- T17, T18, D18 (51-54-36)
- T19, T16, D18 (57-48-36)

Sicherlich ist es nicht zwingend erforderlich, dass man das Spiel mit zweimal 180 Punkten beginnen muss. Phil Taylor nutzte in der Vergangenheit auch gerne den folgenden Weg für ein perfektes Spiel: 180 – 177 – 144.

Egal wie, ein 9-Darter ist das Highlight eines jeden Darters! Seit 1984 konnte man bisher 34 dieser Meisterleistungen im Fernsehen bewundern.

- 9x Phil Taylor
- 5x Raymond van Barneveld
- 3x Michael van Gerwen
- 2x Adrian Lewis
- 2x Mervyn King

- Je 1x Brendan Dolan, Darryl Fitton, Dean Winstanley, Gary Anderson, James Wade, John Lowe, John Part, John Walton, Paul Lim, Shaun Greatbatch, Simon Whitlock, Tony O'Shea und Wes Newton.

Den ersten 9-Darter bekamen die Zuschauer in einer Aufzeichnung, also nicht »live«, zu sehen. Es war Freitag, der 13. im Oktober 1984, als der Engländer John Lowe während des Viertelfinales der MFI World Matchplay gegen seinen Kontrahenten Keith Deller an die Oche trat und das bis dahin Unmögliche schaffte. 180 – 180 – 141 (T17, T18, D18) und John Lowe wurde zur Legende. *(Es ist fast 30 Jahre her, und ich bekomme eine Gänsehaut – unglaublich!)*

102.000 GBP betrug der damalige Jackpot für das Erzielen eines 9-Darters. 2.000 Britische Pfund gab es von der Britisch Darts Organisation, und 100.000 GBP bezahlte der Turnierorganisator, der sich glücklicherweise vorher dagegen versicherte. Aber das war für John Lowe noch nicht das Ende des Zahltags, schließlich gewann er das Turnier und erhielt einen Siegerscheck in Höhe von 12.000 GBP und zusätzlich nochmals 1000 GBP für ein 161er-High-Finish, das höchste des Turniers. Somit gewann der gute Herr Lowe insgesamt während dieses Turniers die damalige Rekordsumme in Höhe von 115.000 Britischen Pfund. Das waren zur damaligen Zeit 435.850 Deutsche Mark, also heute 222.846 Euro!

Den ersten Live-9-Darter erzielte dann der Engländer Shaun Greatbatch am 3. Februar 2002 während der Dutch Open im Koningshof Hotel im holländischen Veldhoven. Im Finale spielte Greatbach vor circa 5.000 Zuschauern gegen seinen Landsmann Steve Coote, und das Spiel wurde im holländischen Fernsehen durch den Sender SBS 6 übertragen. Am Ende gewann Shaun Greatbatch das Finale mit 4:2, weitaus wichtiger war jedoch der Eintrag in die Geschichtsbücher des Dartsports.

Einen 9-Darter bei einer Weltmeisterschaft erzielte erstmals der in Singapur geborene Amerikaner Paul Lim während der

Embassy World Professional Darts Championship im Jahr 1990. Seinen darterischen Traum erfüllte sich der Amerikaner in seinem Zweitrundenmatch gegen den Iren Jack McKenna. Dieser 9-Darter brachte ihm umgerechnet circa 76.000 Euro.

Nun warteten die Engländer auf ihren ersten Live-9-Darter im englischen Fernsehen. Und wer außer Phil Taylor sollte ihnen diesen Wunsch erfüllen können? Am 01.08.2002, im großen Saal des »Winter Gardens« in Blackpool, erzielte »The Power« im Viertelfinale der World Matchplay gegen Chris Mason den ersten Live-9-Darter auf Sky Sports! Dieser brachte ihm damals einen Bonus in Höhe von umgerechnet 65.100 Euro.

Bei den Damen war es übrigens die Engländerin Mandy Solomons, die den ersten 9-Darter im Rahmen eines Ligaspiels erzielte.

Erneut war es jedoch Phil Taylor vorbehalten, ein weiteres Mal Geschichte schreiben zu dürfen. Im Rahmen des Finales der »Premier League« gelang ihm am 24.Mai 2010 gegen James Wade das Kunststück, zwei 9-Darter in einem Match zu werfen. Beim ersten Mal begann er recht ungewöhnlich mit T20, T19, T19, also 174 Punkten, um sich dann mit einer 180 auf 147 Rest zu stellen. Diese checkte er mit T20, T17 und einer D18 (60, 51, 36). 13 Legs später spielte er dann den bekanntesten Weg, indem er nach zwei Mal 180 die Restpunkzahl von 141 mit T20, T19 und D12 egalisierte. Ein Leg später verpasste er fast sogar noch einen dritten 9-Darter, verpasste aber die Dreifache 17 mit dem achten Dart.

Fast wäre dem jungen Holländer Michael van Gerwen, genannt »Mighty Mike«, während der Weltmeisterschaft 2012, genau genommen war es Sonntag, der 30. Dezember, die Sensation gelungen, zwei 9-Darter in zwei darauffolgenden Legs zu werfen. Erneut hieß der Gegner James Wade, der als Kontrahent anscheinend für solche Dinge wie geschaffen ist, als »Mighty Mike« den ersten 9-Darter nach einer 180 und 177 mit 144 beendete. Im anschließenden Leg warf er acht perfekte Darts, nämlich 180 (3x 60), 180 (3x 60), T20 (60), T19 (57), bevor er dann die Doppel 12 um wenige Millimeter verpasste.

Der Ire Brandon Dolan warf am 08.10.2011 im Rahmen des World Grand Prix in Dublin den ersten 9-Darter im Modus »501 Double In – Double Out«. Seit diesem Tag trägt er den Spitznamen »History Maker«.

Der älteste Spieler, der jemals einen 9-Darter warf, ist John McGowan, dem dies während der Players Championship 2008 in Veldhoven/Holland glückte. Der jüngste Spieler war der Schwede Oskar Lukasiak, dem ein 9-Darter im Alter von zwölf Jahren während der Denmark Open im Jahr 2004 gelang.

Jetzt seid ihr gefragt! Der absolute Mega-Wahnsinn ist bisher aber noch keinem Darter auf der Welt gelungen, nämlich der *perfekte 9-Darter*! Als solchen bezeichnet man die Kombination aus jeweils dreimal geworfenen 167 Punkten. Dreimal 167 sind 501 Punkte! Und zwar müsst ihr diese wie folgt werfen: T20 – T19 – Bulls-Eye, also 60, 57 und 50 Punkte und zwar dreimal hintereinander!!!

Ich wünsche viel Spaß beim Üben ...

GRUND NR. 17

WEIL MAN EINEN SPITZNAMEN BEKOMMT!

The Power. Barney. The Man. Old Stoneface. Crafty Cockney. Dr Kimble. The Menace. Jackpot. Mighty Mike. The Machine. The Wizard. The Hammer. The Warrior. The Force. Chizzy. The Flying Scotsman. Büffel. The Artist. The Thorne. Big Willy Style. The Asset. Shorty. The King. The Raging Bull. Webby. The Rocket. Armageddon. The Hurricane. Darth Maple. Jaws. The Dutch Destroyer. Special Brew. Elton. Walshie. Snakebite. The Prince of Wales. Heizer. Pieman. Bronzed Adonis. Leon the Lion. Magnum. Ozzy. Jockel. Diamond. Sonny. The Wanderer. The Flying Gotzmann. The Heat. Jabba. Jägermeister-Brothers. Cool Hand. Bully. Maximiser. Mile High. Bomber. The Saint. Der alte Mann. Matchstick. Hendo.

Rockstar. Over the Top. The Mad Monk. Ardinho. Ruthless. Poker Face. Gonzo. The Train. The Flying Dutchman. Kampfzwerg. Tripod. Mickey. La Perla. Hotshot. Undertaker. KO. Torty. Smiffy. The Gentle. Herr Freese. The Rock. Herbie. Demolition Man. Lucky. The Magpie. The Electrician. Hawaii 501. Schmiddi. The Viking. The Prince of Style. The Dragon. Puppy. The Voice. The Limestone Cowboy. Golden Girl. From Russia with Love. Wolfie. Scotty 2 Hotty. Mace the Ace. John Boy.

Es ist im Dartsport zwar kein Muss, aber wer etwas auf sich hält, der sollte sich einen Spitznamen zulegen, besser noch einen von Freunden verliehen bekommen. Wenn man Freunde hat ... Oberstes Gebot, der »Nickname« sollte möglichst zu einem passen oder mit der eigenen Person zu tun haben. Aber auch hier rate ich zum vorherigen Überlegen. Zu groß aufgetragen kann – nein, wird – nach hinten losgehen – ganz sicher! Ich rate speziell den Deutschen in dieser Hinsicht ein wenig zur Bescheidenheit und Demut. Oft begegnen mir bei Exhibitions deutsche Spieler, die sich mit Namen wie »The Darting Nightmare«, »The Observer«, »Sergant Wanker«, »The German Killer«, oder »The Incredible Superstar of Future Darts formally known as the typ who only was trifft, wenn he mehr als 12 Bier and 8 Bacardi-Cola in the head hat« auf die Bühne rufen lassen. Mit dem Ziel, dass sie meistens mit einer Restpunktzahl von über 300 genauso schnell wieder gehen.

Warum Phil Taylor schnell zu »The Power« wurde und Raymond van Barneveld einfach »Barney« ist, sollte klar sein. Seit Raymond von der BDO zur PDC wechselte, hat man ihm noch einen neuen Nickname verpasst – »The Man«. Dieser bewirkt bei mir Gänsehaut und einen hohen Fremdschämfaktor. Er ist also »DER MANN«, oder wie? Nee, »Barney« ist mir lieber und ihm sowieso. Warum aber Gary Anderson früher »Dreamboy« genannt wurde, entzieht sich jetzt völlig meiner Vorstellungskraft. Vielleicht wäre er der »Dreamboy« der Kaffeeindustrie, schließlich trinkt er knapp 30 Tassen pro Tag von dem. Heute ist er der »The Flying

Scotsman«. Schotte ist er, und nach diesem Kaffeekonsum kann er wahrscheinlich auch fliegen – passt also alles. Roland Scholten, Ex-Co-Kommentator von Sport1, ist als »The Tripod« – also »Das Stativ« – bekannt. Wer ihn an der Oche stehen sieht, weiß warum. Kerzengerade mittig zum Board auf dem rechten Bein nach vorne gebeugt, sieht er wirklich aus wie ein Stativ. Das ist aber nur die halbe Wahrheit, schließlich gehören zu einem Stativ drei Beine. Lasst es mich so sagen, man behauptet, dass alles an Roland groß ist, sehr groß. Ähm ... Na ja, ich denke, ihr wisst, was ich meine. Ich kann es – zum Glück – nicht bestätigen, aber ich denke, dass an jeder Geschichte zumindest immer ein kleines Stück Wahrheit dran ist. Heute nennt man ihn »The Flying Dutchman«. Warum diese Typen immer fliegen müssen? Keine Ahnung.

Andy Smith ist »The Pieman«. Übersetzt ist ein »Pie« ein/e gefüllte/r Kuchen, Torte oder Pastete. Eigentlich ist die genaue Definition nicht besonders wichtig, schließlich sieht man Andy an, dass er für sein Leben gerne isst, egal was. Sein unbändiger Appetit brachte dem sympathischen und meist gutgelaunten Engländer die wohl unglaublichste Geschichte ein. Der gute Andy wurde in Las Vegas in einem chinesischen Restaurant mit einem »All you can eat«-Buffet nach vier Stunden des Ladens verwiesen. Dabei war er gerade dabei, sich den Nachspeisen zuzuwenden. Man muss sich das einmal vor Augen führen! In Las Vegas sehen Buffets aus wie die Verkaufstheken großer deutscher Metzgereien. In Vegas gibt es einfach alles und zwar im Überfluss! Und was »All you can eat« heißt, wissen wir auch. So viel wie reinpasst, richtig? Da stolpert also ein Engländer, dessen »Body Mass Index« Äquator heißt, in ein chinesisches »All you can eat«-Restaurant in Vegas und (fr)isst den kleinen Hopsings das Buffet leer! Vier Stunden und danach ab zum Nachtisch – auch ein Buffet. Da hat ihm dann der gute Chef zu verstehen gegeben, dass das »All you can eat« nun für ihn ein Ende habe und er den Laden nun verlassen müsse. Er selbst kann übrigens am meisten über diese Geschichte lachen, trotzdem war

Andy damals völlig enttäuscht und sehr traurig, schließlich hatte er sich doch so auf den Kuchen gefreut.

»The Bronzed Adonis« oder »Magnum« sind die Spitznamen des BDO-Weltmeisters von 1996 – Steve Beaton. Der 49-jährige Steve könnte wirklich der kleine Bruder des amerikanischen Schauspielers Tom Selleck sein, welcher über acht Jahre den Privatdetektiv Thomas Sullivan Magnum spielte. Die Älteren werden sich sicherlich erinnern können. Es ist der Mann, der immer den Ferrari seines Chefs fährt und auf Hawaii wohnt. Der gute Steve ist durchtrainiert, meist gut gebräunt, und das Hemd ist immer einen Knopf zu weit offen. Genau wie der amerikanische Schauspieler hat Steve eine unglaubliche Brustbehaarung, dass man meinen könnte, er würde ein schwarzes Angorauntehemd tragen – so wie Jyhan. Alles in allem eine sehr männliche Erscheinung, wäre da nicht dieses Lachen. Wenn Steve anfängt zu lachen, erinnert das an siebenjährige Mädels. Ein Stimmchen wie ein Chorknabe! Anscheinend war Steve gerade die Brusthaare ausbürsten, als der liebe Gott die männliche Stimme verteilte – Schicksal!

Der Australier Simon Whitlock ist »The Wizard«, und wer ihn sieht, weiß warum. Ein Kinnbart, der so lang ist, dass man unweigerlich an eine Ziege denken muss, gepaart mit einem geflochtenen Zopf, der fast den ganzen Rücken bedeckt. Ansonsten besitzt der Herr eigentlich eine recht normale Frisur, nur die Haare am Hinterkopf sind lang. Seit ich ihn kenne, frage ich mich, ob er freiwillig so rumläuft oder doch eine Wette verloren hat. Und dann gibt es noch Peter »Snakebite« Wright. Peters Haare sehen immer ein wenig nach »Friseurinnen auf Drogen« aus. Seine Frau, wen wundert's, sie ist Friseurin, färbt bei Majorturnieren dem Göttergatten vor jedem Spiel die Haare neu und immer ganz besonders auffällig. Sobald Peter in Deutschland die Bühne betritt, singen die Fans »Du hast die Haare schön!« … Geschmackssache. Lustig ist es auf jeden Fall, zumal er in der Weihnachtszeit schon mal mit Christbaumkugel und Weihnachtsschmuck im Haar an die Oche tritt. Und zur Feier des Tages bekommt Mr Wright von seiner Frau auf der Seite des Kopfes eine Schlange gemalt. Wie süß … *hüstl*

Ihr seht, man sollte sich über seinen Spitznamen Gedanken machen. Nehmt einfach den, den ihr eh schon habt. Aber lasst bitte diese kriegerisch klingenden Namen einfach weg. Es macht sich einfach nicht gut, wenn man sich »Triple Terror« oder »Tungsten Warrior« nennt und dann einen 46er Average aufs Board nagelt. Da wäre ja »Blinde Nuss« fast noch passender …

Zum Abschluss noch ein kleiner Hilferuf an die PDC und Sky Sports. Warum erzählen die Kommentatoren denn immer, dass unser Jyhan Artut, übrigens mein Lieblingstürke, noch keinen Spitznamen hat. Was soll der Blödsinn? Jyhan ist seit einigen Jahren »Das Dönertier«! Wenn die Jungs auf der Insel mit dem »ö« nicht klarkommen, dann nennt ihn doch »The Kebap Animal«, wo ist das Problem? Ich glaube, wir sollten das alle bei der PDC Europe und Sport1 einfach einfordern. Schreibt bei der nächsten Mail-in-Aktion einfach: »Jyhan Artut ist ›Das Dönertier‹!« Oder es muss beim nächsten Turnier einfach gesungen werden. Ist »Pieman«, »Rocket«, »Rockstar« oder »The Prince of Wales« denn ein besserer Spitzname? Kann ich nicht glauben …

GRUND NR. 18

WEIL DARTER RÜCKSICHT NEHMEN!

Sofern man seinen Partner nicht mit auf Reisen nimmt, teilen sich die Darter in der Regel aufgrund der Einsparung von Kosten ein Hotelzimmer. Da man wie eine große Familie gemeinsam von Turnier zu Turnier reist, teilt man sich ab einem gewissen Zeitpunkt eigentlich immer mit der gleichen Person ein Hotelzimmer. So war dies auch zwischen Phil Taylor und Russ Bray speziell beim Golden Harvest North American Cup, welchen »The Power« in den Jahren

2000, 2001, 2002 und 2003 gewann und wo »The Voice« als Caller fungierte.

Nach einem dieser Überseeflüge kam man im Jahr 2002 nachts um kurz nach ein Uhr im Hotel in Saskatoon/Kanada an. Leider war man aufgrund der Zeitumstellung aber topfit und kein bisschen müde. Trotz des Jetlags entschieden sich Phil und Russ, ins Bett zu gehen, schließlich wollte Taylor seinen Titel aus den vergangenen zwei Jahren erneut verteidigen. Licht aus! Viertel vor zwei, doch Herr Bray konnte auf Teufel komm raus nicht einschlafen. So lag er mit offenen Augen da und starrte in die Dunkelheit. Die schweren Vorhänge des Hotelzimmers ließen nicht den geringsten Lichtstrahl ins Zimmer.

Bray verhielt sich mucksmäuschenstill, schließlich musste Taylor am nächsten Morgen spielen. Er überlegte, wie er die Zeit am besten totschlagen könnte. Vielleicht fernsehen? Keine Chance, schließlich wollte er Taylor nicht stören. MP3-Player! Nein, der lag nämlich noch irgendwo vergraben im Koffer. Es war mittlerweile kurz vor halb vier. Ein Buch oder eine Zeitung lesen! Besser nicht, schließlich hätte er Licht anmachen müssen, und Phil wäre wach geworden. Eine Zigarette rauchen, das wäre es gewesen. Völlig bescheuerte Idee, schließlich war der Champ im Nachbarbett strikter Nichtraucher, somit keine Chance auf Nikotin.

Mittlerweile war es 4:30 Uhr, als Bray seinen berühmten Bettnachbarn plötzlich flüstern hörte: »Psst, Russ! Bist du schon wach?« Russ antwortete mit einem kurzen und glücklichen »Ja«, schließlich war seine quälende Langeweile nun vorbei. »Gott sei Dank!«, sagte Taylor. »Schließlich liege ich, seit wir uns hinlegt haben, mit offenen Augen im Bett und starre die Decke an. Ich wollte schon den Fernseher anmachen oder ein Buch lesen, aber ich wollte dich nicht wecken, schließlich musst du morgen callen!« Somit lagen beide Herren insgesamt zwei Stunden und 45 Minuten wach und mit offenen Augen nebeneinander, ohne auch nur zu ahnen, dass es dem anderen genauso erging. Beide versuchten, keinen Lärm zu verursachen, keiner sprach auch nur ein Wort, nur damit der andere schlafen konnte. Das nennt man Rücksichtnahme!

Auch Andy Fordham und Wayne Mardle teilten sich während eines Turniers mal ein Doppelzimmer. Wayne wurde morgens wach, weil er Fordham stöhnen hörte. Ahhh … ahhh … ahhh … Völlig verstört drehte sich Mardle auf die andere Seite und schaute ängstlich an die Wand, schließlich wusste er nicht, was der Wikinger da trieb. Und wieder … Ahhh … ahhh … ahhh … Das Bett schaukelte unter der Last von Fordhams Bewegungen. Wayne wurde es heiß und kalt … Vorsichtig fragte er Fordham: »Alles klar bei dir, Andy?« Als Antwort erhielt er ein: »Ahhh … ahhh … Geht … ahhh … schon!« Nun wurde es dem guten Wayne aber zu bunt und er drehte sich um, um nachzuschauen, was sein übergewichtiger Freund anstellte. Dieser rollte völlig angestrengt von links nach rechts, von rechts nach links und wieder zurück, immer mit diesem leidvollen Stöhnen. »Was zur Hölle machst du da?«, fragte Wayne Mardle. Fordham rollte weiter, während er die Situation wie folgt auflöste: »Ich versuche seit 20 Minuten, Anlauf zu nehmen, um aus dem Bett zu kommen, aber ich schaffe es nicht!«

KAPITEL 3

WAS, WOHER UND WARUM?

GRUND NR. 19

WEIL ES »Q« GIBT!

Neulingen rate ich zu Beginn einer bevorstehenden Karriere zu einem gebrauchten Dartset. Neue Pfeile sind eigentlich noch nicht nötig, da die Erfahrung zeigt, dass man die Darts in der Anfangszeit des Öfteren noch wechselt. Das ist natürlich eure Sache, ihr könnt natürlich auch in einen Dartshop gehen und alles, was nach ein paar Darts aussieht, wahllos einpacken. Oder einfach im Internet alles anklicken, was euch optisch liegt. In so einen virtuellen Einkaufskorb passt ja 'ne Menge rein. Es wäre aber Schwachsinn und einfach nur Geld zum Fenster rausgeschmissen. Wenn euch natürlich die Sammelleidenschaft packt – und das soll es geben –, dann Feuer frei. Ich könnte mir aber vorstellen, dass ihr jemanden findet, der euch zu Beginn am Händchen nimmt und bei der Auswahl unterstützt. Vielleicht habt ihr ja auch die Möglichkeit, in eurer Kneipe oder eurem Vereinsheim ein paar verschiedene Modelle ausprobieren zu können.

Zuallererst solltet ihr euch versichern, dass sich die Darts in euren Händen gut anfühlen. Der Grip, so bezeichnet man das Gefühl, welches beim Zugreifen entsteht. Im Metall gibt es je nach Modell verschiedene Fräsungen und Einstiche, die das Tastgefühl verstärken und euch den Dart, bzw. das Stück Metall, besser festhalten lassen. Ihr werdet sicher schnell merken, welcher Grip euch besser liegt, ob ihr eher eine raue oder eher eine glatte Oberfläche bevorzugt. Testet es, jemand anderes kann euch keine Ratschläge geben, denn schließlich fühlt nur ihr es. Das Gewicht sollte jetzt noch überhaupt keine Rolle spielen, nur sollten sie nicht zu leicht sein. Beim ersten Ausprobieren solltet ihr bestmöglich auf die Ratschläge eines erfahrenen Spielers zurückgreifen können. Wenn ein »alter Hase« an eurem ersten Testabend anwesend ist, kann eigentlich nichts mehr schiefgehen. Damit ihr ein gutes Gefühl für das

Fliegen eines Darts bekommt, sollten die ersten Darts zwischen 23 und 26 Gramm schwer sein.

An verschiedenen Dartmodellen sollte es nicht mangeln. Die bekanntesten Firmen am Dartsmarkt sind Unicorn, Winmau, Harrows, Red Dragon, Target, Bulls, Datadart, B&W, Masterdarts, Bottelsen (Hammerhead), Puma, Pentathlon, McCoy und McDarts, die für jeden Spieler das passende Modell bieten. Einige dieser Firmen produzieren ihre Darts selbst, andere lassen sie im Ausland anfertigen. Aus Kostengründen werden viele der hübschen Pfeile in China hergestellt, was aber nicht bedeuten muss, dass die Qualität minderwertig ist. Früher wurden die Darts fast ausschließlich in England hergestellt, aber aufgrund steigender Lohn- und Materialkosten war der Weg nach Fernost nicht zu vermeiden. Die Firma Unicorn verschiffte vor Jahren alle Drehbänke nach China, euer Dart kommt also in diesem Moment von einer englischen Maschine, nur steht diese fernab der Heimat. Das Tungsten, die Maschine, alles wie früher, nur der Kollege vor der Maschine isst mittags anstatt Fish & Chips lieber Ente süß-sauer. In England werden von Unicorn nur noch Prototypen gefertigt. Wenn sich zum Beispiel Herr Taylor nach Phase 4711 sehnt, dann kommt Alex Ross, genannt »Q«, ins Spiel. Alex Ross ist Unicorns »Production Director«, Tungsten-Designer und auch für die Umsetzung der Spielerwünsche zuständig. Er erfüllt quasi Träume in Wolfram! Seinen Spitznamen hat Alex Ross natürlich aufgrund des genialen Tüftlers »Q« aus den James-Bond-Filmen. Er stellt aus Rohlingen die ersten Prototypen her, die dann dem Spieler vorgelegt werden. Ist der Spieler nicht zufrieden, nimmt Alex Änderungen vor. Dann gehen die neuen Darts zurück zum Spieler. Diese Geschichte wiederholt sich so oft, bis der Spieler mit dem Ergebnis zu 501 Prozent zufrieden ist. Wünscht der Spieler die Darts in Schwarz oder Gold, werden sie nach China geschickt und erhalten durch ein bestimmtes Beschichtungsverfahren, das sogenannte »Coating«, die gewünschte Oberfläche. Wünscht der Spieler seine Pfeile allerdings in »Natural Tungsten«, also in der ursprünglichen Farbe Silber, dann werden die Darts in England hergestellt. Alle Mitglieder des »Team Unicorn« erhalten vorab fünf Sets ihres Darts, bevor der Dart in die Massenproduktion geht. Ab dann kann der Spieler die Darts ganz offiziell bei seinem Hersteller, in diesem Fall Unicorn, gratis bestellen. Ist der Aufwand der Herstellung zu groß, bleibt der Dart eine Anfertigung ausschließlich für den Spieler selbst. Hin und wieder gibt es zwischen den offiziellen Darts und den eigenen Darts des Spielers kleine Abweichungen, da diese in einer Massenproduktion einfach nicht realisiert werden können. Der Spieler erhält dann ebenfalls seine Darts wieder direkt aus England. Bei Unicorn ist es besagter Alex »Q« Ross, der über das Schicksal eines Darts entscheidet. Wenn Mr Ross sagt: »Das geht!«, dann geht es. Leider verhält es sich umgekehrt genauso. Es kann zuweilen zu sehr lustigen Ergebnissen kommen, wenn man als Deutscher per E-Mail einem englischen Ingenieur vermitteln will, wo und wie die Einstiche im Metall erfolgen sollen. Diese Einzelstücke landen dann in meinem Kuriositätenkabinett. In diesen Momenten wäre es sinnvoller, wenn man ein englisches Wörterbuch für Dreher zur Hand nehmen würde. Persönlich habe ich mich schon seit Längerem fürs Malen entschieden.

GRUND NR. 20

WEIL DAS LETZTE EINHORN IN ENGLAND LEBT!

Der englische Darthersteller Unicorn Darts Ltd. erkannte bereits im Februar 2006, welches Potenzial in Deutschland und seinen Spielern schlummert. Michael Rosenauer und Andy Kröckel waren die ersten beiden deutschen Spieler (und ich selbst als »Master Caller«), die mit einem Sponsorvertrag der weltgrößten Dartmarke ausgestattet wurden. Seit dieser Zeit schlage ich Unicorn Spieler vor, die mir aufgrund ihres Talents und ihrer Persönlichkeit positiv auffallen. Im Rahmen dieses »Scoutings« und verbunden mit einem Sponsorenvertrag wurde Steffi »Lucky« Lück im Jahr 2010 ebenfalls ins Team Unicorn berufen. Für einen deutschen Darter ist es quasi ein Sechser im Lotto, wenn er einen Vertrag mit Herstellern wie Unicorn, Bulls, Target oder Harrows unterzeichnen darf. Es gibt nichts Größeres, wenn ich dies einmal so sagen darf. Ich nutze die Produkte Unicorns, seit ich nicht mehr mit blauen, grünen, roten, oder gelben Plastikpfeilen auf eine Papierscheibe werfe. Unicorn hat mich immer mit ihren Produkten überzeugt. Ich sollte vielleicht erwähnen, dass ihr jetzt nicht an der Stelle des Buches angekommen seid, die man im Fernsehen als Werbeblock bezeichnet. Keine Angst! Für mich persönlich war es natürlich ein Highlight, mit einem Spieler wie Phil Taylor in einem Team zu sein. Raymond van Barneveld stieß ja ebenfalls später dazu. Zum »Team Unicorn« gehören neben »Big Guns« wie Phil Taylor und Raymond van Barneveld die drei übrigen Weltmeister John Lowe, Bob Anderson, Anastasia Dobromyslova sowie James Wade, Andy Hamilton, Gary Anderson, Terry Jenkins, Kevin Painter, Wes Newton, Paul Nicholson, Colin Osborne, Jamie Caven, Joe Cullen, Arron Monk, Keegan Brown, Devon Peterson, Russ Bray, Krzysztof Kciuk, Barry Jouannet, Nandor Bezzeg, Irina Armstrong, Michael Rosensauer, Tomonori Takeda, Tricia Wright und Steffi Lück. Da sich Unicorn der Förderung des Dartsports und hier im Besonderen des Nachwuchses verschrieben hat, wurden Jugendliche wie Sean White, Samantha Pike, Harry Annals, Gary Thorne, Dan Read, Jack Warner, Harry Lane und Jack Marrine ebenfalls im Rahmen eines Sponsorings unter Vertrag genommen.

Alles begann für Unicorn im Jahr 1937, als sich Frank Lowy, der Großvater der heutigen Inhaber Edward und Richard Lowy, mit einer Investition in Höhe von sechs Britischen Pfund das Patent am legendären Dart namens »Silver Comet« sicherte, den man übrigens seit diesem Jahr wieder offiziell mit Flights aus Papier erwerben kann. Früher spielten die Männer in den Pubs mit drei verschiedenen Darts, wobei Gewicht, Länge und Form des Barrels völlig egal waren. Erst Frank Lowy erkannte, dass es durchaus sinnvoller und erfolgreicher sei, mit drei gleichen Darts zu werfen und diese im Set anzubieten. Dies geschah erstmals im Jahr 1949. Zu diesem Zeitpunkt war Unicorn die erste und einzige Firma in der Welt des Dartsports, die eine Gewichtsabweichung von lediglich 0,33 Prozent zusicherte. Unicorn war ebenfalls Vorreiter, wenn man über die Innovation des Flights sprach. Nach dem Flight aus Federn kam der erste Plastikflight, und 1955 konnte man den ersten Flight aus bedrucktem Polyester vorstellen. 1972 produzierte Unicorn den ersten Dart aus Tungsten, der es zu einer Revolution im Dartsport brachte. Somit konnte man Darts trotz eines hohen Gewichts mit dünnen Barrels ausstatten. Dies bot die Möglichkeit, dass man seine Darts enger in den Triple-Feldern platzieren konnte. Ein weiteres Highlight war die Entwicklung des Slikstiks bei dem man das Flight seitlich durch den Shaft stecken und dann aufklappen musste. Im Jahr 2002 stellte Unicorn dann das erste »Unicorn Eclipse« vor, ein Dartboard ohne die typisch dicken Drähte, sondern mit einem in das Sisal eingelassenen Bandstahl, welcher herausfallende Darts sehr deutlich verhinderte.

Das größte Plus Unicorns ist aber die Tatsache, dass man auf die Meinung der Spieler großen Wert legt. Mittlerweile sind recht viele Ideen, die ich mir alleine oder gemeinsam mit Ralf Rademacher von McDart ausdachte, von Unicorn umgesetzt worden. Eine gemeinsame Idee war zum Beispiel die Einführung der »Spare Tops«, der austauschbaren Plastikendstücke eines jeden »Phase 5«- oder »Sigma«-Shafts. Früher waren diese Plastikteile verklebt und man musste den Shaft entsorgen, wenn ein solches Teil einmal brach. Heute ist dies Geschichte, denn man kann es einfach austauschen.

Es waren auch Ratschläge von Hobbyspielern an Unicorn, die dazu führten, dass man den original Purist-Dart Phil Taylors käuflich erwerben konnte. Taylor spielte zu dieser Zeit schon lange diesen Dart mit der extra Gripfläche am Ende des Barrels, verkauft wurde aber immer noch der erste Dart Taylors. In einem längeren E-Mail-Verkehr konnte man Edward Lowy davon überzeugen, dass die Fans immer genau und exakt die gleichen Darts spielen wollen, die ihr Lieblingsspieler ebenfalls nutzt. Das Gleiche passierte übrigens mit dem »Phase 3«-Dart, der am hinteren Ende eine Delle für den Daumen hat. Taylor spielte mit diesem Barrel ein Turnier und zwar die »World Matchplay«, welche er auch gewann. Die Fans wollten diesen Dart auf Biegen und Brechen haben, und erneut wurde Edward Lowy kontaktiert, und der Dart ging in die Serienproduktion. Also zwei der fünf Phasen sind auf den Wunsch von Dartfans entstanden. (Wenn ihr ein junges und sehr gutes Nachwuchstalent kennt oder ihr selbst eines seid, dann meldet euch mal bei mir über Facebook!)

GRUND NR. 21

WEIL ES DEN SCHOTTEN GIBT!

Ich meine jetzt nicht Jocky Wilson, Gary Anderson, Robert Thornton oder Jamie Harvey. Eher denke ich an das Dartgeschäft und den Online-Dartshändler »McDart« mit Standort Kirchhundem im Sauerland und seinen Inhaber Ralf Rademacher, genannt »Radi«. Ich habe Radi vor gefühlten 1000 Jahren über eBay kennengelernt, da ich ein original Poloshirt von Eric Bristow samt Unterschrift auf Teufel komm raus ersteigern musste. Das Poloshirt war schwarz und hatte zusätzlich auf der linken Seite die Unterschrift Bristows eingestickt. Der Brüller! Seit dieser Zeit haben Radi und ich einige Dinge in »Dart-Deutschland« angestellt und veranstaltet. Vorab stellt sich aber die Frage, wie man eigentlich zum »Tungsten-Dealer« wird und das ausgerechnet in einem Land namens Deutschland, welches nicht gerade als Hochburg des Pfeilwurfsports gilt? Zum ersten Mal kam Ralf Rademacher 1989 während seiner Zeit bei der Bundeswehr in einer Kneipe in Burbach mit Darts in Berührung. Während der Mittagspause vertrieben sich die Kameraden hier die Zeit mit ein paar Spielen auf einem E-Dart-Automaten. Radi trat dann im Jahr 1991 erstmals einem Dartverein namens »Tiffany Siegen« bei, um im gleichen Jahr seinen eigenen Verein, den »DC Benolpe«, zu gründen. Was aber ein richtiger Malocher und Macher ist, der gibt sich mit einem Verein nicht zufrieden. Einmal Blut geleckt, gründete er 1992 gleich die DSAB Sauerland Liga und begann mit einem sporadischen und eher zaghaften Handel mit Dartzubehör.

Hin und wieder fuhr man nach Dortmund zu »Dooley's Dartshop« und brachte seinen Kollegen die Artikel mit, mit deren Beschaffung man einige Tage zuvor beauftragt wurde. Ein geringfügiger Preisaufschlag diente der Finanzierung der Spritkosten. Im Jahr 1994 meldete man unter dem äußerst kreativen Namen »Profi-Dart-Service« ein Gewerbe an. Schon vor 18 Jahren, also 1995, sah Ralf Rademacher in der Veranstaltung von Exhibitions das Besondere und durchaus auch eine Marktlücke, schließlich wurde die Nachfrage nach solchen Veranstaltungen größer. Die hiesigen Dartspieler wollten englische Profis vor das Board bekommen und sehen, wie es richtig ging. Die ersten Dartshows waren mit keinem Geringeren als dem fünfmaligen BDO-Weltmeister Eric Bristow und Jamie »Bravedart« Harvey. Die Shows wurden zu einem vollen Erfolg. Ganze drei Jahre, von 1997 bis 2000, führte Radi als Gastwirt das Dart-Café »Kulisse« im schönen Wenden. Gleich im Anschluss eröffnete er unter der Domain darts-discounter.de seinen ersten Onlineshop. In dieser Zeit, also in den Jahren 2000 bis 2005, war er halbtags in seinem alten Beruf als Bäckermeister tätig.

Im Jahr 2002 kam ihm dann der Einfall seines Lebens, nämlich der neue und bis heute gültige Name des Unternehmens – McDart! 2003 wurde dann der Onlineshop auf semiprofessionelle Beine gestellt. Zwei Jahre später – 2005 – gelang McDart mit der Veranstaltung mehrerer Dartshows dann ein absolutes Highlight. Stargast war der PDC-Profi und heutige Sky-Fernsehkommentator Wayne »Hawaii

501« Mardle, mit dem man von Auftritt zu Auftritt quer durch die Republik reiste. »Caller« und »Master of Ceremonies« dieser Megatour war ich übrigens selbst, und ich kann euch versichern, wer das damals verpasste, der tut mir heute noch leid. Wir hatten viel Spaß. Im gleichen Jahr schaltete McDart erstmalig eine Fernsehwerbung auf dem damaligen Dartsender DSF. Dies bedeutete gleichzeitig den Durchbruch im Internet. Heute, also im Jahr 2013, hat McDart vier festangestellte Mitarbeiter/innen und vier Aushilfen. Auf die Frage, welcher der meistverkaufte Artikel aller Zeiten sei, antwortete Radi mit einem Lachen: »Shaftringe!« Die Darts welchen Dartspielers werden am häufigsten im Internet bestellt oder vor Ort gekauft? Die Reihenfolge lautet: »Taylor, van Gerwen und Whitlock«.

Mittlerweile backt Ralf Rademacher nur noch kleine Brötchen. Völliger Quatsch, er backt überhaupt keine mehr, schließlich kann er aufgrund des Dartbooms schon lange nicht mehr den Beruf des Bäckermeisters ausüben. Vielleicht backt er hin und wieder noch einen Kuchen, aber ansonsten bleibt ihm für solche Dinge keine Zeit. Zu heftig hat der Dart-Tsunami Deutschland erfasst und genau auf dieser Welle schwimmt McDart nun seit einigen Jahren ganz vorne mit. Gemessen am Preis-Leistungs-Verhältnis, dem Sortiment und dem Service hat McDart beim Kunden die Pole-Position! Radi ist nie weiter weg als euer Telefon oder PC. Also dann ...

McDart – schottengünstig ...

 GRUND NR. 22

WEIL ES DARTS AUS DER KISTE GIBT!

»Der Dart ist klasse, aber wenn er hinten noch etwas mehr Grip hätte, dann wäre er perfekt!« Gespräche in dieser Art hört man in Dartkneipen oder im eigenen Verein immer wieder. Das Produkt, egal ob es von den größten Dartherstellern der Welt ist, bleibt Massenware von der Stange. Unbestritten haben Firmen wie Unicorn, Harrows, Target, Bulls und wie sie alle heißen fantastische Darts im Programm. Aber was passiert, wenn es dem Spieler nicht toll genug ist und er vielleicht ein eigenes Design im Kopf hat, welches er gerne umgesetzt haben möchte? Oder man hat jahrelang mit einem bestimmten Modell gespielt, welches der Hersteller aus irgendwelchen Gründen vom Markt nahm. Und jetzt? Könnt ihr euch noch an die alten Darts von Bob Anderson erinnern, die Unicorn früher herstellte? Ein etwas längerer, sehr schmaler Barrel mit vielen dünnen Einstichen im Metall. Als »Einstiche« bezeichnet der »Metaller« Fräsungen im Metall. Also wenn man Ringe für einen besseren Grip im Barrel hat, dann nennt man das Einstiche! Genau dieser alte Dart vom »Limestone Cowboy« war mal einer der meistverkauften Barrels, und dann gab es ihn nicht mehr. Was ist, wenn man einen solchen Dart noch mal haben möchte? An wen muss man sich wenden, wenn man einen Dart will, den es noch nicht oder nicht mehr gibt? Wer kann einem helfen, wenn der Dart etwas mehr Grip benötigt? Und wer fertigte für Spieler wie Raymond van Barneveld, Martin Adams, Kevin Painter, Roland Scholten, Alan Glazier, Michael Rosenauer (oder mich selbst) bereits Darts nach Maß?

Richtig, die Rede ist natürlich von Joachim Weißmann, den man nicht nur in der deutschen Dartszene unter »Jochen« kennt. Jochen, der 1968 geboren wurde und in Nürnberg lebt, ist von Berufs wegen »Industriemechaniker« – also ein Profi, wenn es um den Werkstoff Metall geht. Als Dartspieler kamen ihm natürlich schnell die Idee und der Wunsch nach eigenen Darts. Was lag da also näher, als sich selbst Barrels zu entwerfen und zu drehen, zumal er sich schon 1991 mit seinem Darthandel namens »Jochen's Dartkiste« selbstständig machte. Selbstredend wurde er schon nach kurzer Zeit von seinen Vereinskollegen auf seine besonderen Darts angesprochen. Diese ersten Darts bestanden aus Materialien, die zu dieser Zeit in Deutschland erhältlich waren – Silberstahl und Nirosta. Obwohl die genannten Metalle keine hohe Dichte haben, wollte plötzlich jeder Spieler in seinem Umfeld eigene Darts haben. Somit war er gezwungen, Tungsten (Wolfram) zu organisieren, egal woher. Damals und ohne Internet war dies gar nicht so leicht. Während eines Urlaubs in England machte sich der gebürtige Ansbacher auf die Suche nach einem verlässlichen Händler für Dartrohlinge. Gesucht, gefunden! Zwar stellte die Firma eigentlich Geschosse für Waffen her, aber man war trotzdem bereit, die Dartkiste zukünftig mit erstklassigem Wolfram zu beliefern. Somit konnte Weißmann dem Wunsch seiner Kunden nachkommen und Darts in 80, 90 und 95 Prozent Tungsten anbieten. In den ersten drei Jahren wurden nun »Handmade Darts« auf einer konventionellen Drehbank gefertigt, um dann im Jahr 1994 durch eine CNC-, eine computergesteuerte Drehbank, abgelöst zu werden. Seit diesem Zeitpunkt gab es von jedem erstellten Dartset eine Sicherung in Datenform. Dies hat den Vorteil, dass sich der Kunde auch nach Jahren nochmals den exakt gleichen Dart anfertigen lassen konnte. Ab 1996 kamen zwei weitere, jedoch deutlich größere CNC-Maschinen zum Einsatz.

Da Jochen die üblichen 2BA-Gewinde aufgrund ihrer Dicke immer störten, suchte er nach einer Möglichkeit, Darts zu fertigen, die deutlich dünner als 5,6 Millimeter waren. Im Jahr 1997/1998 erfand Weißmann dann die »M3«-Darts, welche er gemeinsam mit der Firma Sunflex als Patent anmeldete und die damals eine Sensation waren und heute noch sind. Wer ultradünne Darts liebt, wird an Darts der Marke »M3« nicht vorbeikommen. Seit dieser Zeit fertigt er für Kunden in den USA, Kanada, Japan, Hongkong und ganz Europa Darts nach Wunsch und Maß.

Wie kann man sich aber den Bestellvorgang vorstellen? Die meisten Kunden schicken eine Skizze mit den wichtigsten Angaben, andere senden eine sehr detailgetreue Zeichnung, manche rufen aber auch einfach nur an, um Jochen am Telefon ihren Dart zu beschreiben. Nicht wenige kommen persönlich nach Nürnberg, um ihre Wünsche mitzuteilen. Die weiteste Anreise hatte ein Japaner im Jahr 2002, aber es kommen auch Holländer und Schweizer, um ein Einzelstück anfertigen zu lassen. Je nach Aufwand und Legierung kostet ein Set von Jochens »Handemade Darts« zwischen 180 Euro und 250 Euro, wobei man sich sicher sein kann, dass man ein absolut hochqualitatives Produkt in den Händen hält. Pfeile aus »Jochen's Dartkiste« sind die Oberklasse, der Rolls-Royce unter den Darts. Würden »Die Geissens« Darts spielen, sie hätten Darts von Jochen Weißmann! Übrigens war das bisher teuerste Dartset aus 18 Karat Gold. Preis 2.000 Euro …

GRUND NR. 23

WEIL »AUGEN AUF BEIM HOSENKAUF«!

Hin und wieder sollte man vorsichtig sein, bei dem, was man so untergejubelt bekommt, denn nicht immer ist es Gold, was glänzt. Zu meiner Zeit als »Master of Ceremonies« der PDC Europe hatte ich leider nie wirklich die Gelegenheit, selbst an einem der vielen tollen Turniere auf deutschem Boden teilzunehmen. Es war schlichtweg nicht möglich, schließlich stand ich von morgens bis abends auf der Bühne. Ihr könnt mir glauben, dass dies für einen Dartverrückten fast unerträglich ist, nicht selbst ins Geschehen eingreifen zu können. Um Gottes willen, nicht dass ich eine Chance gehabt hätte, nein, sicherlich nicht, aber einfach nur das »Dabeisein« ist schon eine fantastische Sache. Und vielleicht hat man ja Glück und kann gegen einen der ganz großen Jungs spielen, beziehungsweise sich von diesem verhauen lassen. Ich kenne zwar die meisten Profis persönlich, aber gegen sie zu spielen, ist noch mal eine andere Sache. Doch irgendwann kam mein Moment! Als die »PDC Europe« in Gladbeck im Hotel Van der Valk stationierte und ich nicht mehr der Darts-Animateur war, entschloss ich mich dazu, an beiden Tagen der ganzen Sache eine Chance zu geben. Selbstverständlich hatte aufgrund meines Hauptjobs und diverser anderer

Tätigkeiten im Dartbereich mein Training massiv gelitten. Vor allen Dingen setzte mir aber der Verlust meiner jahrelangen Turniererfahrung deutlich zu. Ich war nervös wie Sau! Ich zittere dann nicht, aber meine Hände fangen an zu schwitzen und ich muss sie mir recht häufig – und meist an der schwarzen Hose – abwischen. So nahm ich samstags das Einspielen sehr ernst, denn schließlich hatte ich Mensur Suljović als Gegner zugelost bekommen. Da spielt man nach zehn Jahren wieder ein größeres Turnier, besser gesagt, überhaupt mal wieder ein Turnier, und was passiert? Man muss gegen »The Gentle« spielen. Glückwunsch, tolle Idee!

So wollte ich mein altes Turnierritual wieder aufleben lassen. Morgens der Erste am Practiseboard sein und schnell zwei bis drei Drinks zu sich nehmen, damit die Nervosität verschwindet, man warme Finger bekommt und es keiner mitkriegt. (Liebe Kinder, seht bitte an dieser Stelle auf die Originalverpackung eurer Darts. Da steht, dass Darts ein Spiel für Erwachsene ist, und Erwachsene dürfen das!) So öffnete ich gegen 8:30 Uhr die Tür zu den Räumlichkeiten im Untergeschoss des Hotel Van der Valk. Dreieinhalb Stunden Practise sollten schon etwas bewirken. Aber ich war nicht alleine ... Da stand ein Herr mittleren Alters und warf sich ebenfalls um diese unchristliche Uhrzeit ein. Phil Taylor. Als er mich sah, lachte er und sagte, dass ich anscheinend genauso verrückt sei wie er. Ja, das war ich schon immer. So standen wir nun gemeinsam am Practiseboard und quatschten uns die Ohren voll, ohne ernsthaft ein paar Pfeile zu werfen.

Das war so überhaupt nicht mein Plan an diesem Tag. Als er mich fragte, was ich trinken möchte, antwortete ich ihm, dass ich das Gleiche nehmen würde wie er. So trollte er sich in Richtung Bar, und ich konnte zwölf Darts in Ruhe werfen, bevor er mit zwei Eimern voll Cola wiederkam. Leck mich am Ärmel, das war 'ne Mischung, mit der man normalerweise Russen zu Bett brachte. Wodka mit Pepsi Light um kurz vor neun und noch drei Stunden Zeit. Super. Hauptgesprächsthema waren seine Darts, die damals noch goldenen

»Phase 5« mit Slim-Flights. Ich spielte zu diesem Zeitpunkt exakt die gleichen Darts, lediglich stand auf meinen schwarzen Slim-Flights nicht »The Power«. Irgendwann, es muss so nach dem dritten oder vierten Wodka-Cola gewesen sein, fingen wir an, ein wenig zu werfen. Dabei gelang mir nach wenigen Minuten eine 180. In diesen Momenten, wenn du mit Profis trainierst, ist es natürlich das Ultimative, wenn man mal zeigen kann, dass man nicht der absolute Vollhorst ist. Ich scherzte und sagte, dass man vielleicht mal die Darts tauschen sollte, wenn es mit meinen so gut klappen würde.

Nachdem sich »The Power« vom ordnungsgemäßen und einwandfreien Zustand meines Spielgeräts überzeugt hatte, tauschte er tatsächlich mit mir die Pfeile. Okay, mit meinen fuhr er besser, diese waren nämlich nagelneu! Lediglich die Flights wollte er aufgrund des Power-Aufdrucks behalten. So spielten wir bis kurz vor zwölf an diesem Board, und uns war es mittlerweile egal, wie viele Menschen sich in der Zwischenzeit am Spielort einfanden. Erneut machte ich mich auf den Weg zur Bar. Als ich zurückkam, musste ich feststellen, dass mein Practise-Partner die Nahrungsaufnahme verweigerte. Mit den Worten »Oh Gott, was haben wir gemacht, ich glaube, ich bin betrunken!« schnappte er seine, also meine, Ex-Darts und verschwand. Der kleine König »knallevoll«...

Als ich mir vorstellte, dass ich der etwaige Grund eines frühen Ausscheidens sein könnte, musste ich schon lachen. Was soll ich sagen? Ich habe gegen Mensur natürlich einen Einlauf allererster Güte bekommen, weil ich mich einfach nicht entscheiden konnte, auf welches Board ich werfen sollte, schließlich hingen da mindestens, also was ich so sehen konnte, drei oder vier davon. Taylor gewann das Turnier. Das Leben ist manchmal ungerecht. Ungefähr eine Stunde nach dem Finale treffe ich ihn wieder und gratuliere ganz artig. Ich freue mich, schließlich waren es meine Darts, mit denen er gewann. Dann sagte er: »Gordon, ich hoffe, du bist nicht böse, aber nach dem Finale habe ich deine Darts einem Jungen geschenkt!« Mir war es ja egal, schließlich hatte ich die Darts des Meisters bekommen. Junger Mann, wenn du das hier liest: Die Darts, die du von Phil Taylor bekommen hast, sind meine, du darfst sie aber ruhig behalten.

GRUND NR. 24

WEIL ES IN DER GLOTZE KOMMT!

Früher war es mal das DSF, also das Deutsche Sportfernsehen, heute ist es Sport1. An dieser Stelle mal ein herzliches Dankeschön an die Macher! Für die Unwissenden: Sport1 ist der Sender, der bei eurem Receiver auf den Plätzen 14 bis 19 zu finden ist und für Sportübertragungen gerne hin und wieder kurz die Werbung unterbricht. Oder Titten zeigt. Jetzt mal Butter bei die Fische, ihr kennt alle die *Sexy Sportclips*, oder? Das ist wie mit den 0190er-Rufnummern! Wer ruft bei dieser Nummer eigentlich an? Es ist immer besetzt … Spaß beiseite, ein Sender in dieser Größenordnung kann sich von eurer Liebe zum Dartsport kein Schnitzel kaufen, geschweige denn die Miete bezahlen. Sport1 benötigt andere Einnahmequellen, um euch das PDC-Paket auf einem Silbertablett, wohlgemerkt gratis, präsentieren zu können. Ihr könnt den Inhabern von Sport1 ja mal den Vorschlag unterbreiten, dass ihr ab sofort pro Übertragung eines Turniers 20 Euro bezahlt – jeder von euch. Und schon käme weniger Werbung. Das Problem hierbei ist, ihr wollt nix bezahlen, gell? Also, dann lieber Chips in den Mund und etwas leiser motzen, wenn der gute Elmar sagt, dass man nach einer kurzen Pause gleich wieder da ist.

Ich kann mich noch sehr wohl an die dartlose Zeit im Fernsehen erinnern. Zum Heulen war das, wenn man Wochen oder gar Monate warten musste, bis jemand aus England ein paar Spiele auf einer alten VHS-Kassette zugeschickt bekam. Und plötzlich hieß es, dass Darts im Fernsehen übertragen wird. Meine erste Reaktion war damals nicht besonders freundlich, da ich dachte, dass es sich um das Senilenprogramm auf Eurosport handelte. Eurosport war auch der Sender, der vor Urzeiten »Bullshooter«-Dartturniere aus irgendwelchen Möbelhäusern übertrug. Das kam damals einer Netzhautablösung gleich. Irgendwann verstand ich, dass man mir zu verstehen geben wollte, dass ich künftig Phil Taylor & Co., wohlgemerkt live, im Fernsehen schauen könnte! Wie geil war das denn? Es war und ist bis heute in meinen Augen eine Sensation, schließlich kämpft Dart heute noch mit unglaublich vielen Vorurteilen. Aber seien wir doch einmal ehrlich, eigentlich könnte man ARD, ZDF, RTL, SAT1, Pro7 und wie der ganze Rotz heißt grußlos streichen. Hauptsache, Sport1 sendet im Dezember und an allen anderen Wochenenden, wenn ein Major-Turnier der PDC ansteht.

Elmar Paulke, Geburtsjahr 1970, kommentierte erstmals im Jahr 2004 die PDC-Weltmeisterschaft, damals noch aus der legendären Circus Tavern. Eigentlich ist Elmar Paulke ein absoluter Tennisexperte, der es als Spieler selbst bis in die Oberliga schaffte. Zudem ist er mit der Schwester des Tennisprofis Tommy Haas verheiratet. Im Mai 2000 wurde er für seine Dokumentation *Boris Becker – I Did It My Way* mit dem Bayerischen Fernsehpreis ausgezeichnet.

Trotz der fast vollständig fehlenden Gemeinsamkeiten zwischen Tennis und Darts gelang es Paulke, sich in kurzer Zeit ein grundsolides Dart-Know-how anzueignen. Vielleicht lag es an der Hand-Auge-Koordination, welche sowohl der Tennis- als auch Dartspieler zu einer ordentlichen Berufsausübung benötigt. Im Jahr 2013 zählt »Elmario 501« mittlerweile zu den alten Hasen der Dartkommentatoren. An Elmars Seite co-kommentierte ich am 23.03.2006 den ersten 9-Darter in der Geschichte des D:SF, welcher live im Fernsehen übertragen wurde. Der ehemalige Team-Manager des DDV, Dietmar Ernst, war lange Zeit der Dartexperte von Sport1 (und des DSF), bevor er vom niederländischen Profidarter Roland Scholten abgelöst wurde. Die Aussage Scholtens »Elmar, haben wir noch Fragen?« erlangte unter den Dartfans eine gewisse Berühmtheit. Scholtens Bonus war ganz eindeutig der Rudi-Carrell-Effekt, nämlich das lustige Deutsch. Der Nachfolger Scholtens ist einer der erfolgreichsten Dartspieler Deutschlands. Durch seine typisch norddeutsche Art ist Tomas Seyler das komplette Gegenteil zur holländischen Labertasche: Ruhig, sachlich und mit coolem Witz erklärt »Shorty« die Welt des Dartsports.

Mittlerweile kann sich der deutsche Fan die Droge namens Darts fast intravenös verpassen. Fast alle Major-Turniere der PDC werden von Sport1 nahezu vollständig übertragen, und wem das noch nicht reicht, der kann sich den Online-Stream zulegen. Und wer Elmar einmal live sehen will, der muss sich Eintrittskarten zu einem Event der PDC Europe zulegen. Hier arbeitet Herr Paulke mittlerweile als »Master of Ceremony«.

Abschließend ein Rat an die Fans: Ihr könnt euch das Lied *Elmar, ich will ein Kind von Dir!* eigentlich für Tomas Seyler aufheben. So toll wie Elmar euch auch finden mag, ich bin fest davon überzeugt, dass er mit seinen drei eigenen Kids schon jetzt recht ausgelastet ist. Aber Shorty freut sich bestimmt ...

 GRUND NR. 25

WEIL ES EXHIBITIONS GIBT!

Unter einer Exhibition versteht man eine Show-Veranstaltung mit einem Dartprofi. Solche Fun-Events werden in Deutschland von Gastwirten, Vereinen und Firmen veranstaltet. Am häufigsten werden Profis aus England und Holland gebucht. Spieler aus Schottland wie zum Beispiel Gary Anderson oder Robert Thornton sind auch interessant und würden sicherlich auch gebucht werden, leider kommt es aber hier vereinzelt zu Verständigungsproblemen, da man mit seinem Schulenglisch nicht besonders weit kommt. Robert Thornton kann man noch verstehen, wenn er gaaaaaanz langsam spricht. Bei Gary Anderson hingegen würde die Zeit nicht ausreichen. Wenn er bei der Premier League nach einem Match ein Interview gibt, warte ich immer auf die Untertitel. Bei der Europameisterschaft in Dinslaken hat sich Gary zehn Minuten mit mir unterhalten, und ich habe ganze vier Mal »Ja« gesagt und zweimal herzlich gelacht – aber nur weil er lachte! Bis heute weiß ich nicht, was er mir erzählte.

Eine Standard-Exhibition läuft meist nach dem gleichen Schema ab. Der Profi spielt meistens 16 Legs 501 gegen Personen aus dem Publikum oder besondere Gäste wie den Bürgermeister, den Landrat oder Gott weiß wen. Es ist egal, wer wie viele Legs spielt, am Ende sind es 16! Meistens sind es 16 Personen, die jeder ein Leg 501 spielen dürfen. Nach acht Legs erfolgt meistens eine Pause. Am Ende der Exhibition gibt es eine Autogrammstunde mit Fotosession und eine Frage-und-Antwort-Runde, die sogenannte »Question & Answer«-Session, bei der die anwesenden Personen den Dartprofi löchern dürfen. Hier hätten wir wieder das Gary-Problem! Er würde die Fragen verstehen, keiner aber seine Antworten.

Da die meisten Vereine und Gastwirte über keinen hauseigenen Caller verfügen, wird dieser eigentlich immer gleich mitgebucht. Der Caller führt dann in der Regel auch durchs Programm. Die Preise solcher Veranstaltungen sind je nach Profi recht unterschiedlich. Für die Herren Taylor und Barneveld bezahlt man logischerweise deutlich mehr als zum Beispiel für Spieler wie Roland Scholten, Wayne Mardle oder Jamie Caven. Ende der Achtzigerjahre wurden die ersten Profis von der Insel für solche Veranstaltungen nach Deutschland gebracht. Im Rahmen eines solchen Events sah ich 1989 erstmals John Lowe. Zu welchen Leistungen Dartprofis ohne Druck, aber mit viel Spaß imstande sind, ist atemberaubend.

Die ersten professionell veranstalteten Exhibitions wurden dann im Jahr 1995 von der Firma McDart mit ihrem Inhaber Ralf »Radi« Rademacher organisiert und stießen beim Publikum auf großen Anklang. Star der damaligen 4-Tage-Tour war kein Geringerer als der fünfmalige Weltmeister »The Crafty Cockney« Eric Bristow. Zuschauer in Benolpe, Solingen, Ahrweiler und Westerburg kamen damals in den Genuss, einen wahren Meister des Dartsports hautnah erleben zu dürfen. Somit war McDart die erste Firma, welche Tickets für Veranstaltungen in Deutschland verkaufte. Für 1995 war dies eine Sensation, schließlich gab es noch keine Übertragungen auf DSF oder Sport1.

Im März 2006, als Darts aus seinem Dornröschenschlaf erwachte, war es erneut Ralf Rademacher, der eine Exhibition bestehend aus drei Events in Esch, Troisdorf und Rodgau organisierte. Im Gepäck der äußerst beliebte Wayne »Hawaii 501« Mardle, der heutige Dartexperte und Kommentator von Sky Sports. Diese Veranstaltungen waren übrigens meine ersten als Caller für McDarts. Dreimal ausverkaufte Hütte war die Motivation für weitere Veranstaltungen dieser Art. So habe ich in den letzten Jahren dank Ralf Rademacher so einige internationale Top-Stars der Dartszene vor mein Mikrofon bekommen, zum Beispiel Raymond van Barneveld, Andy Hamilton, Colin Lloyd, Wayne Mardle oder Roland Scholten.

Als absolutes Highlight in Deutschland muss das Turnier »Meet the Power I« in München im April 2006 bezeichnet werden. Ralf Rademacher war bei diesem Event für die Durchführung und Organisation des Turniers zuständig, die damalige Firma Moltke Promotion mit Werner von Moltke als Inhaber war der Veranstalter des gesamten Events. Elmar Paulke fungierte als »Master of Ceremony«, ich selbst callte alle Matches der Herren Power, Barney und Jackpot. Mittlerweile gibt es ja unter Werner von Moltkes Führung die PDC Europe, die in den vergangenen Jahren fantastische Turniere – siehe Düsseldorf oder Halle/Westfalen – veranstaltet hat. Aber in meinen Augen war »Meet the Power I« mit Phil Taylor, Raymond van Barneveld und Adrian Lewis das Sahnehäubchen aller Dartveranstaltungen in diesem Land.

Durch einen holländischen Dartshop hatte ich das Glück, als Caller für eine Exhibition mit Phil Taylor und Simon Whitlock gebucht zu werden. Ein ebenfalls toller Event war die Exhibition der Firma Krauspe-Dart mit Steve Beaton. Generell sind Exhibitions für Dartfans eine tolle Sache. Selten kann man seinem Idol und Profi so nah kommen. Der Spaß steht im Vordergrund, es wird viel Blödsinn gemacht und trotzdem stimmt die spielerische Leistung. Wer erinnert sich nicht gerne an den OB-Server und seine neuen Flights? Wer jetzt nicht weiß, was ich meine, hat leider eine tolle Exhibition mit »Barney« in Mönchengladbach verpasst. Damit das ja nicht mehr passiert, solltet ihr euch Tickets besorgen, sobald ein Event dieser Art in eurer Nähe stattfindet. Ich kann euch nur raten, solche Exhibitions zu besuchen. Da brennt der Baum – versprochen!

 GRUND NR. 26

WEIL ES FOREN GIBT!

In Zeiten des Internet gibt es nichts, was es nicht gibt. Sofern man möchte, kann man an jeder Ecke schauen, schreiben, diskutieren, streiten, sich das Maul zerreißen, diffamieren, provozieren, klugscheißen, mit Halbwissen glänzen oder einfach nur lesen. Es gibt eigentlich keine Sachen, zu denen es kein Forum oder wenigstens Einträge gibt. Genauso ist es natürlich auch im Dartsport. Das bekannteste deutsche Forum in Sachen Darts ist sicherlich auf der Seite dartn.de zu finden, welche durch Patrick Exner, genannt »Echse«, bereits vor Jahren ins Leben gerufen wurde. Wenn man über ein solches Dart-Forum spricht, muss man ganz klar wissen, dass die Meinung der Foren-User auf keinen Fall repräsentativ ist, schließlich handelt es sich um einen sehr kleinen elitären Kreis von Dartliebhabern. Sicherlich kommen meist nach der Weltmeisterschaft immer wieder neue Interessierte hinzu, genauso viele verschwinden aber auch wieder nach einiger Zeit still und heimlich. Das Forum des DDV (Deutscher Dart-Verband) wurde aufgrund massiver Streitigkeiten zwischen den Usern und Vorstandsmitgliedern seitens des DDV geschlossen. Auch Patrick Exner stand in der Vergangenheit immer wieder vor der Entscheidung, das Forum aufgrund verschiedener Diskrepanzen zwischen den Mitgliedern zu schließen. Immer und immer wieder gibt es User, die die einfachsten Spielregeln nicht verstehen und schon gar nicht einhalten wollen. Sogar persönliche Beleidigungen sind für manche Mitglieder »normal«. Anfangs war dartn.de wirklich der Treffpunkt von Menschen, die sich ausschließlich über Darts unterhalten und austauschen wollten, mittlerweile jedoch kann man bestimmt auch zu wichtigen Dingen wie dem Bienensterben in Mecklenburg-Vorpommern einiges in Erfahrung bringen. Trotzdem muss ich sagen, dass dartn.de nach wie vor auch von echten Kennern des Dartsports und der deutschen Dartszene heimgesucht wird. Wer ordentlich fragt, der bekommt auch eine ordentliche Antwort – so war es immer. Wer das Forum auf dartn.de besuchen möchte, der sollte eine große Portion Humor und eine Vorliebe für das Ironische mitbringen. Wer die Klappe zu weit aufreißt und sich nicht benehmen kann, der bekommt von der Administratoren-Mannschaft mit gelben und roten Karten ordentlich eins zwischen die Hörner gehauen. Es kann aber auch passieren, dass euch der ein oder andere User schön auf die Schippe nimmt. Zu eurer Beruhigung: Wer die Beiträge von User »Eisi« beim ersten Durchlesen nicht versteht – keine Panik! Das ging bis jetzt jedem so, gell, Eisi? Wie ich erfahren habe, soll es in absehbarer Zeit im Downloadbereich ein PDF namens »Deutsch-Eisi / Eisi-Deutsch« geben!

Des Weiteren kann man auf der Hauptseite nützlich Infos aus der Welt des Dartsports erfahren. Neben einem »Who is who« des Dartsports gibt es auch Trainingstipps, verschiedene Kolumnen, News, einen Downloadbereich und alles, was das Herz eines Darters höher schlagen lässt.

KAPITEL 4

WAS MAN WISSEN SOLLTE …

GRUND NR. 27

WEIL ES DAS DARTBOARD GIBT!

Die Dartscheibe, auch Board, Dartboard, Scheibe oder Brett genannt. Im Bereich der Steeldartboards sind es Firmen wie Unicorn, Winmau, BULLS, Harrows, McDart, Target und wie sie sonst noch alle heißen, die Boards in Afrika und China herstellen lassen, jedoch war es die Firma NODOR, welche sich im Jahr 1932 das sogenannte Bristle-Board patentieren ließ. Lediglich fünf bis sechs Firmen gibt es auf der Welt, die sich mit der Produktion unserer Lieblingsscheiben befassen.

Es gibt keinerlei Hinweise darauf, dass jemals – und jetzt werden alle Schweine dieser Welt aufatmen – Schweinsborsten zur Herstellung von Dartboards verwendet wurden. Auch alle Pferde können beruhigt sein, es sind weder Schweine, Ross- noch andere Tierhaare. Das Naturprodukt heißt Sisal und stammt von der Sisal-Agave, welche zur Familie der Spargelgewächse zählt. (Spargel? Der beste Spargel kommt aus Hessen! Sollte der Hesse doch seinen Anteil an der Geschichte des Dartsports haben?) Diese Sisalfasern werden zur Herstellung aller Dartboards verwendet. Bei Dartsboards, die auf offiziellen Turnieren verwendet werden, muss der Sisal aus Afrika oder China stammen.

Solltet ihr beim Herausziehen eurer Darts merken, dass die Spitze etwas klebrig ist (wenn ich jetzt nicht wüsste, dass ich über Darts schreibe), bedeutet dies, dass sich der freundliche Chinese mit der Herstellung eurer Dartscheibe ganz doll beeilt hat und der Kleber noch nicht ganz trocken war. Man darf auch nicht vergessen: Die Boards sind circa sechs Wochen auf einem Containerschiff unterwegs, bevor sie zum Beispiel im Hamburger Hafen ankommen. Wie bereits erwähnt, ist Sisal ein Naturprodukt, diesbezüglich hat der Hersteller nicht zwingend Einfluss auf die Qualität der Faser. Das hat zur Folge, dass eine Scheibe mal besser, die andere mal etwas schlechter sein kann. Der Dartspieler bezeichnet eine Scheibe als gut, wenn der Bandstahl bündig mit der Oberfläche des Boards abschließt, also nicht übersteht. Des Weiteren ist es wichtig, dass das Board nicht zu weich und nicht zu fest ist. Ist das Board zu fest, kann es vorkommen, dass die Spitze des Darts nicht weit genug in die Fasern eindringen kann. Dies kann dazu führen, dass der Dart herausfallen kann. Ist das Board zu weich, dann schließt sich der Sisal nach dem Herausziehen des Darts nicht richtig. Es entstehen somit Löcher.

Die Helligkeit der Sisalfasern ist immer unterschiedlich. Eine Rolle spielt natürlich das Klima. Einige Hersteller verwenden ihn im unbehandelten Zustand, andere Hersteller bleichen ihn. Dies kann man deutlich erkennen, wenn zum Beispiel die hellen Felder fast weiß sind. Ein handelsübliches Turnier-Dartboard besteht aus 82 Feldern. 20 Zahlen mit jeweils vier Feldern (Doppel, großes Feld, Dreifach, kleines Feld), Single und Double-Bull. Bei der neusten Generation Boards werden die Felder durch Bandstahl getrennt.

Egal ob man Anfänger oder Fortgeschrittener ist, man kann zur Haltbarkeit eines Dartboards sehr viel beitragen. Es gibt Dartspieler, die seit vielen Jahren spielen und es immer noch nicht verstehen. Das regelmäßige Drehen der Scheibe ist zwingend notwendig! Sinn ist hierbei, dass sich die Felder der Scheibe gleichmäßig abnutzen. In einigen Gesichtern kann ich jetzt Verwunderung erkennen. Ja, man kann ein Dartboard drehen, und die 20 ist trotzdem wieder oben. Wer nur Dart auf Sport1 sieht – und selbst nie spielt –, wird sich jetzt sicherlich fragen, wie das sein kann, denn schließlich stehen der Name »Unicorn« und die 20 doch immer oben! Richtig, aber nur im Fernsehen. Hier wird das Board nach jedem Spiel gegen ein neues ausgetauscht. Zu Hause wäre dies sicherlich zu kostspielig. Reiche oder völlig Wahnsinnige können es aber natürlich trotzdem gerne tun.

Für die Normalen folgender Tipp: Die dickste Schraube, die ihr in der Verpackung des Boards vorfindet, kommt – ACHTUNG,

»Zugeschaut, mitgebaut« – in die MITTE der Scheibe (aber in die Rückseite, nicht ins Bulls-Eye)! Meistens ist auf der Rückseite schon ein kleines Loch im Pressspan zu erkennen. Ein Dartboard wird nicht wie ein Bild aufgehängt! Also, die Schraube kommt in die Mitte und die Halterung auf 1,73 Meter Höhe an die Wand. Nun setzt ihr die Dartscheibe, also die Schraube auf der Rückseite, in die dafür vorgesehene Aussparung der Halterung an der Wand. Ist die 20 oben? Dann okay!

Wer jetzt häufig trainiert, wird feststellen, dass sich die Felder der Scheibe verändern. Meist ist es zuerst die 20, da man auf diese am häufigsten wirft, zumindest versucht man es. Bei täglichem Gebrauch rate ich, das Board ein- bis zweimal pro Tag zu drehen. Dies gewährleistet die gleichmäßige Abnutzung des Boards. Beim Drehen einfach den Zahlenkranz aus den Halterungen lösen, das Board auf ein noch ordentliches Feld drehen und den Zahlenkranz wieder befestigen. Bitte beachten, die 20 ist immer ein schwarzes Feld. Soeben habt ihr zum ersten Mal ganz alleine ein Board gedreht! Unglaublich … Wer an dieser Stelle jetzt den Münzschlitz und die Tasten über der Dartscheibe hat, darf den Automaten gerne wieder umdrehen!

Sehr alte, steinharte Dartboards kann man durch den Einsatz eines Blumensprühers unter Zuhilfenahme von Wasser kurzzeitig reanimieren. Große Wasseransammlungen auf dem Teppich, Parkett oder Laminat bedeuten dagegen: ZU VIEL WASSER, du Depp! Auch bitte genügend Abstand halten, sonst könntet ihr auch gleich den Gartenschlauch holen. Eine solche kosmetische Behandlung kann man in der Regel zwei- bis dreimal wiederholen, bevor man das Board mit gutem Gewissen zum Sperrmüll gibt und sich ein neues bestellt. Woran man ein gutes Board erkennt? Gute Frage, aber ich denke, die eingangs genannten Firmen haben allesamt tolle Boards auf dem Markt. Trotzdem solltet ihr beim »Kauf im Geschäft« darauf achten, dass der Bandstahl bündig mit der Oberfläche des Boards abschließt und nicht einen halben Zentimeter übersteht.

GRUND NR. 28

WEIL ES »TUNGSTEN« GIBT!

Bock auf ein wenig Metall-Kunde? Nee? Bisschen mehr Motivation, bitte! Zum Glück gibt es Tungsten, sonst müsstet ihr heute immer noch mit Darts aus Messing, also »Brass-Darts«, spielen. Das sind diese nach Gold glänzenden Klumpen, die der Wirt gerne den Gästen, die »nur mal so« spielen wollen, in die Hand drückt. Meist erkennt man die Laufkundschafts-Darts an mindestens einem kaputten Shaft und drei verschiedenen, völlig fertigen Flights. Die Pfeile, die ansonsten keine Sau in die Hand nimmt, genannt die »Haus-Huren«. Das Wort »Tungsten« (tung sten) entstammt der schwedischen Sprache und bedeutet »Schwerer Stein«. Tungsten ist ein anderes Wort für Wolfram. Bei Wolfram handelt es sich um ein sogenanntes Übergangsmetall, welches seit mittlerweile vielen Jahren zur Herstellung von Dartbarrels verwendet wird. Das heutige Standardmaterial ist ein Nickel-Wolfram-Gemisch.

Wolfram hat eine sehr hohe Dichte, was bedeutet, dass man Darts herstellen kann, die trotz eines sehr hohen Gewichts noch schlank sind. Wolfram ist 2,15 Mal schwerer als Messing, das heißt, Wolfram ist dichter als Messing. Und Johann Wolfgang ist meistens dichter als Goethe! (Hallo, nicht einschlafen!) Die »Erfindung« von Nickel-Wolfram-Darts hatte zur Folge, dass man die Darts wesentlich besser, einfacher und enger platzieren konnte. Aufgrund technischer Schwierigkeiten ist es bis heute nicht möglich, einen Dartbarrel aus 100 Prozent Wolfram herstellen zu können. Alle Tungsten-Darts, die man käuflich erwerben kann, bestehen zusätzlich zum Wolfram meist aus Wolfram-Nickel, Kupfer und/oder Eisen. Der Anteil des Wolframs wird bei Darts in Prozent angegeben, das heißt, ein Dart aus 95 Prozent Tungsten besteht zu 95 Prozent aus Wolfram und zu 5 Prozent aus Wolfram-Nickel, Kupfer und/oder Eisen. Je höher der Tungstenanteil, desto teurer ist der

Dart. Aber je höher der Tungsten-Anteil, umso dünner kann man einen Dart machen und trotzdem ein hohes Gewicht beibehalten. Okay? Freunde, ich frag das nächste Woche noch mal ab!

Das bedeutet, ein 25 Gramm schwerer Dart aus Messing ist doppelt so dick wie ein Tungsten-Dart gleichen Gewichts.

Gerade beim Thema Tungsten wollte ich euch natürlich keinen Blödsinn erzählen, also musste ich Google um Hilfe bitten. Wen sonst ... Soll ich euch was erzählen? Das Erste, was ich gefunden habe, war ein Typ, dessen Name tatsächlich Wolfram Nickel ist! Hahaha ... Aber trotzdem Vorsicht beim Kauf von sogenannten Darts aus 97 Prozent Tungsten. Häufig erreicht das Material dieser Darts nicht annähernd die angegebene Prozentzahl. Man sollte auch hier möglichst Firmen vertrauen, deren Namen man schon ein bis 173 Mal gehört hat.

GRUND NR. 29

WEIL ES KEINE GEWICHTSPROBLEME GIBT!

Richtig! Aber ich rede nicht über das Gewicht der Darter, sondern über das Gewicht der verwendeten Darts. Während es beim E-Dart die Beschränkung »nicht mehr als 18 Gramm« gibt, kann sich der Steel-Darter bis 50 Gramm beruhigt zurücklegen. 50 Gramm ist natürlich schon eine ordentliche Hausnummer, so 'ne Art Ottfried Fischer (die mit dem roten Stuhl ...) der Darts. Einen Pfeil in dieser Gewichtsklasse kann man mit einem Airbus 380 vergleichen. Äußerst träge, liegt ruhig in der Luft, und wenn er einschlägt, macht's mächtig peng! Hin und wieder schmeiße ich gerne mal mit 40 Gramm schweren Darts, aber Pfeile in 50 Gramm gibt es leider sehr selten zu kaufen. Die Firma BULLS überlegt derzeit, ob sie einen solchen Dart in ihr Sortiment aufnehmen soll. Es ist auf jeden Fall witzig, mit solchen Bomben zu werfen. Blöd, wenn man aber auf das Bull oder die Triple 20 wirft. Zwei Darts passen rein, beim dritten muss man schon extrem zielen!

Das Witzige ist, dass man mit einem schweren Dart wesentlich bequemer über eine längere Distanz spielen kann als mit leichten, zum Beispiel 20 Gramm schweren Pfeilen. Wenn man in einem langen Match müde und unkonzentriert wird, benötigt man zum Wurf des leichten Darts wesentlich mehr Kraftaufwand in der Wurfbewegung als mit schweren Darts. Bei den meisten Spielern sieht man dies dann am »Hüpfen« in der Wurfbewegung. Der Spieler wirft dann eher aus der Drehung des Oberkörpers als durch die reine Bewegung des Ellenbogens und Handgelenks. Oft verlässt dann der Fuß den Boden, und der Spieler steht mit dem Standbein nur noch auf den Zehenspitzen. Bei Rechtshändern verlässt der linke Fuß zusätzlich komplett den Boden. Das sieht dann aus wie Ballett für Dicke. Man benötigt wesentlich mehr Kraft, um eine Kugel aus Papier weit wegzuwerfen, als wenn sie aus zum Beispiel Holz oder Metall wäre. Ein schwerer Dart benötigt den Kraftaufwand nur zu Beginn, also beim Abwurf, dem eigentlichen Verlassen der Hand.

Anfängern im Steeldart rate ich dazu, mit etwas schwereren Darts zu beginnen, womit ich 24 bis 26 Gramm meine. Durch das Gewicht bekommt der Anfänger ein Gefühl für die Entfernung, die Höhe und Kraft, die er aufwenden muss. Er lernt, dass durch die frühe Öffnung der Finger der Dart nach oben, bei später Öffnung der Dart nach unten fliegt. E-Dartern kann ich in diesem Moment nicht raten, dass sie zuerst mit zwölf Gramm schweren Darts beginnen sollen, um dann später auf die 18 Gramm schweren (darf man hier überhaupt von schwer reden?) Darts zu wechseln. Zwölf bis 18 Gramm schwere Darts laufen bei mir unter der Kategorie »Zahnstocher« oder »Kugelschreiber«, obwohl ich Kulis habe, die schwerer sind.

Ob die Darts für eine Person zu schwer oder zu leicht sind, erkennt man daran, wie sie im Board stecken. Man kann dies zwar mit der Länge der Shafts und der Form der Flights (wir erinnern uns –

nicht Flys oder Flügel!) eventuell korrigieren, aber zuerst sollte sich der Spieler mit dem reinen Gewicht des Barrels anfreunden können. Schwere Barrels sind dicker oder länger, eigentlich logisch, denn die Masse muss irgendwohin. Der Spieler muss schauen, ob der Barrel gut in der Hand liegt, er muss quasi sein »Freund« werden.

Ein »normaler« Anfänger hat nach zwei Jahren mindestens zehn unterschiedliche Sätze Darts zu Hause. Da unser Hobby recht günstig ist, kann man sich auch hin und wieder ein neues Modell leisten. Ich rate sogar dazu, viele verschiedene Modelle auszuprobieren. Es dauert eine ganze Zeit, bis man seine Lieblingsdarts gefunden hat. Da werden Shafte und Flights getestet sowie mit dem Gewicht experimentiert, bis man sagt: »Das ist er!« Der Darter durchlebt zu Beginn ganze Versuchsphasen! Apropos »Phase« …

Phil Taylor spielt übrigens mit 29 Gramm schweren Darts. Der Barrel – Modell »Unicorn Phase 5« – wiegt 26 Gramm, dazu kommen nochmals drei Gramm für die »Phase 5«-Titanium-Shafts und die Flights. Die meisten Spieler wissen gar nicht das richtige Gewicht ihres Darts, sondern nennen bei Nachfrage meist die Schwere des Barrels. Legt eure Darts mal auf eine Küchenwaage …

Egal wie schwer oder leicht, die Darts müssen euch liegen. Nur euch. Nicht eurem Kollegen. Nicht Adrian Lewis oder James Wade – nur euch!

 GRUND NR. 30

WEIL ES HAND UND FUSS HAT!

Ich bin sehr froh, dass im Dartsport keine Punktrichter auf die Wertung eines Spiels durch Vergabe von Punkten für zum Beispiel Haltung, Stand und Körperspannung Einfluss nehmen können. Wenn man aber manche Leute an der Oche stehen sieht, dann muss man sich schon hin und wieder fragen: Wird derjenige gerade von heftigen Krämpfen gepackt, oder versucht er gerade, eine Durchfallattacke zu überspielen? Und trotzdem gibt es zum Glück keine Vorschriften, wie man beim Darts stehen oder werfen muss. Was ist aber beim Werfen eines Darts das Wichtigste? Das Allerwichtigste ist, dass keiner eurer Freunde die Flugbahn eures Darts kreuzt oder vor dem Board rumkaspert. Sicherlich kommt es in diesem Fall darauf an, wie eng ihr befreundet seid oder ob ihr den Typen überhaupt leiden könnt. Natürlich war das Spaß, denn Darts sind Waffen, und man kann damit jemanden verletzen. Also bitte überzeugt euch vor jedem Wurf davon, dass keine kleinen Kinder oder Haustiere plötzlich vorm Board stehen. Selbst ein sogenannter Bouncer, also ein herausfallender Dart, kann sehr schmerzhaften Schaden anrichten. Also, Augen auf beim Darts!

Fangen wir am besten mit dem Stand an der Oche, der Abwurfleiste, an. Sicherlich habt ihr schon mal Leute in einer Kneipe beobachtet, die zum ersten Mal ein paar Pfeile in die Hand nahmen und sich ganz automatisch mit dem falschen Fuß nach vorne an die Oche stellten. Dies ist ohne Wenn und Aber die allerschlechteste Position zum Dartspielen. Somit stehen Rechtshänder generell mit dem rechten Fuß circa im 45-Grad-Winkel seitlich an der Oche, Linkshänder logischerweise mit dem linken Fuß, ansonsten dürft ihr euch gerne von einem erfahrenen Orthopäden wieder einrenken lassen. Oberstes Gebot sollte sein, dass es für euch ein bequemer Stand ist, schließlich müsst ihr über einen längeren Zeitraum exakt so stehen. Versucht, euch nun etwas nach vorne zu lehnen, und verlagert dabei euer Gewicht mehr auf den rechten Fuß. Nun dreht ihr euren Oberkörper mit der Schulter nach rechts in Richtung des Boards. Hebt nun euren linken Arm und macht das »Victory«-Zeichen und ruft in Richtung Tresen »Zwei Bier, bitte!«. Okay, noch mal zurück ... Ihr hebt natürlich euren rechten Arm so, dass der Ellbogen in Richtung Dartboard zeigt. Euer Unterarm sollte sich nun eigentlich im rechten Winkel zu eurer rechten Körperpartie befinden. Der Unterarm muss sich nun senkrecht in der Mitte der

Scheibe befinden. Es gibt also nun zwei rechte Winkel! Unterarm / rechte Körperseite und Oberarm / Unterarm – richtig? Gut ... Ich möchte nicht sehen, wie einige von euch jetzt irgendwo rumstehen. Besser ihr lest die Stelle noch mal. Ich fasse kurz zusammen:

Aus der Sichtweise eines Rechtshänders: bequemer Stand an der Abwurfleiste namens Oche, wobei ihr sie auch gerne Karl-Heinz oder Roswitha nennen könnt! Der rechte Fuß steht in einem Winkel von 45 Grad seitlich zu Roswitha, ihr dreht euren Oberkörper so, dass die rechte Schulter in Richtung Dartscheibe zeigt. Nun drückt ihr das rechte Bein durch und lehnt euch nach vorne Richtung Board. Eigentlich könntet ihr nun das komplette Gewicht eures Körpers auf das rechte Bein verlagern. Das linke Bein ist jetzt eigentlich nur noch dazu da, dass ihr nicht umfallt. Im besten Fall steht euer linker Fuß nur noch auf dem Fußballen, die Ferse ist in der Luft. Wenn ihr nun euren Stand gefunden habt, dann bringt ihr euren Unterarm in einen rechten Winkel zur rechten Körperhälfte, sodass der Ellbogen in Richtung der Dartscheibe zeigt. Der Unterarm steht nun ebenfalls im rechten Winkel zum Oberarm und befindet sich senkrecht in der Mitte der Scheibe.

Wenn man den PDC-Profi Mensur Suljović sieht, sollte man das besser nicht versuchen nachzuahmen. Es wäre fatal, wenn ihr euren Gegner, nachdem ihr den ersten Dart geworfen habt, bewusstlos zu Boden fallen hört, weil ihr ihm unter das Kinn getreten habt.

Die größte Schwierigkeit liegt nun im Zusammenspiel von Arm und Hand. Bestmöglich hat die Schulter mit der reinen Wurfbewegung nichts zu tun. Doch dazu gleich mehr. Jetzt trinkt erst mal die zwei Bier!

GRUND NR. 31

WEIL DAS HANDGELENK SO WICHTIG IST!

Wir waren dabei stehen geblieben, dass sich der Unterarm nun senkrecht in der Mitte des Dartboards befindet. Nach all den Jahren bin ich mir mittlerweile sicher, dass das Wichtigste an der Wurfbewegung das Handgelenk ist. Schaut euch mal den Wurf zum Beispiel von Michael van Gerwen, Phil Taylor oder Raymond van Barneveld möglichst in Zeitlupe an. Die Handgelenke aller drei Spieler sind – nachdem der Dart die Hand verlassen hat – fast wie Gummi, also sehr locker! Gerade bei »Mighty Mike« habe ich das Gefühl, dass er gar keine Knochen im Handgelenk hat, so extrem biegt es sich beim Überstrecken des Ellbogens am Ende der Wurfbewegung durch. Bei van Gerwen und Taylor ist das Handgelenk zu Beginn des Wurfs fest fixiert, damit ein Abdriften in die 1 oder 5 vermieden wird. Sobald sich aber die Finger öffnen und der Dart seinen Flug aufnimmt, entwickelt sich durch das Überstrecken des Handgelenks und des Ellbogens eine unglaubliche Schnellkraft. Beim »Seitenwind«-Turnier in Dubai konnte man sehen, dass van Gerwen und Taylor aufgrund ihres Wurfstils fast überhaupt keine Schwierigkeiten mit dem Wind hatten. Während andere Spieler, wie zum Beispiel Raymond van Barneveld, ihren Ellbogen beim Zielen recht weit oben ausrichten, korrigieren dies Spieler wie Taylor und MvG durch ihr Handgelenk. Barney könnte aufgrund seiner Körpergröße auch gar nicht den Ellbogen weiter nach unten nehmen, schließlich wirft Raymond den Dart »von oben« in die 20. Da Taylors und van Gerwens Eltern augenscheinlich keine Riesen waren, müssen beide dieses »Größendefizit« in irgendeiner Form ausgleichen. Sie tun dies, indem sie die Spitze des Darts durch Abkippen des Handgelenks wieder auf die Triple 20 ausrichten können.

Im Gegensatz zur Wurfbewegung kann man Anfängern beim optimalen Anfassen des Darts nur wenig Tipps geben, denn dies ist ein reiner Prozess des häufigen Ausprobierens. Jeder Spieler hat seine ganz eigene Art, den Barrel des Darts zu greifen. Um mit diesem Ammenmärchen einmal aufzuräumen: Taylor hält seinen Dart nicht mit zwei Fingern fest. Es sind ganz sicher drei Finger (Daumen, Zeige- und Mittelfinger), nicht mehr und nicht weniger – 501-prozentig! Anfänger sollten sich aber bitte nicht den Wurfstil eines Profis abschauen, denn das geht wahrscheinlich fürchterlich in die Hose und der Dart in die Wand. Es gibt nur zwei Möglichkeiten, einen Dart zu werfen. Entweder man »schiebt« oder man »zieht« ihn. Den Pfeil ziehen tun alle Spieler, die den Dart vor dem (in Richtung der Spitze) oder am Schwerpunkt festhalten, wogegen derjenige schiebt, der den Dart hinter dem Schwerpunkt (in Richtung des Shafts) greift. Bob Anderson, van Barneveld und Michael Rosenauer ziehen den Dart, während Taylor und zum Beispiel Beaton den Dart schieben. Steve Beaton hält übrigens seinen Dart – genau wie ich auch – am Shaft fest. Da ich mit SlikStiks-Shafts spiele, nehme ich diesen an der Stelle zwischen Daumen und Zeigefinger, an der sich der Shaft nach hinten verjüngt. So kann ich immer sicher sein, dass ich ihn zu jeder Zeit an der gleichen Stelle greife. Wie gesagt, das ist Geschmacks-, nein, eher Tastsache. Spieler, die den Dart ziehen, öffnen die Finger später als diejenigen, die den Pfeil schieben.

Achtet darauf, dass der Unterarm in der Mitte der Scheibe ist, die Spitze des Darts soll dorthin zeigen, wo ihr den Dart hinhaben wollt, alles andere ist ein unnützer Umweg in der Wurfbewegung. Ihr müsst selbst herausfinden, wann ihr die Finger öffnet und den Dart loslasst. Das kann euch keiner erklären oder beibringen. Aber ihr werdet es sehr schnell anhand der Flugkurve selbst herausfinden. Öffnet ihr die Hand zu spät, geht der Dart nach unten, öffnet ihr zu früh, nach oben. Eine geworfene 180 bedeutet, dass ihr dreimal die Hand exakt zum gleichen Zeitpunkt geöffnet habt und die Wurfbewegung des Armes stimmte. Und, war das jetzt so schwer? Weitermachen …

GRUND NR. 32

WEIL »501« KEINE JEANS IST?

501 »Straight In – Double Out« ist die meistgespielte Variante beim Darts. »Wieso denn bloß?« Gute Frage, warum spielt man eigentlich 501? Warum spielt man nicht 500, 400, 700 oder 150? Oder »40 Best of 101 Legs«? Woher stammt dieses komische Format »501«? Ich denke, hierbei handelt es sich im Bereich des Dartsports um die meistgestellte Frage überhaupt. Die allerersten Dartboards hatten, wie beim Bogenschießen auch, mehrere Kreise mit einer unterschiedlichen Wertigkeit. Die Mitte zählte am meisten, da sie als Zentrum der Scheibe logischerweise am schwierigsten zu treffen war.

Gespielt wurde auf diesen Boards meistens »High-Score«, wobei nach einer vorher festgelegten Anzahl von Runden geworfen wurde und derjenige mit den meisten Punkten zum Schluss als Sieger gekürt wurde. So weit, so gut, aber irgendwann fällt einem bei dieser Variante natürlich die Kraft aus dem Gesicht, weil es ungefähr so spannend ist, als wenn man Farbe beim Trocknen zuschauen würde. Die Abart »Immer stupide in die Mitte werfen« gibt es zwar heute noch, aber zur Strafe muss man heute dafür Geld in einen Automaten werfen. Egal, den Jungs wurde es irgendwann zu öde, schließlich wurden sie mit jedem weiteren Training besser und besser. Eine neue, spannendere Spielform musste also her.

Nachdem der Engländer Brian Gamlin 1896 die Einteilung der Dartscheibe festlegte, lag es nah, dass man sich ein anspruchsvolleres Spiel einfallen lassen musste. Unerwähnt sollte nicht bleiben, dass der Name des Zimmermanns (nein, nicht Jesus) in jedem Buch über Darts zu finden ist. Steht eigentlich in jedem Kicker, wer diesen dämlichen Ball erfunden hat oder wer der erste Mensch war, der einen Tennisschläger bespannte? Wer jetzt mehr als ein Buch über Darts im Schrank hat, der wird wissen, dass die Anordnung der

Zahlen so erfolgte, dass immer eine Zahl mit hohem Wert neben einer Zahl mit niedrigem Wert liegt. Ach komm, das ist ja noch niemandem aufgefallen! Es wäre ja auch völlig bescheuert, wenn sich die 20, 19, 18, 17 und die 16 gebündelt in der oberen Hälfte der Dartscheibe befinden würden. Nicht auszudenken, wenn noch mehr Talentfreie zum Dartsport wechseln würden!

Das ursprüngliche und originale »01«-Spiel hieß 301 und nicht 501, wobei man zum Aufschreiben der erzielten Punkte ein »Cribbage Board« verwendete. Cribbage ist das älteste Kartenspiel, welches man in Englands Kneipen spielt. Auf einem »Cribbage Board«, das meist aus Holz hergestellt wird, kann man die Punkte eines Spielers notieren und zählen. Es handelt sich fast um das gleiche Board, das man auch beim Dominospiel zum Notieren der Punkte verwendet. Früher hatte man keine andere Möglichkeit, die Spielstände der Gäste zu notieren. Eine Tafel und Kreide hatte der Wirt nur, um die Deckel des trinkenden Publikums auszurechnen oder anzuschreiben, wenn der Gast mal wieder nicht zahlen konnte.

Jede Seite des »Cribbage Boards« besteht aus zwei Reihen mit jeweils 30 Löchern und am Ende befindet sich auf jeder Seite noch zusätzlich ein einzelnes Loch. Gewonnen hat der Spieler, der eine vorgeschriebene Rundenanzahl auf dem Brett durchlaufen hat. 60 Punkte pro Runde plus einen Punkt, was als Häuschen (Zuhause) zählte. Somit hieß ein Spiel bestehend aus einer Runde »60 + 1«, aus zwei Runden »120 + 1«, aus drei Runden »180 + 1«, usw. Als man nun begann, die Würfe auf der Dartscheibe mithilfe eines »Cribbage Boards« zu notieren, entschied man sich dafür, fünf Runden laufen zu müssen, was 300 (60x 5) Punkten entsprach, zuzüglich des einen Punktes, welcher als das Zuhause des Spielers zählte. Dies ergab 301 Punkte, und anhand des »Cribbage Boards« konnte jeder Spieler sofort erkennen, welche Punktzahl er noch übrig hatte. Übrigens wird die Nähe und Verbindung zum Spiel »Domino« dadurch belegt, dass man früher beim Beenden eines Dartmatches nicht »Game Shot«, sondern »Domino« rief.

Darts wäre übrigens äußerst langweilig, wenn man 300 oder 500 spielen würde. Zumindest einmal sollte man das 20er-Feld verlassen, oder? Ansonsten könnte man ja die anderen Felder auf dem Board einfach weglassen. Oder man macht die ganze Scheibe zur 20, und jedes Doppel zählt 40 Punkte. Moment, das ist ja schon fast wie beim Bullshooter! Zurück zum Thema:

Heute sind die meisten Spieler schon genervt, wenn sie mal ein Leg am Scoreboard, einer meist aus schickem, weißem Plastik bestehenden Schreibtafel, mit einem schwarzen Marker per Hand selbst und eigenständig schreiben müssen. Der Dartspieler ist von Hause aus (stink)faul, sonst wäre er schließlich nicht Dart-, sondern Tennisspieler, Fußballer oder Langstreckenläufer geworden. Deshalb schreibt der Darter von heute am liebsten per Keyboard und PC. Das ist so einfach, schließlich bekommt man vom Tippen keine schwarzen Finger, und das Programm kann sich sogar noch merken, wie viele dreistellige Scores, welches High-Finish und welchen Average man geworfen hatte. Blöd ist dabei nur, dass ein Anfänger so nicht mehr lernt, wie man Zahlen voneinander abzieht, also richtig subtrahiert. Das hat der Kollege zwar mal in der Schule gelernt, aber wenn man dann ein Spiel schreiben muss, tun sich häufig mathematische Abgründe auf!

Es wird ja von keinem verlangt, dass er innerhalb einer Sekunde 78 Punkte von 393 abziehen kann, aber von 501 Startpunkten sollte jeder ohne Probleme 60 Pünktchen abziehen können. Es gibt geistige Haubentaucher, die haben Schwierigkeiten, 100 Punkte abzuziehen – kein Spaß. Zum Glück kann man den Schreiber bei offiziellen Turnieren austauschen lassen. In der Kneipe oder während einer Competition fände ich es aber wesentlich schöner, wenn ihr dem unerfahrenen Schreiber helfen würdet, sein geistiges Defizit etwas abzubauen. Viele Spieler weigern sich zu schreiben, selbst wenn sie das Spiel vorher verloren haben. Es hat einfach etwas mit der Angst zu tun, sich blamieren zu können, mehr nicht. Gebt den Jungs und Mädels einfach ein wenig Selbstvertrauen, die schaffen das schon.

Jeder Dartspieler hat irgendwann einmal mit dem Schreiben eines Dartspiels begonnen und den meisten ging es in diesem Moment nicht gut. Ich bin mir sicher, dass es eine große Anzahl E-Dartspieler gibt, die genau aus diesem Grund kein Steeldart spielen. Schade, denn es ist wirklich sehr einfach und ab einem gewissen Zeitpunkt schlicht Routine. Es gibt nur eine einzige Möglichkeit, nicht schreiben zu müssen. Ganz einfach, ihr dürft nur nicht verlieren!

 GRUND NR. 33

WEIL MAN TRAINIEREN DARF UND NICHT MUSS!

Richtig, man wird nämlich von keinem Menschen dazu gezwungen. Man darf zu jeder Zeit, wann immer man will, trainieren. Es gibt nur wenige Personen, die uns – wenn überhaupt – vom Training abhalten könnten. Da wäre der Chef, die/der Ehefrau/Ehemann, aber am schlimmsten der immer auf dem Wurfarm sitzende, verdammt schwere innere Schweinehund.

Aber warum trainiert man überhaupt? Es gibt nur einen einzigen Grund, und die Antwort ist dementsprechend simpel: Wir alle wollen besser werden! Der Anfänger möchte nicht immer der Idiot sein, der in der Kneipe eine nach der anderen Runde bezahlen muss, der Nächste möchte endlich mal ins Finale der Montags-Competition, der andere will endlich mal auf einem Turnier Punkte für die Rangliste sammeln, und viele freuen sich über das Gefühl der ersten 180! Ich werde sie nie vergessen. Triple 20, Triple 20, Triple 20 ... BOOM, und die ersten beiden Triple 20er fallen wieder raus. Am liebsten hätte ich aus diesem Drecksboard vor Wut ein Stück herausgebissen! Ach, was war ich sauer, nein, eher maßlos enttäuscht. Na ja, es hat ja dann doch noch ein wenig später geklappt. Aber das Gefühl der ersten 180 ist unbeschreiblich, weil man genau auf diesen Moment hintrainiert hat.

Vielleicht kennt der ein oder andere von euch die Geschichte, dass Gary Anderson von seinem Vater als Bub die ersten Darts geschenkt bekam und er angeblich mit wohlgemerkt den ersten neun Darts seines Lebens 180, 140 und 180 geworfen haben soll. Schon mal gehört? Ich behaupte, dass es nicht nur unmöglich, sondern auch absolut dummes Gelaber ist! Ich würde alles darauf wetten, dass es nicht so war. Wie viele Menschen kennt ihr, die niemals Darts in den Händen hielten und mit den ersten drei Darts eine 180 warfen? Genau, ich kenne auch niemanden, der zum ersten Mal etwas tat und dann sogar perfekt! Quatsch ...

Jeder Spieler wird sich an seine erste 180 erinnern können, auch Taylor und van Barneveld, ganz sicher! Ich denke, sie haben heute noch ein ähnliches Gefühl, wenn sie einen 9-Darter werfen. Ein 9-Darter hat etwas Magisches, und deshalb versucht jeder Darter, diesem ein kleines Stück näher zu kommen. Wenn man zum ersten Mal ein Leg in zwölf Darts beendet, dann freut man sich riesig, aber man nimmt sich sofort vor, es das nächste Mal noch besser machen zu wollen. Und deshalb behaupte ich, dass Darts süchtig machen kann. Es gibt nichts Tolleres, als wenn ein Wurf gelingt, den man sich vorgenommen hatte. Ein High-Finish, wenn der Gegner sich schon ein Double gestellt hatte, oder ein Short-Leg, das man mit drei dreistelligen Würfen begann.

Genau diese Momente machen Darts besonders. Genau das ist der Grund, warum uns Jungs wie Taylor, van Barneveld, Wade, van Gerwen, Whitlock und wie sie alle heißen so faszinieren. Die Leichtigkeit von Barney, wenn er schier gelangweilt eine 180 wirft und die drei Spitzen seiner Darts auf einem halben Cent-Stück Platz hätten. Oder die unglaublich dynamische Wurfbewegung Taylors, wenn er die Triple 19 scheinbar im Schlaf trifft. Die Geschwindigkeit, mit der »Mighty Mike« uns an den Bildschirm fesselt. Ein Average über 100 ist die Sucht, die uns alle verbindet. Wir wollen alle keine Spiele sehen, in denen der eine einen 85er- und der andere Hansel einen 83er-Schnitt spielt. Wir wollen sehen, wie es kracht!

Wir wollen Spiele am Limit, wir wollen, dass es immer besser wird. Und genau dafür trainieren diese Jungs! Sie wollen uns und sich selbst beweisen, dass es geht. Und wer hat mit dem Mist wieder angefangen? Der Taylor, wer sonst. Jahrelang haben alle Spieler ehrfürchtig zugeschaut, wenn er ihnen ohne Narkose einfach den Kopf abriss. Heute haben sie verstanden, dass das nur mit Training geht. Taylor sagte zu Stefan Raab bei *TV Total* diesen wunderschönen Satz: »Wenn ich nicht trainiere, dann tun es die anderen!«

Wenn andere Menschen nach der Arbeit zur Entspannung zum Buch greifen, greife ich mir meine Pfeilchen. Eine Stunde vor der Scheibe stehen und werfen, ohne nachzudenken, kann eine Form von Meditation sein. Und wann immer ich mich über ein schlechtes Spiel ärgere, weiß ich auf der anderen Seite, dass ich nicht genug dafür getan habe. Ihr müsst nicht trainieren, nur dann regt euch nicht auf, wenn ihr das Triple oder das Double nicht trefft. Und eines ist sicher, durch Training wurde noch niemand schlechter. Genauso sicher ist, dass Training ohne Spaß absolut nichts bringt. Spielt mit Freude, trainiert und versaut eurem Gegner den Abend! Das macht dann wiederum richtig Spaß!

GRUND NR. 34

WEIL MAN SICH EINSPIELEN MUSS!

Jeder vernünftige Dartspieler sollte sich vor einem Liga- oder Turniermatch einspielen. Und wenn es nur 15 Minuten sind, es ist wichtig! Wie wir wissen, benötigen die Profis zwischen 90 und 180 Minuten, um das Ärmchen in Einklang mit den Fingern und Pfeilen zu bringen. Meist werden Triple und Double geübt, aber auch sehr intensiv die Finishes gespielt. Natürlich wirft man sich auch zu zweit ein, wobei es hier einige nette Trainingseinheiten kurz vor einem Spiel gibt:

»170«

Das Spiel heißt schlicht und einfach »170« und müsste eigentlich jedem Darter bekannt sein. Man versucht, gemeinsam das Spiel auf »null« zu bringen. Man startet bei 170 und wirft zum Beispiel 45 Punkte. Nun kommt der andere Spieler an die Reihe und versucht, 125 zu checken. Er wirft 65 und lässt seinem Trainingspartner 60 Rest. Dieser beendet das Spiel mit zwei Darts, indem er Single 20 und Double 20 getroffen hat. Den Dart, den er nun noch übrig hat, wirft er wieder auf die Restpunktzahl 170. Trifft der Spieler eine Single 20, hat sein Trainingspartner nun 150 Punkte übrig. Der Spieler versucht nun, 150 zu checken. Gelingt ihm dies, dann beginnt das Spiel wieder bei 170. Gelingt es ihm nicht, dann werden seine erzielten Punkte in Abzug gebracht, und der andere Spieler ist wieder an der Reihe. Bei diesem Spiel werden gleichermaßen der Score, das Double und das Finish trainiert.

»10 HOCH, 1 RUNTER«

Bei diesem Spiel startet man mit 60 Punkten. Der erste Spieler muss nun diese Zahl mit seinen drei Darts checken. Gelingt ihm dies, hat sein Trainingspartner nun 70 Punkte Rest. Gelingt ihm dies nicht, muss der andere Spieler versuchen, 59 Punkte zu checken. Im Erfolgsfall geht der Wert 10 Punkte nach oben, bei Misserfolg einen Punkt runter. Bei diesem Spiel werden das Stellen auf ein Doppel, das Doppel selbst und die Finishes geübt.

»9 DARTS«

Hierbei handelt es sich um eines meiner absoluten Lieblingsspiele, wenn es (auch) um das Üben der höheren Finishes geht. Am meisten macht dieses Spiel mit ein oder zwei Kollegen Spaß. Das Spiel beginnt bei 20 Punkten. Die Spieler haben nun insgesamt neun

Darts Zeit, diese Zahl zu checken. Wenn man es schafft, geht man 10 Punkte nach oben. Erneut haben nun die Spieler gemeinsam wieder neun Darts, um 30 Punkte zu checken. Bei Misserfolg geht auch in diesem Spiel der Score um einen Punkt nach unten. Die Spieler hätten jetzt neun Darts für 29 Punkte. Als erprobter Ligaspieler sollte man mit seinen Teamkollegen sehr schnell auf 200 und mehr Punkte kommen, und genau da beginnt der Spaß in diesem Spiel. Man feuert sich gegenseitig an, weil man die Marke natürlich immer höher und höher treiben will. Wenn man zum Beispiel 220 Punkte Rest hat, versucht der erste Spieler natürlich, seine Kollegen durch einen sehr hohen Wurf in die Situation zu bringen, dass sie möglichst viele Darts auf Doppel bekommen. Wenn er eine 100 wirft, haben seine Kollegen nun sechs Darts, um 120 Punkte zu checken. Wirft er nur 60, haben seine zwei Mitspieler sechs Darts für 160 Punkte. Am besten, die Pfeife wirft eine 180 und überlässt seinen zwei Mitstreitern sechs Darts auf Tops, also die Doppel 20. Quatsch, natürlich ist es nicht so einfach, aber es macht verdammt viel Spaß zu sehen, wie weit man kommt.

Ich wünsche euch bei allen Trainingsspielen viel Spaß. Und spielt nie, wenn ihr keine Lust dazu habt.

GRUND NR. 35

WEIL ES PSYCHOSPIELCHEN GIBT!

Ich denke, jeder Darter, der einmal an einem Turnier teilgenommen oder für ein Team in einer Liga gespielt hat, der wird auch im Amateurbereich solche Situationen kennen. Hier kann man schon auf Wald-und-Wiesen-Turnieren erleben, wie einige Spieler versuchen, ihren Gegner beim Werfen durch die seltsamsten Dinge aus der Ruhe zu bringen. Besonders witzig ist ein plötzliches Husten, wenn man gerade einen Dart auf das Doppel werfen will. Dabei sah der

Typ vor ein paar Minuten noch völlig gesund und fröhlich aus, und urplötzlich kotzt er dich von hinten voll. Gegen solche dubiosen Anfälle gibt es nur ein Medikament – das schnelle Checken, also das Beenden des Legs.

Die Situation, dass man sich sicher war, dass der Dart des Gegners nicht in der dreifachen 19, sondern am Draht in der Single 19 war? Oder wir unserem Rivalen freundlich mitteilen mussten: »Hör mal, das war doch eine 100 und keine 140!«, oder 60 und keine 100 Punkte und er darauf antwortete: »Oh Mensch, das tut mir jetzt aber leid, das habe ich gar nicht gesehen!« Kennt jeder, oder? Diese dümmlichen Aktionen während eines Legs, als würde das eigene Leben auf dem Spiel stehen, wenn man diese Gurken-Partie verlieren würde.

Es gibt so viele Dinge, die wirklich nerven. Mich stört es, wenn der Gegner seinen ersten Dart wirft, während ich noch zurücklaufe. Oder ich fast die Spitze des Darts meines Gegners im Auge habe, wenn ich mich nach dem Rausziehen meiner Pfeile umdrehe. Auch das Anrempeln beim Zurücklaufen wird immer wieder gerne als letzter Joker gewählt. Ach, was gibt's da für Spezialisten, beim Rausziehen der Darts wird ein Pfeilchen fallen gelassen, und ab und an quatscht man dem Gegner in den Wurf. Herrlich.

Ganz böse wird es aber, wenn man merkt, dass der Schreiber nicht neutral, sondern mit dem Gegner freundschaftlich verbunden ist. »Das war keine 100, das war eine 60!« oder »Als Schreiber bin ich der Schiedsrichter, und ich sage, der war nicht im Triple!« Das gibt's ... Für solche Aktionen haben manche Schreiber schon vor vielen Jahren die Botanik vor der Halle kennengelernt, weil sie mit »Mach2« durch die Hecke geflogen sind! Wie oft kann man beobachten, dass Spieler mit der geistigen Stoppuhr in Lauerstellung darauf warten, endlich losrennen zu können, um den Gegner streichen zu lassen, obwohl man sich vorher am Spielort schon gesehen hat. »Nein, ich habe ihn noch nicht gesehen, und jetzt habe ich schon fünf Minuten warten müssen! Streichen sie ihn bitte!«

Keine Spur von Fairness, Hauptsache, eine Runde weiter. Die Angst, verlieren zu können, siegt anscheinend manchmal über die Vernunft! Auch immer wieder gerne verwendet wird der alte Trick, seine Darts in der Hand zu halten und sie aneinanderzurollen. Das gibt so ein klimperndes Geräusch. Das macht man natürlich erst dann besonders heftig, wenn der Gegner auf Doppel ist oder gerade den Versuch unternimmt, ein High-Finish zu spielen.

Jeder Spieler versucht irgendwann einmal, den Gegner ein wenig aus der Konzentration zu bringen. Gut sehen kann man das auch bei den Profis. Meistens sind die Bühnen, auf denen gespielt wird, nicht massiv, beim Laufen kommt es also zu Schwingungen. Mal mehr, mal weniger. Der Spieler, der nicht am Zug ist, fängt leicht an zu wippen, wenn der andere gerade werfen will. Derjenige, der gerade an der Oche steht, merkt das natürlich. Viele Spieler haben auch die Angewohnheit, den ersten Pfeil schon zu werfen, während der andere noch auf dem Weg nach hinten ist. Hier bietet es sich an, dass man ganz nah am Gegner vorbeigeht.

Am 24.04.2013, also einen Tag vorm Spieltag der McCoy's Premier League in Liverpool, war es wieder einmal so weit. James Wade, Nummer 3 der PDC-Geldrangliste, versuchte, sich durch ein wirklich dämliches Interview einen psychischen Vorteil gegenüber Raymond van Barneveld zu verschaffen. Printmedien nehmen solche Dinger natürlich mit Kusshand zur Kenntnis, und somit wusste es der gute Barney genau einen Tag später. Ein Sieg hätte für beide Spieler an diesem Spieltag bedeutet, dass man sich automatisch für das Halbfinale der Premier League qualifiziert hätte. So hätte James Wade aber wissen können, dass die Beeinflussung des Gegners nicht größer wird, indem man noch größeren Schwachsinn erzählt. So plauderte er fröhlich und frei von der Leber weg (und genau da liegt eventuell sein Hauptproblem), dass Raymond van Barneveld schlecht spielen würde und nicht konstant genug sei, um gegen ihn gewinnen zu können. »Ich weiß, dass ich gegen ihn nicht verlieren werde!«, so Wade.

Nun gut, und dann gab es mit der groben Kelle! Vielleicht war es James Wade im Interview entfallen, dass Raymond van Barneveld fünffacher Weltmeister ist und als einer der besten Dartspieler aller Zeiten gilt. Barney gewann am nächsten Abend mit 7:2 und einem Average von 104,20! Übrigens war es eine seiner besten Leistungen im Jahr 2013. Im anschließenden Interview musste van Barneveld gestehen, dass ihn die Provokationen seitens Wade zusätzlich motiviert hätten und er sich die verbale Attacke nicht erklären könne. James Wade konnte sie sich wahrscheinlich auch nicht mehr erklären, wahrscheinlicher ist es jedoch, dass er sich überhaupt nicht mehr erinnern konnte. Oder Peter Manley, der vor einigen Jahren dem guten Adrian Lewis in den Wurf quatschte und der sich dafür bedankte, indem er einfach die Bühne verließ.

Egal wie man seinen Gegner stören möchte, es sollte schon höchst professionell sein! Am besten ist es aber, wenn ihr euren Kontrahenten mit hohen Scores, schönen Finishes und Short-Legs aus der Ruhe bringt. Alles andere habt ihr nicht nötig. Und wenn man auf den Sack bekommt, dann gibt man seinem Gegner die Hand und sagt »Good Darts«!

 GRUND NR. 36

WEIL ES EINE KLEIDERORDNUNG GIBT!

Der ordentliche Dartspieler, der das Spiel und seine Tradition versteht, spielt in schwarzer Hose und schwarzen Schuhen. Ich rede von schwarzen, langen Stoffhosen, also Anzugshosen, und schwarzen Schuhen, die man unter ebendiesem trägt. Turnschuhe, Birkenstock und Adiletten sehen nicht nur grausam aus, sie sind schlichtweg bei der PDC und der PDC Europe verboten. Mittlerweile sind sogar hell- oder dunkelgraue Hosen erlaubt. Bei den Dartshirts gilt nur die Regel, dass die Aufnäher der Sponsoren an bestimmten Stellen der Oberbekleidung angebracht werden müssen. Die Größe dieser sogenannten »Patches« ist ebenfalls schriftlich fixiert.

Thema Schwarze Schuhe: Als die PDC Europe noch GDC hieß und man das erste Ranglistenturnier in Köln-Hürth ausrichtete, gab es einen Spieler, der anstatt schwarzer Schuhe neue Nike-Turnschuhe in absolutem Rein-Weiß anhatte. Sie leuchteten noch so schön neu! *seufz* Als ihm die Turnierleitung unterbreitete, dass er nur mit schwarzen Schuhen spielberechtigt sei, und fragte, ob er sich noch schnell ein paar Schwarze kaufen wolle, verneinte er dies und griff zum Boardmarker. Er malte seine neuen Turnschuhe einfach schwarz an! Die Gesichter der Turnierleitung waren sehenswert.

Selbstverständlich kann man in einer Hose seiner Wahl trainieren, in der Sommerliga oder auf einer Competition spielen. Kein Mensch hat dort etwas gegen eine Jeans. Okay, eine Jogginghose sollte man zum Joggen oder auf der Couch anziehen, aber bitte nicht zum Dart! Sobald das Spiel einen offiziellen Charakter erhält, sollte unweigerlich der Griff zur schwarzen Hose erfolgen und zur Pflicht werden. Das kann ein Ligaspiel oder ein Turnier sein, ganz egal, aber dann muss man bitte nicht durch die Gegend laufen, als hätte man sich als Ehemann bei *Frauentausch* beworben.

Im E-Dart hat der Dresscode leider nie wirklich Einzug gehalten. Bei der Mannschaftsmeisterschaft im sommerlichen Geiselwind sieht man dann alle Jahre wieder, was der Spieler von Mutti mitgebracht bekommen hat oder bei Rudis Resterampe besonders günstig war. Kurze Hosen, weiße Tennissocken und Badelatschen sind hier keine Seltenheit. Kombiniert wird das Ganze mit einem kleinen Handtuch, welches man sich über die Schulter hängt oder zur Hälfte in die Hose steckt. Selbstverständlich nutzt es nichts, wenn man eine schwarze Stoffhose trägt, leider aber vergessen hat, dass man das Dartshirt mittlerweile drei Tage anhatte. Da wird gerne mal ein kleiner Fleck mit einem größeren kaschiert. Zugeschaut, mitgebaut, der Trend geht aber eindeutig zum Zweitshirt, ihr Lieben!

Wenn man den Begriff »Geruch« zum Dresscode zählen würde, bliebe uns zusätzlich einiges erspart. Schon immer war es mir unbegreiflich, wie man morgens um neun Uhr schon stinken kann. Dabei ist das Duschen doch eine völlig schmerzfreie Angelegenheit! Da machen dann auch ungeduscht ein paar Spritzer von Herrn Joop die Sache nicht merklich besser. Am besten noch das Joop in der lila Flasche! Wann immer man versucht, das Dartspielen populärer machen zu wollen, sollte man sich nicht nur über die eigene optische Außenwirkung, sondern auch über seinen Geruch bewusst sein. Hier rät zum Beispiel die Zahnarztfrau Gabi R. zum Umgang mit der Zahnbürste in Kombination mit Zahnpasta und einer Kontrolle der Beißerchen alle sechs Monate. Selbst der Kreisligaspieler hat mittlerweile verstanden, dass auf der Suche nach einem Sponsor die Zähne nicht schwärzer sein sollten als die Hose selbst! Es ergibt doch keinen Sinn, wenn man sich ein tolles Dartshirt zulegt, dieses mit »Horst-Meinhard ›The Hellfire‹ Kowalczyck« besticken lässt und jeder riechen kann, warum man »Höllenfeuer« als Spitznamen von den Kumpels verliehen bekommen hat. Reinlichkeit und ein ordentliches Auftreten hatten noch nie etwas mit Geld zu tun. Nochmals zusammengefasst die wichtigsten Punkte für Jungs und Männer, bevor es zum Darts oder auf Sponsorenschau geht:

- Geduscht, Haare gewaschen und gekämmt, Zähne geputzt und vorhanden
- Dartshirt ist frisch gewaschen und ohne Flecken
- Schwarze Anzugshose – aber bitte sauber!
- Schwarzer Gürtel (Herr Wade, bitte hier genau aufpassen!)
- Schwarze Schuhe (die, die man zu Anzügen trägt)
- Neue Flights
- Gerade Shafts
- Neue Spitzen (nur beim E-Dart)
- Keine Autofahrerunterhose (vorne Fernlicht, hinten Bremsspur)!

Zum Abhaken könnt ihr diese Seite ruhig an der Innenseite der Haustür befestigen! Und jetzt raus, ihr seid spät dran.

GRUND NR. 37

WEIL ES »INDIANA JAMES UND DER BRAUNE GÜRTEL DES TODES« GIBT!

Der braune Gürtel im Dart wird, entgegengesetzt zum Judo oder Karate, nicht von der PDC verliehen, sondern der Spieler muss sich diesen selbst kaufen und zu allem Überfluss noch freiwillig tragen. Wie man bereits ein paar Turniere vor Beginn der Premier League feststellen konnte, trug »The Machine« stolz seinen braunen Gürtel zur schwarzen Hose, zum schwarzen Hemd und zu seinen schwarzen Schuhen. Zuerst dachte ich, dass es sich bei Wade um eine Steigerungsform der »Rot-Grün-Schwäche« handelt, die sogenannte schwarz-braune, Hornhaut ablösende, den Sehnerv verätzende »Ich trag den falschen Gürtel zu den falschen Schuhen«- Krankheit! Leider musste ich dann feststellen, dass James Wade es anscheinend gefiel, oder zumindest der Person, die ihm morgens die Klamotten rauslegt. Am Ende dachte ich, es hätte etwas mit seinen sieben Major-Titeln zu tun, das man so'n Ding dann quasi auf Anweisung der PDC tragen müsste, aber dann wurde es mir auf einmal klar, sonnenklar ... Er hat einfach nur keinen blassen Schimmer von Herrenmode! Sonst käme er nie auf die Idee, ein schwarzes Hemd mit Nadelstreifen, eine schwarze Hose, schwarze Schuhe kombiniert mit einem braunen Gürtel zu tragen. Warum haben die Engländer eigentlich so einen gruseligen Modegeschmack? Als Wade eine hellgraue Hose, braune Schuhe und einen braunen Gürtel trug, wollte ich ihn schon zum bestangezogenen PDC-Spieler wählen! Und dann kam er mit dieser Nummer! Kann ihm das denn keiner sagen? Ich kann es nicht, schließlich wollte er mich 2012 in Düsseldorf umbringen. Kein Spaß! Irgendwie kann er mich nicht leiden, vielleicht aufgrund meiner Tattoos. Ich habe mir ja die Unterschrift von Raymond und Phil von Pattex, dem Tätowierer meines Vertrauens, in die Haut stechen lassen. Irgendwann fragte

Wade mich recht abfällig, ob ich mir auch von seiner Unterschrift ein Tattoo anfertigen lassen würde. Ich sagte ihm, dass ich das, sobald er Weltmeister werden würde, machen lasse, obwohl ich mir nicht sicher wäre, dass das mit 86 Jahren noch so 'ne gute Idee sei. Gott, da war er richtig angefressen, der gute James. Auf jeden Fall habe ich Barney nach Düsseldorf begleitet und ihn bei seinem Sieg nach allen Kräften unterstützt. Im Viertelfinale habe ich ihn natürlich angefeuert, wie sich das eben gehört, wenn man mit jemandem gut befreundet ist. Sicherlich kenne ich die Regeln und weiß, dass man niemandem während des Wurfs reinbrüllen darf. Das muss mir keiner erzählen, schließlich spiele ich länger Darts als die meisten Spieler der PDC! Aber, und das gebe ich gerne zu, wenn ich brülle, dann hört man es. Dies nutze ich auch dazu, wenn ich zum Beispiel merke, dass Raymond zu schnell spielt. Dann rufe ich meist »Take your time«, also »Nimm dir Zeit!«, wobei ich dies häufig vorm Wurf aufs Doppel rufe. Und im Spiel gegen Wade hat es dreimal geklappt und Raymond gewann 6:2! Bingo ... Als Raymond nach seinem Halbfinalsieg die Treppe zur Empore hochstieg, lachte er und sagte: »James meinte, dass er dich jetzt umbringen würde, weil er dich gehört hätte!« Ich musste lachen und sagte: »Ich hoffe, dass er mich nicht mit seinem braunen Gürtel erwürgt, dann würde er mir den ganzen Sonntag versauen!«

Aber irgendwann wird er einmal verstehen, dass man weder einen braunen Gürtel noch braune Schuhe auf eine schwarze Hose trägt. Das ist kein modischer Beinbruch, nein, es ist eine Todsünde!

Gordons kleiner Modetipp: Schuhe und Gürtel müssen die gleiche Farbe haben. Brauner Gürtel und braune Schuhe darf man aber trotzdem niemals auf eine schwarze Hose anziehen. Hier droht Brechreiz!

KAPITEL 5

OHNE FLEISS KEIN PILS – ÜBEN, ÜBEN, ÜBEN

GRUND NR. 38

WEIL JEDER EINEN AVERAGE HAT!

Jeder Dartspieler fragt irgendwann einmal nach seinem »Average«, schließlich ist dieser Durchschnittswert eine der größten Motivationshilfen im Dartsport. Der Average bedeutet einfach nur, wie viele Punkte man durchschnittlich pro Dart (oder Aufnahme) erzielt. Um es für einen Laien simpel und einfach zu erklären, hier ein einfaches Beispiel: Jeder Spieler hat 501 Punkte und ihr checkt das Spiel zum Beispiel in 21 Darts, dann müsst ihr 501 Punkte durch 21 teilen. Pro Dart habt ihr somit einen Average von 23,86 Punkten. Möchtet ihr den Average eurer Aufnahme, also mit allen drei Darts, wissen, müsst ihr diese Zahl lediglich mal drei nehmen – 71,58. Ehrlich? Das ist verbesserungswürdig. Jetzt kommt die Steigerung … Ihr gewinnt ein Ligaspiel mit 3:0 und checkt die Legs in 19, 17 und 23 Darts. Somit habt ihr 3 Legs à 501 Punkte mit insgesamt 59 Darts beendet. Ihr rechnet nun 1.503 Punkte (3x 501) geteilt durch 59 Darts. Ihr habt im Schnitt pro Dart 25,47 Punkte geworfen, das heißt, euer 3-Dart-Average liegt bei 76,41 Punkten, was für Hobbyspieler eine respektable Leistung ist. Hut ab! Interessant wird es natürlich erst dann, wenn man den Average eines ganzen Turniers ausrechnet, inklusive aller Legs, die ihr verloren habt. In diesem Fall muss man die Restpunktzahl aller nicht gewonnenen Legs und alle Darts, die ihr bis zum Check eures Gegners geworfen habt, notieren. Wenn ihr zum Beispiel drei Darts am Doppel vorbeigeworfen habt, dann zählen diese natürlich auch. Schlagartig wird jedem Dartspieler klar, was es bedeutet, wenn es heißt: Phil Taylor warf einen Average von 108 Punkten. Ehrlich gesagt ist das unmenschlich. Das Schlimme ist: Die Herren können das noch besser. Nachfolgend die höchsten bisher erzielten Averages:

- CLD = Championship League Darts
- IDL = International Darts League

- GSoD = Grand Slam of Darts
- PL = Premier League
- PDC WC = PDC World Championship
- EDC = European Darts Championship
- WMP = World Matchplay

Die zwei höchsten Averages eines Turniers ohne TV-Übertragung:
- **133,35** – Gary Anderson am 30.04.2011 bei seinem 6:1-Sieg gegen Arron Monk im Achtelfinale des UK Open Qualifier 7.
- **132,61** – Michael Smith bei seinem 3:0-Sieg (inkl. einem 9-Darter) gegen Michael van Gerwen auf der PDC Youth Tour. Ja, ihr habt richtig gelesen, es war bei der JUGEND! Was machen wir eigentlich falsch? Es ist zum Heulen.
- 121,86 Michael van Gerwen 6:0 Steve Beaton (CLD 31.10.2012)
- 120,86 Phil Taylor 6:3 Mervyn King (CLD 2011 / inkl. 9 Darter)
- 120,24 Phil Taylor 6:0 Paul Nicholson (CLD 2012)
- 118,66 Phil Taylor 9:0 Kevin Painter (UK Open 2010)
- 117,35 Phil Taylor 8:4 Simon Whitlock (PL 2012)
- 116,10 Phil Taylor 8:1 James Wade (PL 2012)
- 116,01 Phil Taylor 8:3 John Part (PL 2009)
- 115,62 Phil Taylor 10:0 Mark Lawrence (UK Open 2009)
- 115,51 Phil Taylor 9:3 Ken Mather (UK Open 2009)
- 114,54 Phil Taylor 9:3 Wes Newton (UK Open 2008)
- 114,20 John Part 6:1 Vincent van der Voort (CLD 2011)
- 114,15 Darryl Fitton 6:0 Davy Richardson (IDL 2004)
- 113,92 Phil Taylor 9:3 Mervyn King (EDC 2008)
- 113,71 Phil Taylor 6:0 Paul Nicholson (CLD 2011)
- 113,43 Phil Taylor 8:0 Gary Mawson (WMP 1997)
- 113,33 Phil Taylor 11:7 Robert Thornton (EDC 2008)
- 113,09 Dave Chisnall 6:3 Kevin Painter (EDT 1 2012)
- 113,04 Raymond van Barneveld 6:1 Terry Jenkins (EDC 2012)
- 112,91 Phil Taylor 8:4 Raymond van Barneveld (PL 2012)
- 112,90 Ronnie Baxter 6:3 Andy Smith (EDT 1 2013)

- 112,79 Phil Taylor 7:7 Adrian Lewis (PL 2012)
- 112,72 Phil Taylor 6:0 Dave Chisnall (CLD 2012)
- 112,72 Phil Taylor 6:0 Andy Smith (CLD 2012)
- 112,68 Phil Taylor 11:1 Adrian Lewis (PL 2008)
- 112,56 Chris Mason 11:8 Adrian Lewis (UK Open 2005)
- 112,37 Phil Taylor 10:3 Wes Newton (GSOD 2011)
- 112,28 Raymond van Barneveld 8:6 Kevin Painter (PL 2012)
- 112,17 Phil Taylor 16:7 Chris Mason (WMP 2004)
- 111,74 Phil Taylor 8:3 John Part (PL 2008)
- 111,67 Phil Taylor 10:8 James Wade (PL Final 2010)
- 111,54 Dave Chisnall 6:4 Simon Whitlock (CLD 2012)
- 111,35 Phil Taylor 3:0 Dennis Priestley (US Open 2008)
- 111,34 Robert Thornton 6:1 Simon Whitlock (CLD 2012)
- 111,21 Phil Taylor 6:1 Shayne Burgess (PDC WC 2002)
- 111,14 Phil Taylor 8:3 Raymond van Barneveld (PL 2008)
- 111,03 James Wade 5:3 Denis Ovens (GSOD 2008)
- 110,94 Phil Taylor 7:1 Raymond van Barneveld (PDC WC 2009)
- 110,72 Phil Taylor 9:4 Ronnie Baxter (UK Open 2012)

Des Weiteren gelang Phil Taylor bei der European Darts Championship 2009 in Hoofddorp/Holland das Kunststück, einen Turnier-Average in Höhe von ***111,51*** Punkten zu erzielen. Wer sonst …

Übrigens gewann Eric Bristow seine WM-Titel 3 und 4 mit einem Average in Höhe von 97,50 Punkten. Wohlgemerkt in den Jahren 1984 und 1985. Da warf man noch auf Dartboards mit weitaus dickeren Drähten. Nee nee, nix Bandstahl! Bristow war zur damaligen Zeit eine absolute Maschine. Selbst Taylor hat fünf seiner 16 WM-Titel mit einem geringeren Average gewonnen. Glaubt ihr nicht?
- 1990 – Average 97,47
- 1992 – Average 97,59
- 1995 – Average 94,11
- 1996 – Average 98,52

- 1997 – Average 100,92
- 1998 – Average 103,98
- 1999 – Average 97,11
- 2000 – Average 94,42
- 2001 – Average 107,46
- 2002 – Average 98,47
- 2004 – Average 96,03
- 2005 – Average 96,14
- 2006 – Average 106,74
- 2009 – Average 110,94
- 2010 – Average 104,38
- 2013 – Average 103,04

Hätte es zu Bristows Zeiten schon Dartboards mit dünneren Drähten gegeben, wäre der Average schon alleine aufgrund geringerer Bouncer höher gewesen. Selbstverständlich hätte man früher auch mehr 180er geworfen und bessere Scores erzielt. Hätte, wenn und aber ... Scheiß Gelaber!

GRUND NR. 39

WEIL MAN 7 LEBEN HAT!

»7 Leben« ist eines meiner Lieblingsspiele. Es hat einen großen Unterhaltungswert und stellt für die typischen 501-Spieler eine große Abwechslung dar. Bei »7 Leben« werden sowohl Treffsicherheit als auch Taktik trainiert. Die Anzahl der Spieler ist unerheblich, es sollten aber mindestens zwei sein. Die Reihenfolge der Werfer kann durch einen Wurf auf den Bull ermittelt werden. Zu Beginn des Spiels hat jeder Spieler 7 Punkte Guthaben, die man am besten als Strich auf der Schreibtafel (dem Scoreboard) anzeichnet. Das Spiel beginnt immer mit der »kleinen 20«, das Feld zwischen der Triple

20 und dem Bull. Trifft der erste Spieler dieses Feld mit dem ersten Dart, hat er zwei Darts, um ein neues Feld vorzulegen, welches die anderen Spieler treffen müssen. Trifft er die »kleine 20« erst mit dem zweiten Pfeil, hat er nur noch einen, um ein neues Feld vorzulegen. Trifft er die »kleine 20« überhaupt nicht, dann bekommt er einen seiner Guthabenpunkte gestrichen.

Wenn ein Spieler zwei Darts zum Vorlegen übrig hat und er wirft zum Beispiel eine »große 19« mit dem ersten Pfeil, dann darf er den letzten Dart nicht mehr werfen. Sobald ein gültiges Feld getroffen wurde, zählt dieses als das neue Ziel!

Und jetzt kommt die Besonderheit des Spiels. Alles, worum ein Draht ist, gilt als Feld, also auch die Ziffern, die am Zahlenkranz des Dartboards befestigt sind. Dies wären dann im Uhrzeigersinn:
- die Null der 20
- die zwei Kringel der 8
- das Dreieck der 4
- der Kringel der 6
- die Null der 10
- der Kringel der 9 bei der 19
- der Kringel der 6 bei der 16
- die zwei Kringel der 18
- das Dreieck der 4 bei der 14
- der Kringel der 9

Diese bedeutet, die zwei Kringel der 8 oder 18 sind gültige Felder, wobei man bei den Achtern zwischen dem inneren und dem äußeren Kringel unterscheidet. Da kommt Freude auf!

Der Spieler, der ein Feld vorlegt, setzt so lange aus, bis einer der anderen Spieler dieses Feld getroffen hat. Derjenige, der aussetzt und wartet, kann logischerweise keinen seiner Guthabenpunkte verlieren. Bei diesem Spiel ist taktisches Geschick gefragt. So versucht man natürlich, mit dem letzten Dart für die anderen Spieler immer ein Feld vorzulegen, welches nur schwer zu treffen ist. In dieser Situation gibt man schon mal gerne selbst einen seiner Guthabenpunkte ab. Denkt daran, es zählt beim Vorlegen immer nur ein gültiges Feld.

Beispiel: Der Vorleger überlässt mir die »kleine 16«. Eigentlich wollte er einen Bull werfen, hat aber nur die 16 getroffen. Die Pfeife! Sobald der Dart ein gültiges Feld trifft, ist dies das Feld, welches die anderen Spieler treffen müssen. Ich treffe die »kleine 16« natürlich mit dem ersten Dart (jetzt keine blöden Kommentare!) und versuche, den inneren Kringel der 8 zu treffen, verpasse aber. Ich habe jetzt nur noch einen Dart und muss mich entscheiden, was ich tue! Wenn ich jetzt einen Bull oder eine 20 treffe, dann trifft sie mein Gegner wahrscheinlich ebenfalls mit dem ersten Dart und kann mir dann etwas Schwieriges vorlegen. Ich gehe das Risiko ein und werfe meinen letzten Dart nochmals auf den Kringel der 8 und verfehle erneut. Dies bedeutet, ich verliere einen Guthabenpunkt, habe aber drei neue Darts, um etwas vorzulegen. Manchmal ist es klug, ein Pünktchen zu riskieren, um dann ein tolles Feld wie zum Beispiel den inneren Kringel der 8 vorzulegen. Gelingt euch dieser Wurf, könnt ihr euch eventuell etwas länger ausruhen und zusehen, wie eure Mitstreiter ihre Guthabenpunkte verlieren und fürchterlich fluchen. Sieger ist derjenige, der zum Schluss noch mindestens ein Leben übrig hat. Es wird so lange gespielt, bis nur noch ein Spieler am Leben bleibt!

GRUND NR. 40

WEIL MAN FUSSBALL SPIELEN KANN!

Neben dem Standardspiel »501« bietet das Dartboard eine Unmenge an Trainingsmöglichkeiten, um die allgemeine Leistung zu steigern oder einzelne Schwächen abzustellen. Nachfolgend einige der – in meinen Augen – besten Trainingsspiele:

Fußball: Dieses Spiel dient dem Training auf Doppel, speziell auch den Single-Bull und das Bulls-Eye, wobei es am sinnvollsten ist, wenn man es zu zweit spielt. Ein Spieler wirft einen Pfeil, jedoch nicht mit seiner Wurfhand! Das Doppel des Feldes, welches ihr getroffen habt, ist euer Tor. Das Tor eures Gegners ist das Doppel gegenüber. Ist euer Tor die Doppel 11, dann ist das Tor eures Gegners die Doppel 6. Bei der Doppel 5 ist es dann logischerweise die Doppel 17, bei der Doppel 4 die Doppel 16, bei der Doppel 20 ist es die Doppel 3, und so weiter.

Der Bull ist der Anstoßkreis eures imaginären Fußballfeldes. Ziel ist es, eine vorher festgelegte Anzahl an Toren zu erzielen, indem ihr das Doppel eures Gegners trefft. Durch einen Wurf auf den Bull wird festgelegt, wer das Spiel beginnen darf. Der Spieler, der einen Bull getroffen hat, darf die Partie starten, indem man sich zuerst den Ball erobern muss. Dies geschieht erneut mit einem Wurf auf den Bull. Trifft der Spieler mit dem ersten Dart den Bull, darf er die restlichen zwei Darts auf das Doppel des Gegners werfen. Trifft er das Doppel nicht, ist der Gegner am Zug, wobei dieser nicht im Ballbesitz ist. Euer Gegner versucht nun seinerseits durch einen Wurf auf den Bull, den Ball zu erobern. Trifft er keinen Bull, seid ihr an der Reihe, jedoch dürft ihr nun sofort mit drei Darts auf sein Doppel (Tor) werfen.

Trefft ihr mit dem zweiten Dart das Doppel eures Kontrahenten, dann müsst ihr mit dem dritten Dart erst wieder auf den Bull werfen. Beim Fußball gibt es schließlich auch erst wieder einen Anstoß, richtig? Trefft ihr mit dem letzten Dart den Bull, seid ihr wieder in Ballbesitz, und euer Gegner ist dran.

Wichtig ist, dass man sich immer wieder durch den Wurf auf den Bull den Ball erobern muss.

GRUND NR. 41

WEIL MAN EINEN VOLLEN KILLER HALBIEREN DARF!

Drei tolle Trainingsspiele im Schnelldurchlauf …

IN DIE VOLLEN:

Dieses Spiel dient ausschließlich dazu, seinen Score, also das Punkten auf der 20, zu verbessern. Ihr werft zehn Runden, also 30 Darts nur auf die 20! Notiert euch das Ergebnis und freut euch, wie ihr von Mal zu Mal besser werdet. Kleine Motivationshilfe? Der Rekord von Raymond van Barneveld liegt bei 1.465 Punkten!

KILLER:

Schön wär's, wenn man hin und wieder einer sein könnte, gemeint ist aber ein tolles Spiel, welches man mit bis zu 21 Spielern spielen kann, denn jedem Spieler wird ein sogenanntes »Lebens-Doppel« zugeteilt. Das kann man per Zettel auslosen, oder man schmeißt mit der »falschen Hand«, ganz egal. Natürlich spielt man das Spiel nicht mit 21 Leuten, denn es würde ja ewig dauern, bis man wieder an der Reihe wäre. Ich habe es nur geschrieben, weil … »Ja, Klaus?« … Richtig, es gibt 21 Doppel auf einem Dartboard. »Prima, Klaus, toll aufgepasst!«

Wenn jeder nun ein Doppel sein Eigen nennen darf, geht es mit einem Wurf auf die Mitte der Scheibe, das Bull, los. Jeder Spieler hat zu Beginn 5 Punkte (oder Leben). Zuallererst muss man sein eigenes Doppel treffen, um in den Stand eines »Killers« erhoben zu werden. Ab diesem Zeitpunkt dürft ihr auf die Doppel eurer Mitstreiter werfen und deren Leben klauen. (Achtung, eure Gegner versuchen das aber auch!) Trefft ihr das Doppel eures Gegners, bekommt er ein Leben abgezogen und ihr eines gutgeschrieben. Bevor ihr jetzt wieder auf Jagd geht, müsst ihr erst wieder euer eigenes Doppel treffen. Wer zum Schluss noch Punkte (Leben) übrig hat, der hat gewonnen!

»HALVE IT« FÜR FORTGESCHRITTENE:

Beim Spiel »Halve It« gilt es zu verhindern, dass man seine erzielten Punkte halbiert. Dies geschieht, wenn man ein vorgegebenes Feld nicht trifft. Zu Beginn hat jeder Spieler ein Startkapital von 40 Punkten:

- **20** – So viele 20er wie möglich. Die Zahl wird zu den 40 Startpunkten addiert!
- **19** – So viele 19er wie möglich. Die erzielten Punkte werden addiert.
- **Triple** – Ihr müsst ein Triple treffen, es gelten aber nur die Triple der Zahlen 20, 19, 18, 17, 16, 15 und 14. Die Punkte werden addiert.
- **18** – So viele 18er wie möglich. Die Punkte werden addiert.
- **3 gleiche Farben** – Drei schwarze oder drei weiße Felder müssen getroffen werden, wobei es egal ist, dass es dreimal die 20 oder dreimal die 19 ist.
- **17** – So viele 17er wie möglich. Die Punkte werden addiert.
- **Double** – Ihr müsst ein Double treffen, es gelten aber nur die Double der Zahlen 20, 19, 18, 17, 16, 15 und 14. Die Punkte werden addiert.
- **16** – So viele 16er wie möglich. Die Punkte werden addiert.
- **41** – Ihr müsst mit drei Darts exakt 41 Punkte werfen, wobei es drei unterschiedliche Felder sein müssen, zum Beispiel Single 16, Single 10 und Single 15.
- **3 verschiedene Farben** – Das kann etwa Schwarz-Weiß-Grün (z.B. 20, 19, Single-Bull), Grün-Rot-Schwarz (z.B. Triple 19, Triple 7, Single 20) oder Weiß-Grün-Rot (z.B. Single 19, Triple

19, Double 20) und so weiter sein. Kleiner Tipp: Ich würde den ersten Dart auf Bull werfen!
- **14** – So viele 14er wie möglich. Die Punkte werden addiert.
- **Bull** – So viele Bulls wie möglich!

Wenn man aufgrund von »Ich schaffe es nicht« Pipi in den Augen hat, kann man den fiesen Teil »3 verschiedene Farben« weglassen! Aber keine Panik, mit der Zeit klappt das schon! Wenn man sich zum Beispiel bei 15 Punkten halbiert, dann werden daraus keine 7,5, sondern 8 Punkte, okay?

Im Bereich des »E-Dart«, also mit »Tüdeldüdel«, gibt es dieses Spiel in abgespeckter Version unter dem Namen »Split Score«. Man wirft hierbei die Zahlen in der Reihenfolge 15, 16, Double, 17, 18, Triple, 19, 20, Bull! Dieses Spiel kann man natürlich auch auf dem normalen Board spielen.

GRUND NR. 42

WEIL ES »SHANGHAI« GIBT!

Wobei uns als Dartspieler die Stadt jetzt selbst erst einmal völlig schnuppe ist. »Shanghai« ist nämlich ebenfalls der Name eines Trainingsspiels, welches das sichere Treffen der Einzel-, Doppel- und Triple-Felder übt. Es gibt mehrere Varianten des Spiels, wobei die Anzahl der teilnehmenden Spieler völlig egal ist. Die Reihenfolge der Werfer kann durch das einfache »Ausbullen« ermittelt werden.

Generell bedeutet »Shanghai«, dass man mit seinen drei Darts möglichst ein Single-, ein Double- und ein Triple-Feld <u>derselben</u> Zahl treffen sollte. Jedem Spieler stehen sieben Durchgänge à drei Darts zur Verfügung.

VARIANTE 1:

Es wird auf die Zahlen 1 bis 7 geworfen, beginnend bei der 1, wobei man alle drei Darts auf die 1 wirft. Die erzielten Punkte werden addiert, wobei natürlich das Double zweifach zählt und das Triple selbstredend dreifach. Der Spieler, der nach der 7. Runde die meisten Punkte auf seinem Konto verbuchen konnte, ist der Sieger. Wenn ein Spieler es schafft – egal bei welcher Zahl –, ein Single-, Double- oder Triple-Feld zu werfen, zum Beispiel Single 5, Double 5 und Triple 5, so nennt man dies »Shanghai«, und das Spiel ist sofort beendet. Die Reihenfolge der drei Treffer ist für das »Shanghai« unerheblich.

VARIANTE 2:

Bei dieser Art des Spiels sollen die Felder 1–20 und abschließend Single-Bull und/oder Bulls-Eye getroffen werden. Der erste Spieler wirft so lange auf die einfache 1, bis er diese getroffen hat, anschließend wirft der Spieler auf die 2, die 3, und so weiter. Alle gültigen Würfe werden addiert (zum Beispiel Single 1 und Single 2 in der ersten Runde ergeben 3 Punkte). Gewonnen hat der Spieler, der am Ende der 7. Runde die meisten Punkte sammeln konnte. Wohlgemerkt, auch hier gilt die Regelung des »Shanghai«! Sobald der Spieler es schafft – der Zeitpunkt ist hierbei ebenfalls egal –, ein Single-Feld, ein Triple-Feld und ein Double-Feld in einem Wurf zu treffen, ist er der Gewinner des Spiels! Der Unterschied in dieser Variante ist, dass es zum Beispiel eine Single 3, eine Triple 4 und eine Doppel 5 sein darf. Ein »Shanghai« darf hier in drei unterschiedlichen, aber aufeinanderfolgenden Zahlen erfolgen.

VARIANTE 3:

Diese Variante befasst sich mit dem »DSF-Sport1-Shanghai«. Im Gegensatz zu den ersten beiden Varianten müsst ihr bei dieser einfach nur, wohlgemerkt bewaffnet mit einer Flasche Bier und einer Tüte Chips, auf der Couch sitzen, Darts auf Sport1 schauen und warten. Hat jetzt einer der beiden Spieler zufälligerweise 120 Punkte Rest, bekommt ihr nun alles gratis und in Farbe erklärt. Irrtümlicherweise wird immer gedacht, dass das »Shanghai«-Finish generell mit der Zahl 120 zu tun hat, also Triple 20, Single 20 und Double 20 ist. Das ist aber falsch. Sollte ein Spieler 96 Restpunkte übrig haben und er wählt den Weg Triple 16, Single 16 und Doppel 16, dann ist dies ebenso ein astreines und vollwertiges »Shanghai«-Finish! Das höchste ist natürlich das auf der 20.

 GRUND NR. 43

WEIL FAST ALLE WEGE ZUM DOPPEL FÜHREN!

Für die Anfänger unter euch möchte ich meine persönlichen 3- und 2-Wege-Check-outs in einer kleinen Tabelle darlegen.

REST	CHECK-OUT-WEG	REST	CHECK-OUT-WEG	REST	CHECK-OUT-WEG
170	T20 T20 Bull	133	T19 T20 D8	96	T20 D18
169	kein Finish	132	T20 T20 D6	95	25 20 D25
168	kein Finish	131	T17 T20 D10	94	25 T19 D6
167	T20 T19 Bull	130	T20 T10 D20	93	25 T20 D4
166	kein Finish	129	T19 T12 D18	92	25 T17 D8
165	kein Finish	128	T18 T14 D16	91	D25 9 D16
164	T19 T19 Bull	127	T20 T17 D8	90	T20 D15
163	kein Finish	126	T19 S19 Bull	89	T19 D16
162	kein Finish	125	25 T20 D20	88	T20 D14

161	T20 T17 Bull	124	T20 T16 D8	87	T17 D18
160	T20 T20 D20	123	T19 T10 D18	86	T18 D16
159	**kein Finish**	122	T18 T12 D16	85	T15 D20
158	T20 T20 D19	121	T17 T10 D20	84	T20 D12
157	T20 T19 D20	120	T20 S20 D20	83	T17 D16
156	T20 T20 D18	119	T19 T12 D13	82	T14 D20
155	T20 T19 D19	118	T20 S18 D20	81	T15 D18
154	T20 T18 D20	117	T20 S17 D20	80	T20 D10
153	T19 T20 D18	116	T20 S16 D20	79	T13 D20
152	T20 T20 D16	115	25 D25 D20	78	T18 D12
151	T17 T20 D20	114	T20 S14 D20	77	T19 D10
150	T20 T18 D18	113	T20 S13 D20	76	T20 D8
149	T19 T20 D16	112	T20 S12 D20	75	T17 D12
148	T20 T16 D20	111	T20 S11 D20	74	T14 D16
147	T19 T18 D18	110	T20 S10 D20	73	T19 D8
146	T20 T18 D16	109	T20 S9 D20	72	T20 D6
145	T20 T15 D20	108	T20 S8 D20	71	T17 D10
144	T20 T20 D12	107	T19 S10 D20	70	T10 D20
143	T20 T17 D16	106	T20 S6 D20	69	T15 D24
142	T20 T14 D20	105	T19 S16 D16	68	T20 D4
141	T17 T18 D18	104	T18 S10 D20	67	T17 D8
140	T20 T20 D10	103	T19 S6 D20	66	T10 D18
139	T19 T14 D20	102	T20 S10 D16	65	T15 D10
138	T20 T18 D12	101	T17 S10 D20	64	T16 D8
137	T19 T20 D10	100	T20 D20	63	T13 D12
136	T20 T20 D8	99	T19 S10 D16	62	T10 D16
135	T19 T14 D18	98	T20 D19	61	25 D18
134	T20 T14 D16	97	T19 D20	60	S20 D20

Diese Wege gelten für ein Spiel 301 oder 501 »Double Out«, nicht jedoch für ein Match im Modus »Master Out« bei dem ihr auch mit dem Wurf in ein Triple-Feld das Spiel beenden könnt.

GRUND NR. 44

WEIL BARNEYS WEGE DIREKT NACH ROM FÜHREN!

Zuweilen tut es uns Amateuren einfach gut zu sehen, dass sich auch Profis bei der Wahl der Finishwege irren können. Selbst bei Phil Taylor bekommt man den Eindruck, er würde sich beim letzten Dart häufig nicht immer ausreichend Gedanken machen oder konzentrieren. Zu oft konnte man schon sehen, dass er sich auf 168, 162, 163 oder 165 Rest stellte. Taylors Vorteil der letzten Jahre war ganz einfach, dass er sich sicher sein konnte, dies durch seinen enormen Score wieder wettmachen zu können. Angekommen im Mai 2013, muss man sich eingestehen, dass dies nicht mehr ausreicht, da die Gegner in puncto Scoring deutlich aufgeholt haben. Spieler wie Michael van Gerwen, Raymond van Barneveld oder Simon Whitlock nutzen solche Rechenschwächen eiskalt aus. Fairerweise muss man sagen, dass ausnahmslos alle holländischen Dartspieler von Hause aus wesentlich besser rechnen können als die gesamten britischen Kollegen. Selbst den Kleinsten der Kleinen werden im holländischen Verband durch die Jugendförderung die richtigen Finishwege in die Köpfe gehämmert. Ich kann mich nicht erinnern, dass ich Michael van Gerwen oder Vincent van der Voort jemals mit einer Restpunktzahl von 162 oder 166 gesehen hätte. Der König der Finishes ist aber für mich mit Abstand der fünffache Weltmeister Raymond van Barneveld. Gemeinsam mit seinem Coach und Manager Gerard van Dijk ist Barney, auch nach all den Jahren als Profi, ständig auf der Suche nach noch besseren Möglichkeiten, ein Leg zu beenden. Ich freue mich sehr, dass mir Raymond erlaubt hat, euch einige seiner wirklich sinnvollen Finishwege und Gedanken verraten zu dürfen.

A) Wenn ihr Finishes wie 61, 81, 101, 121, 141 oder 161 verhindern oder diesen aus dem Weg gehen wollt, dann werft mit dem letzten Dart immer auf Bull. Wenn ihr nur Single-Bull, also 25 Punkte, werfen solltet, habt ihr jetzt anstatt der oben genannten Zahlen 56, 76, 96, 116, 136 und 156 Restpunkte. Dies sind Finishes, die man wesentlich einfacher »checken« kann.

B) 101 ist normalerweise ein 3-Dart-Finish, wenn man nicht unter Druck ist. Hättet ihr eine Runde vorher den letzten Dart in den Single-Bull geworfen, hättet ihr 96 Punkte, also ein 2-Dart-Finish.

C) 76 ist einfacher als 81 Rest. Und anstatt 25 Punkte übrig zu lassen, hast du nun 40 oder 36 Restpunkte, oder wenn du die Triple 20 triffst, sofort Doppel 8!

D) Finishes, die du über Bull beginnst, sparen dir Darts. So zum Beispiel auch bei 103. Wir gehen jetzt davon aus, dass wir kein Triple treffen! Ein Single-Bull (25) lässt dir 78 Rest. Mit einer Single 18 und einer Single 20 hast du nun Tops, also 40 Punkte Rest. Du hast dir somit mit drei Darts ein Finish von 40 gelassen, wobei du im nächsten Durchgang sofort drei Darts auf Doppel werfen kannst. Es sind drei Chancen, um das Spiel zu beenden. Gehst du bei 103 den Weg über die 20, hast du nach dem ersten Dart 83 Rest. Eine Single 17 lässt dir 66 Restpunkte. Eine Single 10 lässt dir 56 Rest. Eine Single 16 lässt dir 40 Restpunkte. Du bist somit erst nach vier Darts auf 40 Rest und hast einen Dart verschenkt! Dieser eine fehlende Dart kann dich in einer Drucksituation den Kopf beziehungsweise das Spiel kosten.

E) Ihr habt 162 Restpunkte. Werft ihr S20, S20 und noch eine S20, habt ihr 102 Restpunkte, also ein 3-Dart-Finish. Hättet ihr den letzten Dart auf den Single-Bull geworfen, hättet ihr 97 Restpunkte – ein 2-Dart-Finish.

Übrigens, der Wurf aufs Bull spart euch Darts und erhöht euren Average! Aber die ganze Rechnerei beginnt schon, weit bevor ihr 170 Punkte übrig habt. Zum Beispiel bei 241 Rest. Wenn ihr nach den ersten zwei Darts 80 Punkte, also T20 und S20, geworfen habt, dann muss der letzte Dart auf das Bull geworfen werden. Ihr habt somit 136 Rest, anstatt 141 Punkten. Wenn ihr eine 100 oder 96 werft, habt ihr sofort ein Doppel, nämlich D18 oder D20. Bei 141 Restpunkten benötigt ihr zwei Triple, um euch ein Doppel stellen zu können!

KAPITEL 6

DIE BIRNE SO WEICH …

GRUND NR. 45

WEIL ES DIE ANGST VOR FRAUEN GIBT!

Kein Mann auf dieser Welt spielt gerne gegen Frauen. Wer das Gegenteil behauptet, hat entweder noch nie gegen eine Frau gespielt oder ist ein Lügner. Ich rede auch nicht von einem witzigen Trainingsspielchen, sondern von einem offiziellen Ligamatch oder einem Spiel während eines Turniers. Normalerweise sind die Männer den Damen beim Darts alleine aufgrund des Averages überlegen. Und genau deshalb haben Männer eine unfassbare Angst, gegen eine Frau verlieren zu können. Wenn dann auch noch Publikum vorhanden ist und es gibt blöde Kommentare – herzlichen Dank! Das ist die Hölle, obwohl man sich gar nicht schämen müsste, gegen eine gute Frau zu verlieren, schließlich sind wir alle keine Profis. Steffi Lück ist so eine, die dir den ganzen Abend versauen kann. Sie haut dir einfach bei »Best of 5 Legs« eben mal 14, 15 und zwölf Darts in die Zähne, lacht dabei und lässt dich wie einen Vollidioten am Board zurück. Das macht sie aber nicht ein Mal am Abend, das kann sie auch häufiger. Steffi ist wirklich besser als sehr viele Männer, die ich in den letzten Jahrzehnten in Deutschland gesehen habe. Sie steht nicht nur wie ein Mann an der Oche, sie wirft auch wie einer. Wie ein Guter. Der Stand und der Wurfstil machen bei »Lucky«, so Frau Lücks Spitzname, den Unterschied. Einige Turniere hat sie bei der PDC bereits mitgespielt und hin und wieder auch englische Profis reichlich zum Schwitzen gebracht.

In meinem früheren Verein, dem DC Flintstones, hatten wir eine Damenmannschaft namens »Flintstones Ladies«. Mit wenigen Ausnahmen waren die Damen größtenteils recht talentfrei, trotzdem gewannen sie mehr Ligaspiele als viele Herrenteams in ihrer Liga. Dies mag daran gelegen haben, dass die Ladies zum Ligaspiel immer mit dem gleichen Outfit erschienen. Weiße Bluse, schwarzer

Minirock und High Heels. Die Bluse ließ man dann ein wenig zu weit offen und schon ging es los. Viele der gegnerischen Herrenteams waren mit dieser Situation hoffnungslos überfordert. Die Damen unternahmen alles, damit die Herren der Schöpfung die Augen überall hatten, nur nicht in Richtung Dartboard. Und wenn mal ein Dart aus der Scheibe fiel, dann bückte man sich nicht, indem man in die Knie ging – wie das eine Frau im Minirock eben tun sollte –, sondern die Mädels machten es so, dass dem Gegner sämtliche Gesichtszüge entglitten und er für mindestens drei Legs die Konzentration verlor. Zwischendurch wurde den Männern von den Damen ein Schnäpschen gereicht, und am Ende des Abends gingen die Jungs angetrunken, glücklich und ein bisschen verliebt, aber mit 0 Punkten nach Hause. Manchmal haben wir, also die Herren der ersten Mannschaft, uns die Heimspiele unserer Mädels angeschaut, und es war unglaublich, wie einfach sie es hatten, den Männern allein durch ihre weiblichen Reize die Spiele abzuknöpfen. Da wurde gelacht, geflirtet und getrunken, und schon war der Abend gelaufen, und das gegnerische Team stellte sich wahrscheinlich auf dem Heimweg die Frage, wie denn das Spiel ausgegangen sei.

GRUND NR. 46

WEIL ES IM KOPF ENTSCHIEDEN WIRD!

»Ich komm mit denen einfach nicht mehr klar, wie die heute wieder fliegen! Mein Gott, wie stecken die denn wieder im Board? Wahnsinn, mit den Dingern habe ich überhaupt keinen Grip mehr! Darf ich deine mal haben ...?«

Aussagen, wie sie ein jeder von uns kennt und schon von anderen hörte! Jeder Dartspieler kennt dieses grausame Problem! Sind meine Darts noch die richtigen, oder sollte ich mal wieder eine neue Barrelform ausprobieren? Kann ich durch neue Darts meinen

Average eventuell steigern, können mich andere Darts sogar aus einem Formtief bringen? Ist das Gewicht meiner Darts noch das richtige? Sollte ich schwerere bzw. leichtere Darts testen?

Fragen, die sich jeder Darter bereits stellte, ich behaupte ausnahmslos. Zu Beginn einer Karriere startet das Fiasko mit der Wahl der passenden Darts. Jeder Anfänger hat und kennt dieses Problem. Meistens wird das erste eigene Set Darts ein Abbild der Darts, welche wir von irgendeinem Menschen in die Hand gedrückt bekamen, meist mit den Worten: »Probier die mal, die müssten dir liegen!« Ich bin heilfroh, dass es bei der Partnersuche nach einem anderen Schema abläuft. Nun gut, wir kaufen die ersten Darts aufgrund von Vertrauen, schließlich hat einer gesagt: »Die müssten dir liegen.« Stimmt, im Liegen sind sie klasse, nur fliegen tun sie leider richtig scheiße! Eine Erfahrung, die ich in den letzten (fast) 30 Jahren recht häufig machen musste. Nicht umsonst umfasst meine Sammlung unzählige Sätze Darts. Soll noch einer sagen, Darts sei ein günstiger Sport! Der Barrel ist die Wurzel allen Übels! Von Shafts und Flights möchte ich gar nicht sprechen.

Wie oft haben wir versucht, den Wurfstil eines berühmten Dartspielers zu kopieren, dessen Darts gekauft, in der Hoffnung, unsere eigene Leistung zu steigern? Warum hängen die Darts von Barney jetzt nach unten? Verstehe, er hat die Darts, Flights und Shafts gewechselt! Okay, also schwere, lange Darts müssen her, lange Shafts werden gekauft und mit Slim-Flights bestückt. Und nun ganz locker wie Barney in die 60! Oops ... fette 12, und nach unten hängen die auch nicht! Was ist hier falsch gelaufen? Richtig, wir hätten uns noch die passenden High Heels mit dem 15-Zentimeter-Absatz kaufen müssen, um auf die gleiche Abwurfhöhe zu kommen! Barney wirft die Triple 20 von oben ... Nicht schwer bei einer Körpergröße von ungefähr 1,95 Meter! Das könnte der Unterschied gewesen sein. Andere liegen heute noch im orthopädischen Streckbett, weil sie mit aller Macht den Wurfstil von Taylor kopieren wollten. Nein, entgegen allen Behauptungen bei Sport1, Taylor hält den Dart nicht mit zwei, sondern mit drei Fingern. Vielleicht war es ja genau dieser Grund, warum sich der dritte vom vierten Brustwirbel verabschiedete ... Who knows?

Haben wir nicht alle schon mal versucht, den Wurfstil eines unserer »Heroes« zu imitieren? Mein Versuch einer perfekten Peter-Manley-Kopie scheiterte kläglich an der Höhe meines Hüpfens! Okay, er ist schließlich auch nicht mein wirklicher Dart-Hero.

Jüngstes Opfer der momentanen TWK (med. für »Tungsten-Wechsel-Krankheit«) ist kein Geringerer als Phil Taylor selbst. Zu Beginn seiner Karriere spielte er einen handelsüblichen Bristow-Dart. Später, nach Abschluss seines Vertrages mit Unicorn, wurde ihm eigens ein Dart maßgeschneidert. Dieser ist mit Sicherheit mittlerweile einer der meistverkauften Barrels der Welt. Unzählige Titel gewann er genau mit diesem Dart. Jahre später folgte der Taylor Purist mit mehr Grip am Ende des Barrels, gefolgt vom Taylor Scalloped, dem mit der Griffmulde. Darauf ging es zurück zum Purist, dann zum Sigma-Dart und nun zu einer Mischung aus »John Lowe Golden Hero« und »Sigma«.

Wir erinnern uns, der »Sigma« ist der Dart, welcher von Taylor vor zehn Tagen als der beste, den er jemals hatte, bezeichnet wurde. Nun musste der beste bereits einem anderen Modell weichen. Das ständige Wechseln ist das Anzeichen von massiver Unsicherheit, welche im Kopf und nicht in der Hand oder im Arm entsteht. Nach einigen Niederlagen und einem schlechten Jahr 2007 suchte »The Power« mit aller Macht nach dem Schlüssel zu seinem verloren gegangenen Selbstbewusstsein. Andere Spieler investieren mittlerweile mindestens genauso viele Stunden täglich, wie es Taylor jahrelang vorlebte. Der beste Dartspieler aller Zeiten hatte ein unglückliches Jahr, gefolgt von Selbstzweifeln und mangelnder Motivation. Der verlorene Titel im Jahr 2003 brachte ihn erstmals in die Verlegenheit, seinen Rücktritt anzukündigen, welchen er zwei Wochen später mit dem Satz »Ich kann doch nichts anderes!« außer

Kraft setzte. Ende 2007 folgten Sätze wie »Ich muss mich selbst überprüfen«, »Ich werde kämpfen« und »Ich werde mehr als jemals zuvor investieren«.

Gejagt vom eigenen Ehrgeiz, kann er das Erreichte nicht genießen, geschweige denn sich damit abfinden, dass er nicht mehr jedes Spiel gewinnen kann. Eine Routine ist außer Kraft gesetzt worden. Der Dauersieger gewinnt nicht mehr alles. »Gestern ging es doch auch, warum nicht heute?« Das urplötzliche Zittern beim letzten Dart auf das entscheidende Doppel, das Nachdenken über Misserfolg während des Spiels, alles Dinge, die Phil Taylor bisher nicht kannte. Diese Dinge waren ihm genauso fremd wie eine Niederlage im Viertelfinale einer Weltmeisterschaft. Wie eine Dampfwalze ist er jahrelang durch die Weltrangliste gefahren, sammelte Skalp um Skalp. Die Gegner im Jahr 2008 haben immer noch Respekt. Respekt, aber keine Angst! Dies ist der kleine, aber feine Unterschied. Permanente Averages von über 100 bleiben aus, die Nervosität steigt. Neue Darts, das Mittel, um die letzten Motivationsreserven zu mobilisieren. Auf Biegen und Brechen wird nun alles versucht. Keiner könnte es ihm verdenken, wenn er von heute auf morgen einpacken würde. Er hat ausnahmslos alles gewonnen, was es auf diesem Planeten zu gewinnen gibt. Alles, und zwar mehrfach! Aber es macht ihn trotzdem momentan eher unglücklich als zufrieden. Taylor sagte mir: »Wenn ich irgendwann nur noch verliere, dann höre ich sofort auf. Das möchte ich meinen Fans nicht antun!« Das ist offensichtlich ein Gedankenfehler. Anscheinend denkt er wirklich, dass er nur Fans hat, wenn er permanent alles gewinnt! Fan eines Vereins oder einer Person zu sein bedeutet doch, mit diesem/r durch Höhen und Tiefen zu gehen und nicht nur Erfolge zu feiern. Fans von Eintracht Frankfurt oder Rot-Weiss Essen wissen, was ich meine …

Zig Weltmeisterschaften hat »The Power« mit seinen Phase-5-Darts gewonnen, momentan haben sie aufgrund einer kleinen, kurzfristigen mentalen Schwäche ausgedient. Jeder von uns kennt es nur zu gut. Ich nehme einen fremden Satz Darts in die Hand und werfe besser als mit meinen eigenen Pfeilen. Das geht ungefähr 30 Minuten gut, dann werfe ich wieder Mist. Auf Taylors Niveau geht es drei Monate gut, danach kommt wahrscheinlich ebenfalls ein Leistungsknick. Am Ende des Tages sind es wieder »Phase 5«, die einen Titel gewinnen werden. Er nutzt einfach momentan jedes Mittel und jeden Weg, um sich fokussieren zu können. Die deutlichen Niederlagen gegen Michael van Gerwen und Robert Thornton in der Premier League waren wieder einmal der Wendepunkt seiner Krise. Wie sagte er in einem Interview? »Ich muss jetzt endlich aus dem Ar*** kommen!« Wie recht er damit hat! Anscheinend hat er realisiert, dass er einfach das tun muss, was er besser kann als jeder andere Spieler auf der Tour: werfen, ohne einen Gedanken an eine Niederlage zu verschwenden! Er ist in der Lage, während eines Spiels seine Gedanken völlig auszublenden, was seine frühere Finish-Stärke oder eine 180 in Drucksituationen unterstreicht. Auf Unsicherheit folgt Nervosität, der Tod eines jeden Darters. Das weiß nun auch ein Phil Taylor. Die Nervosität verschwindet von Sieg zu Sieg, und Taylor wird wieder siegen, ob mit »Phase 5« oder mit »Chop-Sticks« oder mit irgendwelchen Messingklumpen aus der Kneipe um die Ecke. Er kann wirklich mit jeder Art von Dart spielen. Das macht wahrscheinlich den Unterschied zwischen einem Weltmeister und einem Ligaspieler aus.

Manche Profis wechseln oder ändern den Grip ihres Barrels dreimal im Jahr, ohne dass es jemand merkt. Bei Taylor und Barneveld ist das etwas anders.

Jeder Spieler sollte selbst entscheiden, ob er einen neuen Dart ausprobieren möchte, nur sei vor den Folgen gewarnt! Es gibt Spieler, die wechseln in einem Match die Darts, reisen permanent mit drei bis vier verschiedenen Sets im Gepäck zu Turnieren und Ligaspielen. Es gibt nichts Schlimmeres ... Die Birne macht irgendwann nicht mehr mit! Entweder man zieht eine Sache konsequent durch, oder man bleibt bei seinen alten Darts. »Wenn ich verliere, liegt es an mir und nicht an meinen Darts!« Wie wahr ...

GRUND NR. 47

WEIL MAN GEGEN DAS BOARD SPIELEN MUSS!

BULLSHIT! Es handelt sich hierbei um einen der dümmsten, wenn nicht sogar DEN dümmsten Spruch im gesamten Dartsport! »Du musst gegen das Board spielen!« Bitte, was soll ich? Gegen das Board spielen?

Richtig, die Kenner der Szene wissen natürlich, wie dieser Satz zu deuten ist. Ihr sollt euch nämlich ganz auf euren eigenen Wurf konzentrieren und die Würfe und Scores eures Gegners nicht beachten. Das ist nichts weiter als Theorie, unnütze Theorie! In der Praxis, also vor der Dartscheibe, sieht es nämlich ganz anders aus – versprochen. Es könnte eventuell sogar gelingen, würde nicht die eigene und noch viel schlimmer die Punktzahl eures Gegners gut sichtbar an der Schreibtafel stehen. Und genau da schaut man hin, wenn man wissen will, wie viele Punkte noch übrig sind. Man hat somit unweigerlich die erzielten Würfe des Gegners ebenfalls im Blick. Ich kenne keinen Spieler, und ich meine wirklich überhaupt keinen, der sich in einem offiziellen Spiel – egal ob Liga oder Turnier – ein Leg oder komplettes Match im Kopf merken kann, ohne auf die Schreibtafel oder den Bildschirm schauen zu müssen.

Ihr könnt es ja schon mal während eines Ligaspiels, eines kleinen Turniers oder einer Competition in eurer Kneipe versuchen, ob es mit dem Wegschauen wirklich klappt. Nehmt euch einfach vor, dass ihr das nächste Leg möglichst mit 16 Darts beenden wollt und euren Gegner und seine Würfe komplett ignoriert. Okay? Prima ... Schließlich ist es nicht so schlecht, ein Leg mit 16 geworfenen Darts zu beenden. Und außerdem ist das fast ein 94er-Average! Okay, also auf geht's ... Lasst es krachen.

Ihr werft 45 Punkte, Restpunktzahl 456. Gut, das heißt, mit eurem Vorhaben ein 16-Dartsleg spielen zu wollen, wird es jetzt etwas eng! Ihr ärgert euch und seht aus dem Augenwinkel, dass auf dem Scoreboard die Restpunktzahl eures Gegners, nach dessen erstem Wurf, mit einer 3 beginnt. (Ihr wolltet eigentlich nicht hinsehen.) Würde bedeuten, dass er auf jeden Fall über 100 Punkte geworfen haben muss. Egal, ihr ignoriert das, konzentriert euch nur auf euer Spiel, hört aber, wie einer der Gäste »Schöne 140!« ruft. Er hat also 361 Punkte Rest, ihr 456 und ihr habt das Spiel angefangen. Egal, ihr ignoriert es und werft eine 85. Mist, der eine hätte doch nicht in der 5 landen müssen. Egal ... 371 Rest. Euer Gegner ist dran. Ihr schaut nicht hin, hört aber, wie er sich ärgert! Klasse, er muss also auch etwas Schlechtes geworfen haben. Das »unlucky« seines Kumpels deutet ebenfalls darauf hin – und ihr freut euch.

Nach einer kurzen Pause sagt der Kumpel »Trotzdem 'ne schöne 125«! Hoppla, er hat also eine 140 und eine 125 geworfen ... Fuck. RIESEN FUCK! Ihr habt 371 Rest und er somit 236. Jetzt braucht ihr mindestens eine 140, um wenigstens in die Nähe seiner Punktzahl zu kommen. Er hat euch quasi gerade den Aufschlag, also euren Vorteil des Anfangens, abgenommen. Egal, ihr bleibt ruhig. Leider seid ihr aber gerade megasauer. Euer Plan ist nach den ersten sechs Darts nicht aufgegangen. Konnte ja auch keiner wissen, dass die Pfeife spielen kann. Es stellt sich etwas Nervosität ein, die Handinnenflächen werden gut durchblutet, und die Fingerchen werden feucht. Euer erster Dart landet in der »fetten 5«! Hopsa ...

Wenn nur das verdammte Zittern der Hand nicht wäre. Absetzen, noch mal konzentrieren. Der zweite Dart landet in der 20 jedoch fast im Doppel. Schnell die Hand an der Hose abgewischt und eine schöne 1 hinterher. 26 Punkte! »Komm, der kann nix!« Ach, der Kumpel von dem Depp ist immer noch da. Macht nix, ihr hört ja nicht hin und konzentriert euch nur auf eure Würfe. Ihr könntet dem Kumpel vom Depp jetzt aber doch schon eine aufs Maul hauen, stimmt's? Ausholen und *peng*. Klar, macht ihr nicht! Soll ja Spaß machen, und außerdem spielt ihr nur gegen das Board. Während ihr euch das noch sechs Minuten einredet, hört ihr den Schreiber »Check« sagen. Der Depp dreht sich um, gibt euch die

Hand und geht zu seinem Kumpel – der mit der Hackfresse. Ihr seid jetzt megasauer. Sein »Der Typ war 'ne Null« nehmt ihr nur am Rande zur Kenntnis, weil ihr euch gerade überlegt, ob ihr die Darts wegschmeißt und nie mehr spielt oder die Dinger einem der zwei Schnellmerker als Zäpfchen verabreicht. Hey cool, Baby! Easy, schließlich habt ihr ja gegen das Board verloren. (Wie sehen die zwei Arschgeigen eigentlich aus? Schafft ihr es, beiden aufs Maul zu hauen?)

Das war jetzt lediglich ein Szenario aus der Kneipe um die Ecke. Was passiert aber, wenn jetzt ein Caller, 30, 300, 3000 oder sogar 10.000 Fans dazukommen, die in der Halle sitzen und euch die Flights aus den Shafts brüllen? Die dreistelligen Scores eures Gegners, welche der Caller brüllt, könnt ihr weder überhören noch ignorieren. Während die Zuschauer den Namen eures Gegners singen, entdeckt ihr Arschgeige und seinen Kumpel im Publikum. Sie halten ein Schild mit »Du Null kannst nix« nach oben. Und jetzt spielt mal schön gegen das Board.

Vielleicht habt ihr nun eine leise Ahnung davon, wie sich Taylor, Barney und Kollegen manchmal auf so einer Bühne fühlen! Vielleicht könnt ihr nun verstehen, warum die Jungs hin und wieder auch einen Pfeil am Doppel vorbeiwerfen. Von denen spielt keiner gegen das Board – ganz sicher!

GRUND NR. 48

WEIL ES DAS »DARTERLATEIN« GIBT!

Was Dartspieler untereinander tun, hat mit dem Flunkern eines Anglers recht wenig zu tun. Wo Angler beim Fisch gerne ein paar Zentimeter draufpacken, zieht der Darter je nach Uhrzeit und dem Genuss von zu viel – ihr wisst was jetzt kommt – Pfefferminztee gerne ein paar Darts ab. Jeder von euch hat es schon einmal erlebt, gehört oder selbst sogar gemacht. Da wird oft von Legs und 180ern gesprochen, die eigentlich nie ein Mensch zu sehen bekam.

Wenn man sein Spiel zum Beispiel in 26, 21 und 18 Dart geradeso mit 3:1 gewonnen hat – weil der Gegner zu blöd war, sein Doppel zu treffen –, wird später am Tresen aus so einem jämmerlichen Gegurke oft und gerne ein unfassbares Highlight. So kann es sein, dass nach mehreren Stunden, unter Zuhilfenahme von speziellen Flüssigkeiten, das Match nach 17 und zweimal 14 Darts beendet war! Natürlich völlig souverän, und der Gegner war immer bei über 300 Punkten Rest und hatte selbstverständlich keinerlei Chancen. Da wird gerne mal verschwiegen, dass man die ersten beiden Legs gut und gern hätte auch verlieren können, wäre der Gegner nicht einfach noch schlechter gewesen.

Es gibt Dartspieler, die können sich aber an Spiele erinnern, die über 20 Jahre her sind. Ich meine nicht das Spiel, sondern jeden einzelnen Dart. Ich frage mich immer, wie das geht ... Kennt ihr bestimmt auch, oder? Typ XY kommt in einer Kneipe mit euch ins Gespräch. »Ja ja, damals bei den ›Unfassbar Open‹ musste ich in der ersten Runde gegen ›Karl Napp‹ spielen, und der fängt gleich mit einer 180 und 'ner 140 an, ich lege 135 und 140 nach ... blablabla ... sülz ...«, und ihr merkt, wie euch langsam das Blut aus dem Ohr tropft, was den Typen neben euch aber überhaupt nicht stört. Er erzählt euch in allen Einzelheiten, wie er das Finish – natürlich war es ein High-Finish – im ersten Leg checkte, das zweite und dritte Leg bekommt ihr komplett mit allen Bouncern ausführlich und absolut dramatisch als Kassette ins Ohr gedrückt.

Dies war aber sein erstes Spiel in diesem Turnier, welches sicherlich 4873 Teilnehmer hatte und mit dem er ganz bestimmt ins Endspiel kam. Euch wird schlagartig klar, dass ihr in diesem Moment nicht nur die ärmste Sau auf diesem Planten, sondern definitiv auch noch in der falschen Kneipe seid. Während er euch diese Geschichten erzählt, wird der Typ immer lauter und leider hat er die Angewohnheit, immer näher zu kommen. Die kleinen Sprechpausen nutzt er, um sich den nächsten Schluck Bier zu gönnen, den ihr in Form eines leichten Sprühregens in eurem Gesicht wahrnehmt, da er natürlich sofort wieder drauflosredet. Ich hasse ihn mittlerweile, aber man ist schließlich gut erzogen und hört geduldig zu, was man mit einem immer wiederkehrenden »Ja ja, ja ja, ja, ja ja« untermauert, obwohl man schon Lust hätte, das Knie kurz hochzuziehen, um dieser Arschgeige beim »In-die-Knie-Gehen« zuschauen zu können.

Aber nein, man hört sich diesen Müll der Extraklasse geduldig an. Wie blöd man manchmal ist! Das Einzige, was in dieser Situation jetzt noch hilft, ist das vorgetäuschte »Urinal-Syndrom«. Ein kurzes »Ich muss mal« und schnell umdrehen hilft aber nur dann, wenn man eine Sekunde später kein »Warte, ich komm mit« hört. Verdammter Rotz, Kollege Promillo gibt nicht auf. Jetzt hat man zwei Probleme. Man muss gar nicht pinkeln, muss aber mit dem Kollegen »Ich laber dich voll und spuck dir dabei ins Ohr« aufs Klo. Jetzt beten, dass eine Toilette frei ist, damit ihr hinter euch die Tür abschließen könnt.

Puh, geschafft! Auf seine Frage, ob es bei euch noch länger dauert, könnt ihr jetzt ganz cool mit einem »Ja, geh ruhig schon vor« antworten. Sobald ihr die Tür ins Schloss fallen hört, habt ihr es geschafft. Ihr seid den Laberheinz los. Kurz warten, Tür auf und raus. Hände waschen braucht ihr nicht, schließlich musstet ihr nicht. Als ihr aus der Toilette kommt, hört ihr ein »Ich dachte, ich wart auf dich, ich muss dir die Geschichte ja noch zu Ende erzählen!« ... Schaut euch jetzt einfach um, ob ihr alleine seid, und lasst euch die Geschichte mit dem hochgezogenen Knie noch mal schnell durch den Kopf gehen ... Ich liebe Dartturniere!

GRUND NR. 49

WEIL ES MANCHMAL AM SEIDENEN FADEN HÄNGT!

Okay, okay, es muss ja kein seidener Faden sein. Es kann auch eine Kordel oder ein Stück Paketschnur sein, die euch vielleicht die Augen öffnet und damit den Arsch retten kann. Es gibt Situationen im Leben eines Dartspielers, die ihn in den Wahnsinn treiben können. Gerade die Darter, die schon etwas länger spielen, wissen, dass es die Situationen des Verzweifelns gibt. Jede Dartkarriere hat seine Höhen und Tiefen. Lassen wir an dieser Stelle die Karriere des Herrn Taylor bitte außen vor, schließlich hatte diese nie echte Tiefen. Generell dient Taylor nie als Beispiel. Taylor ist kein normalsterblicher Spieler.

Ich denke, ich bin nicht alleine, wenn ich sage, dass ich durchdrehen könnte, wenn einer meiner Darts aus unerklärlichen Gründen immer in die 5 oder 1 abbiegt. Was will er da? Da gehört er nicht hin. Kennt ihr das auch? Passiert das, weil man beim Werfen schon darüber nachdenkt, dass ganz bestimmt wieder einer der Pfeile neben der 20 landen wird? Gibt das Unterbewusstsein eventuell automatisch einen nicht erwünschten Befehl an den Wurfarm? Oder erhoffen wir uns sogar diesen einen Fehlwurf, um im Falle einer Niederlage eine Ausrede parat zu haben? Das ist doch Blödsinn! Wir wollen doch jeden Dart in die 20 werfen und unseren Gegner durch unsere Konstanz beeindrucken. Und wieder 'ne 5! Da könnte man schon mal vor Wut wie Colin Lloyd mit der Faust gegen das Board hauen. Kleiner Tipp, bevor ihr ausholt: Das tut aufgrund des Spiders saumäßig weh! Nehmt nicht eure Wurfhand! Ich spreche aus Erfahrung ...

Okay, was kann man tun, um die X- und Y-Achse des eigenen Gehirns wieder zu koordinieren? Kann man mit einem Trick diesen Links- oder Rechtsdrall überlisten? Ja, man kann. Und jetzt kommt das Schnürchen zum Einsatz! Spannt eine Schnur oder Kordel senkrecht durch die 20 bis zum Bull. Den Anfang der Schnur befestigt ihr zum Beispiel mit einer Reißzwecke mittig über der Doppel 20, und das Ende der Schnur befestigt ihr im Bulls-Eye. Es gehen auch Stecknadeln oder zwei zusätzliche Darts, ganz egal. Und jetzt fangt ihr an, ganz normal auf die 20 zu werfen, und ihr werdet erstaunt sein, wie wenige Darts nun neben der 20 landen. Es ist seltsam, aber es funktioniert. Ihr habt euer Gehirn gerade überlistet. Im Unterbewusstsein zielt ihr nun auf die Schnur. Versucht nun, die Stelle anzuvisieren, an der die Schnur die Triple 20 kreuzt. Zielt auf die Schnur, nicht auf das Triple-Feld.

Könnt ihr euch vorstellen, dass dieses Training auch ohne »echte«, sondern durch eine Schnur in euren Gedanken klappen könnte? Trainiert 30 Minuten mit der Schnur und nehmt sie dann weg. Habt trotzdem dieses kleine Hilfsmittel vor Augen. Werft so, als würde es da eine Schnur geben, die ihr anvisieren könnt. Sie läuft immer noch senkrecht durch die 20, jedoch nur noch in eurem Kopf. Wenn es nicht gleich funktioniert, kein Problem. Hängt einfach wieder die Schnur auf. Glaubt mir, es wird funktionieren! Viel Spaß …

 GRUND NR. 50

WEIL MAN GERNE AUF EIGENEN FÜSSEN STEHT!

Ganz besonders legte sich bei einer solchen Aktion vor einigen Jahren Martin Fitzmaurice, der schwergewichtige »Ex-Caller« und »Ex-Master of Ceremony« der BDO, ins Zeug, als er mit Wayne Mardle und Andy Fordham für eine Exhibition in einem Pub gebucht wurde. Die Kneipe befand sich im Kellergewölbe eines typisch englischen Altbaus, welche man nur über eine äußerst steile und enge Kellertreppe erreichen konnte. Alleine der Abstieg in das Gewölbe hätte wahrscheinlich Zuschauer verdient gehabt, schließlich hatte Fitzmaurice zu dieser Zeit knapp 200 Kilo Lebendgewicht, und der alte Wikinger Fordham war deutlich jenseits der 200er-Marke.

Die Exhibition verlief, nach dem, was darüber noch bekannt ist, den Erwartungen entsprechend gut und vor allen Dingen lustig. Selbstverständlich wurde auch eine Menge getrunken, was man Andy Fordham auf der Kellertreppe auf dem Weg nach oben deutlich anmerkte. Leider verlor »The Viking« auf halber Etappe das Gleichgewicht und fiel mit aller Härte den anderen zwei Herren, die vorsorglich unten warteten, mit einem großen Knall vor die Füße. Da lag er nun auf dem Rücken wie ein dicker (vollgesoffener) Käfer und jammerte über Kreuzschmerzen. Aufgrund seines hohen Gewichts war es Fordham leider nicht möglich, in diesem schlecht beleuchteten Kellerloch auf die Füße zu kommen. Doch die Rettung nahte in Gestalt von Martin Fitzmaurice!

Fitzmaurice stellte sich hinter Fordham, legt seine Hände in den Nacken und zog mit aller Macht den Kopf des Käfers nach oben. Fordham fing an zu schreien wie ein kleines Kind! Fitzmaurice fragte besorgt, ob er sich vielleicht etwas gebrochen habe. Nein, antwortete dieser, es sei etwas anderes, und schon zog Fitzmaurice wieder mit aller Macht den Kopf des Wikingers in die Höhe. Erneut gellte ein lauter Schrei durch den Keller. Der dicke Martin war nun völlig verunsichert und fragte erneut, ob nicht doch eventuell sogar die Wirbelsäule beim Sturz in Mitleidenschaft gezogen worden sei. Nein, das sei es auch nicht, aber Fitzmaurice sollte ihm nun endlich auf die Füße helfen. Das ließ der Master Caller nicht lange auf sich sitzen. Fitzmaurice packte zu und zog und zerrte wie ein Wahnsinniger unter Aufbietung seiner ganzen Kraft an Andys Kopf, der nun aber bitterlich zu weinen begann und flehte, dass das unwürdige Schauspiel nun bitte ein Ende finden sollte. »Was ist denn los, wo hast du denn die Schmerzen?«, fragte Fitzmaurice.

Und Andy sagte: »Du stehst auf meinen Haaren, du Arsch!«

KAPITEL 7

DER MIT DEM STROM DARTET!

GRUND NR. 51

WEIL ES »TÜDELÜDELTÜT« MACHT!

Also zumindest, wenn man auf einen Dartautomaten der Firma Löwen wirft und die Triple 20 treffen sollte. E-Dart, auch Softdart und/oder Softtip genannt, unterscheidet sich vom traditionellen Darts in einigen Punkten doch recht deutlich. Die wichtigsten Unterschiede betreffen die Entfernung von der Abwurflinie bis zum Automaten, die Höhe des Bulls und die Gewichtsbeschränkung der Darts. Während die Mitte des Bulls-Eyes – also die Mitte der Mitte des Dartboards – sich beim Steeldart auf einer Höhe von 1,73 Meter befindet, ist das Bulls-Eye beim Automaten einen Zentimeter tiefer, also auf 1,72 Meter. Die Entfernung von der Oberfläche der Dartscheibe bis zur hinteren Kante der Oche betrifft 2,37 Meter, beim E-Dart sind es 2,44 Meter, also sieben Zentimeter mehr. Während der E-Darter, für meinen Begriff »leider«, nur mit bis zu 18 Gramm schweren Darts spielen darf, sind dem Steeldarter Darts bis maximal 50 Gramm gestattet. Ich muss zugeben, dass ich mich bis heute mit dem E-Dart nicht richtig anfreunden konnte. Dies hat aber seine Gründe …

Ich selbst spiele mit 29 Gramm schweren Darts, das bedeutet wiederum, dass ich mit einer Gewichtsreduktion von elf Gramm leben muss. Und leider kann ich das nur sehr schlecht. Ich bevorzuge einen tropfenförmigen Barrel, und den gibt es nur sehr selten in geringen Gewichtsklassen. Die Entfernung macht mir aufgrund des mangelnden Gewichts zu schaffen. Der reine Höhenunterschied der Dartscheibe würde mich nicht stören, aber die zusätzlichen sieben Zentimeter in der Entfernung nehmen ebenfalls noch mal Einfluss auf die Höhe. Sieben Zentimeter sind für einen Darter normalerweise Welten. Ich denke, dass es ein E-Darter, der zum Steeldart wechselt, wesentlich einfacher hat als ein Steeldarter, der Softtip spielen soll.

Durch die vorgegebenen Löcher in der Plastikscheibe kann man im Softtip den Wurfstil eines Spielers nicht beurteilen, da jeder Dart wie gemalt – also waagerecht – im Board steckt. Viele E-Darter erschrecken, wenn sie zum ersten Mal auf ein richtiges Dartboard bestehend aus Sisalfasern werfen, wenn sie nämlich sehen, dass ihre Darts wie Kraut und Rüben im Board stecken.

Für Steeldarter ebenfalls sehr ungewöhnlich ist die Möglichkeit, zum Beispiel einen 180er zu werfen, ohne dass ein Dart im Board steckt. Dies liegt darin begründet, dass der bloße Kontakt mit der Dartscheibe ausreicht, damit der Automat den Wert eines Wurfs ermittelt. Man könnte also auch mit drei Würfeln werfen und trotzdem würde der Automat einem eine Punktezahl anzeigen.

Ziemlich seltsam ist auch die Regel »Der Automat hat immer recht«! Wir Männer sind es doch schon gewohnt, dass eigentlich immer die Frau recht hat. Nein, in diesem Fall ist es der Automat. Dies hat zur Folge, dass der Automat entscheidet, wann ein Spiel zu Ende ist. Wenn man zum Beispiel vier Punkte Rest hat und man trifft die Doppel 2 und der Automat reagiert nicht, dann hat man Pech gehabt. Außer, wenn der Gegner so fair ist und den Wurf gelten lässt. Da kann man nur hoffen, dass man es mit einem fairen Sportsmann zu tun hat.

E-Dart hat seine Hochburgen in Amerika, Japan und sicherlich auch in Deutschland. Seit 1990 spielt man den Besten der Besten in Deutschland sowohl im Einzel als auch in der Mannschaftswertung aus. Die Top-Stars in den letzten 13 Jahren, gemessen an der ewigen Bestenliste, waren in der Vergangenheit die Herren Dirk Cormann, Manfred Bilderl, Thomas Kreutzer, Michael Rosenauer, Maik Langendorf, Dieter Jooß, Willi Lerndorfer, Frank Schuh und Norbert Büchner. Alles sind auch hervorragende Steeldarter. Das beste E-Dartteam aller Zeiten dürfte ohne Zweifel »Die Haie – Das Original« um Holger Kurz sein. Michael Rosenauer, im Steeldart auch unter »Rosi501« bekannt, schaffte wie Maik Langendorf ebenfalls den Sprung zur PDC, dem Profiverband der Steeldarter.

Man sollte es aber einmal erleben, wenn sich jährlich in Geiselwind die Spieler zur DLMM, Deutsche Liga Mannschafts-Meisterschaft, treffen. Gönnt euch den Spaß und fahrt mal hin! Da ist was los ... Drei Tage volles Programm! Automaten und Spieler so weit das Auge reicht. Mir persönlich ist es zu laut, weil Geiselwind für mich die Techno-Party des E-Dart ist. Von morgens bis abends sitzt da einer in der Turnierleitung und ruft eine Partie nach der anderen auf. Den ganzen Tag!!! Selten in meinem Leben habe ich so oft an Mord gedacht wie an diesem Wochenende, nämlich 24 Stunden am Tag, um es genau zu formulieren! Gemessen an allen anderen Turnieren ist Geiselwind der »Iron Man« des E-Dartsports, bestehend aus den Disziplinen »Trinken, Dartspielen, Trinken«. Gemessen am Alkoholkonsum ist ein Heavy-Metal-Konzert dagegen ein beschissener Kindergeburtstag! Wer zwischen dem Trinken gerne mal ein paar Darts wirft, ist hier vollkommen richtig.

E-Dart ist und war nie mein Spiel, aber es ist Darts! Und ich muss gestehen, dass all meine Freunde und alte Weggefährten entweder hin und wieder oder immer parallel auch E-Dart spielen. Und das sehr gut. Die meisten Spieler in Deutschland gibt es beim E-Dart – keine Frage!

Mal wieder eine kleine Geschichte ... Phil Taylor spielte im Rahmen des »Meet the Power II«-Turniers in Geiselwind gegen Alexander Köhler, den damals besten E-Darter, ein »Best of 9«-Match auf einem Löwen-Automaten. Am Abend vorher klagte »The Power« mir bei einem Bier sein Leid, dass er noch nie mit 18-Gramm-Darts geworfen hätte, schon gar nicht welche mit Plastikspitzen. Er machte sich tatsächlich Gedanken, dass er eventuell vorgeführt werden könnte. Was hatte der Mann doch für ein Glück! Rein zufällig hatte ich ein Set seiner damals 24 Gramm schweren »Phase 1«-Darts in England ausbohren und zu einem E-Dart umbauen lassen. Gewicht 23,6 Gramm, also fast so schwer wie seine Steel Darts. Tags darauf stellte man ihm ein hübsches Mädel neben den Automaten, die für ihn abdrückte und ihm Zeichen gab, wann das grüne Signal aufleuchtete. Und dann startete das Abenteuer »E-Dart« für Herrn Taylor.

Okay, um es kurz zu machen, Alex verlor 5:0 und Taylor spielte wie ein Geisteskranker. Ich hatte schon Angst, dass die Klingel kaputtgehen würde. Später fragte er mich, ob er die Darts behalten dürfe, schließlich müsse er bestimmt mal wieder E-Dart spielen. Er durfte sie behalten.

Und ich drück' jetzt mal ab ...

GRUND NR. 52

WEIL MAN AUCH AUF RADKAPPEN WIRFT!

Ich habe lange überlegt, ob ich dieses Thema überhaupt erwähnen soll, denn in meinen Augen hat es absolut nichts mit Darts zu tun. Da es aber nun mal existiert, werde ich den Punkt kurz anreißen:

Die schlimmste Form unseres geliebten Sports ist meiner Meinung nach eine Variante – eher Abart – des E-Darts namens »Bullshooter«, also »American Darts«. Was sofort ins Auge fällt, ist der Größenunterschied der Doppel- und Dreifachfelder. Beim Bullshooter-Automaten sind diese fast doppelt so groß wie beim E- oder Steel Dart. Und trotzdem werfen die meisten Spieler auf die Mitte der Scheibe, da diese so groß wie eine Radkappe ist und sowohl Single- als auch Bulls-Eye 50 Punkte zählen. Natürlich zählt dieses Bull auch als Doppelfeld. Das hat zur Folge, dass zum Beispiel ein 301 mit viermal Bull, einmal dreifach 17 und wieder einem Bull beendet werden kann. Und es gibt wirklich so Artisten, die sich über ein solches Erlebnis freuen können. Natürlich ist diese Peinlichkeit am häufigsten in Amerika und Japan verbreitet, wo sonst. In Japan blinkt das ganze Board, wenn so ein Superheld drei Darts tatsächlich ins Bull geworfen hat! Mal ganz ehrlich, wer dieses Bull – als halbwegs mittelprächtiger Darter – nicht trifft, der sollte sich von der AOK einen Labrador ausbilden lassen und vielleicht besser das Hobby wechseln. Auf der Kirmes mit Plastikpfeilen auf Luftballons werfen hat mehr Niveau.

Was ist das überhaupt? Man wirft nur auf das Bull und einmal auf die Triple 17? Irgendwann kommt so ein Trottel noch auf die Idee und hängt eine Scheibe auf, die, egal wo man trifft, überall 50 Punkte zählt, und unten rechts hängt an der Wand eine Kiste, bei der ein Treffer 51 Punkte wert ist. Oder gleich die Darts in der Wand einmauern und den Automaten dagegenwerfen – macht mehr Sinn! Für jeden echten Darter ist es unfassbar, dass einem keiner mit hundertprozentiger Sicherheit sagen kann, aus welcher Entfernung man dieses Spiel betreibt. Manche sagen 2,44 Meter, die anderen sind sich sicher, dass es 2,37 Meter sind. Selbst wenn es 6,02 Meter wären, das ganze Spiel ist überflüssig wie eine Solartaschenlampe! Auf jeden Fall dürfen die Darts auch nur maximal 18 Gramm wiegen.

Ich habe auf YouTube das Spiel eines Thailänders gegen einen Amerikaner gesehen. Auf diesen blinkenden Kisten spielen sie »701 Single Out«, das heißt, man muss noch nicht einmal ein Doppel zum Checken treffen. Hört, hört, das Ganze nennt sich dann auch noch »The World Stage«. Der Thai trifft das Bull wie ein Wahnsinniger, und nach vier Runden hat er 101 Punkte Rest. Den ersten Dart spielt er souverän ins Bull, um dann 51 mit einem Wurf in die Triple 17 zu checken und das Leg für sich zu entscheiden. Leider trifft er die dreifache 17 aber nicht! Blöd, blöd, blöd, denn sie ist ja auch nur ungefähr so groß wie die Kofferraumklappe eines S-Klasse-Mercedes. Er trifft die Single 17 und ... ACHTUNG, jetzt kommt der Knaller ... Er weiß nicht, was er Rest hat!

Da trifft diese Pressbirne 13 Mal das Bull, verpasst die Triple 17 und hat absolut keinen Plan, was er noch übrig hat. Ist das denn zu glauben? Da muss doch einer aufstehen und ihn mindestens 14 Mal mit der Stirn vor das Bull hauen! Natürlich verliert dieser Kasper das Leg, weil er nicht in der Lage ist, ein normales Doppel zu treffen. Du kannst dir am Tag nur eines dieser Videos anschauen, sonst drehst du durch. Das ist für einen richtigen Darter die reinste Folter! Schon alleine die Beleuchtung ist der gespielte Witz. Aber auch in dieser Version gibt es natürlich mindestens 217 Weltmeister. Macht, was ihr wollt, meinen Segen habt ihr, aber bitte überlegt es euch achtmal, ob ihr wirklich unbedingt »Bullshooter« spielen müsst. Tut mir leid, aber das ist Darts für Kurzsichtige.

Es muss ungefähr 1995 gewesen sein, als ich erstmals in einer Kneipe einen »Bullshooter«-Automaten zu Gesicht bekam. Kein Scherz, zuerst dachte ich, dass ich einen Sehfehler habe. Ihr kennt bestimmt diese Tropfen, die man zur Pupillenerweiterung vom Augenarzt kurz vor einer Untersuchung bekommt, oder? Alles ist so groß und unwirklich. Ich fühlte mich, als hätte ich 'ne Flasche Ouzo im Auge. Genau so und nicht anders fühlte ich mich, bis ich merkte, dass der Gastwirt total stolz auf diese Kiste war und es mit meinen Augen zum Besten stand. Es war mein erster Besuch in dieser Kneipe, und somit entschied ich mich, nicht zu lachen oder den Plastik-Hobel gar schlechtzumachen. Aber als er dann mit der Frage ankam, ob ich mir denn zutrauen würde, neun Darts hintereinander ins Bull zu werfen, war es um meine Fassung geschehen. Ich trainierte zu damaliger Zeit ungefähr vier bis fünf Stunden täglich, und so antwortete ich, dass ich gerne auch eine 180 werfen könne, sofern er wüsste, was das sei. Für einen Darter, der täglich Stunden trainiert, ist es ein Witz, eine Triple 20 auf so einem Lego-Automaten zu werfen.

Da war er leicht angepisst, der gute Wirt. Wenn ich jetzt eine 180 werfen würde, dann dürfte ich gerne den ganzen Abend aufs Haus trinken, so seine Aussage. Meine Fresse, bis heute weiß ich nicht mehr, wie ich heimkam!

KAPITEL 8

DEN GÖTTERN SO NAH ...

GRUND NR. 53

WEIL ES PHIL »THE POWER« TAYLOR GIBT!

Darts findet seinen Ursprung als Kneipenspiel in der englischen Arbeiterschicht, der sogenannten »Working Class«. Und genau dieser entstammt der »König der Pfeile« ebenfalls. Wer ist eigentlich dieser Phil Taylor, der Typ, der Tattoos, Fußball, Boxen und mittlerweile teure Uhren liebt?

Phil kommt am 13. August 1960 in Stoke-on-Trent im Bezirk Burslem in England zur Welt. Er ist ein Einzelkind. »The Potteries« nennt man die Gegend, aus der er stammt; die Töpfereien Englands sind hier beheimatet. Leider sind es äußerst ärmliche Verhältnisse, in denen Taylor seine Kindheit und Jugend verbringen muss. »In Armut aufwachsen ist kein Hindernis, um erfolgreich werden zu können!«, so Taylor in einem seiner Interviews. »Hintern hoch und ab zur Arbeit!«, das war das, was ihm seine Eltern mit auf den Weg gaben.

Selbstverständlich weiß der geneigte Dartfan an diesem Punkt längst, dass der gute Mann mit komplettem Namen Philip Douglas Taylor heißt. Vierfacher Vater (Lisa, Chris, Kelly und Natalie) und dreifacher Großvater (Matthew, Nathan und Jack) ist er. Im vergangenen Sommer wurde er 53 Jahre alt, und er könnte ein ganz normaler Familienvater und Opa sein. Könnte, wäre er nicht 16-facher Weltmeister und der beste Dartspieler aller Zeiten! Nie zuvor gab es auf Erden einen Menschen, der derart erfolgreich drei kleine Pfeile mit einer solch unmenschlichen Präzision werfen konnte. Über Jahrzehnte dominiert er nun schon den Dartsport, wobei er die meisten seiner Gegner nicht besiegt, sondern eher vernichtet hat.

Doch zurück zu den Anfängen. Vor dem Beginn seiner Karriere arbeitete er in einer Fabrik, die Keramikgriffe für Toiletten herstellte. Zur Erklärung … Die Spülkästen englischer Toiletten hängen meist fast unter der Decke. An besagtem Wasserkasten hängt eine

Strippe, und am Ende derselben befindet sich ein Griff – diesen zu machen war sein Job, für 52 Pfund die Woche.

Der Umzug der Familie Taylor ist für den jungen Phil ein Segen. Die neue Bleibe ist schließlich in der Nähe der Kneipe eines Superstars des Dartsports. Eric Bristow, genannt »The Crafty Cockney«, fünffacher Darts-Weltmeister und zur damaligen Zeit das Aushängeschild des Sports. Mittlerweile ist Phil schon seit einigen Jahren mit seiner Jugendliebe Yvonne liiert. Sie ist es auch, die ihm zum 25. Geburtstag ein Set Darts schenkt. Nach Erfolgen bei kleineren Turnieren erkennt Bristow das Talent Taylors, der zu dieser Zeit bereits 26 Jahre alt ist. 10.000 Britische Pfund bietet Bristow dem jungen Mann als Start-up, quasi als Weg in die Selbstständigkeit als Dartprofi. Für jemanden, der normalerweise 52 Pfund die Woche in einer Fabrik verdient, ist dies ein Sechser im Lotto und unvorstellbar viel Geld. Bristows einzige Bedingung ist, dass er das Geld zurückerhält, wenn Taylor erfolgreich sein sollte. Phil Taylor ist von seinem Talent derart überzeugt, dass er vom ersten Geld seines Sponsors die Hochzeit mit Yvonne finanziert.

Als er 1990 nach Kanada reist und sensationell die dort stattfindenden Canadian Open gewinnt, bedeutet dies, dass er bei der kommenden Darts-Weltmeisterschaft – ebenfalls 1990 – spielberechtigt ist. Als ungesetzter Spieler und absoluter Außenseiter erreicht er dort das Finale und trifft in diesem ausgerechnet auf seinen Geldgeber und Mentor Eric Bristow. Mit 6:1 deklassiert er seinen Gönner und sichert sich seinen ersten Weltmeistertitel. Dieses Kunststück gelingt ihm 1992 erneut, diesmal gewinnt er seinen zweiten BDO-WM-Titel mit einem 6:5-Sieg im allerletzten Leg gegen Mike Gregory.

Im gleichen Jahr gründet er mit einigen anderen Spielern den World Darts Council (WDC), eine direkte Konkurrenz zur BDO, welcher einige Zeit später in PDC (Professional Darts Corporation) umbenannt wird. Im ersten Jahr nach der Absplitterung verliert Phil Taylor das erste WDC-Weltmeisterschaftsfinale deutlich mit

6:1 gegen Dennis Priestley. Dies sollte die letzte Niederlage für die nächsten acht Jahre sein. Von diesem Zeitpunkt an hetzt Taylor von Sieg zu Sieg, von Rekord zu Rekord. Hier eine Auflistung seiner gigantischen Erfolge ...

BDO MAJOR-SIEGE

- BDO World Championship (2): 1990, 1992
- World Masters (1): 1990
- World Darts Trophy (1): 2006

PDC PREMIER-SIEGE

- PDC World Championship (14/**Rekord**): 1995, 1996, 1997, 1998, 1999, 2000, 2001, 2002, 2004, 2005, 2006, 2009, 2010, 2013
- World Matchplay (13/**Rekord**): 1995, 1997, 2000, 2001, 2002, 2003, 2004, 2006, 2008, 2009, 2010, 2011, 2012
- World Grand Prix (10/**Rekord**): 1998, 1999, 2000, 2002, 2003, 2005, 2006, 2008, 2009, 2011
- Grand Slam of Darts (4/**Rekord**): 2007, 2008, 2009, 2011
- Premier League Darts (6/**Rekord**): 2005, 2006, 2007, 2008, 2010, 2012
- Championship League Darts (3/**Rekord**): 2008, 2011, 2012
- Las Vegas Desert Classics (5/**Rekord**): 2002, 2004, 2005, 2008, 2009
- European Championship (4/**Rekord**): 2008, 2009, 2010, 2011
- UK Open (5/**Rekord**): 2003, 2005, 2009, 2010
- US Open/World Series of Darts (4/**Rekord**): 2006, 2007, 2008, 2010
- Players Championship Finals (3/**Rekord**): 2009, 2011, 2012

Übrigens gab man Taylor zu Beginn seiner Profikarriere den Spitznamen »The Crafty Potter«, in Anlehnung an seinen Gönner Bristow und seine Herkunft, die »Potteries«. Peter George, ein Mitarbeiter des englischen Pay-TV-Senders Sky, war zur damaligen

Zeit zuständig für mediale Inszenierung der Dartturniere und versprach Taylor eines Tages, für ihn einen passenden Spitznamen zu finden. Damals, also Mitte der 90er, war es üblich, dass beim Einlauf der Spieler in die Halle die Musik noch mittels CD abgespielt wurde. Und so geschah es, dass Mr George im Dunkeln versehentlich auf eine CD-Hülle trat. Diese war von der Band SNAP! ... Der Song? Richtig ... *The Power*!

Phil ist ein echt netter Kerl, auf dem Dartboard hingegen wird er zum Monster! Seine Fähigkeiten sind unglaublich und machen einen zum Teil wirklich fassungslos. Im Rahmen der Europameisterschaft im Jahr 2008 besuchte er mich im »House of Darts« in Rodgau in der Nähe von Frankfurt am Main. Da saßen sie, meine Dartkollegen, sonst ein durchgeknallter Haufen, jetzt ruhig und still wie fromme Gebetsschwestern kurz vor der Abendandacht! Erwachsene Männer saßen mit offenen Mündern da und trauten sich nichts zu sagen. Seiner Lederjacke entledigt, schnappte er sich seine Darts und trat an die Oche. Die ersten drei Darts ... 180! Er drehte sich um, lachte und sagte: »I think that's a fuckin' new record, isn't it?« Später am Abend fragte ich ihn, ob es ihm bewusst sei, dass er der einzige Spieler auf der Welt sei, der im dreifachen Feld der 20, also der Triple 20, zielen könne! Er schaute mich an, als würden die Pfleger gleich 'ne Runde Tabletten austeilen. »Ja, aber das ist doch normal, schau mal ...« Den ersten seiner drei Darts setzte er zielsicher mittig unten in das kleine Triple-Feld. »So, und jetzt habe ich doch links oben Platz ...« – klatsch, der zweite Dart schlug links oben in der Triple 20 ein – »...und jetzt ist rechts oben doch alles noch frei!« – peng, der letzte Dart landete exakt im rechten oberen Eck der 60! Natürlich eine 180 ... Mit einem Kopfschütteln ging er nach vorne an die Scheibe, zog seine Darts heraus, ging an mir vorbei und knuffte mich dabei in die Rippen, während er murmelte »Das ist doch normal.« An diesem Abend demonstrierte er, wozu er ohne Druck, dafür mit viel Spaß fähig ist. Er spielte Finishes von 111, 115, 116, 117 und so weiter, jedoch immer mit Bulls-Eye, Single

11, Bulls-Eye, also jedes Finish mit zwei Bulls-Eyes! Unfassbar ... Es war eine knapp fünfstündige Demonstration seines unglaublichen Könnens! Taylors Können ist aber keineswegs reines Talent. Eher ist er der lebende Beweis, was man durch Trainingsfleiß, Ausdauer und Willen erreichen kann. Der Mensch, der die meisten aller geworfenen 9-Darter auf seinem Konto verbuchen kann, ist trotzdem immer noch auf der Suche nach dem perfekten Wurfstil. In seiner Karriere hat er mittlerweile viermal seinen Wurfstil überarbeitet und verändert. Er ist in dieser Hinsicht ein Wahnsinniger im positiven Sinn. Zerfressen vom Ehrgeiz, ist das Wort »Niederlage« für ihn die Hölle! Nein, es ist für ihn überhaupt nicht existent. Er kennt das Wort nicht.

Einen kleinen Makel hat seine Karriere aber doch bekommen. Im Jahr 1999 nahm er nach einer Exhibition zwei junge betrunkene Frauen mit in sein Wohnmobil, die ihn im Anschluss wegen sexueller Belästigung anzeigten. Taylor musste letztendlich eine Geldbuße von umgerechnet 2.300 Euro zahlen, worauf sich einige Sponsoren abwandten. Aufgrund dieses Vorfalls wurde ihm im Jahr 2001 – wie eigentlich vorgesehen – die Auszeichnung zum »Member of the British Empire« verweigert. »Glaub nicht alles, was du hörst oder liest!«, so seine Aussage zu diesem Thema.

Gerade in jüngster Vergangenheit sind viele Mitspieler von seiner Präsenz genervt. Immer häufiger hört man, dass er seitens der PDC bevorzugt werden würde. Die Presse sucht meist das Interview mit ihm, was die Suche nach Sponsoren für andere Spieler sehr schwer macht. Es mag sicherlich auch ein Stück weit Neid sein, aber Taylor macht es seinen Neidern zuweilen auch sehr einfach. »Ich bin mit Robbie Williams und David Beckham befreundet!« oder »Ich habe 16 Häuser und eine Villa auf Teneriffa!« sind Aussagen, die bei seinen Kontrahenten nicht gerade für Beifall sorgen.

Jedoch sollte man sich freuen, wenn man die Gelegenheit bekommt, den »Größten der Großen«, den »Besten aller Zeiten« wenigstens einmal live zu sehen. Kauft euch ein Ticket und taucht ab in die Welt des Dartsports. Und wenn der Caller sein Mikro an den Mund führt und sagt »Ladies and Gentlemen, he is the 16 times Champion of the world …«, dann habt ihr Gänsehaut – versprochen.

GRUND NR. 54

WEIL »THE POWER« 16 MAL KANN!

Mit einer Statistik würde ich euch jetzt doch gerne »zwangsbeglücken«. Phil Taylor warf bereits 16 Mal auf einem Turnier einen 9-Darter! Nicht gewusst? Nee? Hier sind sie:

DATUM:	TURNIERNAME:	GEGEN WEN:
17.11.1996	Primus Belgian Masters	Dennis Priestley
01.08.2002	World Matchplay	Chris Mason
05.06.2004	UK Open Finals	Matt Chapman
12.06.2005	UK Open Finals	Roland Scholten
08.05.2007	International Darts League	Raymond van Barneveld
09.06.2007	UK Open Finals	Wes Newton
23.03.2008	Players Championship	Ronnie Baxter
07.06.2008	UK Open Finals	Jamie Harvey
15.09.2009	Championship League	John Part
24.05.2010	Premier League	James Wade
24.05.2010	Premier League	James Wade
02.10.2011	Players Championship	Kevin McDine
20.10.2011	Championship League	Mervyn King
16.02.2012	Premier League	Kevin Painter
10.03.2012	Players Championship	Peter Hudson
11.03.2012	Players Championship	Tony West

Es gibt Menschen, die spielen seit Jahren Darts und haben noch nie eine 180 geworfen …

GRUND NR. 55

WEIL ES TRICK-SHOTS GIBT!

Der holländische Dartshop »Pendon« eröffnete an der deutsch-niederländischen Grenze eine Filiale, und ich hatte das Glück, zur Eröffnung als Caller für eine Exhibition mit Phil Taylor und Simon Whitlock gebucht zu werden. Es ist immer witzig, die Herren Profis in Situationen ohne jeglichen Druck zu erleben. Gerne zeigt man dann dem staunenden Volk, was man so kann. Es begann der übliche Ablauf, Taylor und Whitlock spielten abwechselnd gegen Personen aus dem Publikum jeweils ein Leg 501 »Double Out«. Ein Bull-Finish hier, ein Bull-Finish da, ein paar Legs wurden mit zwei Doppeln beendet. Als Schreiber fungierte der damalige Assistent Taylors namens Steve Mottershead. Hin und wieder ließ sich Taylor von seinem Assistenten ein DIN-A4-Blatt Papier vor das benötigte Double halten und traf es natürlich, obwohl er es nicht sehen konnte. Für erfahrene Spieler ist das nicht unbedingt die große Nummer, bei der man ein feuchtes Höschen bekommt, aber es wird immer wieder von den Zuschauern gerne gesehen.

Ein paar Legs später bat Taylor Steve erneut, ein Stück Papier vor die Doppel 12 zu halten. Er hielt das Blatt Papier mit Daumen und Zeigefinger fest. Taylor sagte: »Nein, du musst das Blatt Papier noch ein Stück näher an die Doppel 12 halten!« und Steve tat wie ihm befohlen. Und dann schmiss Taylor seinem Assistenten den Dart zwischen Daumen und Zeigefinger, mit denen der gute Steve einen so schönen Kreis beim Festhalten des Blattes machte. Ruhe. Keiner sagte einen Ton. Steve war kreidebleich, drehte sich zu Taylor und sagte etwas hysterisch: »Bist du völlig bescheuert, du hättest mir in die Hand werfen können!« Taylor extrem cool, aber mit einem Grinsen im Gesicht: »Du musst auch nicht jeden Scheiß machen, den ich dir sage!« Das war eine nette Aktion, die ich bisher in dieser Form noch nicht kannte.

Ein weiteres Erlebnis hatte ich mit Phil Taylor beim »Meet the Power«-Turnier in München. Wir warteten hinter der Bühne auf das Ende des Spiels, welches gerade noch lief. Die Seitenteile des Finalboards waren aus Massivholz mit einer starken Maserung und einigen Astlöchern. Man hätte uns gehört, hätten wir uns in normaler Lautstärke unterhalten, so konnten wir nur flüstern. Schließlich spielte Adrian Lewis gerade noch, und der wollte ja schließlich auch in die nächste Runde des Turniers einziehen. Taylor ging an das Seitenteil und wischte mit dem Daumen über eine kleine dunkle Stelle im Holz. Er zog mich zu sich heran und flüsterte mir ins Ohr … »Look!« Er stand vom Seitenteil der Boardanlage jetzt ungefähr in einem Abstand von 2,37 und schmiss in einer Seelenruhe – tok tok tok – alle drei Darts in diesen klitzekleinen schwarzen Fleck der Holzmaserung. Er zog ganz schnell die Pfeile wieder heraus, stellte sich neben mich, kicherte wie ein kleines Kind und sagte: »They have no chance – Sie haben einfach keine Chance!« Ich stand da und bekam den Mund nicht zu … Taylor ist einfach ein Wahnsinniger.

GRUND NR. 56

WEIL ES »BARNEY« GIBT!

Die Niederlande – 16,7 Millionen Einwohner, und nahezu 100 Prozent kennen und verehren ihn. Die Rede ist von Raymond van Barneveld, genannt »Barney«, 5-facher Darts-Weltmeister, Volksheld und Superstar. Der am 20. April 1967 in Transvaal, dem Arbeiterviertel südwestlich von Den Haag, geborene Niederländer lebt den eigentlich amerikanischen Traum des Tellerwäschers, der Millionär wurde. Nur war er Postbote, als er 1998 zum ersten Mal die Embassy BDO World Professional Championships gewann und sich sein Leben über Nacht für immer veränderte. Den Titel des BDO-

Weltmeisters verteidigte er 1999 und gewann diesen nach 2003 im Jahr 2005 zum vierten und letzten Mal. 2006 verlor er überraschend das Finale gegen seinen Landsmann Jelle Klaasen und wechselte im gleichen Jahr zum Konkurrenzverband, der PDC. Im Januar 2007 gewann er nach einem 0:3-Rückstand das Finale der PDC-Weltmeisterschaft mit 7:6 im Sudden-Death-Leg gegen Phil »The Power« Taylor und sicherte sich somit seinen insgesamt fünften Weltmeistertitel.

Raymond van Barneveld ist 46 Jahre alt, verheiratet mit Silvia und stolzer Vater dreier Kinder (Mike, Daisy und Patty) sowie Besitzer zweier Katzen. Aufgewachsen in einer gutbürgerlichen Familie, konnte sich der junge Raymond, Sohn von Rob (Lkw-Fahrer) und Anneke (Hausfrau), nie recht entscheiden, welche Sportart beziehungsweise welches Hobby er ausüben wollte. Im zarten Alter von sechs Jahren kam er während eines Mallorca-Urlaubs erstmals mit den kleinen Pfeilen in Berührung. Als er zwölf Jahre alt war, spielte er hin und wieder auf dem Dartboard seines Onkels. Er war ein guter Schüler, in Mathematik ganz besonders. Dies merkt man heute noch, schließlich ist er der Dartprofi, der am besten die verschiedenen Finishwege beherrscht. Auch nach 30 Jahren Darts konnte ich in diesem Bereich von ihm viel lernen.

Ray, so wie er am liebsten genannt wird, ist der erfolgreichste niederländische Dartspieler aller Zeiten und eine lebende Legende des Dartsports. Sein Name wird immer genannt werden, wenn man von den Besten der Besten redet. Barney ist ein großer Anhänger und Ehrenmitglied des niederländischen Fußballvereins ADO Den Haag. Eine seiner größten Leidenschaften sind jedoch die Produkte der Firma mit dem angebissenen Apfel. (Ich hätte sicherlich Apple schreiben können, wenn besagter Konzern ein wenig zur Finanzierung des Buches beigetragen hätte – aber so nicht, meine Herren!)

Barney zählt zu den sympathischsten Spielern auf der Tour. Selbst in England, dem Heimatland des Dartsports, erfreut er sich allergrößter Beliebtheit. Seine Popularität ist riesig, schließlich bestritt er 85 Prozent seiner Karriere bei der British Darts Organisation, deren Turniere in Großbritannien von der BBC, also den »Öffentlich-Rechtlichen«, übertragen wurden. Bei Phil Taylor verhält es sich genau umgekehrt. »The Power« erzielte nahezu all seine großen Erfolge im Pay-TV, übertragen von Sky Sports. Heute noch gibt es Briten, die Barney verehren, jedoch von Taylor noch nie etwas gehört haben. Ist so – kannste glauben!

Ähnlich dem deutschen Tennis-Boom, ausgelöst durch Boris Beckers ersten Wimbledon-Sieg im Jahr 1985, überrollte die Niederlande 1998 ein wahrer Darts-Tsunami. Damals gab es rund 7.000 aktive Dartspieler, durch Barneys Erfolge sind es heute an die 46.000 Spieler und Spielerinnen. Der junge van Barneveld begann 1984 im Alter von 17 Jahren mit dem Dartspielen. Knapp sieben Monate später gewann er die Rotterdam Open und wurde für die niederländische Nationalmannschaft nominiert. Dies spricht eindeutig für das unglaubliche Talent, welches er besitzt. Ich behaupte, er hat das größte Talent von allen, ohne Ausnahme!

Raymond van Barnevelds Popularität ist unglaublich groß. Mit ihm in seiner Heimatstadt Den Haag spazieren oder shoppen zu gehen kommt einer Tour mit Boris Becker oder Franz Beckenbauer durch München gleich. Restaurantbesuche sind manchmal nervig, schließlich gibt es immer wieder Spezialisten, die ihm ganz gerne mal aufs Klo folgen, um ihn dort nach einem Autogramm zu fragen. Man schlägt ihm auch mal ganz gerne recht fest – während er die Gabel zum Mund führt – von hinten auf den Rücken, um ihm zu zeigen, wie sehr man ihn mag. Ob die Gabel dabei fast in der Stirn steckt, ist den meisten egal.

Einige seiner niederländischen (sogenannten) Fans haben recht wenig Respekt. Dies mag daran liegen, dass jedem Holländer ein Stück Barney gehört. Durch meine Besuche bei ihm muss ich mittlerweile darüber lachen, wie sich manche Menschen aufführen, aber daran gewöhnen werde ich mich nie. Im Bluewater Shopping

Centre in der Nähe von Dartford in England warf sich jemand vor ihm auf den Boden und küsste seine Schuhe ... Mein Gesicht war noch blöder als das von Barney!

Jedoch eilt Raymond van Barneveld der Ruf des Arroganten voraus. Seine unnahbare Art und seine etwas eigenwillige Pose nach Siegen nähren diese Gerüchte. Mit Hohlkreuz und ausgestreckten Armen in den Himmel blicken ist nicht das, was man unter einer gewöhnlichen Jubelpose versteht. Genauso voreingenommen machte ich mich im Jahr 2006 auf den Weg nach München, wo ich Barney oder »The Man«, wie er auch genannt wird, kennenlernen sollte.

Da stand er nun am 15. April 2006 morgens vor mir ... Ein Berg von einem Mann! »Sanfter Riese« trifft es eigentlich recht gut. Freundlich dreinblickend, äußerst nett und höchst professionell. Und trotzdem war ich enttäuscht, nämlich über mich selbst. Ich hätte mich ohrfeigen können, dass ich all die Jahre diese dümmlichen Geschichten über den ach so arroganten Holländer geglaubt hatte. Vor mir stand einer der nettesten Menschen, die ich in meinem Leben kennenlernen durfte. Ein Typ, dessen Herz genauso groß ist wie er selbst. Zu diesem Zeitpunkt ahnte ich nicht, dass aus unserem Treffen eine sehr tiefe Freundschaft entstehen sollte. Schon während des Turniers, bei dem ich als Caller engagiert war, hatten wir eine Menge Spaß. Ganze acht Monate sollte es dauern, bis ich Raymond van Barneveld wiedertreffen sollte.

Dezember 2006 – Hilton Hotel in Dartford/England in der Nähe des damaligen Dart-Mekkas, der Circus Tavern. Meine Frau und ich sind im gleichen Hotel wie die van Barnevelds und die Taylors. Als Raymond am 1. Januar 2007 seinen fünften und bisher letzten Weltmeistertitel gewinnt, sitzen wir am Tisch der Familie van Barneveld, und ich freue mich für ihn. Ich, der sich selbst als den größten Taylor-Fan aller Zeiten bezeichnet. Zeiten ändern sich, ganz besonders, wenn du jemanden wirklich kennenlernst.

Die allermeisten der wirklich großen Dartspieler sind schlechte Verlierer. Manchen davon sieht man es schon auf der Bühne an, den anderen erst dahinter. Raymond ist ein schlechter Verlierer. Nee, ein sehr schlechter ... Das weiß er, das musste ich ihm nicht sagen! Ein Gentleman des Dartsports, aber trotzdem hasst er nichts mehr als Niederlagen. Trotzdem hat er auch in der Niederlage freundliche Worte für seinen Kontrahenten übrig. »Ein guter Verlierer wird nie ein großer Champion!«, sagt er. Okay, wenn er recht hat ... In den vergangenen Jahren war er jedoch selbst oft sein größter Feind. Gerade im mentalen Bereich hatte er die letzten Jahre hin und wieder Probleme. Zu sehr beschäftigten ihn Dinge außerhalb des Sports. Als er im Jahr 2010 von einem Unbekannten per SMS erpresst und seine Familie bedroht wird, spielt er mit dem Gedanken, seine Karriere zu beenden. Über Wochen muss er mit diesem Druck zurechtkommen, bevor die niederländische Polizei den Täter verhaften kann. 18 Monate Haft, die Anfang des Jahres endete ...

Eine weitere Besonderheit ist die große Anzahl von Fans, die ihn bei jedem der größeren Turniere lautstark unterstützt. Die sogenannte »Barney-Army«, ist überall präsent. Kein anderer Dartspieler hat solch eine Fanbase. Im Jahr 2011 ließ er extra für diese Fangruppe ein eigenes Logo kreieren. Dies ist ebenfalls einmalig im Dartsport.

Nach all den Jahren weiß ich, dass er nicht arrogant, sondern schüchtern ist! Er ist Fremden gegenüber sehr vorsichtig. Wenn man ihn besser kennt, dann weiß man, dass er einen unglaublichen Humor hat. In seinem Herzen hat er sich ein Stück Kindheit erhalten. Man kann sich mit ihm über jeden Schwachsinn totlachen. Er ist ein fantastischer, ehrlicher und hilfsbereiter Mensch, fünffacher Weltmeister und einer der größten Dartspieler aller Zeiten.

Wenn Raymond auf der Bühne steht, die Arme ausbreitet und nach oben schaut, hat dies einen Grund. Sein damaliger bester Freund ist bei einem Unfall ums Leben gekommen. Und wenn er nach oben schaut, dann denkt er an seinen Freund, dem er damals versprochen hat, dass er für ihn gewinnen will! Die Geste hat also nichts Arrogantes ...

GRUND NR. 57

WEIL ES DEN AUSERWÄHLTEN WIRKLICH GIBT!

Also bei manchen Spielern zumindest. Würde man Phil Taylor erzählen, dass er sich auf ein großes Turnier mit einem Trainingsaufwand von nahezu 0,0 vorbereiten solle, würde er einen für verrückt erklären. Anders bei Raymond van Barneveld. Raymond hasst nichts mehr, als alleine trainieren zu müssen. Vor großen Turnieren sucht er sich ein oder mehrere Trainingspartner, aber richtig Spaß macht es ihm eigentlich nie. Am liebsten würde er immer auf der Bühne spielen. Besonders mag er die Turniere, an denen er pro Tag nur ein Spiel hat. Er hasst die »Players Championships«, bei denen er von morgens bis abends spielen muss. Als »A waste of time«, also als Zeitverschwendung, bezeichnet er diese Turniere. Dafür liebt er alle Major-Turniere umso mehr. Dazu zählen auch die European Darts Open.

Als ich ihn am 6. Juli 2012 in Den Haag abholte, um mit ihm nach Düsseldorf zu fahren, erklärte er mir, dass er erst letzte Nacht aus Paris zurückgekommen sei. Er hatte seine Familie ins Disneyland eingeladen. »Und wie viel hast du in den letzten drei bis vier Wochen trainiert?«, fragte ich ihn, als ich seinen Koffer ins Auto stellte. »Wenig, eigentlich sehr wenig, eher gar nicht!«, sagte er und setzte sich auf den Beifahrersitz. Mir schossen Hunderte Gedanken durch den Kopf. Ich Idiot fuhr von Frankfurt nach Den Haag, von Den Haag nach Düsseldorf, von Düsseldorf nach Borkum zu einer Barney-Exhibition, von Borkum nach Den Haag und zurück nach Frankfurt, und der nette Herr erklärte mir gerade eben, dass er nicht trainiert habe. Sensationell. Er schaute mich an, lachte und sagte: »Denk daran, ich bin der Auserwählte!« Da kannst du ihm nicht mehr böse sein. Dieses »I'm the chosen one« ist zwischen uns so eine Art Running Gag. Ihm kommt einfach sein unfassbares Talent zugute, das er vom lieben Dartgott mitbekommen hat.

»Halte noch mal am Büro, ich brauche noch meine Darts!«, so RvB. Ich hielt vor seinem Bürogebäude. »Komm, ich schmeiß noch schnell ein paar Darts, damit du beruhigt bist!«, sagte er und lachte sich schlapp. Wir gingen nach oben in seinen Dartraum, wo er sich gleich ein Set Darts nahm und sich an die Oche stellte. 180, 180, 140, 180 … Er drehte sich um, schaute mich mit einem Grinsen an und sagte: »Von mir aus können wir los!« In solchen Momenten würde ich am liebsten einfach auf den Teppich kotzen. Da spielt dieser Typ drei Wochen keinen einzigen Pfeil und stellt sich dann hin und wirft 180, 180, 140, 180 … Wie unfair ist das? Tausend andere (und ich besonders) müssen uns den Arsch abtrainieren, um ordentlich zu spielen, und er? Dart ist ungerecht und grausam! Während ich so dastand und ihn beschimpfte, was er für ein trainingsfauler Sack sei, lachte er und sagte: »Ich sagte doch, ich bin der Auserwählte!«

In Düsseldorf angekommen, bezogen wir unser Zimmer. Training? Fehlanzeige. »Es reicht mir, wenn wir zwei Stunden vor meinem Spiel runtergehen«, so der Meister des Trainings. Gesagt, getan. Ich setzte mich auf einen Tisch und schaute ihm beim Einwerfen zu. Die ersten drei Darts nach der Autofahrt … Bulls-Eye, Bulls-Eye, Bulls-Eye. Im ersten Spiel schlug er Ian »Diamond« White mit einer sehr guten Leistung 6:2. Am Samstagabend bezwang er dann Brendan Dolan mit 6:2. Sonntags gewann er sein erstes Spiel gegen seinen Landsmann Gino Vos ebenfalls 6:2, um danach ebenfalls mit 6:2 gegen James Wade zu gewinnen. Im Halbfinale schlug er dann Richie Burnett mit 6:4. Das Finale gewann er ebenfalls mit 6:4 gegen Dave Chisnall.

Die Freude war natürlich riesengroß und die Siegerehrung sehr emotional. Als er mit dem Pokal die Treppe nach oben kam, grinste er und sagte: »I told you I'm the chosen one!« Ich möchte gar nicht daran denken, wie viele Turniere er mehr gewinnen würde, wenn er wenigstens 30 Minuten pro Tag trainieren würde, der (trainingsfaule) Auserwählte.

GRUND NR. 58

WEIL ES DIE »GREEN MACHINE« GIBT!

Jeder Dartfan weiß natürlich sofort, dass ich »Mighty Mike«, also Michael van Gerwen, meine. Der am 25. April 1989 geborene Holländer ist derzeit das Maß aller Dinge im professionellen Dartsport. Seine Leistungen in den letzten Monaten kann man eigentlich nur beschreiben, wenn man Superlative verwenden würde. Im letzten Quartal 2012 gewann er im Finale gegen Mervyn King den World Grand Prix in Dublin und sicherte sich somit den ersten Sieg bei einem sogenannten Major-Turnier. Beim anschließenden Grand Slam of Darts unterlag er denkbar knapp mit 16:14 gegen seinen Landsmann Raymond van Barneveld, um nur einige Wochen später das Endspiel der World Championships zu erreichen. Hier unterlag »MvG« wahrscheinlich aufgrund mangelnder Erfahrung mit 7:4 Sets gegen Phil Taylor. Nach zwei aufeinanderfolgenden Niederlagen sicherte sich der 24-Jährige dann am 16. Mai – in einer Neuauflage des WM-Endspiels – den Sieg bei der PDC McCoy's Premier League 2013. In einem fantastischen Endspiel gewann er mit einem Average in Höhe von 103,29 mit 10:8 gegen den sechsmaligen Premier-League-Champion Phil Taylor.

Tags darauf reiste »Mighty Mike« von London ins Maritim-Hotel am Düsseldorfer Flughafen zur European Darts Open 2013, dem meiner Meinung nach besten Dartturnier außerhalb Großbritanniens. Auch hier brannte der »Hulk des Dartsports« ein wahres Dartfeuerwerk ab und entzauberte den Publikumsliebling Simon »The Wizard« Whitlock im Finale rasend schnell mit 6:2. Somit gehen innerhalb von knapp sechs Monaten circa 500.000 Euro auf das Konto des jungen Niederländers. Mit seinem aggressiven Spiel, geprägt von Power und Schnelligkeit, zählt Michael van Gerwen zu einer neuen Generation von Dartspielern. Erfolgshungrig eilt er von Turnier zu Turnier und von Sieg zu

Sieg. Er wird definitiv der neue Superstar des Dartsports werden, wenn er es nicht vielleicht schon ist. Nur wenige Spieler werden zukünftig dem Power-Scoring des jungen Mannes etwas entgegensetzen können. MvG's Erfolgsgeheimnis liegt darin begründet, dass er eigentlich noch nie etwas anderes getan hat, als Darts zu werfen.

Ganze 14 Jahre alt war der junge »Mighty Mike«, als er das Juniorenfinale der Primus Masters 2003 erreichte. Bereits zwei Jahre später gewann er die Juniorenturniere der German Open 2005, des German Gold Cups 2005, der Norway Open 2005, der Northern Irland Open 2005 und die Swedish Open 2005. Bemerkenswert hierbei, dass er zusätzlich bei den Norway Open 2005 und den Northern Irland Open 2005 auch den Sieg im Herrenturnier erringen konnte. Wie selbstverständlich gewann er 2005 und 2006 die Niederländische Jugendmeisterschaft. Weitere Erfolge bei den Herren ließen nicht lange auf sich warten. Obwohl er zu dieser Zeit noch der BDO angeschlossen war, durfte er bereits an einigen Turnieren der PDC in Holland teilnehmen, bevor er zu dieser wechselte. 2006 gewann er die Open Holland, den WDF Europe Youth Cup, die Welsh Open, das World Darts Event und als jüngster Spieler aller Zeiten die traditionsträchtige Winmau World Masters. Wohlgemerkt im Alter von 17 Jahren!

Von 2007 bis Mitte 2012 war Michael van Gerwens Karriere die eines typischen jungen Spielers, der sich entwickeln und orientieren musste. Seinen ersten Erfolg bei den Herren der PDC errang er nach bei der PDPA Players Championship South West am 11. April 2009 in Taunton, als er Vincent van der Voort im Endspiel mit 6:3 bezwingen konnte. In den Jahren 2011 (4:6 gegen Arron Monk) und 2012 (3:6 James Hubbard) unterlag »Mighty Mike« in beiden Finalen der PDC World Youth Championship. Diese beiden äußerst schmerzhaften Niederlagen legten anscheinend im Kopf der »grünen Maschine« einen Schalter um.

Im Achtelfinale der World Matchplay 2012 gelang ihm ein 9-Darter gegen Steve Beaton, und im Halbfinale der PDC-Weltmeisterschaft 2013 gelang ihm gegen James Wade das Kunststück, 17 perfekte Darts zu werfen. Erst schmiss er einen 9-Darter, um anschließend erneut acht perfekte Darts zu werfen. Leider verpasste er mit dem letzten Dart die Doppel 12 nur um wenige Millimeter. Trotz des missglückten Darts löste er damit den Rekord Phil Taylors ab, welcher bis zu diesem Zeitpunkt 16 perfekte Darts vorweisen konnte.

Was sind aber die Stärken des Michael van Gerwen?

Ich denke, Mikes absolut größte Stärke ist, dass er sich beim Werfen nicht viele Gedanken macht. Ich würde eher behaupten, dass er überhaupt nicht denkt, wenn er Darts spielt. Er wirft einfach, und das ist der Grund, warum es so einfach aussieht. Und wenn er ein Leg mit 180, 180 und 116 startet und verlieren sollte, dann fängt er eben wieder von vorne an. Er verschwendet keinen einzigen Gedanken an Legs, die er vielleicht dumm oder unglücklich verloren hat. Verliert er ein Leg, dann gibt es am Anfang des nächsten Legs für den Gegner gleich wieder eine 140 oder 180. Dieses unmenschliche Scoring treibt jeden Gegner in den Wahnsinn! Zusätzlich und zu allem Überfluss spielt MvG dann auch noch High-Finishes, als gäbe es kein Morgen mehr. Simon Whitlock zählt sicherlich zu den besten Scorern auf der Welt, aber wie man im Endspiel in Düsseldorf sehen konnte, wurde der gute »Wizard« einfach überfahren. Michael ist es schlichtweg egal, was der Gegner tut. Mit einer beispiellosen Lockerheit beendet er Spiele mit 160er- oder 170er-Finishes. Es sind ja nur drei Darts ...

Selbst wenn es in einem Leg für seine Verhältnisse mal nicht so toll läuft, kann er zu jedem Zeitpunkt wieder eine 180 aus dem Ärmel zaubern. Jeder Gegner, der bei diesen Scores nicht mithalten kann, hat von vornherein verloren. Michael van Gerwen lebt und liebt Darts, was man nur unschwer aufgrund seiner Art des Jubelns übersehen könnte. Das ist pures (giftgrünes) Adrenalin! Im Gegensatz zu vielen anderen Dartfans mag ich die Art, wie er sich freut und pusht. Die Art seines Spiels spiegelt einfach das heutige Leben wider – schnell, hart und laut! In der heutigen Zeit hat der Begriff »Langeweile« keinen Platz mehr. Gegen »Mighty Mike« ist ein Energiedrink abgestandene Brühe. Er will alles und zwar jetzt und sofort. Deshalb beeilt er sich auch so. Wem die Art des Jubelns und des Anfeuerns nicht gefällt, der kann die drei Minuten ja draußen warten!

Ein weiterer und wesentlicher Punkt an Michaels Spiel ist der Wurfstil, besser gesagt, die Haltung des Unterarms. Extrem weit nach vorne gebeugt, führt er den rechten Unterarm sehr nahe am Körper. Dies verhindert ein Verziehen der Darts in 5er und 1er. Gerade auch auf Doppel kann man gut erkennen, wie eng er den Ober- und Unterarm an seinen Oberkörper presst. Er bringt den Ellbogen extrem weit nach innen, sodass der Arm nicht »ausbrechen« kann. Somit bewegt sich der Arm immer gleich, und das extreme Überstrecken des Handgelenks beim Loslassen des Darts erzeugt den Druck, mit dem der Dart geworfen wird. Dies gepaart mit 25 Gramm schweren Pfeilen – und peng! Der Dart hat eigentlich gar keine Zeit, um nicht in die 20 zu fliegen. Wahrscheinlich geht es dem Dart selbst zu schnell!

Wir werden sicherlich noch sehr viele und sehr spektakuläre Spiele der »Green Machine« bewundern können. Der junge Bub ist für die PDC und den Dartsport ein Sechser im Lotto, eine Ausnahmeerscheinung und das zukünftige Aushängeschild, wenn man über professionelle Dartspieler spricht. Wenn ich überlege, dass er noch locker 25 Jahre spielen kann – oh Gott! Da wird es noch einigen Gegnern grün vor Augen werden ...

GRUND NR. 59

WEIL ES »THE CRAFTY COCKNEY« GIBT!

Wenn man für die Worte »Arroganz«, »Überheblichkeit«, »schlechtes Benehmen« und »Großmaul« einen Oberbegriff suchen sollte, dann wäre es sicherlich »Bristow«. Eric Bristow, genannt

»The Crafty Cockney«, zählt ebenfalls zu den ganz großen Stars und Legenden des internationalen Dartsports. Der am 27. April 1957 in Hackney – einem Stadtteil Londons – geborene Bristow zählt mit seinen fünf Weltmeistertiteln zu den erfolgreichsten Dartspielern aller Zeiten.

Während Phil Taylor ab den 90ern die Vormachtstellung übernahm, dominierte Eric Bristow die 80er-Jahre fast nach Belieben. 1980, 1981, 1984, 1985 und 1986 sicherte er sich die Krone des Dartsports, insgesamt jedoch stand er im Laufe seiner Karriere zehnmal im Finale der Einzel-Weltmeisterschaft. Weitere internationale Titel wie zum Beispiel die Winmau World Masters gewann er ebenfalls fünf Mal (1977, 1979, 1981, 1983, 1984), die MFI World Matchplay zwei Mal (1985, 1988) und drei Mal die British Open (1978, 1981, 1986). Dazu kommen noch vier Siege beim World Cup (1983, 1985, 1987, 1989). Die World Cup Pairs, also den WM-Titel im Doppel, gewann Bristow ganze sechs Mal (1977, 1979, 1983, 1985, 1987, 1989).

In der Zeit von 1977 bis 1993 spielte er für die BDO, danach wurde er eines der Gründungsmitglieder der WDC, später dann PDC.

Seine Verdienste um den Dartsport wurden 1989 durch Queen Elisabeth II. mit der Verleihung des Titels »Member of the British Empire«, kurz »MBE«, gewürdigt. In voller Länge heißt der Titel »The Most Excellent Order of the British Empire«. Ich bin doch ein alter Klugscheißer! Somit darf sich Bristow das Kürzel »MBE« an seinen Nachnamen anhängen – Eric Bristow MBE.

Besonderes Merkmal Bristows – neben seinem arroganten Auftreten – war das Abspreizen des kleinen Fingers an seiner Wurfhand. Darauf angesprochen, antwortete er, dass er dies rein aus Show machen würde. Durch eine heftige Dartitis-Erkrankung, welche im Jahr 1987 bei der Swedish Open begann, musste Bristow seinen Wurfstil komplett umstellen. Bis heute hat er sich davon nicht mehr erholt. Wenn man ihn heute auf Exhibitions spielen sieht, dann kann er einem schon fast leidtun. Sein Wurfstil wurde im Verlauf der letzten Jahre immer seltsamer und verkrampfter. Es ist kein flüssiger Wurf mehr, eher eine Verrenkung. Trotz dieser Krankheit ist Eric Bristow einer der meistgebuchten Dart-Stars in England. Im Jahr 2000 beendete er seine aktive Karriere als Dartspieler. Heute arbeitet Bristow als Dart-Experte, Kommentator und Spotter bei Sky Sports.

Im Jahr 2012 nahm er an der Sendung *I'm a Celebrity … Get Me Out of Here!* teil. Die Sendung ist in Deutschland unter dem Namen »Dschungelcamp« bekannt. Bei den »Kakerlaken Open« erreichte »The Crafty Cockney« den 4. Platz.

Abseits der großen Turniere kommt es in letzter Zeit immer häufiger vor, dass Bristow seinen ehemaligen Schützling Phil Taylor angreift. Während einer gemeinsamen Exhibition im Februar dieses Jahres erklärte Bristow, dass er eigentlich mehr Weltmeisterschaftstitel als Taylor gewonnen habe. Würde man seine Einzel- und Doppeltitel beim WDF World Cup als echte Weltmeisterschaften werten, hätte er wahrscheinlich sogar recht. Taylor reagierte mit einem freundlichen »Erzähl keinen Scheiß!«, gefolgt von einem herzlichen »Fuck off!«.

Ich denke, dass man es ein wenig verstehen kann, wenn Bristow ein wenig neidisch auf die Karriere Taylors schaut. Schließlich kann er nichts für seine Erkrankung und wer weiß, wie viele Titel er noch gewonnen hätte.

Mit seinen fünf richtigen WM-Titeln ist Eric Bristow gemeinsam mit Raymond van Barneveld immer noch auf Platz 2 der ewigen Bestenliste. Hinter Taylor.

GRUND NR. 60

WEIL BRISTOW ES WISSEN MUSS!

Eric Bristow sagte einmal: »Everyone loves a penalty shoot-out at the end of a football match, right? You have to watch to see who's going to bottle it and who's going to be the hero. Well, there's a penalty shoot-out every two or three minutes in a game of darts!«

»Jeder liebt das Elfmeterschießen am Ende eines Fußballspiels, richtig? Du möchtest sehen, wer die Nerven verliert und wer der Held sein wird. Nun ja, in einem Dartmatch hast du alle zwei bis drei Minuten ein Elfmeterschießen!« – wie recht er hat, der »Crafty Cockney«!

GRUND NR. 61

WEIL ES »OLD STONEFACE« GIBT!

»Old Stoneface« ist der Spitzname des »Gentleman of Darts«, meines ersten Helden in der Welt der fliegenden Pfeile. John Lowe, geboren am 21. Juli 1945 in New Tupton (Chesterfield) in England, zählt zu den absolut größten und erfolgreichsten Spielern des internationalen Dartsports. Neben Phil Taylor (16 Mal), Raymond van Barneveld (fünf Mal), Eric Bristow (fünf Mal) und dem Kanadier John Part (drei Mal) ist Lowe der einzige Spieler, der drei WM-Titel gewinnen konnte. Das Besondere hierbei ist, dass er diese Titel in drei unterschiedlichen Dekaden gewinnen konnte. Dieses Kunststück ist sonst nur Phil Taylor gelungen.

Die World Masters gewann er 1976 und 1980, den WDF World Cup im Einzel sogar sechs Mal (1977, 1979, 1983, 1985, 1987 und 1989). An der Seite seines Erzrivalen Eric Bristow gewann er den WDF World Cup im Doppel fünf Mal (1979, 1981, 1983, 1987,

1991). Als Teamcaptain der englischen Nationalmannschaft war er von 1986 bis 1993 ungeschlagen.

Absolute Berühmtheit erlangte Lowe aber, als er im Jahr 1984 den ersten im Fernsehen gezeigten 9-Darter warf. Keith Deller war der Leidtragende, als Lowe nach zwei Mal 180 die Restpunkzahl von 141 mit Triple 17, Triple 18 und Doppel 18 checkte. Alleine durch diese neun geworfenen Darts gewann John Lowe 100.000 Britische Pfund, was heute circa 154.000 Euro entsprechen würde. Genau diesen 9-Darter habe ich bestimmt an die 250 Mal gesehen. Ich bekam die Videokassette im Jahr 1987, also drei Jahre später, und trotzdem sah ich es mir immer und immer wieder an. Für meine damaligen Dartkollegen und mich war es einfach unvorstellbar, dass ein Spieler ein solches Kunststück vollbringen konnte. Zumal dies der einzige Moment war, in dem John Lowe wahrscheinlich jemals selbst eine emotionale Reaktion zeigte. Das Ballen der Faust nach einer 180 gilt bei »Old Stoneface« schon als Gefühlsausbruch. Immer cool, immer alles unter Kontrolle und ja keine Regung zeigen. So schnell kommt man zu seinem Spitznamen.

Es war aber nicht nur seine Coolness, die mich beeindruckte, sondern sein ruhiger und absolut sicherer Wurfstil. Außer dem Ellbogen und dem Handgelenk bewegt sich bei Lowes Wurf absolut nichts. Persönlich kennengelernt hatte ich Johne Lowe 1989 im Rahmen eines Dartturniers, der Oberschwaben Open. Der Veranstalter hatte John Lowe als »Special Guest« für eine Exhibition nach dem samstäglichen Einzel buchen können. Im Herreneinzel starteten damals 282 Spieler, unter anderem auch Bernd Hebecker, nicht nur um das Turnier zu gewinnen, sondern um gegen den englischen Großmeister des Dartsports ein Leg 1001 spielen zu dürfen. Leider habe ich dann damals das Finale gegen meinen Freund Norbert »Herbie« Jäger verloren, aber es war eigentlich egal, schließlich wollte ich gegen mein damaliges Idol spielen.

So erklomm ich damals die Bühne, nasse Finger und die Buxe randvoll. Als Lowe den Unicorn-Aufnäher auf meinem Shirt entdeckte, sagte er: »Alle guten Spieler spielen mit Darts von Unicorn!« Ach Gott, war ich stolz, schließlich warf ich mit John Lowe Darts in 21 Gramm – genauso, wie »Old Stoneface« selbst. Ein Leg 1001, und ich konterte sechs seiner dreistelligen Scores ebenfalls mit sechs Würfen von 100 und mehr, und trotzdem verlor ich mit einer Restpunktzahl von 202! Egal, ich war in diesem Moment der glücklichste und stolzeste Darter unter der Sonne. Und dann schenkte er mir ein nagelneues Set seiner goldenen Darts! Ich habe dieses Set noch heute in meinem Schrank, einmal und nie wieder geworfen. Ab und zu nehme ich sie mal in die Hand und denke an die tolle Zeit.

2014 wird John Lowe 70 Jahre alt, und es ist immer noch eine Augenweide, ihn spielen zu sehen. Vor einigen Jahren hatte er auf einem Turnier die meisten Legs mit dem Wurf ins Bulls-Eye gewonnen. Darauf angesprochen, antwortete er: »Das ist doch schließlich das größte Doppel auf dem Board!« Wenn man es so sieht ...

Wenn ihr die Chance bekommt, John Lowe einmal persönlich spielen zu sehen, dann solltet ihr diese unbedingt nutzen. Schließlich zählt er zu den besten Spielern aller Zeiten. Übrigens sind Phil Taylors »Phase 5«-Pfeile einfach nur John-Lowe-Darts in 26 Gramm! Diesbezüglich sagte Lowe einmal, dass Taylor der einzige Spieler sei, der mit Lowe-Darts besser spielen könne als er selbst.

Ich denke gerade darüber nach, dass ich John Lowe doch mal für eine Exhibition buchen könnte. Nach 24 Jahren sollte mir eine Revanche zustehen ...

 GRUND NR. 62

WEIL MIT LEIGHTON REES ALLES BEGANN!

Wenn man über die Weltmeister des Dartsports spricht, dann darf man Leighton Thomas Rees nicht vergessen. Schließlich gewann der am 17.01.1940 geborene Waliser 1978 die allererste Embassy

World Professional Darts Championship. Geboren wurde Leighton Rees knappe 30 Kilometer nordnordwestlich von Cardiff, der walisischen Hauptstadt, in einem kleinen Örtchen namens – und nur deshalb gebe ich euch diese völlig unnütze Information – Ynysybwl! Zu gern würde ich jetzt euren Gesichtsausdruck sehen, wenn ihr versucht, den Namen auszusprechen. Als ich es zum ersten Mal gelesen habe, musste ich sofort an diesen blöden Witz mit der türkischen Ausgabe des *Glücksrad* denken! »Ich nehme ein Y!« *bing *bing*bing*bing*bing*bing*bing*bing*

Im Endspiel dieser legendären ersten Weltmeisterschaft bezwang er niemanden Geringeren als John Lowe mit 11:7 Legs! Ja, zu diesem Zeitpunkt spielte man nur Legs, keine Sets. Ein Jahr später, also 1979, versuchte er, seinen Titel zu verteidigen. Rees erreichte erneut das Finale und traf wie im Vorjahr auf John Lowe. Doch diesmal hatte der Waliser keine Chance. Er verlor mit 5:0, diesmal jedoch in Sets.

Zu seinen großen Erfolgen kann man auch den Gewinn des World Cups im Jahr 1977 zählen. Leighton Rees, dessen Spitzname »Marathon Man« war, spielte von 1974 bis 1994 in der British Darts Organisation (BDO) und zählt zu den ersten Dartern, deren Spiele man im Fernsehen verfolgen konnte.

Am 8. Juni 2003 verstarb Leighton Rees im Alter von 63 Jahren in seiner Heimat- und Geburtsstadt namens ... Los jetzt, alle zusammen ... YNYSYBWL.

Kurze Randnotiz: Den längsten Städtenamen der Welt findet man ebenfalls in Wales. Und das üben wir jetzt gemeinsam: *Llanfairpwllgwyngyllgogerychwyrndrobwllllantysiliogogogoch.*

 GRUND NR. 63

WEIL ES »JOCKY« GAB!

Die Rede ist vom erfolgreichsten schottischen Dartspieler, vielleicht sogar aller Zeiten. Einem der wenigen echten Charaktere des Dartsports. Ein kleiner untersetzter Mann, der sich gerne bei Fehlwürfen, einem High-Finish oder einer 180 wie ein Tasmanischer Teufel schimpfen, freuen und aufregen konnte.

Die Rede ist von John Thomas Wilson, den die Dartwelt unter seinem Spitznamen »Jocky« kannte. Jocky, geboren am 22. März 1950, der sich aufgrund seines eher wilden Wurfstils deutlich von den anderen Spielern abhob. Gerade in Druck- und Stresssituationen versuchte er, dem Dart durch eine Drehung seines Oberkörpers zusätzlich Schub zu verleihen. Das sah dann meist unweigerlich wie der »eingesprungene Aushilfskellner« aus, jedoch meist mit einem sehr guten Wurfergebnis.

Der junge Wilson verbrachte einen Großteil seiner Kindheit in Waisenhäusern, da seine Eltern leider unfähig waren, ihren Sohn ernähren zu können. Später arbeitete Jocky entweder im Bergbau oder lieferte Kohle aus. Unterbrochen wurden diese Jobs meist von Arbeitslosigkeit. In einer dieser joblosen Phasen seines Lebens spielte er immer wieder Darts und gewann das eine oder andere Turnier, was ihn letztendlich davon überzeugte, Profi zu werden. Zu diesem Zeitpunkt konnte sicherlich noch keiner ahnen, dass Wilson einmal in einem Atemzug mit Größen wie Eric Bristow, John Lowe oder Bob Anderson genannt werden würde.

Die größten Momente in der Karriere des kleinen Mannes aus Kirkcaldy an der Ostküste Schottlands waren sicherlich der Gewinn der World Professional Darts Championship in den Jahren 1982 und 1989 und sein dreimaliger Erfolg bei den British Professional (1981, 1983 und 1986). Legendär war Wilsons WM-Sieg im Jahr 1989, als er im Finale bereits 5:0 nach Sets führte und sich Eric

Bristow auf 5:4 herankämpfte. Im zehnten Set beim Stande von 2:2 nach Legs, checkte Wilson dann 40 Rest mit einer Single 20 und einer Doppel 10 doch noch zum Sieg und seinem zweiten WM-Titel. Wer es noch nie gesehen hat, kann sich das komplette Spiel im Internet bei YouTube ansehen. Es ist ein absolutes Highlight der Dartgeschichte, welches an Spannung kaum zu überbieten ist. Am 23.12. 1995 beendete er seine aktive Karriere.

Zwei Tage nach seinem 62. Geburtstag verstarb Jocky Wilson verarmt und nach längerer Krankheit am 24. März 2012 in seiner Heimatstadt.

Rest in Peace, Jocky! Legend.

GRUND NR. 64

WEIL ES NOCH GROSSE ENTERTAINER GIBT!

Der Dartsport lebt durch seine Spieler und das Publikum. Manche Darter beherrschen das Zusammenspiel mit dem Publikum gerade bei einer Exhibition sehr gut, andere sind dagegen etwas schüchterner. Der größte Entertainer in der Dartwelt ist unbestritten Wayne Mardle, als Spieler unter dem Spitznamen »Hawaii 501« bekannt und mittlerweile der legitime Nachfolger der Darts-Kommentatorenlegende Sid Waddell.

Wayne Mardle, geboren am 10. Mai 1973 in Dagenham/England, verheiratet mit seiner Frau Donna seit dem 2. Juli 2002. Gemeinsam leben sie mit Hund Toby in Romford (Greater London). Mardle spielte in der Zeit von 2002 bis 2012 für die PDC (Professional Darts Corporation), von 1993 bis 2002 für die BDO (British Darts Organisation). Seinen Spitznamen bekam er 2001 von einer weiteren Berühmtheit des Dartsports verliehen – Bobby George! Der Titel der amerikanischen TV-Krimiserie *Hawaii 5-0* stand Pate bei der Schöpfung des Spitznamens. Da ein Dartmatch in der Regel bei

501 Punkten beginnt, fügte Bobby George einfach die Ziffer 1 hinter das »5-0«, und schon war der Name geboren. Mardle trug ab diesem Zeitpunkt Hawaii-Hemden und wählte als Walk-on-Lied die Titelmelodie dieser TV-Serie. In meinen Augen noch heute eines der besten Lieder für den Einmarsch in eine Halle! Genau dieser »Walk-on« machte Wayne Mardle berühmt und bei den Fans in aller Welt beliebt. Wenn er seine Tanzschritte auf der Bühne vollführt, merkt man ihm nicht an, dass er Buchhalter ist!

Mit elf Jahren begann der junge Wayne seine Karriere im Darts-Sport. Zwei Wochen nachdem er mit seinem Vater trainierte, warf er seine erste 180. An seinem 13. Geburtstag (1986) gewann er in einer Kneipe namens Double Top seine erste Competition. Drei Jahre später, also 1989, gewann er die British Teenage Open. Die Highlights seiner Karriere als professioneller Dartspieler sind der Gewinn der Dutch Open im Jahr 2000, das Erreichen des Halbfinales der BDO-Weltmeisterschaft im Jahr 2001 sowie das viermalige Erreichen des Halbfinales der PDC-Weltmeisterschaft in den Jahren 2004, 2005, 2006 und 2008. Des Weiteren belegte er im Jahr 2008 den fünften Platz bei der Premier League of Darts.

Einer seiner Sponsoren ist der englische Dartshersteller Harrows, jedoch benutzt Wayne Mardle noch heute die Barrels, die er bereits vor mehr als 20 Jahren spielte. Er hat es zwar mit einem neuen, absolut identischen Satz Darts probiert, ist aber nach sehr kurzer Zeit zu seinen alten Pfeilen zurückgekehrt.

Seit einer Virusinfektion im Jahr 2009, gefolgt von einer schweren Mumpserkrankung, ging es in der aktiven Karriere des Herrn Mardle leider bergab. Durch seinen langen Ausfall verlor er den Anschluss an die Spitze und wurde in der Weltrangliste schnell nach unten durchgereicht. Immer mehr geriet das Kommentieren in den Mittelpunkt seiner Dartkarriere. Im Jahr 2011 bei der PDC-Weltmeisterschaft fungierte er noch als Co-Kommentator an der Seite der Legende Sid Waddell, und hin und wieder kam er sogar bei der Premier League zum Einsatz. Bei der WM in 2012 hörte man ihn dagegen bereits täglich. In meinen Augen ist Mardle der legitime Nachfolger Waddells, der leider am 11. August 2012 nach kurzer Krankheit verstarb.

Eine Exhibition mit Wayne Mardle ist eines der lustigsten Dinge, die man als echter Dartfan erleben kann. Ich hatte in den vergangenen Jahren das Vergnügen, als Caller bei Waynes Exhibitions in Deutschland arbeiten zu dürfen, welche von der Firma McDart veranstaltet wurden (und werden). Mardles Spezialität ist, dass er den Dartpfeil »spucken« kann, das heißt, er klemmt sich den Dart zwischen Ober- und Oberlippe und pustet in Richtung Board. Er trifft damit sogar hin und wieder das benötigte Doppelfeld. Die Doppel 10 habe ich ihn auf diesem Weg mehr als fünf Mal checken gesehen. Das Gesicht seiner Gegner ist dann meist das gleiche – nämlich ein recht doofes!

Wayne lernte in der Schule Deutsch, leider ist jedoch nur der Satz »Ich fahre mit dem Rad zur Schule!« bei ihm hängen geblieben. Ansonsten versteht und spricht er fast kein Wort Deutsch. Wir haben es uns aber immer am Ende der Exhibition zum Spaß gemacht, das Publikum auf den Arm zu nehmen. Nach einer solchen Veranstaltung gibt es meistens eine 15-minütige Frage-und-Anwort-Session, bei der das Publikum Fragen an den Profi richten kann. Wenn die Frage aufkam, ob er denn Deutsch verstehen und sprechen könne, antwortete ich immer mit »Ja«, drehte mich zu ihm um, zwinkerte ihm zu und fragte ihn, wie er denn als Junge zur Schule kam. Daraufhin antwortete er immer »Ick farre mit dem Ratt zur Schule!«, und der Saal tobte!

Irgendwann erklärte ich ihm, dass es noch witziger sei, wenn er nach einer kurzen Pause »... aber ohne Sattel« hinzufügen würde. Leider tat er genau dies dann zum ersten Mal während eines Fernseh-Interviews mit dem DSF bei einem Turnier der PDC-Europe in Kirchheim. Der Interviewer fragte ihn, ob er denn Deutsch sprechen würde und Wayne gab seinen einzigen Satz zum Besten. Der Reporter lachte, Mardle grinste in die Kamera, hob den Zeigefinger, riss die Augen auf und sagte: »Aber ohne Sattel!« Das Gesicht des Herrn vom DSF werde ich nie vergessen. Und ja, ich wäre vor Lachen fast erstickt.

Ich hoffe, dass Wayne Mardle trotz seines Kommentatorenjobs bei Sky Sports demnächst wieder für ein paar Exhibitions nach Deutschland kommen kann. Lust hätte er auf jeden Fall – ich habe ihn gefragt. Ich kann es euch nur ans Herz legen, dann sofort Karten zu kaufen. Wer behauptet, dass Robbie Williams der beste britische Entertainer sei, den muss ich leider enttäuschen. Es ist definitiv »Hawaii 501«!

GRUND NR. 65

WEIL ES SID WADDELL GAB!

Wer sich zum ersten Mal eine Darts-DVD anschaut, wird sich über kurz oder lang die Frage stellen, wer der bekloppte Kommentator ist, der häufig ekstatisch durch die Gegend kreischt und einem das Trommelfell mit seiner schrillen Stimme martert. Das ist niemand Geringerer als die englische Kommentatorenlegende Sid Waddell, genannt »The Voice of Darts«, der leider einen Tag nach seinem 72. Geburtstag am 11. August 2012 viel zu früh verstarb.

Sid Waddell, am 10. August 1940 in Alnwick/England geboren, verheiratet und Vater von fünf Kindern, lebte in Leeds und war großer Fan der Fußball-Mannschaft Newcastle United. Mit Gründung der Indoor League im Jahr 1972 ebnete er den Weg für Darts als Fernsehsportart. 1976 wechselte er zur BBC, den »Öffentlich-Rechtlichen« Englands, und seine Dart-Kenntnisse aus der Indoor League verhalfen ihm dazu, einer der TV-Kommentatoren der ersten Darts-Weltmeisterschaft im Jahr 1978 zu werden. Von diesem Zeitpunkt an war er als Kommentator im Bereich Darts nicht mehr wegzudenken und eigentlich unersetzlich. 1994 wechselte Waddell als freiberuflicher Kommentator zu Sky Sports, wo er im selben Jahr erstmals die World Matchplay des neu gegründeten Verbandes namens WDC, welcher später zur PDC wurde, kommentierte. Neben Darts war Sid Waddell ebenfalls »die Stimme« zahlloser anderer Sportveranstaltungen, vor allen Dingen Billardturnieren, hier im Speziellen 9-Ball-Pool. Hier kommentierte er die größten Turniere wie zum Beispiel World Pool Championship, die World Pool Masters, die World Pool League und – die Pool-Spieler unter euch werden ihn sicherlich kennen – den Mosconi Cup. Sid Waddell war aber nicht nur Kommentator und Moderator, er war auch Schriftsteller und Autor. Im Laufe seines Lebens veröffentlichte er elf Bücher, unter anderem Biografien von Dartgrößen wie Phil Taylor, John Lowe und Jocky Wilson.

Im Jahr 2002 passierte ihm das Missgeschick seiner Laufbahn überhaupt. Während des World Grand Prix, einem Turnier, bei dem man das Leg mit einem Wurf in ein Doppelfeld eröffnen muss (der Modus heißt »Double In – Double Out«), schrie Waddell im entscheidenden Moment so laut, dass er Phil Taylor in den Wurf schrie und so aus der Konzentration brachte, dass dieser einen 9-Darter verpasste. Es wäre zu dieser Zeit der erste 9-Darter während eines Spiels in diesem speziellen Modus gewesen. Unlucky.

Berühmt und vor allen Dingen berüchtigt war Waddell für seine unvergleichlichen Sprüche. Hier mal ein Abriss der besten Sprüche, wobei diese nur wirklich in der englischen Sprache besonderen Witz und Charme haben und deshalb von mir nicht ins Deutsche übersetzt werden:

- »Jockey Wilson ... What an athlete.«
- »That was like throwing three pickled onions into a thimble!«
- »The atmosphere is so tense, if Elvis walked in with a portion of chips, you could hear the vinegar sizzle on them.«
- »Big Cliff Lazarenko's idea of exercise is sitting in a room with the windows open taking the lid off something cool and fizzy.«
- »It's like trying to pin down a kangaroo on a trampoline.«

- »Well, as giraffes say, you don't get no leaves unless you stick your neck out.«
- »His eyes are bulging like the belly of a hungry chaffinch.«
- »That's the greatest comeback since Lazarus.«
- »It's the nearest thing to public execution this side of Saudi Arabia.«
- »He's as cool as a prized marrow!«
- »Under that heart of stone beat muscles of pure flint.«
- »He looks about as happy as a penguin in a microwave.«
- »His face is sagging with tension.«
- »The fans now, with their eyes pierced on the dart board.«
- »He's been burning the midnight oil at both ends.«
- »That's like giving Dracula the keys to the blood bank.«
- »He is as slick as minestrone soup.«
- »There hasn't been this much excitement since the Romans fed the Christians to the Lions.«
- »The players are under so much duress, it's like duressic park out there!«
- »This lad has more checkouts than Tescos.«
- »There's only one word for that – magic darts!«
- »Keith Deller's not just an underdog, he's an underpuppy!«
- »I don't know what he's had for breakfast but Taylor knocked the Snap, Crackle and Pop outta Bristow.«
- »When Alexander of Macedonia was 33, he cried salt tears because there were no more worlds to conquer … Bristow's only 27.«
- »If we'd had Phil Taylor at Hastings against the Normans, they'd have gone home.«
- »They won't just have to play outta their skin to beat Phil Taylor. They'll have to play outta their essence!«
- »Darts players are probably a lot fitter than most footballers in overall body strength.«
- »There's no one quicker than these two tungsten tossers …«

- »Phil Taylor's got the consistency of a planet … and he's in a darts orbit!«
- »The atmosphere is a cross between the Munich Beer Festival and the Coliseum when the Christians were on the menu.«
- »He's like D'Artagnan at the scissor factory.«

Das Halbfinale der Premier League am 17. Mai 2012 zwischen Phil Taylor und James Wade war das letzte Match, welches Waddell in voller Länge kommentierte. Am selben Abend kommentierte er dann noch die erste Hälfte des Finals zwischen Phil Taylor und Simon Whitlock, bevor er seinen Kommentatorenplatz für immer verließ. Im Juni 2012 gab Sid Waddell letztmalig ein Interview, in dem er über sein Leben, seine Darts- und Pool-Kommentierungen und seine Darmkrebserkrankung sprach. Das Interview wurde fünf Tage nach seinem Tod am 16. August 2012 unter dem Titel »Sid Waddell – A life in his own words« ausgestrahlt.

Nach seinem Tod entschied die PDC, den Weltmeisterschaftspokal mit dem Namen »Sid Waddell Trophy« zu versehen. Phil Taylor, ein enger Freund Sid Waddells, gewann diesen Pokal als Erster.

GRUND NR. 66

WEIL ES DIE »BAD BOYS« GIBT!

Die Spieler und Zuschauer machten Darts zu dem, was es heute ist. Darts hat seine Heroes, Lieblinge und die »Bad Boys«. Paul Nicholson ist einer dieser »bösen Buben«, der sich sein Image vor Jahren selbst wählte. Die schwarze Sonnenbrille, das finstere und coole Gesicht beim »Walk-on« wurden Kult und führten dazu, dass man »The Asset« regelmäßig ausbuhte. Abfällige Handbewegungen in Richtung des Publikums wurden mit noch lauteren Buhrufen quittiert. Aber das war von Nicholson genau so gewollt. Er pushte sich auf diese Art, und es machte aus ihm einen besseren Dartspieler. Kombiniert mit ein paar gut gestreuten Sprüchen und Nadelstichen in Richtung Phil Taylor, galt das Spiel der beiden über Monate hinweg als das neue Hass-Duell. Sprüche wie »Wenn Taylor nicht sein bestes Spiel zeigt, dann bringe ich ihn ins Bett« saugten die Fans förmlich auf, denn der Abonnement-Sieger Taylor hat nicht nur Fans und Freunde. Taylor revanchierte sich meistens mit deutlichen Siegen, und nach dem Spiel gaben sich beide lachend die Hand. »There's no business like show business!«

Mervyn King wurde quasi in die Rolle des »Bad Boys« gedrängt. Er will eigentlich viel lieber als guter Dartspieler gesehen werden. Er möchte nicht ausgebuht und beschimpft werden, denn er hat niemandem etwas getan. Aber die Fans nahmen es ihm einfach übel, dass er vor seinem Wechsel zur PDC jahrelang über diese schlecht redete und abfällige Bemerkungen machte. Um den lauten Buhrufen entgegenzuwirken, ließ sich »The King« sündhaft teure »In-Ears«, also Ohrschützer, die man sich ins Ohr steckt, anfertigen. Dies hatte zur Folge, dass die Fans noch lauter buhten und schrien. Mervyn King ist ein sehr netter, witziger Typ, und er nimmt seinen Beruf sehr ernst und führt diesen hoch professionell aus. King ist der Spieler auf der PDC-Tour, der mit Abstand am meisten trainiert. Als sich Phil Taylor bei einem Match in der Premier League nach einem herausgefallenen Dart bückte, warf King bereits seinen ersten Dart ins Board, quasi über den Rücken Taylors. Dies entfachte einen erneuten Streit. King stört es, dass für die PDC nur Phil Taylor zählt und alle anderen Spieler als Randfiguren oder schmückendes Beiwerk gesehen werden. Er bemängelt das mediale Spektakel, welches um »The Power« gemacht wird. »Uns gibt es auch noch!«, so Mervyn King. Er darf es sagen, schließlich ist er der Spieler, der Taylor am häufigsten bei PDC-Turnieren besiegen konnte, letztmals in Düsseldorf. Taylor und King wissen beide, dass sie niemals die Hauptrolle in *Winnetou & Old Shatterhand* bekommen würden. Keine Chance auf Blutsbrüderschaft.

Dann gibt es noch Spieler, die absolut nichts zur Wut der Fans beigetragen haben, aber trotzdem ausgebuht werden. Es gibt Menschen, die buhen einen Spieler aus, weil ihnen zum Beispiel der Wurfstil, das Shirt oder die Frisur nicht gefällt. All das sind natürlich Dinge, bei denen man im Publikum mal ein paar Ohrfeigen verteilen sollte. Justin Pipe ist einer der sympathischsten Spieler auf der Tour, und trotzdem wird er von den Fans aufgrund seiner etwas langsameren Wurfbewegung recht oft ausgebuht. Leider hatte »The Force« 1993 einen sehr schweren Autounfall. Sein langsamer Wurfstil ist das Resultat einer drei Monate andauernden kompletten Lähmung seines rechten Armes. Trotzdem ist Justin Pipe derzeit die Nummer 10 der offiziellen Geldrangliste (»Order of Merit«) der PDC.

In meinen Augen kann man diese Leistung nach einer solchen Vorgeschichte gar nicht hoch genug bewerten. Es ist eine Schande, diesen Mann auszubuhen, zumal er nicht viel langsamer als Phil Taylor wirft. »The Force« ist der lebende Beweis, was man mit Fleiß und Willen erreichen kann. Ich würde mir wünschen, dass er weltweit den Respekt bekommt, den er verdient hat. Einige »Fans« sollten das Hirn einschalten. Ich selbst kenne bei der PDC keinen, von dem ich behaupten könnte, dass dieser ein echter Stinkstiefel oder ein echter »Bad Boy« sei. Ihre liebevollen Macken haben sie alle, aber wer hat die nicht? Und selbst der coole Paul Nicholson musste schon zugeben, dass Applaus schöner ist als die provozierten Buhrufe.

GRUND NR. 67

WEIL MAN AUCH MIT EINER RINDSWURST WERFEN KANN!

Ich erschrak, als ich Simon Whitlocks Finger sah, als ich ihn mit seiner damaligen Freundin Steffi »Lucky« Lück vom Frankfurter Flughafen abholte. Steffi war auf Besuch bei ihrer Familie und nahm den Wizard kurzerhand einfach mit. Natürlich fragten wir Steffi vorher, ob sie Simon vielleicht überzeugen könnte, dass er für unser Sommerliga-Team spielen würde. Er wollte, und wir waren glücklich und stolz, mit einem PDC-Profi in einer der unwichtigsten Spaßligen auflaufen zu können. Es geht bei so einem Gag eher um die selten dämlichen Gesichter der Gastmannschaft! Und jetzt dieser Zeigefinger, der eher Ähnlichkeit mit einer ausgewachsenen Rindswurst hatte. Es war der beschissene Zeigefinger seiner Wurfhand!

»Den habe ich mir zwischen einer schweren Stahltür in England am Flughafen kurz vorm Abflug eingeklemmt!«, so der Wizard. Schöner Scheiß!, dachte ich, sein Einsatz war somit hinfällig. »Ob ich spielen kann, muss ich nachher erst ausprobieren!«, machte er mir trotzdem Mut. Und ich hatte mich doch so auf die doofen Gesichter gefreut.

Als Steffi und Simon nach einem Zwischenstopp im Hotel zwei Stunden später im House of Darts erschienen, sah Simons Zeigefinger nicht wirklich besser aus. Er nahm seine Darts in die Hand und pustete in die Hände – wie er das immer tut – und warf eine ... 180! Klar, was sonst. Bei diesen Profis kann man wirklich bekloppt werden. »Anscheinend geht es, tut aber ein bisschen weh!«, sagte der Australier und trank sich den Schmerz einfach weg. Zur Erklärung: In der Sommerliga darf man einen Spieler im Einzel zweimal einsetzen. Gespielt wird 501 »Double Out«, leider nur »B.o. 3.«. Somit spielte Simon zwei Einzel und ein Doppel. Er gewann beide Einzel mit 2:0, das Doppel ebenfalls mit dem gleichen Ergebnis. Und was soll ich sagen, er warf in jedem dieser sechs Legs eine 180 – mit diesem geschwollenen Monster-Finger! (Bevor ihr auf blöde Ideen kommt, bitte sucht euch jetzt nicht die nächstbeste Stahltür, es hat keinen Sinn! Das tut nur weh, und ihr trefft sicherlich noch weniger als sonst!)

Im Rückspiel war unser »Horrific Wizard« wieder mit von der Partie. Wir reisten zu unseren Gegnern nach Darmstadt, und es ist natürlich immer witzig, wenn man einen Profispieler in eine deutsche Dartkneipe bringt. Wohlgemerkt kommt der Wirt des Pubs völlig gratis in diesen Genuss. In den Doppeln hatte ich das Glück, mit Simon spielen zu dürfen. Komischerweise wird man bei einem solchen Spiel immer noch nervös, da man es dem Profi natürlich gleichmachen möchte. Der Finger hatte mittlerweile wieder seine ursprüngliche Form angenommen. Fast hätte ich das Doppel mit ein paar dämlichen Würfen versaut, aber Simon baute mich bei 256 Rest richtig auf. »Komm jetzt, Gordon, wirf eine 100, und ich mach die 156 zu!«, so der Wizard. Ich warf tatsächlich eine 100, drehte mich um und sagte ganz cool, dass er wohl jetzt an der Reihe sei. Er lachte, drehte sich um und checkte die 156, als sei es das Einfachste auf der Welt! Manchmal hasse ich diese Jungs. Es sieht so einfach aus.

Steffi und Simon verbrachten während ihres Aufenthalts einige Abende in verschiedenen Dartkneipen Hessens. Ein Wirt dachte, dass es sich bei Simon um einen Doppelgänger von Simon Whitlock handele. Als er dann mitspielen durfte, stellte es sich aber recht schnell heraus, dass er anscheinend doch das Original war. Der Wirt war völlig fassungslos, dass »The Wizard« in seiner Kneipe war.

GRUND NR. 68

WEIL ES WIKINGER GIBT!

Es gibt ja manche Persönlichkeiten und Typen im Dartsport, da könnte man meinen, dass sie aufgrund ihrer Figur schon morgens einen Vierjährigen in den Kaffee tunken. Nicht nur der »Pieman« Andy Smith isst gerne mal ein Häppchen, nee nee, da gibt es noch ganz andere Cholesterin-Sammler! Andy Fordham, genannt »The Viking«, ist so einer. Haare wie Bülent Ceylan, das dicke Gesicht eingerahmt von einem schwarzen Gesichtsfell. Unterarme, bei denen die Klitschko-Brüder blass werden würden, Beine wie die Pfeiler einer Ölbohrinsel, und die Taille heißt Äquator. Nur leider reden wir nicht über antrainierte Muskulatur und austrainierte Körper. Aufgrund seiner Leibesfülle wurde es dem Wikinger gestattet, dass er in bequemen Turnschuhen spielen darf. Normalerweise sind nur schwarze Straßenschuhe zugelassen.

Im November 2004 kam es in der Circus Tavern zu einem Vergleichskampf zwischen den beiden Darts-Weltmeistern. Die PDC wurde durch ihren amtierenden Champion Phil Taylor (sehr witzig, wen sonst?) vertreten, aufseiten der BDO war es besagter Wikinger namens Andy Fordham. Beim Stand von 5:2 in Sets für Taylor musste Fordham das Match aufgrund massiver Atemprobleme unterbrechen. Es wurde leider nie zu Ende gespielt. Nach intensiven Untersuchungen unterbreitete man Fordham die Hiobsbotschaft, dass man in seinem Alkohol Blut gefunden hätte. Er dürfe nie wieder einen Schluck Alkohol trinken, so die Aussage seiner Ärzte. Exorbitante Leber- und Cholesterinwerte jenseits der Schallmauer waren der Grund für diese Aussagen. Völlig unverständlich, schließlich bereitete sich Fordham an diesem Abend lediglich mit knapp 30 lächerlichen Fläschchen Bier auf das Spiel vor. Die Hitze auf der Bühne tat dann ihr Übriges. Andy wollte es nicht glauben, schließlich trank er doch jeden Tag zwischen 20 und 30 Flaschen Bier! Er war es als Gastwirt doch schließlich gewohnt. Komisch ... Ich merke euch eure Verwunderung an. Ja, 30 Flaschen, und zwar täglich! Kleine Geschichte am Rande ...

Wayne Mardle wurde in England für eine Exhibition gebucht. Als er an diesem Abend im Pub erschien, unterbreitete ihm die Wirtin, dass Weißwein für Dartspieler nicht gratis sei. Zur Erklärung: Normalerweise sind die Getränke und das Essen für den gebuchten Profi gratis. Wayne Mardle fragte nach, warum dies so sei. Die Wirtin erklärte ihm, dass man im vergangenen Monat Andy Fordham für eine Exhibition buchte und er an diesem Abend 17 Flaschen Weißwein trank. Damals noch gratis. Prost.

17 Flaschen Weißwein? Ich hätte im Bad sämtliche Fliesen von der Wand gebrüllt! Egal, Ergebnis des Showdowns war, der gute

Andy war zu dick! Ach komm, ehrlich? Er rettete sein Leben, indem er dem Alkohol abschwor und ungefähr 50 oder 60 Kilo abnahm. Vielleicht waren es auch 170 Kilo, ich habe keine genaue Gewichtsangabe gefunden. Trotzdem munkelte man, dass er ohne Spenderleber keine große Lebenserwartung mehr habe.

Monate später erschien ein völlig neuer, frischer Andy Fordham auf den Dartturnieren der PDC-Welt. Er sah aus wie die Hälfte seines früheren Ichs. Alle waren sprachlos und unfassbar stolz auf diese gigantische Leistung. Was soll ich sagen? Ende 2012 zeichnete es sich bereits ab, dass es dem dünnen Andy wieder schmeckt. Nicht die Wurst, nein das Bier! Mittlerweile hat Fordham mehr Gewicht als zu seinen »besten« Zeiten. Leider hat die Vernunft verloren, und es ist eine Frage der Zeit, wann das Drama um den Wikinger in die nächste Runde geht. Eigentlich schade, denn er ist ein sehr sympathischer Kerl. Nur leider sehr unvernünftig! Sehr schade.

GRUND NR. 69

WEIL ES AUCH FRAUEN SPIELEN!

Frauen regieren nicht nur die Welt, nein, sie spielen auch Darts. Und man muss gestehen, dies zum Teil auf sehr hohem Niveau. Trotz alledem ist der Dartsport eine Männerdomäne. Aussagen wie »Frauendart ist so spannend wie Farbe beim Trocknen zuzusehen!« kann ich nicht bestätigen. Sicherlich gibt es gravierende Unterschiede, wobei diese nur bedingt den Damen zuzuschreiben sind. Das größte Hindernis für die Mädels auf der Suche nach einem lukrativen Sponsor ist sicherlich, dass die Fernsehpräsenz gegen null tendiert. Die British Darts Organisation (BDO) bringt es derzeit sogar fertig, dass man während der Weltmeisterschaft die Spiele der Ladys fast überhaupt nicht mehr live zeigt und lieber wartet, bis die Spiele der Herren starten. Man muss wissen, dass die BDO-

Weltmeisterschaft das einzige Turnier ist, bei dem sich die Darts spielenden Damen in der Vergangenheit überhaupt im Fernsehen präsentieren konnten. Wie bei den Herren auch stammen die besten (und meisten) Darterinnen aus England. Aber auch andere Nationen wie die Niederlande oder Deutschland haben hervorragende Spielerinnen. Maureen Flowers war wohl die erste bekannte, wirklich gute Spielerin. Die Engländerin war zudem noch die Lebensgefährtin des fünffachen Weltmeisters Eric Bristow. So ist es nicht wirklich verwunderlich, dass sie den anderen Damen zur damaligen Zeit überlegen war. Trotzdem sagte sie einmal, dass Frauen niemals in der Lage sein werden, den Average eines Mannes zu spielen. Leider ist diese Aussage wahr, das Warum ist umso schwieriger zu erklären. Ob es an der Hand-Auge-Koordination, der Kraft oder an der Motorik liegt ist schwierig zu sagen. Vielleicht ist es auch der einfache Grund, dass der Mann früher für die Ernährung der Familie zuständig war und mit seinem Speer um die Höhle zog, während die Frau das Feuer entfachte, bis der Mann mit 400 Kilo Fleisch unter dem Arm nach Hause kam. Auch auf Höhlenmalereien sieht man keine Frauen beim Speerwurf. Auf jeden Fall könnte es damit zu tun haben.

Auf jeden Fall unterscheiden sich die Averages der Damen recht deutlich von denen der Herren. Ein Top-Spiel der Damen, auf allerhöchstem Level, bewegt sich bei 90 bis 93 Punkten pro Wurf. Wie gesagt, das ist das obere Ende der Fahnenstange! Selbstverständlich kann eine Frau ebenfalls einen 100er Average spielen, jedoch vielleicht über maximal »Best of 5 Legs« und es wäre ein absoluter, positiver »Ausrutscher«. Das hören die Damen nicht gerne, aber es entspricht der Wahrheit. Am 12.01.2013 spielten die Mädels bei der BDO den Weltmeistertitel aus. Im Finale standen sich die neunmalige Weltmeisterin Trina Gulliver und die zweifache Weltmeisterin (jetzt dreifache) Anastasia Dobromyslova gegenüber. Anastasia siegte 2:1 in Sets, wobei der Average der Russin bei 83,1 und der der Engländerin bei 72,63 lag. Das sind keine Welten, das sind ganze Sonnensysteme von der Herrenspitze entfernt. Aber es ist natürlich auch mal möglich, dass eine Frau einen Profidarter besiegen kann. Ich bin aber fest davon überzeugt, dass die Angst des Herrn, gegen eine Frau verlieren zu können, sein wirklicher Gegner war. Sobald eine Frau auch nur ansatzweise den Wurfstil eines Mannes hat, merkt man dies deutlich am Spiel und den Scores. Als Beispiel möchte ich die deutsche Top-Spielerin Steffi Lück nennen. Die junge Dame ist von Natur aus mit einem Wurfstil gesegnet, den sich wahrscheinlich viele Männer wünschen würden. Sie steht seitlich zur Oche, leicht nach vorne gebeugt und wirft, als hätte sie nie etwas anderes getan. Wer die Möglichkeit hat und DDV- oder HDV-Turniere besucht, der sollte sich einmal von Steffis Wurfstil selbst überzeugen. Da bewegt sich außer dem rechten Arm nichts.

Abschließend möchte ich noch die Damen aufzählen, die man schon einmal im Bereich des Frauen-Darts gehört haben soll: Maureen Flowers (England / Erster weiblicher Dartsprofi), Trina Gulliver (England / neun Mal Weltmeisterin), Anastasia Dobromyslova (Russland / drei Mal Weltmeisterin), Francis Hoenselaar (Niederlande / ein Mal Weltmeisterin), Deta Hedman (England), Stacy Bromberg (USA), Tricia Wright (England), Zoe Jones (England), Lisa Ashton (England), Heike Jenkins (den Dartern eher bekannt unter Heike Ernst), Marene Westermann, Steffi Lück und Ann-Kathrin Wigmann.

 **GRUND NR. 70**

WEIL ALLE PFEFFERMINZTEE TRINKEN!

Es wäre ein unehrliches Buch, wenn man nicht das Thema Alkohol ansprechen würde. Zugegeben, ein etwas schwieriges Thema, aber es gibt es nun mal. Trinken Dartspieler Alkohol? Nicht alle, aber sehr viele. Man muss die Sache nicht beschönigen. Man kann aber versuchen, es zu erklären, was ich gerne tun möchte.

Die dartspielende Szene trinkt meist Alkohol. Das ist Fakt und auch durch die Aufnahme in den DOSB nicht wegzudiskutieren. Was hat sich aber zum Beispiel für Andree Welge oder Shorty Seyler rein persönlich geändert, dass Darts plötzlich als Sport anerkannt wird? Genau, nichts! Die beiden gehen wie jeden Tag zur Arbeit und vielleicht zweimal die Woche abends ein paar Darts werfen. Entweder zu Hause oder in einer Kneipe. Lügen wir uns nicht alle selbst in die Tasche, wenn wir uns eine Aufwertung unseres Hobbys erhofften, nur weil wir jetzt »Sport« sind? Es ist kein Geheimnis, dass Alkohol nicht nur beim Darts getrunken wird.

Hat sich jemand von euch schon mal ein Ligamatch des Tennisvereins eures Heimatortes angesehen? Ich meine Bezirksklasse oder Kreisklasse, und nicht Roger Federer? Die stehen zum Teil so hammerbreit auf dem Platz, dass sie Mühe haben zu wissen, ob sie Doppel oder Einzel spielen. Von den Saufgelagen nach einem Tennismatch möchte ich gar nicht sprechen! Schon mal einen Reitverein besucht, wo auf höchster Ebene »Reitsport« betrieben wird? Am Ende des Tages kotzen nicht nur die Pferde vor die Apotheke. Ganz zu schweigen vom allseits bekannten Fußball der heimatlichen Region. Ich sag nur Weizenbier! Da wird komatös gesoffen, bis es keinen Morgen mehr gibt, und kein Schwein regt sich darüber auf! Oft wird in der Halbzeit schon die erste Kalthopfenschale gereicht.

In den niederen Ligen der meisten Sportarten ist der Genuss von Alkohol meist wichtiger als das Hobby oder die Aktivität selbst. Das weiß jeder und trotzdem stehen wir Darter immer unter besonderer Beobachtung. Gerhard Meyer-Vorfelder hat wahrscheinlich mehr Interviews im Vollrausch gegeben, als die meisten von uns 180er werfen. Jedes Jahr gibt es unzählige Zeitungsmeldungen, laut denen wieder einmal ein Fußball-Profi mit Alkohol am Steuer erwischt wurde. Die haben nicht mal eben zwei Pils getrunken, nein, die werden morgens um vier Uhr mit Zahlen jenseits der 2-Promille-Grenze aus ihrem schicken Audi A8 gehoben. »Na ja, die müssen halt auch mal feiern!«, so eine häufige, aber trotzdem dämliche

Aussage zu diesem Thema. Wir reden in diesem Fall von Profis und nicht von Menschen, die sich den ganzen Tag den Arsch abmalochen, um ein paar Euro nach Hause zu bringen. »Du kannst Darts aus der Kneipe herausholen, aber du wirst die Kneipe niemals aus dem Dartsport herausbekommen!«

Dies bedeutet, dass man es nicht schaffen wird, die Kneipenkultur aus Darts herauszuhalten. Es wird immer dabei getrunken werden. Übertrieben ausgedrückt, könnte man sagen, dass das Trinken von Bier quasi zum britischen Kulturgut gehört. Die meisten Menschen erlernen das Dartspiel in der Kneipe. Man kommt mit Bier und anderen Alkoholika unweigerlich in Berührung. Dem Alkohol wird eine sozialrelevante, themenübergreifend solidarisierende und auflockernde Funktion nachgesagt. Sicherlich ist dies keine Entschuldigung oder Vorwand, selbst zu trinken. Aber es erklärt den Ursprung. Wo außer in einer Kneipe, Gastwirtschaft, Pub, et cetera sollte oder könnte man sonst Darts spielen? In einer Turnhalle? Wohl kaum, schließlich müsste man am Ende des Tages die Boards und Oche wieder beseitigen. Es gibt außer den eben genannten Lokalitäten keine vernünftige Spielstätte für Darts. Vielleicht würde einem ein großer Verein ein Hinterzimmer zur Verfügung stellen, wenn man sich im Gegenzug dazu bereit erklären würde, dem Verein als Mitglied beizutreten. Aber wer zur Hölle will in einem Hinterzimmer Darts spielen müssen? Man würde auch nicht gerne irgendeinem Verein angehören wollen, nur weil man diesen blöden Raum braucht. Was bleibt also? Richtig, die Kneipe.

Mittlerweile hat es ein durchschnittlich intelligenter Gastwirt verstanden, dass die Darter für guten Umsatz sorgen. Fast alle Teams spielen in einer Liga, viele gehören sogar mehreren Ligastrukturen an. Dies bedeutet, dass der Wirt meistens ein bis zwei Heimspiele pro Woche in seiner Kneipe ausrichtet und die Auswärtsmannschaften für zusätzlichen Umsatz sorgen. Häufig wird auch um Runden gespielt. Sicherlich wird während eines Ligaspiels in der heutigen Zeit nicht mehr so viel konsumiert, wie es noch vor

20 Jahren üblich war. Oft sind wir während der Woche morgens aus der Kneipe mehr gekrochen als gelaufen. Dies ist heute zum Teil undenkbar, viele haben mehrere Jobs, um ihre Familien sicher ernähren zu können, und der Führerschein ist somit das höchste Gut. Ich höre mich wie mein eigener Großvater an, wenn ich sage, dass früher alles besser war. Wir haben damals in der Kneipe »Kübelsaufen« gemacht. Eine Flasche Asbach, Bacardi oder Jack Daniel's in einen Sektkübel und mit Cola aufgefüllt. 40 Strohhalme rein und ab dafür – Hauptsache es macht PENG! Völlig krank, aber wir haben uns nichts dabei gedacht. In Zeiten mit Hepatitis, Herpes und anderem juckenden Kram wäre dies heute ebenfalls nicht mehr mein Lieblingsgetränk ...

Selbst von olympischen Sportschützen wird behauptet, dass sie vor einem Wettkampf ein bis zwei Bier zu sich nehmen, um einfach die Anspannung etwas herunterzufahren, beziehungsweise um die Nerven etwas zu betäuben. Der Sportschütze hat jedoch einen ungemeinen Vorteil – Ruhe! Ein professioneller Dartspieler verrichtet seinen Job meist bei allergrößtem Lärm.

Stellt euch vor, ihr spielt donnerstags in der PDC McCoy's Premier League of Darts in einer Halle irgendwo in England, und ihr wisst, dass das Ding mit 8.000 Zuschauern ausverkauft ist. Eure Sponsoren haben ihr Kommen angekündigt, und am Fernseher wird euer Match weltweit von zusätzlich circa acht bis zehn Millionen Menschen verfolgt. Leider geht es an diesem Abend um das reine Überleben, denn wenn ihr gewinnt, ist euch ein Platz im Halbfinale sicher. Bei einer Niederlage ist alles vorbei. Bumm bumm, bumm bumm ... Und schon erhöht sich der Herzschlag und der Blutdruck steigt. (Denkt daran, ihr spielt nur gegen das Board!)

Gerade in einer Sportart, in der die Konzentration das absolut Wichtigste ist, ist Nervosität der größte Feind. Die vergangene Premier League hat gezeigt, dass alle Spieler mittlerweile Averages von 100 und mehr werfen können. Das ist Darts auf einem unfassbar hohen Niveau. Solche Leistungen vor zum Beispiel 9.000 schreienden Dartfans abzurufen ist unglaublich. Die Hitze auf der Bühne, das Toben der Fans, der Walk-on – man benötigt Nerven aus Stahl. Das Problem sind mittlerweile auch die Medien, und selbst die Fans tragen zu diesem Druck bei. Die Leute wollen einfach Averages von 100 und mehr sehen! Die Hallen werden immer größer, die Zuschauer immer mehr, und die Kameras zeigen Darts mittlerweile in 3D. Ein 85er Average kommt da einfach blöd.

Und wenn die Jungs ein bis drei oder zwei bis fünf Drinks brauchen, um sich diesem unmenschlichen Druck stellen zu können – sei's drum! Es sind erwachsene Männer, und Darts ist kein Mädchensport, sondern ein Spiel aus der Kneipe! Jeder Spieler kann frei entscheiden, und keiner dieser Herren wird zu irgendetwas gezwungen. Auf jeden Fall sind mir Darts & Bier lieber als Radfahrer, die den Arsch mit EPO voll haben. Oder chinesische Schwimmerinnen, die mehr Pickel am Rücken haben als SpongeBob Löcher.

Taylor, Whitlock, Wade, Barneveld, Hamilton, Newton, Part und 98 Prozent des Rests trinken Alkohol, um dem ständig wachsenden Leistungsdruck gerecht werden zu können. Es geht um Geld, viel Geld. Die Verdienstmöglichkeiten im professionellen Dartsport waren nie besser. Lukrative Turniere schießen wie Pilze aus dem Boden, jeder möchte sein Stück vom Kuchen abbekommen. Derjenige, der die besten Nerven hat, wird immer der bessere Spieler sein. Selbst der Druck in Deutschland wurde im letzten Jahr deutlich erhöht. Viele deutsche Spieler sehen mittlerweile die Chance, sich regelmäßig für internationale Turniere qualifizieren zu können. Das geht nur, wenn im entscheidenden Moment die Nerven nicht versagen. Da helfen weder Baldrian- noch Rescue-Tropfen! Und wenn ein Spieler sagt, dass er generell nur Pfefferminztee trinkt, dann kann man das glauben. Natürlich kann man es aber auch lassen. Ich werde einen Teufel tun und schreiben, welcher Spieler welches Getränk bevorzugt. Auf der Bühne trinken alle nur Wasser – keine Frage! Und wenn man genau hinsieht, erkennt man den Teebeutel, der in der Karaffe hängt, ganz deutlich.

KAPITEL 9

TURNIERE, KOHLE & STRESS

GRUND NR. 71

WEIL ES DIE PDC-WELTMEISTERSCHAFT GIBT!

Geschissen auf die Geschenke und die nervenden Verwandten, aber was wäre Weihnachten ohne die Darts-WM aus dem »Ally Pally«? Öde, es wäre richtig mies. Man würde noch mehr Plätzchen in sich reinstopfen und irgendwann fett gefressen von der Couch rollen. Noch schlimmer, man würde wahrscheinlich aus lauter Verzweiflung nach den Feiertagen Eurosport einschalten, um wenigstens die Senioren-WM der BDO zu sehen. Hauptsache Darts! Aber zum Glück sind das ja alles nur Horrorszenarien, die hoffentlich so schnell nicht wieder eintreffen werden. Die jährlich stattfindende PDC Darts-Weltmeisterschaft lockt täglich circa 2.500 bis 3.000 Zuschauer in den Alexandra Palace, den Austragungsort im Norden Londons. Von 1994 bis 2007 fand die Weltmeisterschaft in der Circus Tavern in Purfleet statt. Um der Massen an Fans Herr zu werden, war der Umzug in eine größere Halle unabdingbar. Wer sind die PDC-Weltmeister der vergangenen Jahre?

1994 – Dennis Priestley (6:1 gegen Taylor)
1995 – Phil Taylor (6:2 gegen Rod Harrington)
1996 – Phil Taylor (6:4 gegen Dennis Priestley)
1997 – Phil Taylor (6:3 gegen Dennis Priestley)
1998 – Phil Taylor (6:0 gegen Dennis Priestley)
1999 – Phil Taylor (6:2 gegen Peter Manley)
2000 – Phil Taylor (7:3 gegen Dennis Priestley)
2001 – Phil Taylor (7:0 gegen John Part)
2002 – Phil Taylor (7:0 gegen Peter Manley)
2003 – John Part (7:6 gegen Phil Taylor)
2004 – Phil Taylor (7:6 gegen Kevin Painter)
2005 – Phil Taylor (7:4 gegen Mark Dudbridge)
2006 – Phil Taylor (7:0 gegen Peter Manley)
2007 – Raymond van Barneveld (7:6 gegen Phil Taylor)

2008 – John Part   (7:2 gegen Kirk Sheperd)
2009 – Phil Taylor   (7:1 gegen Raymond v. Barneveld)
2010 – Phil Taylor   (7:3 gegen Simon Whitlock)
2011 – Adrian Lewis   (7:5 gegen Gary Anderson)
2012 – Adrian Lewis   (7:3 gegen Andy Hamilton)
2013 – Phil Taylor   (7:4 gegen Michael van Gerwen)

In der Geschichte der PDC gibt es mit Dennis Priestley, John Part und Raymond van Barneveld lediglich drei Spieler, die in den letzten 20 Jahren ein WM-Endspiel gegen Phil Taylor gewinnen konnten. Ich bin mir sicher, dass dies in der Geschichte des Sports einmalig ist. 20 Endspiele gab es bisher, nur an drei davon nahm Phil Taylor nicht teil. Dieser Rekord ist unfassbar, und ich werde es selbst nicht mehr erleben, dass dieser von einem anderen Spieler gebrochen wird. Nur mal so, ihr erlebt es auch nicht mehr, keine Angst! Vielleicht kann Michael van Gerwen zehn Weltmeistertitel gewinnen, aber ich bin mir nicht sicher. Wer die Jugendturniere der PDC verfolgt, der sieht, was an Nachwuchs in den Startlöchern steht. Da wird's mir schwindelig, wenn ich darüber nachdenke, welch großes Potenzial da schlummert. Selbst bei den Junioren werden immer häufiger 9-Darter geworfen. Michael van Gerwen, der unbestritten beste Dartspieler momentan, wird sich nicht lange auf seinen jüngst erworbenen Lorbeeren ausruhen können.

 GRUND NR. 72

WEIL ES DAS PDC-WM-FINALE 2007 GAB!

Wer das Finale der PDC-Weltmeisterschaft im Jahr 2007 nicht vor Ort oder live am Fernseher verfolgen konnte, der hat mit Sicherheit das Spiel des Jahrhunderts verpasst und sollte dies schleunigst in Form eines DVD-Abends mit ein paar Kumpels und 'ner Tasse

Bier nachholen. Kauft eurer Kirsche und ihrer besten Freundin für diesen Abend am besten ein paar Kinokarten, irgendwo läuft bestimmt einer dieser superromantischen »Vampire Diarrhoe«-Filme.

Finale 2007, was soll ich sagen? Ich war dabei! In dieser altehrwürdigen, staubigen Circus Tavern in Purfleet (Essex), mit den alten dicken, versifften Teppichen, auf denen man ablesen konnte, was Besuchern an den vergangenen zehn Weltmeisterschaften nicht schmeckte oder manche sogar zu viel davon hatten. Nicht zu vergessen der 20 Meter lange äußerst klebrige Tresen und am Ende der Theke das klitzekleine Fenster, das als Durchreiche für die Essensausgabe dient. Die Chips mit der ultraheißen Essigsoße, bei der es unmöglich war, diese in den Mund zu nehmen und gleichzeitig zu atmen. Es kam einem Erstickungsanfall gleich. Und da waren auch noch die Toiletten, deren Türen du möglichst mit dem Ellbogen aufgemacht hast. Dieser ganze alte urenglische Schmodder … Was habe ich diese Bude geliebt! Und trotzdem ist alles beim Alten geblieben, versifft, Schweinefraß, warmes Bier, nur das Ding ist größer und heißt »Ally Pally«!

Doch zurück zum Finale 2007, in meiner geliebten Bruchbude namens Circus Tavern. Persönlich war es für mich das absolute Traumfinale, das Beste, was man wahrscheinlich je am Dartboard hat sehen können. Auf der einen Seite Raymond van Barneveld, der sich mit seinem Wechsel von der BDO zu PDC selbst beweisen wollte, dass er das Zeug zum PDC-Champ hatte. Auf der anderen Seite das Titelmonster, der Perfektionist schlechthin, der Beste der Besten – Phil Taylor. Es war eine Fügung des Schicksals, dass Raymond überhaupt ins Endspiel kam, schließlich hatte Barney bereits in seinem Zweitrundenmatch gegen Colin Lloyds ein paar Matchdarts gegen sich. Egal, er hatte es geschafft, und die Dartwelt wartete auf das Spiel der Spiele.

Am freien Tag vor dem Finale entschieden wir, die Zeit miteinander zu verbringen. So fuhren wir, Ray mit seiner Silvia und ich mit meiner Silvia, mit dem Taxi in das nahe gelegene Bluewater

Shopping Centre. Da Mädels andere Shopping-Interessen haben, hatten wir uns für einige Zeit getrennt und ich konnte mich ein wenig mit ihm unterhalten. Da saß er da, wie ein Häufchen Elend. Keine Spur von Selbstbewusstsein oder der Überzeugung, Berge versetzen zu können. Ich konnte es gar nicht glauben, als er sagte, dass er Angst habe, 7:0 zu verlieren. Ich sagte ihm, dass es nicht möglich sein wird, ihn 7:0 zu schlagen! Er lachte und sagte: »Wenn Taylor einmal ins Rollen kommt, kann er jeden Spieler zu null schlagen!« Erneut wiederholte ich meine Aussage, dass dies in puncto seiner Person nicht passieren könne, denn schließlich sei er auch ein viermaliger Weltmeister und nicht bloß irgendwer!

Als Raymond am nächsten Tag nach nur wenigen Minuten Spielzeit mit 3:0 Sets zurücklag, schossen mir seine Sätze wieder und wieder durch den Kopf. Ich bat seine Frau, ihm per lautem Zwischenruf mitzuteilen, dass er etwas langsamer spielen solle. Wenn ich ihn auf Turniere begleite, dann tue ich das mittlerweile recht häufig, da ich weiß, dass er gerne unbewusst zu schnell spielt. Gerade auch beim Wurf aufs Doppel sollte er möglichst immer die Geschwindigkeit drosseln. Als Raymond nach Silvias Ruf sofort eine 180 warf, drehte er sich in unsere Richtung und bedankte sich. Geht doch. Es wurde die unglaublichste Aufholjagd während eines WM-Endspiels. Raymond van Barneveld erzielte im Laufe des Turniers in seinen sechs Spielen 51 (einundfünfzig) 180er, davon alleine 21 (in Worten: einundzwanzig!!!) 180er im Endspiel. Das größte und beste Match aller Zeiten endete 7:6 in Sets und musste im Tie-Break entschieden werden. Als er mir später den Pokal in die Hand drückte, fragte ich: »Und so ein hässliches Ding bekommt man, wenn man 7:0 verliert?« Der Stellenwert, den Darts zu damaliger Zeit in Holland hatte, war schier unglaublich. Am Tag nach dem Finale gingen viele Telefaxe mit Glückwünschen im Hotel ein, sogar eines von Königin Beatrix! Man kann viel über dieses Spiel schreiben, schaut es euch einfach an, es ist unglaublich, wie beide Spieler über 13 Sets einen 100er-Average halten. Das ist Darts nahe der Perfektion.

GRUND NR. 73

WEIL ES 11 BESONDERE SPIELE GIBT!

Wie in jeder anderen Sportart auch, gibt es beim Dart ebenfalls die besonderen Momente, die Spiele, an die man sich auch nach Jahren noch gerne erinnert. Hier eine »Top 11« …

11. PHIL TAYLOR 13:11 ROLAND SCHOLTEN (LEGS)
2005 PDC Premier League – Halbfinale.

Das Spiel begann furios, schließlich führte Roland Scholten mit 4:1, und in den vier gewonnenen Legs durfte Phil Taylor nicht einmal auf Doppel werfen. Das kommt in der Regel nicht ganz so oft vor. Als Scholten mit 11:7 führte, benötigte er noch zwei Legs, um Taylor aus dem Turnier zu werfen. Er hat sie nie bekommen. »The Flying Dutchman« verpasste sechs Darts auf Doppel, um mit 12:10 in Führung zu gehen, und »The Power« bestrafte ihn dafür und gewann das Match mit 13:11.

10. MARTIN ADAMS 4:3 MARTIN ATKINS (SETS)
2006 BDO World Championship – 2. Runde

Martin Adams war exakt einen Dart davon entfernt, um die Partie mit 4:0 gegen Martin Atkins zu verlieren. 40 Minuten später stand »Wolfie« im Achtelfinale, da er sieben aufeinanderfolgende Legs gewann.

9. MERVYN KING 5:4 RITCHIE DAVIS (SETS)
2004 BDO World Championships – Achtelfinale

Ritchie Davis führte bereits 4:2 in Sets, bevor sich Mervyn King in den Tie-Break des letzten Satzes retten konnte und diesen mit 6:4 für sich entschied.

8. RAYMOND VAN BARNEVELD 7:7 TERRY JENKINS (LEGS)
2007 Premier League

Raymond van Barneveld lag in diesem Match mit 4:1 zurück, bevor ihm Finishes von 120 und 170 zum 4:4 gelangen. Barneys Average betrug sensationelle 107,38 Punkte, und trotzdem reichte es nicht zum Sieg. Das Leg zum 7:7 beendete er in 11 Darts, wobei er in diesem zwei 180er warf.

7. PHIL TAYLOR 11:10 JOHN PART (LEGS)
2005 UK Open – 6. Runde

John Part führte bereits 4:0, und alle Welt fragte sich, wann »The Power« den Schalter umlegen würde. Auch als Part 7:1 führte, herrschte Ratlosigkeit, bevor Taylor sich dann entschloss, ebenfalls mit dem Dartspielen zu beginnen. Trotzdem hatte John Part im 20. Leg drei Darts, um das Spiel zu beenden, bevor sich Phil Taylor in das letzte Leg rettete, das er mit einem 108er-Finish für sich entscheiden konnte.

6. COLIN MONK 3:2 TONY O'SHEA (SETS)
2003 BDO World Championship – 2. Runde

Für einige Zeit waren die Matches zwischen diesen beiden Spielern das Highlight der BDO-Weltmeisterschaft. Im Jahr 2002 trafen Monk und O'Shea bereits in der ersten Runde aufeinander, und das Spiel wurde erst im letzten, dem Sudden-Death-Leg, entschieden. Ein Jahr später trafen die beiden erneut aufeinander, diesmal jedoch in der zweiten Runde. In diesem Match gewann erneut Colin Monk, diesmal sicherte er sich den Sieg – ebenfalls im letzten Leg des Tie-Breaks – mit einem 102er-Finish, nachdem O'Shea ein Leg vorher zwei Matchdarts auf Doppel 8 vergab.

5. RONNIE BAXTER 3:2 BOBBY GEORGE (SETS)
2000 BDO World Championship – 2. Runde

Man kann nicht unbedingt sagen, dass die beiden so etwas wie Freunde sind, ganz im Gegenteil. Beim Stand von 2:0 im dritten Set sah eigentlich alles nach einem einfachen Sieg für »Mr Glitter« aus. Eigentlich. Als Bobby George bei 86 Rest herumalberte, bestrafte Ronnie ihn und rettete sich in den Tie-Break, welchen er im allerletzten, dem elften, Leg für sich entscheiden konnte und ins Achtelfinale einzog.

4. PHIL TAYLOR 7:7 RAYMOND VAN BARNEVELD (LEGS)
2006 PDC Premier League

Ein paar Wochen nachdem Eric Bristow sagte, dass Raymond van Barneveld sich vor Taylor fürchten und deshalb niemals zur PDC wechseln würde, wechselte Raymond van Barneveld zur PDC. Es war das erste offizielle Zusammentreffen der beiden Dart-Superstars vor Fernsehkameras. An seinem ersten Premier-League-Spieltag musste Barney zuerst gegen Peter Manley spielen und warf in diesem Match einen 9-Darter. So wartete man gespannt auf das Aufeinandertreffen der beiden »Könige des Dartsports«. RvB gewann drei der ersten vier Legs, bevor Taylor den Spieß umdrehte, ins Spiel zurückfand und sich eine 7:4 Führung sicherte. Nun war es erneut van Barneveld, der die nächsten drei Legs für sich entscheiden konnte und somit ein verdientes Unentschieden rettete und eine neue, große Rivalität zum Leben erweckte.

3. MERVYN KING 7:6 TONY O'SHEA (SETS)
2004 BDO Winmau Wold Masters – Finale

Mervyn King musste vier Finale abwarten, bevor er ein Major-Turnier gewinnen konnte. Doch auch in diesem Spiel lag er bereits 5:3 zurück, bevor er sich nach einem Stand von 6:6 in den Tie-Break retten konnte. Nachdem es im Tie-Break 1:1 stand, konnte »The King« noch eine Schippe draufpacken. Er gewann das drittel Leg, um dann das vierte mit sieben Triple 20ern zu beginnen und das Match für sich zu entscheiden.

2. CHRIS MASON 5:4 MARTIN ADAMS (SETS)
1999 BDO World Championship – Achtelfinale

Martin Adams war in diesem Match in unglaublich bestechender Form und führte bereits verdient mit 4:1 Sets. »Wolfie« erzielte in diesem Spiel 16 der 29 geworfenen 180er, doch das Glück auf Doppel blieb ihm an diesem Abend zum Schluss verwehrt. Ganze sieben Matchdarts konnte Adams nicht verwerten, und jedes Mal wurde er von Chris Mason dafür bestraft. Doch im entscheidenden Moment zeigte »Mace the Ace« ebenfalls Nerven, als er fünf Matchdarts ungenutzt verstreichen ließ, bevor er dieses unglaubliche Spiel mit einer Doppel 1 zum Leidwesen von Martin Adams beendete.

1. RAYMOND VAN BARNEVELD 7-6 PHIL TAYLOR (SETS)
(0-3, 0-3, 1-3, 3-0, 3-2, 0-3, 3-0, 2-3, 3-0, 3-1, 3-2, 2-3, 6-5)
2007 PDC World Championship – Finale

Das größte Finale aller Zeiten fand, wie wir bereits wissen, 2007 im Rahmen der PDC-Weltmeisterschaft in der Circus Tavern in Purfleet/Essex statt. Raymond van Barneveld lag bereits mit 0:3 Sets zurück, bevor ein 170er-Finish die Wende einläutete. Es wurde das größte Comeback der Dartgeschichte. Ab dem vierten Set spielte der Holländer Darts von einem anderen Stern. Ganze 21 Mal warf er eine 180 (keine davon in den ersten drei Sets!) und rettete sich somit in den 13. und letzten Set. Diesen gewann er im Tie-Break und sicherte sich gleich bei seiner ersten Teilnahme den Titel des PDC-Weltmeisters. Barneys Average lag bei 100,93 – der von Taylor bei 100,86 wohlgemerkt über die Distanz von 13 Sets!

GRUND NR. 74

WEIL ES DIE BDO-WELTMEISTERSCHAFT GIBT!

Die Lakeside World Professional Darts Championship wird jährlich im Lakeside Country Club – der Hauptsponsor – in Frimley Green in der Nähe Londons von der BDO ausgetragen. Die Weltmeisterschaft hat in der Dartwelt die zweitlängste Geschichte und Tradition. Die erfolgreichsten Spielerinnen und Spieler in der Geschichte der BDO sind:

DAMEN (SEIT 2001):

- Trina Gulliver – ENG (11x Finale / 9x Siegerin)
- Anastasia Dobromyslova – RUS (3x Finale / 3x Siegerin)
- Francis Hoenselaar – NED (6x Finale / 1x Siegerin)

JAHR	GEWINNER	ERGEBNIS	GEGNER
2001	Trina Gulliver – ENG	2:1	Mandy Solomons – ENG
2002	Trina Gulliver – ENG	2:1	Francis Hoenselaar – NED
2003	Trina Gulliver – ENG	2:0	Anne Kirk – SCO
2004	Trina Gulliver – ENG	2:0	Francis Hoenselaar – NED
2005	Trina Gulliver – ENG	2:0	Francis Hoenselaar – NED
2006	Trina Gulliver – ENG	2:0	Francis Hoenselaar – NED
2007	Trina Gulliver – ENG	2:1	Francis Hoenselaar – NED
2008	A. Dobromyslova – RUS	2:0	Trina Gulliver – ENG
2009	F. Hoenselaar – NED	2:1	Trina Gulliver – ENG
2010	Trina Gulliver – ENG	2:0	Rhian Edwards – WAL
2011	Trina Gulliver – ENG	2:0	Rhian Edwards – WAL
2012	A. Dobromyslova – RUS	2:1	Deta Hedman – ENG
2013	A. Dobromyslova – RUS	2:1	Lisa Ashton – ENG

HERREN (SEIT 1978):

- Eric Bristow – ENG (10x Finale / 5x Sieger)
- Raymond van Barneveld – NED (6x Finale / 4x Sieger)
- John Lowe – ENG (8x Finale / 3x Sieger)
- Martin Adams – ENG (4x Finale / 3x Sieger)
- Ted Hankey – ENG (3x Finale / 2x Sieger)
- Jocky Wilson – SCO (2x Finale / 2x Sieger)
- Phil Taylor – ENG (2x Finale / 2x Sieger)

JAHR	GEWINNER	ERGEBNIS	GEGNER
1978	Leighton Rees – WAL	11:7	John Lowe – ENG
1979	John Lowe – ENG	5:0	Leighton Rees – WAL
1980	Eric Bristow – ENG	5:3	Bobby George – ENG
1981	Eric Bristow – ENG	5:3	John Lowe – ENG
1982	Jocky Wilson – SCO	5:3	John Lowe – ENG
1983	Keith Deller – ENG	6:5	Eric Bristow – ENG
1984	Eric Bristow – ENG	7:1	Dave Whitcombe – ENG
1985	Eric Bristow – ENG	6:2	John Lowe – ENG
1986	Eric Bristow – ENG	6:0	Dave Whitcombe – ENG
1987	John Lowe – ENG	6:4	Eric Bristow – ENG
1988	Bob Anderson – ENG	6:4	John Lowe – ENG
1989	Jocky Wilson – SCO	6:4	Eric Bristow – ENG
1990	Phil Taylor – ENG	6:1	Eric Bristow – ENG
1991	Dennis Priestley – ENG	6:0	Eric Bristow – ENG
1992	Phil Taylor – ENG	6:5	Mike Gregory – ENG
1993	John Lowe – ENG	6:3	Alan Warriner – ENG
1994	John Part – CAN	6:0	Bobby George – ENG
1995	Richie Burnett – WAL	6:3	R. van Barneveld – NED
1996	Steve Beaton – ENG	6:3	Richie Burnett – WAL
1997	Les Wallace – SCO	6:3	Marshall James – WAL
1998	R. van Barneveld – NED	6:5	Richie Burnett – ENG
1999	R. van Barneveld – NED	6:5	Ronnie Baxter – ENG
2000	Ted Hankey – ENG	6:0	Ronnie Baxter – ENG

2001	John Walton – ENG	6:2	Ted Hankey – ENG
2002	Tony David – AUS	6:4	Mervyn King – ENG
2003	R. van Barneveld – NED	6:3	Ritchie Davies – WAL
2004	Andy Fordham – ENG	6:3	Mervyn King – ENG
2005	R. van Barneveld – NED	6:2	Martin Adams – ENG
2006	Jelle Klaasen – NED	7:5	R. van Barneveld – NED
2007	Martin Adams – ENG	7:6	Phil Nixon – ENG
2008	Mark Webster – WAL	7:5	Simon Whitlock – AUS
2009	Ted Hankey – ENG	7:6	Tony O'Shea – ENG
2010	Martin Adams – ENG	7:5	Dave Chisnall – ENG
2011	Martin Adams – ENG	7:5	Dean Winstanley – ENG
2012	Christian Kist – NED	7:5	Tony O'Shea – ENG
2013	Scott Waites – ENG	7:1	Tony O'Shea – ENG

GRUND NR. 75

WEIL ES DEN WDF WORLD CUP GIBT!

Da die WDF ein vollwertiges Mitglied im offiziellen Dachverband aller internationalen Sportverbände ist, steht es ihr zu, eine offizielle Weltmeisterschaft sowie kontinentale Meisterschaften wie den WDF Europe Cup und den WDF Pacific Cup ausrichten zu dürfen. Beim WDF World Cup werden in drei Disziplinen, nämlich im Einzel-, Doppel- und Mannschaftswettbewerb, die Sieger ermittelt, die sich dann als offizieller Weltmeister bezeichnen dürfen. Die Gewinner der kontinentalen Meisterschaften dürfen sich ebenfalls als die offiziellen Meister fühlen. So zum Beispiel ist der Gewinner des Europe Cups der offizielle Europameister. Dieser wird ebenfalls wieder im Einzel-, Doppel- und Teamwettbewerb ausgetragen. Während die Lakeside-WM jedes Jahr ausgetragen wird, gibt es den World- und Europe Cup nur abwechselnd alle zwei Jahre. Wenn der World Cup ebenfalls als offizielle Weltmeisterschaft gilt, dann sollte man fairerweise diese auch als solche zählen, oder? Hat Eric Bristow recht, wenn er sagt, dass er mehr Weltmeistertitel als Taylor gewonnen hat? Dies ist zwischen beiden immer wieder ein Streitpunkt. Wir schauen mal ...

Die bisherigen Sieger des WDF World Cup im Herren-Einzel sind:
- 1977 Leighton Rees – WAL
- 1979 Nicky Virachkul – USA
- 1981 John Lowe – ENG
- 1983 Eric Bristow – ENG
- 1985 Eric Bristow – ENG
- 1987 Eric Bristow – ENG
- 1989 Eric Bristow – ENG
- 1991 John Lowe – ENG
- 1993 Roland Scholten – NED
- 1995 Martin Adams – ENG
- 1997 Raymond van Barneveld – NED
- 1999 Raymond van Barneveld – NED
- 2001 Martin Adams – ENG
- 2003 Raymond van Barneveld – NED
- 2005 Dick van Dijk – NED
- 2007 Mark Webster – WAL
- 2009 Tony O'Shea – ENG
- 2011 Scott Waites – ENG

Somit sind Eric Bristow und Raymond van Barneveld die einzigen Spieler, denen es gelang, ihren Weltmeistertitel zu verteidigen. Zu Bristows Titelsammlung kommen noch sechs Weltmeistertitel im Doppel (alle mit John Lowe) und fünf Titel im Teamwettbewerb dazu. Schauen wir uns den nächsten Grund an, warum man Darts lieben kann. Natürlich wegen der Weltmeister!

GRUND NR. 76

WEIL ES DEN WDF EUROPE CUP GIBT!

Beim WDF Europe Cup, der seit 1978 ausgetragen wird, werden, wie beim World Cup auch, die Sieger in mehreren Disziplinen ermittelt. Im Gegensatz zur PDC, bei der der Europameister 2012 aus Australien kam, dürfen beim Europe Cup der WDF generell nur Spieler aus europäischen Ländern teilnehmen. Die dominierenden Nationen – oh Wunder, oh Wunder – sind (man müsste eigentlich »wie immer« sagen) England und die Niederlande. Übrigens konnte mit Heike Jenkins (die damals noch Ernst hieß) 1992 zum ersten und bisher einzigen Mal eine deutsche Spielerin den Titel bei den Damen gewinnen. Dies unterstreicht einmal mehr, welch Ausnahmespielerin Heike Jenkins im deutschen Dartsport ist. Hut ab! Die Gewinner bei den Herren waren seit Austragung des Turniers:

HERREN (AB 1978):
1978 John Lowe – ENG
1980 Tony Brown – ENG
1982 Bobby George – ENG
1984 John Lowe – ENG
1986 John Lowe – ENG
1988 Mike Gregory – ENG
1990 Phil Taylor – ENG
1992 Phil Taylor – ENG
1994 Steve Beaton – ENG
1996 Martin Adams – ENG
1998 Co Stompé – NED
2000 Mitchell Crooks – ENG
2002 Peter Johnstone – SCO
2004 R. van Barneveld – NED
2006 Mark Webster – WAL

DAMEN (AB 1982):
1982 Sandra Gibb – WAL
1984 Linda Batten – ENG
1986 Jayne Kempster – ENG
1988 Sue Edwards – ENG
1990 Sue Edwards – ENG
1992 Heike Jenkins – GER
1994 Deta Hedman – ENG
1996 Francis Hoenselaar – NED
1998 Denise Cassidy – ENG
2000 Trina Gulliver – ENG
2002 Claire Bywaters – ENG
2004 Francis Hoenselaar – NED
2006 Trina Gulliver – ENG
2008 Louis Hepburn – SCO
2010 Francis Hoenselaar – NED

2008 Mark Webster – WAL   2012 Patricia De Peuter – BEL
2010 Martin Phillips – WAL
2012 Gary Stone – SCO

Kleine Geschichte am Rande: Der Sohn von Tony Brown (Sieger 1980) ist Taxifahrer und fuhr mich dreimal von Dartford zur Circus Tavern nach Purfleet! Was 'ne Info! Wahnsinn … Leider wäre bei diesem Turnier für Darter aus Deutschland mehr drin, aber mit Shorty Seyler, Andree Welge, Jyhan Artut, Michael Rosenauer und Max Hopp spielen die besten Darter verständlicherweise bei der PDC und sind somit für den World Cup und den Europe Cup seitens der WDF gesperrt! Während wir bei den Herren und Damen auf internationaler Ebene ein wenig Schwäche zeigen, haben die Nachwuchsdarter des DDV schon viermal den Titel abgeräumt.

Der WDF Europe Youth Cup wird seit 1990 jedes Jahr mit wechselndem Veranstaltungsort ausgetragen. Im dänischen Billund siegte bereits 1994 mit Christian Lechtken der erste deutsche Junior, bevor Nicole Osthues in Folkstone/England im Jahr 2003 den Titel für die Mädels nach Deutschland holte. Vier Jahre später, nämlich 2007, wiederholte Jenny Lieverkus das Kunststück und siegte im englischen Folkstone, bevor Max Hopp in Antwerpen/Belgien 2012 den Junioren-Europameistertitel erneut nach Deutschland holte.

JUNIOREN: **JUNIORINNEN:**
1994 Christian Lechtken   2003 Nicole Osthues
2012 Max Hopp   2007 Jenny Lieverkus

GRUND NR. 77

WEIL ES DIE WINMAU WORLD MASTERS GIBT!

Die von der BDO ausgerichtete Winmau World Masters ist eines der traditionsreichsten Turniere des Dartsports. Seit 1974 wird der sogenannte »World Master« ermittelt, also genau vier Jahre bevor erstmals eine Weltmeisterschaft ausgetragen wurde, gab es die World Masters. Seit 1976 – also seit 37 Jahren – ist der Hauptsponsor die Firma Winmau Dartboard Company Ltd. aus Bridgend in Wales. Winmau ist nicht nur der Hersteller von Dartscheiben, sondern sie fertigen auch sehr hochwertige Darts. Spieler wie Dennis Priestley, Simon Whitlock, Mervyn King, Steve Beaton, Mark Webster, Peter Manley, Ted Hankey, Scott Waites, Andy Fordham, Christian Kist, Dean Winstanley, Tony Eccles, Bobby George und die neunfache Weltmeisterin Trina Gulliver werden von Winmau gesponsert. Auch die Darts des ersten Weltmeisters namens Leighton Rees werden von der Firma Winmau hergestellt. Die Winmau World Masters ist eines der wenigen BDO-Turniere, die noch im Fernsehen live durch ESPN übertragen werden. Die Top 16 der BDO-Weltrangliste nehmen automatisch an diesem Turnier teil. Spieler aus 72 Ländern werden zusätzlich eingeladen, die sich in über 300 nationalen und internationalen Turnieren dafür qualifizieren konnten. Sollte der Sieger der Winmau World Masters nicht unter den Top 16 der BDO-Weltrangliste sein, dann ist er durch den Sieg der World Masters automatisch für die BDO Lakeside World Professional Darts Championship qualifiziert. Während der Winmau World Masters werden vier Einzeltitel ausgespielt, nämlich die der »Men's Masters«, »Women's Masters« (seit 1982), »Boys Masters« und der »Girls Masters«.

In der Laufbahn eines Dartspielers zählt ein Sieg bei den Winmau World Masters mit als Karriere-Highlight. Jeder Spieler, der dieses Turnier einmal gewinnen konnte, zählt zu den Großen des Dartsports. Nach Gründung der PDC blieb das Turnier in den Händen der BDO und verlor durch den Wechsel der besten Spieler zum neuen Verband sicherlich etwas an Stellenwert. Es gibt nur zwölf Spieler auf der Welt, die sowohl die Winmau World Masters als auch die BDO Lakeside World Professional Darts Championship gewinnen konnten. Diese sind Eric Bristow, John Lowe, Bob Anderson, Phil Taylor, Raymond van Barneveld, Dennis Priestley, Steve Beaton, John Walton, Richie Burnett, Les Wallace, Martin Adams und Andy Fordham.

Die Spieler mit den meisten Siegen bei der Winmau World Masters sind: Eric Bristow (5), Bob Anderson (3), Martin Adams (3), John Lowe (2), Dave Whitcombe (2) und Raymond van Barneveld (2). Anbei alle Sieger und Siegerinnen der Winmau World Masters seit 1974, wobei ich mich auf die Herren- und Damensieger beschränken möchte:

JAHR	MEN'S WORLD MASTERS	WOMEN'S WORLD MASTERS
1974	Cliff Inglis – ENG	---
1975	Alan Evans	---
1976	John Lowe – ENG	---
1977	Eric Bristow – ENG	---
1978	Ronnie Davies – WAL	---
1979	Eric Bristow – ENG	---
1980	John Lowe – ENG	---
1981	Eric Bristow – ENG	---
1982	Dave Whitcombe – ENG	Ann Marie Davies – WAL
1983	Eric Bristow – ENG	Sonja Ralphs – ENG
1984	Eric Bristow – ENG	Kathy Wones – ENG
1985	Dave Whitcombe – ENG	Lilian Barnett – NZ
1986	Bob Anderson – ENG	Kathy Wones – ENG
1987	Bob Anderson – ENG	Ann Thomas – WAL
1988	Bob Anderson – ENG	Mandy Solomons – ENG
1989	Peter Evison – ENG	Mandy Solomons – ENG

1990	Phil Taylor – ENG	Rhian Speed – WAL
1991	Rod Harrington – ENG	Sandy Reitan – USA
1992	Dennis Priestley – ENG	Leeanne Maddock
1993	Steve Beaton – ENG	Mandy Solomons – ENG
1994	Richie Burnett – WAL	Deta Hedman – ENG
1995	Erik Clarys – BEL	Sharon Colclough – ENG
1996	Colin Monk – ENG	Sharon Douglas – SCO
1997	Graham Hunt – AUS	Mandy Solomons – ENG
1998	Les Wallace – SCO	Karen Smith – ENG
1999	Andy Fordham – ENG	Francis Hoenselaar – NED
2000	John Walton – ENG	Trina Gulliver – ENG
2001	R. van Barneveld – NED	Anne Kirk – SCO
2002	Mark Dudbridge – ENG	Trina Gulliver – ENG
2003	Tony West – ENG	Trina Gulliver – ENG
2004	Mervyn King – ENG	Trina Gulliver – ENG
2005	R. van Barneveld – NED	Trina Gulliver – ENG
2006	M. van Gerwen – NED	Francis Hoenselaar – NED
2007	Robert Thornton – SCO	Karin Krappen – NED
2008	Martin Adams – ENG	Francis Hoenselaar – NED
2009	Martin Adams – ENG	Linda Ithurralde – ENG
2010	Martin Adams – ENG	Julie Gore – WAL
2011	Scott Waites – ENG	Lisa Ashton – ENG
2012	Stephen Bunting – ENG	Julie Gore – WAL

GRUND NR. 78

WEIL ES DIE WORLD MATCHPLAY GIBT!

Müsste es eigentlich »das World Matchplay« heißen? Ich sage immer »die«, weil es sich einfach schöner anhört. Es heißt »das Turnier«, also müsste es … Egal, ich quäle meinen Lektor! Die World Matchplay ist nicht nur das zweitgrößte Turnier der PDC, es ist auch das Turnier mit der größten Bedeutung und Geschichte nach der Weltmeisterschaft. Das Turnier wird seit 1994 im Empress Ballroom des Winter Gardens in Blackpool/England ausgerichtet. Beim Empress Ballroom handelt es sich um ein altes, wunderschönes Theater. Die Atmosphäre ist unbeschreiblich! Viele Fans und auch Spieler wünschen sich, dass die Weltmeisterschaft in dieser Location veranstaltet werden sollte. Die Besonderheit des Turniers ist, dass es im Gegensatz zur Weltmeisterschaft ausschließlich im »Leg-Modus«, also ohne Sets, gespielt wird und einen ganz speziellen Reiz hat. Auch die World Matchplay wurden vom Besten aller Zeiten dominiert, was man anhand der Siegerliste nur unschwer erkennen kann. Phil Taylor verlor in den letzten 20 Jahren ganze sechs Spiele! Es sieht einfach unglaublich aus …

1994 – Larry Butler	16:12	Dennis Priestley
1995 – Phil Taylor	16:11	Dennis Priestley
1996 – Peter Evison	16:14	Dennis Priestley
1997 – Phil Taylor	16:11	Alan Warriner
1998 – Rod Harrington	19:17	Ronnie Baxter
1999 – Rod Harrington	19:17	Peter Manley
2000 – Phil Taylor	18:12	Alan Warriner
2001 – Phil Taylor	18:10	Richie Burnett
2002 – Phil Taylor	18:16	John Part
2003 – Phil Taylor	18:12	Wayne Mardle
2004 – Phil Taylor	18:8	Mark Dudbridge
2005 – Colin Lloyd	18:12	John Part
2006 – Phil Taylor	18:11	James Wade
2007 – James Wade	18:7	Terry Jenkins
2008 – Phil Taylor	18:9	James Wade
2009 – Phil Taylor	18:4	Terry Jenkins
2010 – Phil Taylor	18:12	Raymond van Barneveld
2011 – Phil Taylor	18:8	James Wade
2012 – Phil Taylor	18:15	James Wade

Kein Spieler war bisher in der Lage, Phil Taylor im Endspiel des Turniers zu besiegen. Wenn »The Power« verlor, dann vorher. Nach Phil Taylor mit 13 Turniersiegen ist Rod Harrington somit der einzige Spieler, der die World Matchplay mehrfach, also zweimal, gewinnen konnte! Verrückt, denn wenn Taylor das Finale erreicht, dann gewinnt er es. Also zumindest bis jetzt.

Persönlich ist die World Matchplay mein absolutes Lieblingsturnier. Ich liebe die Location und ganz besonders den Spielmodus. Bei einem Spiel ohne Sets ist es äußerst schwierig, einen hohen Rückstand aufzuholen und sich ins Match zurückzukämpfen. Wem das gelingt, dem kann man getrost ein sehr großes Kämpferherz attestieren. Leider ist dies Roland Scholten 2007 im Viertelfinale nicht gelungen. Er bezog nämlich mit einem heftigen 16:1 die größte Klatsche in der Geschichte des Turniers. Gegen wen? Ihr könnt Fragen stellen ... Taylor, wer sonst?

Im Jahr 2005 gewann der damalige Weltranglistenerste Colin Lloyd das Turnier gegen John Part. Er checkte das Match mit einem 170er-Finish, ich denke, die schönste Art, ein Spiel zu beenden!

Blackpool liegt direkt am Meer an der Westküste Englands. Berühmt ist es durch seinen großen Vergnügungspark, welcher direkt am Strand liegt. Die Strandpromenade ist ebenfalls sehr schön. Während andere Dartfans im Dezember bei der Weltmeisterschaft in London bei Eis und Schnee frieren, könnt ihr euren Besuch bei der World Matchplay im Juli getrost mit einem Badeurlaub verbinden. Bei Madame Tussauds in Blackpool könnt ihr übrigens auch die Wachsfigur von Phil Taylor bewundern. Wenn ihr euch die Wachsfigur anschaut, seht mal bitte nach den Schuhen. Auf dem linken ist hinten »PHIL« und auf dem rechten »TAYLOR« eingestickt. In diesen Schuhen gewann Taylor über eine Million Pfund an Preisgeld.

GRUND NR. 79

WEIL ES DIE PREMIER LEAGUE OF DARTS GIBT!

Die Berufung zur Premier League ist nach dem Gewinn der Weltmeisterschaft der zweitgrößte Traum eines jeden Dartspielers. Das seit 2005 ausgetragene Dartspektakel erfreut sich beim Publikum immer größerer Beliebtheit. Millionen Zuschauer an den Fernsehgeräten und circa 100.000 Dartverrückte in den Event-Arenen Englands, Schottlands und Wales' verfolgten in diesem Jahr die Spieltage bis zum Finale. Für die Zuschauer, die sich bis zum Finaltag 14 Wochen lang verkleiden, singen, trinken und feiern, ist die Premier League of Darts eine fantastische Party kombiniert mit Darts der absoluten Extraklasse.

Die ersten vier Spieler der PDC »Order of Merit« – also die Plätze 1 bis 4 der Welt- beziehungsweise Geldrangliste – sind automatisch für die Premier League qualifiziert. Die restlichen Spieler werden seitens der PDC nominiert oder erhalten von Sky Sports eine Wildcard. Sollte der amtierende Weltmeister nicht unter den ersten vier Plätzen der »Order of Merit« sein, würde er ebenfalls automatisch eine der Wildcards erhalten. Der Weltmeister ist somit immer gesetzt. In den Jahren 2005 und 2006 nahmen sieben Spieler an der Premier League teil, von 2007 bis 2012 waren es acht, und seit diesem Jahr sind es zehn Spieler, wobei nach neun Spieltagen zwei Spieler ausscheiden und die Verbleibenden um einen Platz in den Halbfinals spielen. Die bisherigen Teilnehmer und Sieger der vergangenen Jahre waren:

- ***2005 888.com Premier League Darts*** – Phil Taylor, Colin Lloyd, Peter Manley, Roland Scholten, Mark Dudbridge, John Part und Wayne Mardle. Im Halbfinale spielten Taylor vs. Scholten (13:11) und Lloyd vs. Manley (13:7). Im Finale gewann **Phil Taylor** gegen Colin Lloyd mit 16:4.

- *2006 Holsten Premier League Darts* – Phil Taylor, Raymond van Barneveld, Roland Scholten, Colin Lloyd, Ronnie Baxter, Peter Manley und Wayne Mardle. Im Halbfinale spielten Taylor vs. Lloyd (11:3) und van Barneveld vs. Scholten (3:11). Im Finale gewann *Phil Taylor* gegen Roland Scholten mit 16:6.
- *2007 Holsten Premier League Darts* – Phil Taylor, Raymond van Barneveld, Terry Jenkins, Dennis Priestley, Colin Lloyd, Peter Manyley, Adrian Lewis und Roland Scholten. Im Halbfinale spielten Taylor vs. Priestley (11:6) und van Barneveld vs. Jenkins (10:11). Im Finale gewann *Phil Taylor* gegen Terry Jenkins mit 16:6.
- *2008 Whyte & Mackay Premier League Darts* – Phil Taylor, James Wade, Raymond van Barneveld, Adrian Lewis, Wayne Mardle, Peter Manley, Terry Jenkins und John Part. Im Halbfinale spielten Taylor vs. Lewis (11:1) und Wade vs. van Barneveld (11:8). Im Finale gewann *Phil Taylor* gegen James Wade mit 16:8.
- *2009 Whyte & Mackay Premier League Darts* – Phil Taylor, James Wade, Raymond van Barneveld, Mervyn King, Terry Jenkins, John Part, Jelle Klaasen und Wayne Mardle. Im Halbfinale spielten Taylor vs. King (6:10) und Wade vs. van Barneveld (10:8). Im Finale gewann **James Wade** gegen Mervyn King mit 13:8.
- *2010 Whyte & Mackay Premier League Darts* – Phil Taylor, Simon Whitlock, James Wade, Mervyn King, Ronnie Baxter, Raymond van Barneveld, Adrian Lewis und Terry Jenkins. Im Halbfinale spielten Taylor vs. King (8:1) und Whitlock vs. Wade (6:8). Im Finale gewann **Phil Taylor** gegen James Wade mit 10:8. (Taylor warf in diesem Finale zwei 9-Darter!)
- *2011 888.com Premier League Darts* – Phil Taylor, Raymond van Barneveld, Gary Anderson, Adrian Lewis, James Wade, Simon Whitlock, Terry Jenkins und Mark Webster. Im Halbfinale spielten Taylor vs. Lewis (3:8) und van Barneveld vs.

Anderson (6:8). Im Finale gewann *Gary Anderson* gegen Adrian Lewis mit 10:4.
- *2012 McCoy's Premier League Darts* – Phil Taylor, Simon Whitlock, Andy Hamilton, James Wade, Raymond van Barneveld, Adrian Lewis, Kevin Painter und Gary Anderson. Im Halbfinale spielten Taylor vs. Wade (8:6) und Whitlock vs. Hamilton (8:6). Im Finale gewann *Phil Taylor* gegen Simon Whitlock mit 10:7.
- *2013 McCoy's Premier League Darts* – Michael van Gerwen, Raymond van Barneveld, Phil Taylor, James Wade, Simon Whitlock, Robert Thornton, Andy Hamilton, Wes Newton und Gary Anderson. Im Halbfinale spielten Taylor vs. van Barneveld (8:4) und van Gerwen vs. Wade (8:4). Im Finale gewann **Michael van Gerwen** gegen Phil Taylor mit 10:8.

Insgesamt wurde in diesem Jahr ein Preisgeld in Höhe von circa 533.000 Euro ausgespielt, wobei der Sieger circa 178.000 Euro erhält. Wahrscheinlich würde Taylor diesen Betrag gar nicht als Kontobewegung wahrnehmen. »Yvonn'sche, kam da schon wieder Geld?«, so oder so ähnlich wird es wohl im Hause Taylor laufen. »Mighty Mike« werden die knapp 178.000 Euro sicherlich noch auf dem Girokonto auffallen, aber wenn das so weitergeht, wer weiß?

Den deutschen Dartfans wäre es zu wünschen, wenn die PDC Europe dem guten Barry Hearn einen Spieltag der Premier League of Darts aus den Rippen leiern könnte. Stellt euch die ausverkaufte Frankfurter Festhalle oder die Arena auf Schalke vor! Ich bin mir sicher, dass man in Deutschland mittlerweile für einen solchen Event mindestens 10.000 Karten verkaufen kann. Egal welche Halle, in kürzester Zeit gäbe es keine Karten mehr zu kaufen. Außerdem wäre es eine fantastische Werbung für unseren ach so schlimmen Kneipensport.

GRUND NR. 80

WEIL ES DIE NEWS OF THE WORLD GAB!

Gemeint war nicht die englische Zeitung, sondern ein Dartturnier, das unter dem Namen des Verlagshauses, welches auch der Hauptsponsor war, von 1927 bis 1997 ausgetragen wurde. Die News of the World Individual Darts Championship, so der vollständige Name, war eines der ersten Major-Turniere im Dartsport und bis heute das wahrscheinlich schwerste, das man gewinnen konnte. Bevor es dieses Turnier gab, war der englische Dartsport noch nicht in verschiedenen Ligen organisiert. Nach dem Ersten Weltkrieg organisierten Brauereien den Aufbau der ersten Ligastrukturen, an denen einzelne Teams verschiedener Kneipen teilnehmen durften. Damit sich die Spieler aller Ligamannschaften miteinander messen konnten, rief man eine nationale Darts-Competition ins Leben. Gespielt wurde generell von der ersten Runde bis zum Finale im Modus »501 Best of 3 Legs / Double Out«. Da zur damaligen Zeit fast in jedem Bezirk aus einer unterschiedlichen Entfernung geworfen wurde, legte man die Entfernung der nationalen Competition einheitlich auf 2,44 Meter fest. (Kann es sein, dass der DSAB deshalb an dieser Entfernung bis heute festhält?)

Am ersten Turnier, das in der Saison 1927/1928 stattfand, nahmen 1000 Spieler teil. Bereits im Jahr 1938/1938 musste man sechs Turniere zum Vorentscheid austragen. Insgesamt nahmen an diesem Turnier unglaubliche 280.000 Spieler teil. Das Finale bestritten Jim Pike und ein Spieler namens Marmaduke Breco, der das Finale mit 2:1 Legs für sich entscheiden konnte. Nach dem Zweiten Weltkrieg wurde das Turnier zur nationalen Meisterschaft erkoren. Ab 1970 übertrug ITV das News of the World live als erstes Dartturnier im Fernsehen. Ab diesem Zeitpunkt bezeichnete man das Turnier als »die Meisterschaft, die jeder Spieler gewinnen möchte«. Das News of the World wurde in dieser Form von 1947 bis 1990 veranstaltet, bevor man es im Jahr 1996 noch einmal aufleben ließ. Nie war es einem Spieler gelungen, den Titel dreimal zu gewinnen, lediglich sieben Spieler schafften das Kunststück, zweimal als Sieger die Bühne zu verlassen. Diese waren Tommy Gibbons, Tom Reddington, Tom Barrett, Stefan Lord (Schweden), Eric Bristow, Bobby George und Mike Gregory. In meinen Augen ist es eine unglaubliche Leistung, das Turnier überhaupt zu gewinnen. Lediglich »Best of 3 Legs« ist der Wahnsinn, wenn man überlegt, wie schnell man mal zwei Legs ganz doof verlieren kann. Über 200.000 Teilnehmer und so eine gruslige Pillepalle-Distanz. Über viele Jahre zog Eric Bristow seinen Schützling Phil Taylor damit auf, dass er das Turnier nie gewonnen hätte und er somit kein großer Champion sei. Taylors Chance kam im Jahr 1996/1997, als man das Turnier noch einmal aufleben ließ. Und ja, Taylor nutzte eiskalt seine Chance und gewann die letzte Ausgabe der News of the World Individual Darts Championship, indem er Ian White im Juni 1997 im Finale mit 2:0 besiegte. Nach dem Finale entschied man, dass das Turnier aufgrund mangelnden Interesses der Medien nicht mehr wiederholt werden würde. News of the World stieg als Sponsor leider aus. Anbei alle Sieger ab 1947, die die Nationale Meisterschaft jemals gewinnen konnten:

- 1947/48 Harry Leadbetter 2:1 Tommy Small
- 1948/49 Jackie Boyce 2:1 Stan Outten
- 1949/50 Dixie Newberry 2:0 Ronnie Ridley
- 1950/51 Harry Perryman 2:0 Laurie Runchman
- 1951/52 Tommy Gibbons 2:0 Jack Wallace
- 1952/53 Jimmy Carr 2:0 Ernest Greatbatch
- 1953/54 Oliver James 2:0 Johnny Bell
- 1954/55 Tom Reddington 2:0 Johnny Bell
- 1955/56 Trevor Peachey 2:0 Les Campell
- 1956/57 Alwyn Mullins 2:0 Len Baker
- 1957/58 Tommy Gibbons 2:0 Eric Moss

- 1958/59 Albert Welsh 2:1 Frank Whitehead
- 1959/60 Tom Reddington 2:1 Dai Jones
- 1960/61 Alec Adamson 2:1 Eddie Brown
- 1961/62 Eddie Brown 2:0 Dennis Follett
- 1962/63 Robby Rumney 2:0 Bill Hardling
- 1963/64 Tom Barrett 2:0 Ray Hatton
- 1964/65 Tom Barrett 2:1 Norman Fielding
- 1965/66 Wilf Ellis 2:1 Ron Langley
- 1966/67 Wally Seaton 2:0 Brian Quartermen
- 1967/68 Bill Duddy 2:0 Gerry Feeney
- 1968/69 Barry Twomlow 2:0 Paul Gosling
- 1969/70 Henry Barney 2:0 Alan Cooper
- 1970/71 Dennis Filkins 2:0 Derek White
- 1971/72 Brian Netherton 2:0 Alan Evans
- 1972/73 Ivor Hodkinson 2:1 Rom Church
- 1973/74 Peter Chapman 2:1 Paul Gosling
- 1974/75 Derek White 2:1 Paul Gosling
- 1975/76 Bill Lennard 2:0 Leighton Rees
- 1976/77 Mick Norris 2.0 Bob Crosland
- 1977/78 Stefan Lord 2:0 John Coward
- 1978/79 Bobby George 2:0 Alan Glazier
- 1979/80 Stefan Lord 2:0 Dave Whitcombe
- 1980/81 John Lowe 2:0 Mick Norris
- 1981/82 Roy Morgan 2:1 Jim Hughes
- 1982/83 Eric Bristow 2:0 Ralph Flatt
- 1983/84 Eric Bristow 2:0 Ian Robertson
- 1984/85 Dave Lee 2:0 Billy Dunbar
- 1985/86 Bobby George 2:0 Rick Ney
- 1986/87 Mike Gregory 2:0 Peter Evison
- 1987/88 Mike Gregory 2:1 Kevin Spiolek
- 1988/89 Dave Whitcombe 2:1 Dennis Priestley
- 1989/90 Paul Cook 2:0 Steve Hudson
- 1996/97 Phil Taylor 2:0 Ian White

Für Frauen gab es das Turnier insgesamt nur zweimal, einmal zum Ende der offiziellen Turnierära im Jahr 1989/90 und bei der einmaligen Neuauflage 1996/97. Die Gewinnerinnen waren:
- 1989/90 Lynne Ormond gewann gegen Jane Stubbs, das Resultat ist nicht auffindbar.
- 1996/97 Linda Jones 2:0 Melanie Saunders

Ausnahmslos alle Siegerinnen und Sieger des Turniers gehören für mich in diesem Buch erwähnt, schließlich begann mit ihnen die Zeit des Dartsports im Fernsehen. Sie sind quasi für uns alle der Wegbereiter gewesen. Darüber hinaus sind es alles echte Champions! Leider gibt es das Turnier heute nicht mehr, so haben Spieler wie zum Beispiel van Barneveld, van Gerwen, Wade, Whitlock oder Adrian Lewis nicht die Chance, sich in die Siegerlisten eintragen zu können. Ich würde mich sehr freuen, wenn man das Turnier nochmals aufleben lassen würde. Vielleicht könnte man ja mal in Deutschland ein solches Turnier ausrichten ...

GRUND NR. 81

WEIL ES DIE PDC EUROPEAN CHAMPIONSHIP GIBT!

Als Werner von Moltke, der Inhaber der PDC Europe, mich zu Beginn des Jahres 2008 fragte, ob mir für die erste Darts-Europameisterschaft eine gute Location in Frankfurt einfallen würde, war ich natürlich erst einmal sprachlos. Als echter und nicht mehr ganz so taufrischer Hesse war ich natürlich superglücklich, dass in meiner Heimatstadt ein PDC-Turnier stattfinden sollte. Es war eines der ersten Turniere dieser Größenordnung, die Werner von Moltke mit seinem Team für die PDC ausrichtete. Kein Mensch wusste zu diesem Zeitpunkt, ob Live-Darts in Frankfurt überhaupt jemanden interessieren würde, geschweige denn, ob Fans dafür Ein-

trittskarten kaufen. Es wurde der Südbahnhof, eine sehr bekannte Event-Location in Frankfurt-Sachsenhausen, in der normalerweise Live-Bands spielten. Als Test für ein internationales Turnier hatte der Südbahnhof die richtige Größe, mussten wir doch für die ersten zwei Sessions am ersten Tag Eintrittskarten verschenken, damit überhaupt jemand im Publikum saß. ITV, der englische Sender, der die Europameisterschaft live nach England übertrug, leistete wirklich Unglaubliches, um mit ihren Übertragungswagen auf das Gelände des Südbahnhofes zu gelangen. Wer die Location in Frankfurt kennt, der weiß, dass man dort eigentlich überhaupt nicht parken kann. Engländer schon. Nicht zu unterschätzen ist die Verköstigung des Publikums. Das Essensangebot im Südbahnhof und die Qualität der Speisen war fantastisch. So gut, dass Werner von Moltke es tatsächlich schaffte, die komplette Speisekarte in vier Tagen hoch und runter zu essen. Leider ist der Südbahnhof heute für PDC-Turniere einfach zu klein. Allein aufgrund der Speisekarte müsste man heute dort noch mal für einen Tag ein kleines Turnier ins Leben rufen. Vielleicht »Taylor vs. Van Gerwen« Best of 3 Legs / Best of 21 Sets! 2008 war der gute »Mighty Mike« aber noch keine Gefahr für den Herrn aus Stoke-on-Trent. Dieser dominierte die ersten vier Jahre nach Belieben:
- 2008 Phil Taylor 11:5 Adrian Lewis (Frankfurt am Main / Deutschland)
- 2009 Phil Taylor 11:3 Steve Beaton (Hoofddorp / Niederlande)
- 2010 Phil Taylor 11:1 Wayne Jones (Dinslaken / Deutschland)
- 2011 Phil Taylor 11:8 Adrian Lewis (Düsseldorf / Deutschland)
- 2012 Simon Whitlock 11:5 Wes Newton (Mülheim a.d. Ruhr / Deutschland)

Wie oben aufgeführt, fand 2009 die Europameisterschaft dann in den Niederlanden statt. Seitens der PDC war anfangs ein jährlicher Wechsel zwischen Deutschland und den Niederlanden geplant, jedoch entschied man sich aufgrund des mangelnden Interesses seitens der Holländer für Deutschland als dauerhaften Standort, sehr zur Freude der Dartfans in diesem Land.

Ihr habt euch vielleicht auch schon gefragt, warum an dieser »Europameisterschaft« auch Spieler zum Beispiel aus Kanada und Australien mitspielen dürfen. Die Beschreibung des Turniers lautet seitens der PDC wie folgt: »Ein Wettbewerb der besten europäischen Dartspieler gegen die besten Spieler der PDC Order of Merit (Weltrangliste der Professional Darts Corporation).« Tut mir leid, aber das ist in meinen Augen Nonsens! Dann sollte man lieber einen anderen Namen finden und das Turnier umbenennen.

 GRUND NR. 82

WEIL ES DEN GRAND SLAM OF DARTS GIBT!

Seit 2007 wird der Grand Slam of Darts von der PDC veranstaltet. Das Turnier ist ebenfalls unter dem Namen des Sponsors William Hill, also William Hill Grand Slam of Darts, bekannt. Die Firma William Hill ist Großbritanniens größter Buchmacher, denn auch beim Wetten auf Dartspiele sind die Leute von der Insel führend. Beim GSoD handelt es sich um das einzige Turnier, bei dem die Spieler der PDC und der BDO gegeneinander antreten, vorausgesetzt, die Spieler der BDO erhalten von der PDC eine Einladung und nehmen diese an. Martin Adams, BDO-Spieler und Team-Captain Englands, lehnte bereits fünfmal die Einladung der PDC ab, sodass man sich im sechsten Jahr dafür entschied, ihn nicht mehr einzuladen.

Das Turnier findet jedes Jahr im November in der Civic Hall in Wolverhampton statt. Das Gesamtpreisgeld betrug im letzten Jahr 400.000 GBP, wobei Raymond van Barneveld als Sieger alleine 100.000 GBP auf der Habenseite seines Kontos verbuchen konnte. Die acht Spieler, die seit 2007 ununterbrochen am GSoD teilnehmen, sind Phil Taylor, Raymond van Barneveld, Adrian Lewis, James Wade, Terry Jenkins, Mervyn King, Gary Anderson und Mark Webster. Wie so oft war natürlich Phil Taylor auch bei diesem Turnier der erste Spieler, der den Grand Slam of Darts gewinnen konnte und das sogar die ersten drei Jahre in Folge.

Im Jahr 2010 gewann mit Scott »Scotty 2 Hotty« Waites der erste BDO-Spieler das Finale sensationell mit 16:12, nachdem sein Gegner James Wade bereits mit 8:0 führte. Das Spiel muss in der Geschichte des GSoD als legendär bezeichnet werden. Danach war im Jahr 2011 wieder Phil Taylor an der Reihe, bevor es 2012 zu einem rein holländischen und hochklassigen Finale zwischen Raymond van Barneveld und Michael van Gerwen kam. Zu Beginn des Turniers wird in 4er-Gruppen »Round Robin« (jeder gegen jeden) gespielt. Dies lässt leider immer wieder Spielraum für Spekulationen, dass es zwischen den Spielern hin und wieder zu Absprachen kommen soll.

Mit Anastasia Dobromyslova und Francis Hoenselaar spielten 2009 erstmals zwei Frauen beim GSoD, wobei der Russin das Kunststück gelang, ihren holländischen Kollegen Vincent van der Voort knapp mit 5:4 zu besiegen. Es ist immer etwas ganz Besonderes, wenn eine Frau gegen einen Mann gewinnt, schließlich liegen die Herren auch im Dartsport sonst immer vorne. Die bisherigen Endspiele waren:

- Phil Taylor 18:11 Andy Hamilton
- Phil Taylor 18:9 Terry Jenkins
- Phil Taylor 16:2 Scott Waites
- Scott Waites 16:12 James Wade
- Phil Taylor 16:4 Gary Anderson
- Raymond van Barneveld 16:14 Michael van Gerwen

GRUND NR. 83

WEIL MAN IN DIE WÜSTE GESCHICKT WIRD!

Zumindest wenn man Phil Taylor, Raymond van Barneveld, Michael van Gerwen, Adrian Lewis, James Wade, Simon Whitlock, Andy Hamilton oder Wes Newton heißt und für die Professional Darts Corporation nach Dubai reisen muss. Am 23. und 24. Mai 2013 sollten, mussten oder durften die besten acht Spieler der Welt Wüstenluft schnuppern. Im Rahmen der PDC Dubai Duty Free Darts Masters zeigte man der arabischen Welt, was dem Rest der Welt bereits seit Längerem bekannt ist: Darts ist in!

Jedoch hatte dieses Turnier einen windigen Beigeschmack. Darts könnte weiterhin seriös expandiert werden, würde man nicht immer wieder der Versuchung unterliegen, es zu einer Rummelplatzveranstaltung verkommen zu lassen. Ich habe keine Ahnung, was sich Barry Hearn und die PDC bei dieser Veranstaltung gedacht haben, aber wahrscheinlich eher nichts, also überhaupt nichts. Es ehrt die PDC, dass sie mit aller Macht versucht, den Dartsport in jedem Winkel der Erde mit der Aufmerksamkeit zu beglücken, die er verdient hat. Aber zu welchem Preis? Zu welchen Bedingungen muss man sein Produkt verkaufen? Gibt es nicht irgendwo eine Grenze? Warum zur Hölle lässt man es zu, dass die besten acht Dartspieler der Welt vorgeführt werden wie Tanzbären? Wie kann man es von höchster Ebene gutheißen und absegnen, dass ein solches Event im Freien, also Outdoor, stattfindet?

Unabhängig von einem tollen Finale konnte man an beiden Turniertagen deutlich erkennen, wie sehr der Wind auf das Flugverhalten der Darts und des gesamten Spiels Einfluss nahm. Unweigerlich fragt man sich, ob es in Dubai keine Eventhalle gibt. Eines der unzähligen Prachthotels wird doch einen Saal in der Kategorie der Location am Düsseldorfer Flughafen haben, oder? Würde man versuchen, ein ernsthaftes Turnier auszurichten, könnte Dubai zu einer festen Größe im Veranstaltungskalender der PDC werden. Aber wirklich nur dann, wenn man es ernsthaft betreibt. Was kommt als Nächstes? Hat die PDC etwa noch spektakulärere Ideen in der Hinterhand? Vielleicht die »AIDA Open« mit der Bühne auf dem Oberdeck, oder die »Caribic Balloonshooting Classics«, oder die »Chicago Drive by Shooting Masters«, bei der aus dem Auto heraus auf rotierende Dartscheiben geworfen wird, oder die »Poland Knoppers Open« mit zwei Darts und ohne Flights. Ich kann diesen Blödsinn wirklich nicht verstehen! Man schickt die Besten der Besten in die Wüste, um sie aussehen zu lassen, als seien sie Kamele. Das kann man noch nicht einmal durch das Preisgeld rechtfertigen. Warum muss diese Veranstaltung ausgerechnet in einem Tennisstadion stattfinden? Vielleicht ist es denen wirklich zu heiß.

Meine Lieblingsaussage war die des englischen Co-Kommenators namens Rod Harrington während der Übertragung auf PDC.tv. Er sagte, dass die Bedingungen für alle Spieler gleich seien. Mensch Rod, das ist aber wirklich Quatsch mit Soße! Zum einen habe ich es noch nie gehört, dass Wind zwei Tage lang aus derselben Richtung mit der gleichen Geschwindigkeit pustet, zum anderen haben die Spieler unterschiedlich schwere Darts und unterschiedliche Wurfstile. Spieler mit langen, leichten Darts haben definitiv einen gewaltigen Nachteil gegenüber denen, die druckvoll mit schweren Darts spielen. Am ersten Tag konnte jeder sehen, wie schräg die Darts der Herren van Barneveld, Wade oder Whitlock im Board steckten oder die Pfeile beim Wurf auf ein Single-Feld einfach weggepustet wurden und in einem anderen Feld landeten. Was hat das alles mit dem Konzentrations- und Geschicklichkeitsspiel namens Darts zu tun? Genau, absolut nichts!

Es war hin und wieder ein einziges Glücksspiel, und es sieht eben verdammt komisch aus, wenn ein Dartspieler seinen Zeigefinger anfeuchtet und ihn in die Luft hält, um zu erkennen, aus welcher Richtung der Wind bläst. Sicherlich war der Kurzurlaub in

Dubai für alle acht Spieler eine willkommene Abwechslung, aber die gesamte PDC Dubai Duty Free Darts Masters war eine einzige Skurrilität.

Trotzdem wurde in der Hitze des Abends auch Darts gespielt. Die erste Runde erlebte im letzten Spiel des Tages eine kleine Überraschung. Für die Kommentatoren war es eine Sensation, für mich war es nicht verwunderlich, dass Phil Taylor gegen Andy Hamilton verlor. Das Setup seiner Darts ist nicht schlecht, es sind einfach nur die falschen Darts! Aber egal, das muss der große Meister selbst wissen. Hier die Ergebnisse der PDC Dubai Duty Free Darts Masters:

QUARTER-FINALS
- James Wade 10:8 Simon Whitlock
- Adrian Lewis 6:10 Raymond van Barneveld
- Michael van Gerwen 10:7 Wes Newton
- Phil Taylor 8:10 Andy Hamilton

SEMI-FINAL
- James Wade 5:11 Raymond van Barneveld
- Michael van Gerwen 11:9 Andy Hamilton

FINAL
- Raymond van Barneveld 7:11 Michael van Gerwen

Nach dem Sieg bei der Premier League und der European Darts Open war dies somit für Michael van Gerwen der dritte Turniersieg innerhalb von acht Tagen. »Mighty Mike« war im ersten Halbjahr das Maß aller Dinge und der beste Spieler der Welt. Man darf gespannt sein, ob er die Form bis Jahresende halten kann.

Nächstes Jahr soll wieder ein Turnier in Dubai stattfinden, und ich hoffe, dass es nicht im Freien ist. Vielleicht sehen wir in der Zwischenzeit Outdoor-Snooker im Regen – aber live ...

GRUND NR. 84

WEIL ES DIE KEHRSEITE DER MEDAILLE GIBT!

Wie bei allem im Leben gibt es natürlich auch beim »Darts« die sogenannte Kehrseite der Medaille. Selbstverständlich ist nicht alles supi, tutti und dufte! Ganz im Gegenteil, schließlich gibt es verschiedene Dinge, die die Spieler bemängeln und massiv stören. Der größte Fehler, den ich sehe, ist die Tatsache, dass keiner auf die Top-Stars der Szene ein wenig eingeht und achtet. Manchmal sollte man die besten Pferde im Stall ein wenig schonen. Dies ist aber leider aufgrund des Terminplans und der »Order of Merit« nicht möglich. Es gibt fast jedes Wochenende ein Turnier, und die Spieler müssen immer aufpassen, dass sie nicht von einem anderen in der Rangliste überholt werden. Die Spieler haben quasi keine Chance, sich wirklich auszuruhen.

Jungen Spielern wie zum Beispiel Michael van Gerwen macht dies nichts aus, aber ältere Spieler wie Taylor oder van Barneveld brauchen selbstverständlich Zeit zur Regeneration. Konzentrieren macht müde, und je älter man wird, umso schneller findet eine Ermüdung statt. Die Reisestrapazen sind gewaltig, sieht man sich den Monat Mai in diesem Jahr an, wird man es leicht verstehen. Für Spieler wie Taylor oder van Barneveld ging es von London nach Düsseldorf, von da nach Dubai und zurück nach Wien, um dann nach Bolton zu fliegen. Sorry, aber das haben noch nicht einmal die Fußballer vom FC Bayern München oder Real Madrid. Hinzu kommen eventuell noch unzählige Players Championships, Exhibitions, für die der Termin oft schon seit über einem Jahr feststeht, und etwaige Sponsorenverpflichtungen. Wann bleibt diesen Spielern Zeit für zum Beispiel einen Besuch beim Arzt?

Alle Spieler der Top 16 müssen so oft spielen, um ja nicht auf Platz 17 zurückzufallen. Platz 17 in der »Order of Merit« ist quasi die »Arschkarte« des Dartsports. Wechselt zum Beispiel ein Spieler der BDO im Januar zur PDC und gewinnt im Februar ein Turnier mit 20.000 Euro Preisgeld, dann ist er das ganze Jahr für alle großen Turniere qualifiziert. Wenn du aber auf Platz 17 der »OoM« stehst, bist du für nichts qualifiziert. Das ist falsch und sollte geändert werden. Warum fangen die Turniere um zwölf und nicht um 14 Uhr an? Keiner der Spieler hat Lust, um zwölf Uhr zu spielen, sie müssen es aber, weil die PDC gerne recht früh Feierabend machen möchte. Wenn ich PDC meine, dann meine ich nicht die PDC Europe, denn diese hat auf den Turnierablauf keinerlei Einfluss. Die Spieler hassen es wirklich, aber der PDC – speziell dem Turnierdirektor – ist es egal.

Jeder Spieler hat seine ganz eigenen Abläufe bezüglich der Vorbereitung auf ein Spiel. Einige Spieler benötigen zweieinhalb Stunden, um sich einzuspielen, der andere nur eine Stunde. Andere wiederum müssen etwas essen, andere etwas trinken, noch mal auf die Toilette. Meistens geht es aber um die Zeit, die der Spieler sich immer zum Einspielen nimmt. Nehmen wir Vincent van der Voort als Beispiel. Er benötigt zweieinhalb Stunden, um sich im »Practice Room« einzuspielen. Das macht er seit Jahren auf jedem Turnier. Er muss vorher zweieinhalb Stunden Pfeilchen werfen, bevor es losgeht, komme, was wolle. So weit, so gut. Im vergangenen Mai beim Turnier in Wien passierte dann Folgendes, dies übrigens auch nicht zum ersten Mal. In Wien wird auf zwei Bühnen gespielt. Für die Bühnenspiele gibt es einen festen »Fahrplan«, wann wer auf welcher Bühne zu spielen hat. Zwei Spiele der Hauptbühne wurden auf Bühne 2 verlegt, sodass Vincent van der Voort – und jedem anderen Spieler danach auch – eine Stunde zum Einspielen fehlte. Vincent van der Voort und alle anderen Spieler beschwerten sich daraufhin und erhielten als Antwort: »Ich bin der Turnierdirektor, ich mache, was ich will!« Die Spieler mussten sich der Aussage beugen und raus auf die Bühne, obwohl sie wussten, dass sie noch nicht richtig eingespielt waren.

In jeder anderen professionellen Sportart wäre dies undenkbar. Man stelle sich einmal Wimbledon vor oder die Formel 1. »Federer, hör mal zu, wir haben zwei Spiele auf Court 1 verlegt, du bist jetzt schon auf dem Center-Court an der Reihe!« – »Aber ich muss mich doch noch ein wenig einschlagen und aufwärmen!« – »Mir egal, ich bin der Turnierdirektor …« Spätestens jetzt hätte der gute Mann Federers Schläger im Hintern! Man kann solche Dinge einfach nicht machen, wenn man das Wort »Professional« im Namen der Firma trägt. Denn diese Entscheidungen und Aussagen sind absolut amateurhaft.

Ein weiteres Manko sind die Qualifikationsmodalitäten. Spieler aus England können sich für die europäischen Turniere in ihrem Heimatland qualifizieren, während Spieler aus Holland, Belgien und Deutschland zur Qualifikation zum Beispiel nach Gibraltar oder Wien reisen müssen. Dies bedeutet, dass diese Spieler im Gegensatz zu ihren englischen Kollegen sehr hohe Reisekosten haben. Qualifizieren sie sich nicht, war »außer Spesen nichts gewesen«! Zum Beispiel können sich die englischen Spieler einen Tag vor der UK Open oder eines anderen »Pro Tournaments« für andere Turniere außerhalb Großbritanniens qualifizieren. Das können die Jungs aus Holland, Belgien und Deutschland nicht. Schade.

GRUND NR. 85

WEIL ES NICHTS MIT OLYMPIA ZU TUN HAT!

Seit mittlerweile einigen Jahren kommt immer wieder die Frage auf, ob Darts eine olympische Disziplin werden soll. Die Briten hatten es sich eigentlich schon für die Olympischen Spiele 2012 gewünscht, schließlich wäre Englands Hauptstadt als Austragungsort perfekt gewesen. Persönlich bin ich sehr froh, dass es bisher mit Darts bei Olympia nicht geklappt hat, und ich hoffe, dass ich es auch nicht erleben muss. Ich halte chinesische Schwimmerinnen mit Dreitagebart und einem Streuselkuchen als Rücken für ausreichend. Jedes noch so seltsame Land würde versuchen, mindestens einen Sportler beziehungsweise eine Sportlerin für die neue Disziplin Darts abzustellen. Bei den Damen würden wieder irgendwelche rumänischen Kleiderschränke mitmischen wollen, die wohlgemerkt im Stehen pinkeln.

Was würde es der Sportart Darts bringen, schließlich müsste man anfangen, systematisch zu dopen. Ja, reicht es denn nicht, dass wir schon trinken? Ohne Wenn und Aber halte ich Olympia für die größte Werbeveranstaltung der pharmazeutischen Industrie. Anhand des Medaillenspiegels kann man immer sehr gut erkennen, in welchen Ländern gerade wieder ein medizinischer Durchbruch gelungen ist. Darts hätte dort nichts verloren. Man stelle sich nur das olympische Dorf vor. Spätestens zwei Stunden nach Einzug der Spieler gäbe es in den Supermärkten rund um das Dorf keinen Alkohol mehr. Und damit würden die Darter wahrscheinlich noch zu den saubersten Sportlern zählen. Man diskutiert über Darts bei Olympia, und auf der anderen Seite will das IOC das Ringen streichen. Der griechisch-römische Stil ist seit 1896 immer und ohne Unterbrechung im olympischen Programm. Für mich zählen Laufen, Ringen, Weitsprung, Diskus- und Speerwerfen zu den ältesten Disziplinen. Nun möchte man einfach eine der traditionsreichsten aus dem Programm kippen, nur um vielleicht einer neuen, völlig bescheuerten Trendsportart wie »Nasse Tempos an die Decke werfen« einer breiten Öffentlichkeit vorzustellen.

Ich möchte nicht, dass Darts zum internationalen Spritzensport zählt und einige Spieler ausprobieren, ob Asthmaspray nicht doch einen Vorteil beim Darts bringen könnte. Mittlerweile ist Olympia eine rein kommerzielle Veranstaltung. Den antiken Ringkampf Vorläufer des griechisch-römischen Ringens, gibt es seit 708 v. Chr., aber außer bei Olympia sieht man Ringen eigentlich nie im Fernsehen, das heißt, keine Sponsoren, kein mediales Interesse. Aber trotzdem gehört Ringen einfach zu Olympia. Nur bitte lasst Darts so, wie es ist. Auch wenn es boomt, 10.000 Menschen in die

O2-Arena rennen und die Averages mittlerweile jenseits der 100er-Marke liegen, muss es noch lange nicht zu diesem Tabletten-Zirkus gehören. Liebes IOC, nehmt lieber Sportarten, die ihr momentan in eurer aktuellen »Shortlist« aufführt, wie zum Beispiel Sportklettern, Baseball/Softball, Wushu, Karate, Rollersports, Squash und Wakeboard. Das ergibt Sinn, aber doch bitte nicht so einen endgeilen, ungedopten und spannenden Kneipensport namens Darts!

GRUND NR. 86

WEIL DIE PROFIS DEUTSCHLAND LIEBEN!

Und genau diese Liebe begründet sich auf dem Wort »Respekt«! Die Dartfans in Deutschland haben Respekt vor den Spielern. Im Gegensatz zu anderen Nationen sind die Deutschen höflich, freundlich, sagen »Bitte« und »Danke«. Man sollte es nicht für möglich halten, aber das ist in Ländern wie England oder Holland ganz und gar nicht der Fall. Für Exhibitions in Holland stellen sich nur noch sehr wenige Profis zur Verfügung. Als Ralf Rademacher (McDart) und ich die ersten Shows mit Wayne Mardle veranstalteten, war dieser völlig sprachlos aufgrund der Freundlichkeit und Rücksichtnahme der deutschen Fans. In Holland hatten die sogenannten Fans ihm das Shirt kaputt gerissen und ihn für ein paar Fotos durch die Gegend gezerrt. Er hatte drei Shows in Holland und ist seitdem nie mehr dort gesehen worden.

Nahezu das Gleiche passiert den englischen Dartern sogar im eigenen Heimatland. Aber auch Raymond van Barneveld kann unzählige Geschichten aus seiner Heimat erzählen. Weiter vorne im Buch hatte ich bereits erwähnt, dass die Holländer oft denken, dass Barney ihr Eigentum sei. Wir haben uns schon oft auf Turnieren ein Hotelzimmer geteilt und uns stundenlang über diese Dinge unterhalten. Er erzählt Geschichten, die dich traurig machen und dich zu dem Schluss kommen lassen, dass berühmt zu sein manchmal richtig beschissen ist. In Den Haag holte er sich einen Döner Kebap und setzte sich in die Sonne, um diesen zu essen. Ihm lief – wie uns allen auch – die Knoblauchsoße links und rechts an den Händen herunter, als plötzlich eine Mutter mit ihrem circa neun Jahre alten Sohn vor ihm stand. »Könnten Sie meinem Sohn bitte ein Autogramm geben?« Raymond antwortete: »Das mache ich sehr gerne, nur habe ich gerade meine Finger voll Soße. Ich esse schnell fertig, wasche mir die Hände und dann gebe ich Ihrem Sohn ein oder zwei Autogramme, okay?« Die Dame drehte sich um und sagte zu ihrem Sohn: »Ich hab dir doch gesagt, dass er ein arroganter Idiot ist!«

Da liegt er auf seinem Hotelbett, schaut mich an und sagt: »Gordon, warum machen die Leute das? Was habe ich ihnen getan?« Er holte sein Handy und zeigte mir private Nachrichten, die ihm wildfremde Menschen nach seinen Spielen über Twitter geschickt hatten. Unfassbar, ich war absolut sprachlos. »Du fettes Stück Scheiße sollst auf der Bühne verrecken!«, musste ich lesen. »Sag mir, warum Leute so etwas schreiben?«, fragte er mich wieder. Ich konnte ihm leider keine Antwort geben. »Egal was ich mache, am Ende ist es doch immer falsch. Gebe ich nach einem Spiel 20 Autogramme, sagt Nummer 21, ich wäre ein Idiot, und Nummer 22 ruft mir hinterher, ich sei arrogant. Gebe ich 106 Leuten ein Autogramm, sagt Nummer 107, ich sei arrogant, und 108 ruft, ich sei ein Depp. Also was soll ich tun?« Er schaute mich an und sagte nachdenklich: »Weißt du Gordon, das ist der beschissene Preis, den ich anscheinend dafür zahlen muss! Und manchmal in einer dunklen Stunde wünsche ich mir mein altes Leben zurück. Und dann komme ich nach Deutschland, alle sind nett, höflich und respektieren mich. Dann frage ich mich, warum ist das nicht überall so?«

In solchen Momenten freue ich mich, dass wir in diesem Land anscheinend doch nicht alles falsch gemacht haben. Unzählige Male habe ich es bereits erlebt, wie die Leute mit ihm in Deutschland umgehen. Hin und wieder gehen wir nach Frankfurt shoppen. Frankfurt hat mit der Straße namens Zeil die längste Einkaufsstraße Europas. Sicherlich wird er mittlerweile schon von einigen erkannt. Bei seinem letzten Besuch laufen wir über die Zeil, als eine Gruppe 16-Jähriger auf uns zukommt. Im Vorbeigehen sagt einer der Jungs zu seinem Freund: »Ey Alter, du kannst mir jetzt aufs Maul hauen, aber das war eben Barney, Raymond van Barneveld, der holländische Darts-Weltmeister aus der Premier League!«

Bei der Stelle »Du kannst mir jetzt aufs Maul hauen« musste ich lachen, und Ray fragte, was die Jungs gesagt hätten. Als ich es ihm erklärte, drehte er sich um und sagte zu dem Jungen auf Englisch: »Ich bin Barney, und du darfst jetzt deinem Freund aufs Maul hauen!« Wir mussten alle sehr lachen, und nach einem Gruppenfoto sind wir dann weiter. Während einer anderen Einkaufstour regnete es in Strömen. Plötzlich stand ein circa 14-jähriges Mädel vor uns und sagte: »Darf ich Sie etwas fragen? Mein kleiner Bruder behauptet, Sie seien Barney, der Dartspieler. Er schaut immer Darts im Fernsehen, und wenn Sie es sind, darf ich dann ein Foto von Ihnen mit meinem Bruder machen?« Barney sagte: »Ja klar, wo ist dein Bruder?« Da kommt doch tatsächlich ein fünfjähriger Steppke um die Ecke und ist völlig geflasht. Raymond war sprachlos und sagte: »Das ist verrückt! Da komme ich nach Deutschland, und ein fünfjähriger deutscher Junge erkennt mich auf der Straße, das macht Spaß!«

Auch bei Simon Whitlock kann man erkennen, welchen Spaß er hat, wenn er jedes Jahr in Düsseldorf wie der Gott des Ziegenbarts gefeiert wird. Ich bin mir sicher, dass die meisten Spieler Düsseldorf aufgrund der deutschen Fans lieben. Und genau so soll es sein und nicht anders!

GRUND NR. 87

WEIL ALLE NATIONALITÄTEN GEMEINSAM FEIERN!

1990 – Italien – Mailand – Fußball-Weltmeisterschaft – Achtelfinale – Deutschland – Holland – Völler – Rijkaard – Spucke …
Wer erinnert sich nicht an dieses legendäre Spiel? Ich habe damals alle Holländer gehasst – ausnahmslos! Jeden Pkw mit gelbem Kennzeichen und Wohnwagen habe ich auf der Autobahn mit meinem gestreckten Mittelfinger *genötigt*. Es dauerte Jahre, bis sich mein Zorn auf Rijkaard und die Niederländer legte, und ich bin mir sicher, dass ich nicht der Einzige bin, dem es damals so ging.

Ich muss gestehen, ich liebe England, das Land und seine Leute, denn mit den Saufnasen von der Insel hatte ich nie ein Problem. Sie sind laut, haben einen fantastischen Humor, und die meisten der Essig-Chips-Esser sind grundehrlich. Nie wurde ich als Deutscher in England beleidigt, niemals aufgrund unserer Geschichte beschimpft oder ausgegrenzt.

Ganz im Gegenteil, ich habe durch den Dartsport viele englische Freunde gefunden, mit denen ich mal mehr und mal weniger regelmäßig in Kontakt stehe. Ich muss gestehen, genau für diesen Zweck liebe ich Facebook. Mit den Holländern war das anders. Die hatten Rijkaard, und somit hatte ich damals keinerlei Interesse an diesem Land.

Darts fördert nicht nur Freundschaften, sondern verbindet Menschen unterschiedlichster Herkunft weltweit. Ich habe niemals erlebt, dass ein Darter aufgrund seiner Nationalität, Hautfarbe, Sprache oder Religion diskriminiert wurde. In jeder Kneipe, in der ein Dartboard hängt – egal wo auf dieser Welt –, bist du als Dartspieler willkommen. Ich habe es noch nie erlebt, dass man nicht mitspielen durfte, wenn man freundlich fragte. Man ist sofort einer von ihnen, man hat sofort das gleiche Interesse und die gleiche Leidenschaft. Um das Eis zu brechen, lautet meistens die erste Frage: »Was spielst du für Darts?« Und schon kann man sich stundenlang austauschen.

Schlägereien unter rivalisierenden Fans gibt es im Fußball leider viel zu oft. Der Hass einzelner, sogenannter »Fans« ist teilweise erschreckend. Im Dartsport gibt es das nicht. Egal ob 500 oder 10.000 Zuschauer in einer Halle sind, man feiert und freut sich gemeinsam. Dies liegt zum Teil daran, dass die meisten Zuschauer nicht nur einen Lieblingsspieler haben, sondern eigentlich alle gut und sympathisch finden. Auch wenn man Taylor-Fan ist, dreht man nicht durch, wenn er zum Beispiel gegen Michael van Gerwen verliert. Man ist nicht sauer oder hat danach eine Woche lang miese Laune. Das nächste Spiel beginnt fünf Minuten später und man feuert einfach die Spieler der kommenden Partie an.

Selbst beim World Cup, also dem Wettbewerb der Nationen im vergangenen Januar in Hamburg, konnte man dieses Fan-Phänomen hautnah erleben. Es war völlig egal, ob Deutschland gewann oder doch verlor, man freute sich auch über die guten Leistungen der anderen Teams. Die Begeisterung der Menschen und die Stimmung in den Hallen Deutschlands kann man mittlerweile mit den Events in England vergleichen. Man soll es nicht glauben, aber der Deutsche kann richtig feiern, ganz ohne Fußball-WM im eigenen Land, ohne Fan-Meile und ohne blöde Fähnchen am Auto.

Man verkleidet sich möglichst witzig bis saudoof und freut sich, wenn der Kameramann auf einen aufmerksam wird und man sich dann selbst auf der großen Leinwand begutachten kann und die Menge anfängt zu grölen, weil man einen verkleideten und winkenden Idioten sieht. Ein humorvoller Teufelskreislauf. Oder man schreibt ein sinnfreies Schild mit Sprüchen wie »Hallo Chef, ich bin nicht krank, ich bin beim Darts!«.

Nennt mir eine Sportart, bei der Engländer, Holländer und Deutsche GEMEINSAM feiern, Spaß haben und sich mögen! Ich glaube, das gibt es nur beim Darts! (Trotzdem dürfte Rijkaard auch beim Darts nicht neben mir sitzen!)

KAPITEL 10

MACHER, LACHER UND GESCHACHER

GRUND NR. 88

WEIL ES DIE PDC UND BARRY HEARN GIBT!

Die Professional Darts Corporation, kurz PDC genannt, wurde 1992 ursprünglich unter dem Namen World Darts Council (WDC) von 16 Dartprofis der British Darts Organisation (BDO) gegründet. Dies waren: Bob Anderson, Eric Bristow, Keith Deller, Peter Evison, Ritchie Gardner, Mike Gregory, Rod Harrington, Jamie Harvey, Chrissie Johns, Cliff Lazarenko, John Lowe, Dennis Priestley, Kevin Spiolek, Phil Taylor, Alan Warriner und Jocky Wilson.

Maßgeblichen Anteil an der Gründung hatte ebenfalls der Pay-TV-Fernsehsender Sky Sports, der mit aller Macht den Dartsport in sein Programm aufnehmen wollte. Die bisherigen Dartturniere wurden nämlich von der BBC übertragen. Die etablierten Dartspieler waren mit der Vermarktung des Dartsports seitens der BDO nicht zufrieden, so kam das Angebot von Sky Sports zum richtigen Zeitpunkt. Alle noch aktiven BDO-Weltmeister wechselten zur PDC, in der Hoffnung, zukünftig ihren Lebensunterhalt mit dem Dartsport gut und sicher bestreiten zu können. Barry Hearn, ein sehr erfahrener Sportpromoter, kümmerte sich fortan um die Belange der PDC.

Die erste eigene Weltmeisterschaft trug die PDC im Jahr 1994 aus. In puncto Vermarktung und Präsentation hob sich die PDC von Beginn an positiv von der BDO ab. Während die Übertragung der BDO-Weltmeisterschaft noch heute recht antik und reichlich verstaubt erscheint, setzte die PDC von Beginn an auf einen Einmarsch der Spieler mit lauter Musik, Trockeneis und Lichteffekten. Wer sich heute auf Eurosport die sogenannte Weltmeisterschaft der BDO anschaut, wird verstehen, was ich meine. Die Zuschauer der BDO kommen mittlerweile mit dem Rollator, während die PDC stetig ihre Zuschauerzahlen und Ticketverkäufe steigern kann. Der wichtigste Unterschied zwischen beiden Verbänden ist aber die Qualität der Spieler. Die besten Spieler der Welt sind mittlerweile fast alle bei der Professional Darts Cooperation unter Vertrag, während die eigentlichen Amateure des Sports ihr Zuhause bei der British Darts Organisation suchen und finden. Die wichtigsten Turniere der Welt werden heute von der PDC und dem kontinentaleuropäischen Ableger der PDC Europe veranstaltet. Hierzu zählen: Die PDC World Darts Championship, die World Matchplay, der World Grand Prix, die UK Open, die Premier League of Darts, der Grand Slam of Darts, die European Championship und der World Cup of Darts. Während die PDC immer größer wird, verschwindet die BDO mittlerweile in der Bedeutungslosigkeit.

Die PDC – samt ihrer Tochter PDC Europe – ist unbestritten der Verband, der weltweit am meisten für die ambitionierten Dartspieler tut. Nirgends wird mehr Preisgeld geboten als bei den Events des Profiverbandes. Jede Veranstaltung ist ausverkauft, und mit der diesjährigen McCoys Premier League of Darts erreichte der Dartboom ein neues Level. Fast an jedem Wochenende des Jahres können die Spieler an Turnieren teilnehmen. Dies bedeutet aber, dass die Leistungsdichte unglaublich groß ist. Das Niveau hat sich in den letzten Jahren unglaublich gesteigert. Bis zu 10.000 Menschen verfolgen jeden Donnerstag in den größten Hallen Englands, Schottlands, Wales' und Irlands das Spektakel Darts. Und es werden immer mehr. Sämtliche Events sind innerhalb kürzester Zeit ausverkauft, Tickets zum Beispiel für die PDC-Weltmeisterschaft sollte man am besten ein halbes Jahr vorher kaufen.

Barry Hearn, geboren am 19. Juni 1949 in Dagenham/England, ist der Günder und Vorstandsvorsitzende der Firma Matchroom Sport, welche im Bereich der Sportpromotion tätig ist. Derzeit ist Hearn Vorsitzender der PDC und des englischen Fußballvereins Leyton Orient F.C. Bis vor ungefähr drei Jahren war er ebenfalls Vorsitzender der World Professional Billiards and Snooker Association (WPBSA). Gerade dem damals bereits am Boden liegenden Snooker-Sport verhalf er in den 70ern zu neuem TV-Ruhm. 1987 entschloss sich Barry Hearn, ebenfalls im Boxsport tätig zu werden. Er organisierte unter anderem Kämpfe für Boxer wie Lennox Lewis, Frank Bruno, Nigel Benn, Chris Eubank, Prince Naseem Hamed und Herbie Hide. Als Manager betreute er britische Sportgrößen wie den sechsmaligen Snooker-Weltmeister Steve Davis und den Gott der Pfeile – Phil Taylor!

Gerade aber im Dartsport gelang Barry Hearn, der mittlerweile Multimillionär mit eigenem Helikopter ist, sein größter Clou, ein richtiges Meisterstück. Noch Ende der Achtziger-, Anfang der Neunzigerjahre gab keiner auch nur einen Pfifferling auf das Spiel mit den kleinen Pfeilen. Es gab zur damaligen Zeit nur noch ein Turnier, das im Fernsehen übertragen wurde. Wenn man sich die heutige Fernsehpräsenz des Dartsports ansieht, muss man feststellen, dass Hearn wirklich alles richtig gemacht hat. In den letzten 20 Jahren hat er es geschafft, dass gerade Unternehmen aus der Wettindustrie Gefallen am Dartsport gefunden haben. Verwunderlich ist es nicht, denn schließlich wettet der Engländer bekanntlich sehr gerne und vor allen Dingen auf jeden Mist.

Barry Hearn ist das Beste, was dem Dartsport passieren konnte!

GRUND NR. 89

WEIL ES NOCH ECHTE PIONIERE GIBT!!

Und wäre Werner von Moltke nicht zufällig im Dezember 2005, während seines Skiurlaubs, beim Zappen bei einer Liveübertragung des Deutschen Sportfernsehens (D:SF) hängen geblieben, wäre Darts in Deutschland heute nicht da, wo es ist. Werner von Moltke, Inhaber einer Promotion-Agentur, ist genau einer dieser Menschen, die mit viel Herzblut und unter Zuhilfenahme von noch mehr Geld etwas bewegen und auf die Beine stellen. Risiko ist für solche Menschen zum Glück kein Fremdwort. Was war es aber, was von Moltke so faszinierte? Richtig, es war die Übertragung der PDC-Weltmeisterschaft aus dem damaligen Mekka des professionellen Dartsports, der Circus Tavern in Purfleet. Werner von Moltke sah in Darts das beste Format für eine Fernsehübertragung. Schnell, spannend, keine Langeweile und Action vom Anfang bis zum (bitteren) Ende. Zum Leidwesen seiner Frau schaltete er auch an den nächsten Tagen wieder den Fernseher ein. Taylor besiegte Peter Manley im Endspiel äußerst deutlich mit 7:0 Sets. An einem dieser Tage muss dann die Entscheidung gefallen sein, ein Dartturnier ausrichten zu wollen. Und er wollte Taylor, den König der Pfeile, mit aller Macht dabeihaben und nach Deutschland holen.

Am Dienstag, den 30.01.2006 ist Phil Taylor zu Gast bei *TV Total*, und Stefan Raab führt ein für seine Verhältnisse tolles Interview, ohne den Dartsport oder Taylor auf die Schippe zu nehmen. Was keiner weiß, von Moltke hatte sich bereits nachmittags mit Taylor in dessen Hotel getroffen und den Deal für ein Turnier mit dem Champ eingetütet. Das Turnier sollte »Meet the Power« heißen und am 15.04.2006 in der Tonhalle in München stattfinden. Werner von Moltke und seinem Team bleiben ab diesem Zeitpunkt knapp zehn Wochen für die Planung und Organisation des Events.

Kurz nach Taylors Auftritt bei Raab meldete sich Elmar Paulke – Darts-Kommentator des DSF – mit der Info bei mir, dass es einen Geschäftsmann in München gäbe, der Geld, Zeit und Nerven in den Dartsport investieren wolle. Ich konnte es gar nicht fassen. Sollte sich mein großer Lebenstraum von »viel Darts im Fernsehen und ausverkauften Hallen« doch noch erfüllen? Paulkes Frage, ob er meine Rufnummer weitergeben dürfe, war natürlich längst überflüssig. Ein paar Tage später fuhr ich gemeinsam mit Ralf Rademacher von McDart Richtung München, um WvM (so nannten wir ihn aus Zeitgründen) und seine Idee kennenzulernen.

Zum Ereignis »Meet the Power« würde ich mich gerne später im Buch ausführlicher äußern. Aufgrund des tollen Verlaufs und des unglaublich großen Zuspruchs entschied sich WvM dafür, Mitte

2006 die GDC (German Dart Corporation), einen Ableger, nein eher die Schwester der englischen PDC, zu gründen. Werner von Moltkes Ziel war – und ist es nach wie vor –, den Deutschen, Österreichern und Schweizern eine Möglichkeit zu bieten, sich für die Weltmeisterschaft der PDC, egal in welcher Form, qualifizieren zu können. Allein zu diesem Zweck wurde am 27. November 2006 das Turnier »Meet the Power II – Road to Purfleet« in Geiselwind ausgetragen. Der Österreicher Anton Pein sichert sich mit einem Finalsieg über Herbert Biendl die Wildcard, welche ihn zum Start bei der PDC berechtigte.

In dieser Zeit versuchte MvW ebenfalls, die Brücke zum Deutschen Dart-Verband zu schlagen, traf aber leider mit all seinen Vorschlägen zwecks einer Kooperation beim damaligen DDV-Präsidenten Stephan Mischke auf taube Ohren. Das Hauptaugenmerk der GDC lag aber weiterhin auf der Suche nach einem deutschen Phil Taylor, einem Spieler, der in die Vormachtstellung der Briten ein- und sie eventuell durchdringen konnte. Nachdem die GDC Mensur Suljović und Michael Rosenauer zur WM schickte, entschloss sich WvM dazu, die GDC in PDC Europe umzubenennen. Zu diesem Zeitpunkt stand fest, dass man sich die alleinigen Vermarktungsrechte der PDC für Kontinentaleuropa sichern würde. Für von Moltke und sein Team ein sensationeller und riesengroßer Erfolg.

Immer mehr Turniere der PDC finden ab diesem Zeitpunkt in Deutschland statt. Die PDC Europe ist bezüglich der Verbreitung des Dartsports für Barry Hearn, den Inhaber der PDC, ein ungemein strategisch wichtiger Partner geworden. Jedes Turnier in Deutschland ist weit vor Beginn restlos ausverkauft. Man muss die fantastische Leistung der Mitarbeiter der PDC Europe neidlos anerkennen, hier im Speziellen Sebastian Mayer, dem organisatorischen Gehirn der PDC Europe, und Thorsten Brock, dem deutschen Turnierdirektor. Turniere wie zum Beispiel in Halle/Westfalen im Gerry Weber Convention Center wird kein Dartfan in Deutschland jemals vergessen. Die alljährliche Stimmung beim Turnier in Düsseldorf ist unbeschreiblich. Das Team-Event World Cup in Hamburg ist genauso fantastisch, wie es in Salzburg der Fall war.

Man darf gespannt sein, was in den nächsten Jahren noch passieren wird. Mit der Vermarktung von Max Hopp hat sich die PDC Europe die Rechte an der 16-jährigen Nachwuchshoffnung gesichert. Erneut eine weise Entscheidung ... Darts in Deutschland boomt! Das ist einzig der Verdienst der PDC Europe und der Fans, die zu Tausenden die Hallen stürmen, um ihre Idole sehen und unterstützen zu können. Und es ist das Verdienst eines Mannes, Pionier des deutschen Dartsports – Werner von Moltke.

 GRUND NR. 90

WEIL ES DAS »MEET THE POWER« GAB!

Am 15. April 2006 begann die neue Zeitrechnung »Darts« in Deutschland. Ein Show-Turnier der Extraklasse wurde von der damaligen Firma Moltke-Promotion GmbH aus München organisiert und durchgeführt. Der Dart-Pionier von Moltke wollte den Dartsport in Deutschland auf professionelle Beine stellen und nicht immer nur am Fernseher verfolgen. Den Turnierablauf gestaltete die Firma McDart unter der Leitung von Ralf Rademacher. Kein Geringerer als Phil Taylor selbst wurde für dieses Turnier verpflichtet. Im Gepäck sein damaliger Lehrling Adrian Lewis. Der Name des Turniers, welches eher eine Promotion für den Dartsport werden sollte, war schnell gefunden: »Meet the Power«.

Der Austragungsort war die Tonhalle in München, mit einer Kapazität von 1.200 Zuschauerplätzen für das damalige Vorhaben eine perfekte Location. Als »Master of Ceremony« fungierte Elmar Paulke, der uns zu diesem Zeitpunkt noch für das DSF die Dartpfeile der Superstars ins Wohnzimmer brachte. Der »Master Caller« war ich selbst, und ich muss gestehen, dass ich niemals wieder eine solche Gänsehaut auf einer Bühne hatte. Warum, dazu gleich mehr. Wie im vorigen »Grund« erwähnt, besiegelte Werner von Moltke an ebenjenem Dienstagnachmittag in einem Kölner Hotel den Vertrag mit Phil Taylor. Nach diesem Treffen ging es für Taylor zu Stefan Raabs *TV Total*, für von Moltke hieß es »Ärmel hochkrempeln«, denn ihm und seinem Team blieben lediglich zehn Wochen, um das Treffen mit dem Meister, das Event »Meet the Power«, auf die Füße zu stellen. Gesagt, getan. Einige Tage später startete die Werbung für das Turnier, und wir sind alle selbst am meisten geschockt, dass es innerhalb kürzester Zeit ausverkauft ist. Ab diesem Zeitpunkt wussten alle Beteiligten: »Jetzt gilt's«, wir wussten, dass wir nun am Zug waren, wir mussten liefern!

Am Donnerstagabend, den 13.04.2006, also einen Tag vor meiner Abreise nach München, bereite ich mich auf meiner Couch mit einem eiskalten Weizenbier auf das bevorstehende Turnier vor. Als mein Handy klingelt und ich den Namen Werner von Moltke auf meinem Display lese, ahne ich noch nicht, dass er mir innerhalb von zwei Nanosekunden den Abend versauen würde. »Taylor kommt nicht, seine Tochter liegt im Krankenhaus!«, so WvM. Vor Schreck fällt mir das halbe Bier aus dem Gesicht. Ich bitte ihn, mich nicht zu verscheißern, die Gesichtsfarbe hatte ich bereits verloren. »Der kann doch nicht absagen, das Ding heißt ›Meet the Power‹ und nicht ›Triff Hans Arsch‹! Werner, wir sind ausverkauft!«, lasse ich meinem Frust freien Lauf, und in meinem Kopf spielen sich Horrorszenarien ab. Genial, schließlich muss ich vor Elmar Paulke zum Warm-up des Publikums auf die Bühne. Man stelle sich 1.200 Zuschauer in einer engen Halle vor. Alle haben schon ein paar Bier in der Birne, die Stimmung ist aufgeheizt, und alle freuen sich auf »The Power«. Und du kommst, wohlgemerkt als Hesse, in Bayerns Hauptstadt auf die Bühne und sagst: »Servus, pfiat eich, da Taylor is net do!« Ich stelle mir vor, wie die aufgebrachte Meute die Bühne stürmt und mir die Wirbelsäule durch den Schließmuskel zieht! Herrlich … Wer könnte Taylor ersetzen? Da gab es nur einen, der dieser Vertretung würdig wäre, und dieser Spieler hieß Raymond van Barneveld, zum damaligen Zeitpunkt vierfacher Weltmeister der BDO. Noch an diesem Abend telefoniert und faxt Werner von Moltke mit Barneys Management. Dann die gute Nachricht, er kommt! Er lässt sich für den Auftritt zwar fürstlich entlohnen, aber was weitaus wichtiger ist, Raymond van Barneveld erkennt die Notsituation, in der wir uns befinden, und lässt uns nicht hängen.

In der Zwischenzeit versuche ich, Edward Lowy, den Inhaber der Firma Unicorn Darts – Taylors und mein Sponsor –, telefonisch zu erreichen. Es ist mittlerweile circa 23 Uhr. Ich erkläre Lowy die Situation, in der wir uns befinden, und Lowy sagt, er würde versuchen, Taylor zu erreichen. Am nächsten Morgen packe ich mein Auto und fahre mit meiner Frau Richtung München. Nach 20 Kilometern, kurz hinter Aschaffenburg, der erste Stau. Mein Handy klingelt, und Werner von Moltke teilt mir mit, dass Phil Taylor nun doch kommen wolle, da es seiner Tochter besser ginge. Vor Freude haue ich mir mit meiner Faust fast den Airbag aus dem Lenkrad. Dies hieße, wir hätten Phil Taylor, Adrian Lewis und Raymond van Barneveld dem Münchner Publikum zu bieten? Was könnte es Besseres geben, als die beiden besten Spieler beider Verbände in einem Turnier zu haben? Nichts, es konnte für Dartfans nichts Größeres geben. Wahnsinn, oder »I think, I spider!«, wie der Franzose zu sagen pflegt.

Und von alledem hatten die Zuschauer keine Ahnung! Sie hatten keinen Schimmer davon, dass wir zwei Tage vorher eigentlich tot waren, sie hätten uns geteert und gefedert. Und samstags kommt Elmar Paulkes großer Auftritt, als er dem Publikum unsere chaotische Geschichte erzählt. Als Paulke zum Schluss Taylor doch noch auf die Bühne bittet, habe ich Angst, dass die Tonhalle in München auseinanderfällt. Der Lärm ist unbeschreiblich. Wenig später startete das größte Dartspektakel, das Deutschland bisher erlebte. Im Finale gewinnt Phil Taylor gegen Raymond van Barneveld mit einem 167er Finish, und die Fans gehen glücklich nach Hause.

Vielleicht sollte man »Meet the Power« einmal wiederholen …

GRUND NR. 91

WEIL ICH SONST NIE DEN »BUNTEN TONI« KENNENGELERNT HÄTTE!

Im Autohof Strohofer veranstaltete die damalige German Darts Corporation (GDC) am 27. November 2006 ein Turnier namens »Meet the Power II – Road to Purfleet«. Der Gewinner erhielt eine Wildcard, also die Berechtigung zur Teilnahme an der PDC-Darts-Weltmeisterschaft im englischen Purfleet. In der Halle tummelten sich circa 1.600 Menschen, als Hauptsponsor konnte man das Unternehmen Berentzen mit seinem Produkt »Puschkin« gewinnen. Ich wurde als »Master of Ceremony« und »Master Caller« gebucht. Alle waren wir nervös und fieberten dem Beginn der Veranstaltung entgegen. Gerade wenn der Hauptsponsor mit einem generalstabsmäßigen Aufgebot an wichtigen Mitarbeitern in der Halle ist, hofft und betet man, dass alles reibungslos über die Bühne geht.

Hinter der Bühne kommt mir die unglaublich bescheuerte Idee, dass man mir doch bitte einen Stehtisch mit allen Puschkin-Wodka-Produkten (Red, Black und noch irgendein Wodka-Mix-Gesöff) inklusive Red Bull, O-Saft, et cetera auf die Bühne stellt. Gesagt, getan. Als ich zum Warm-up des Publikums die Treppe zur Bühne erklimme, sehe ich in der Berentzen-VIP-Louge strahlende Gesichter, da man sich freut, dass ich die Produkte so plastisch zur Schau stelle. Als besonderen Gag habe ich Vollidiot mir überlegt, alle drei Flaschen zu öffnen und jeweils einen Longdrink zu mixen und diesen auf ex zu trinken. Als ich das letzte Glas absetze, bin ich schlagartig stechgranatenvoll, und das Turnier hat noch nicht einmal begonnen! Tolle Idee, ganz prima ... Wenigstens die Herren und Damen von Berentzen sagen mir hinterher, dass sie die Aktion total lustig fanden. Superlustig! Die erste Stunde calle ich die Spiele im totalen Nebel.

Für ein Turnier dieser Größenordnung bedarf es einer eingespielten Security-Mannschaft. Das Team von Paco Sanchez war zur damaligen Zeit der »Hauslieferant« der GDC, wenn es um Rausschmiss, Friedenstiften, Haue und Personenschutz ging. Warum ich das erzähle, hat folgenden Grund ... Während meiner zweiten Ansage stehe ich alleine auf dieser riesengroßen Bühne und rufe Michael »Rosi 501« Rosenauer zu mir, weil er für sein gutes Abschneiden bei einem Turnier als Bonus einen Scheck überreicht bekommen soll. So weit, so gut ... Aus meinem linken Augenwinkel sehe ich, wie ein älterer Herr die Bühne betritt und sich schnurstracks auf mich zu bewegt. Ich erschrecke, da ich absolut keine Ahnung habe, was der Typ von mir will! Vielleicht ist es ein fanatischer Dart-Hasser, dessen Frau mit einem Darter durchgebrannt ist, und ich muss dafür büßen. Was weiß denn ich, was Geisteskranken so durch den Kopf geht. Man hört ja die tollsten Geschichten! Hilfe suchend blicke ich zu Paco Sanchez und hoffe, dass er den alten Kasper von der Bühne holt. Werner von Moltke, Inhaber der GDC, dreht sich mit Tränen in den Augen weg, und ich stehe da wie ein Depp.

Der ältere Herr begrüßt mich mit: »Hallo, ich bin der bunte Toni, geben Sie mir das Mikrofon!« Ich bin völlig perplex, als der Gute anfängt, an meinem Mikrofon zu ziehen und zu zerren. Ich sage: »Nein, was wollen Sie damit?« und schaue recht hilflos in Richtung unseres Security-Chefs, der aber jetzt ebenfalls mit den Tränen zu kämpfen hat, während das alte Männlein immer noch an meinem Mikro hängt und »Ich mach das immer so!« murmelt. Völlig entnervt gebe ich dem Herrn das Mikro! Da stellt der Typ sich hin und begrüßt die Leute ... »Hallo ihr Lieben, die E-Darter kennen mich ja schon, ich bin Toni Strohofer und werde ›der bunte Toni‹ genannt. Ich wünsche euch viel Spaß in meiner Halle!« Schlagartig wird mir klar, dass ich es mit DEM Strohofer zu tun habe, dem Inhaber des gesamten Autohofs inklusive eigener Kirche, Hotel, et cetera – dem Multimillionär Toni Strohofer, dem fast komplett Geiselwind gehört! Und ich wollte ihn einweisen lassen ...

GRUND NR. 92

WEIL MAN DIE UNGLAUBLICHSTEN GESCHICHTEN ERLEBT!

Jeder von uns kennt sie, aber gerade im Dartsport sind die Bekloppten und Vollwahnsinnigen am häufigsten vertreten. Wie oft habe ich in den ganzen Jahren schon auf den Typen gewartet, der mir die Kinokarte abreißt, bis ich wieder einmal feststellen musste, dass die Geschichte, die ich gerade erlebte, wahr ist und ich mich nicht im Kino befinde. Einige dieser Geschichten muss ich jetzt ohne Rücksicht auf Verluste zum Besten geben.

Eine Geschichte betrifft die kleine Darttasche »dartWrap«, die ich vertreibe. Bis Ende 2012 boten wir die Möglichkeit, dass man sich seinen Namen oder einen Schriftzug nach Wahl mittels Lasertechnik in das Leder brennen lassen konnte. Hierzu gibt es unendlichen Schriftverkehr, weil es manche Menschen einfach nicht verstehen wollen, wahrscheinlich eher nicht können. Die Frage ist meist die gleiche, wiederholt sich aber in den abstraktesten Formen … Hier ein E-Mail-Verkehr mit einem Kunden:

Kunde: *Es wäre sehr nett, wenn Sie meinen Namen in Rot lasern könnten!*

Ich: *Lieber Kunde, ein Laser verbrennt das Leder! Dies geschieht generell in der Farbe Schwarz. Ein Laser kann Leder nicht in der Farbe Rot verbrennen. Bitte lassen Sie mich wissen, was ich tun soll. Vielen Dank.*

Kunde: *Vielen Dank für Ihre Information. Dann lasern Sie bitte meinen Namen in Blau!*

Ich: *Lieber Kunde, wie bereits erwähnt, **verbrennt** der Laser das Leder. Das geschieht **immer** in Schwarz. Ein Laser kann das Leder weder in Rot, Grün, Gelb, Blau noch Rosa verbrennen!*

Kunde: *Entschuldigung, jetzt habe ich es verstanden! Ginge denn Silber oder Gold?*

Ja, da macht sich schon mal Sprachlosigkeit breit. Was soll man da noch sagen oder schreiben? Das ist nicht nur einmal passiert. Leider.

Zwei Highlights der ganz besonderen Art erlebte ich jedoch in Geiselwind. Der DSAB (Deutscher Sportautomatenbund e.V.) verpflichtete mich als Caller für die Endspiele des Masters of Masters-Turniers. E-Dart mit Caller? Wat is? Ja genau, man wollte die Stimmung eines Steeldartturniers auf die Bühne eines E-Dartturniers bringen. Da stand ich nun mit meinem Talent. Aus einer Entfernung von ungefähr fünf Metern las ich die geworfene Punktzahl einfach vom Display des Automaten ab. Ich bekam quasi Geld fürs Lesen und Ins-Mikrofon-Brüllen. Unglaublich, aber wahr. Ich musste nicht einmal rechnen. Aber der eigentliche Knaller war mein Weg in die Halle.

Wenn die deutschen Mannschaftsmeisterschaften oder das Masters of Masters stattfindet, geben sich alle Topspieler der Szene in Geiselwind die Ehre. Tausende Spieler und Zuschauer bevölkern drei Tage lang den Autohof. Einige nutzen das Hotel, die meisten zelten, und einige schlafen in ihren Autos.

Ich bin also als Caller gebucht worden. Glücklicherweise finde ich in der Nähe der Eventhalle einen Parkplatz. Wie immer trage ich als Caller einen adretten, meist dunklen Anzug, und meine schwarzen Schuhe sind auf Hochglanz poliert. So schlängle ich mich durch die parkenden Autos, bis sich die Beifahrertür eines Toyotas öffnet, eine Dame sich hinausbeugt und mir fröhlich auf die Schuhe und gegen meine Hose kotzt. Mahlzeit. Mit einem »'schuldigung« schließt sich die Wagentür, und die Dame schläft weiter. Ich stehe da, sehe an mir herab und bin absolut fassungslos. Mich hatte tatsächlich gerade jemand angekotzt! Seit diesem Erlebnis habe ich immer, egal wo ich als Caller gebucht werde, zumindest eine Ersatzhose, meistens jedoch einen zweiten Anzug dabei.

Die weitere Geschichte handelt von einem Darter, der an einem Turnier der GDC teilnehmen wollte. Grundregel war, dass man vorher die Startgebühr per Überweisung entrichten musste. Erst bei Geldeingang war man startberechtigt. Ein paar Tage vor Turnierbeginn meldete er sich bei der GDC per E-Mail und entschuldigte sich, dass er das Geld noch nicht habe überweisen können, da seine Bank überfallen worden sei und er jetzt dadurch kein Geld mehr auf seinem Konto habe.

Ich lass das mal so stehen.

GRUND NR. 93

WEIL ES BALD SPONSOREN GIBT, GEBEN SOLLTE, GEBEN MÜSSTE!

Es müsste mit dem Teufel zugehen, wenn nicht bald deutsche Unternehmen auf den Zug des Dart-Booms mit aufspringen würden. Sportarten wie Tischtennis, Skispringen oder Leichtathletik würden sich über eine mediale Präsenz freuen, wie sie der Dartsport momentan genießt.

Da stellt man den Konzernen und deren Managern in diesem Land immer hervorragende Zeugnisse aus, und was machen sie? Sie pumpen die ganze schöne Kohle zum größten Teil in den Fußball! Anstatt neue Wege zu beschreiten, bleiben die meisten immer noch des Deutschen liebster Sportart treu verbunden. Mir persönlich ist dies völlig schleierhaft, zumal mir außer Darts keine andere Sportart einfällt, die im Fernsehen eine bessere Werbewirksamkeit hätte. Bei einer Dartübertragung hat man einen Split-Screen vor Augen, das heißt, der Bildschirm ist vertikal in zwei gleich große Hälften unterteilt. Links sieht man das Board und rechts den Spieler – und dies permanent. Würde ein Darter zum Beispiel das Logo eines bekannten Unternehmens tragen, könnte sich die Marketing-Abteilung sicher sein, dass man das Logo für die Dauer des Spiels hervorragend sehen könnte.

Anders im Fußball, oder noch blöder in der Formel 1! Wie kann man sich ein Meeting in der Marketing-Abteilung eines großen Konzerns vorstellen? »Wir haben dieses Jahr noch einen Werbeetat in Höhe von fünf Millionen Euro übrig! Was wollen wir tun?« – »Oh super, lasst uns einen Aufkleber in DIN-A4-Größe auf ein Formel-1-Auto kleben!« Jetzt sollte eigentlich der Moment gekommen sein, in dem der Vorstand beschließt, dass der Chef der Marketing-Abteilung sofort erschossen werden muss. Und dann stehen der überbezahlte Marketingleiter und sein unfähiger Vorstandsvorsitzender mit dem VIP-Ausweis am Halsband an der Rennstrecke und brüllen sich gegenseitig ins Ohr: »Konnten Sie eben unser Logo sehen, Herr Dr. Doof?« – »Nein, der war leider zu schnell, Herr Dr. Depp!« Selten kommt es in solchen Fällen nun zu einer Stallorder, in der der Fahrer über Funk aufgefordert wird: »Hömma Vettel, fahr mal in der Senna-Kurve langsam, da stehen die zwei Idioten von Vodakom und wollen ihr Logo sehen!« Montags darauf werden 2.500 Vodakom-Mitarbeiter aufgrund von dringend benötigten Einsparungen entlassen.

Im Dartsport muss man noch keine Millionen ausgeben, um seine Firma sinnvoll präsentieren zu können. Leider sind die Doctores Doof und Depp aber noch nicht auf die Idee gekommen. Vielleicht bald, wenn man merkt, dass der Dartsport um einiges authentischer und ehrlicher ist als der Profifußball!

Fußball … Wo man 19-Jährigen so viel Geld in den Hintern steckt, dass sie mit einem Jahresgehalt ein Leben lang über die Runden kämen. Ein Großteil der Fußballer ist froh, wenn sie das Wort »Ball« auch im Englischen schreiben können. Egal, die Vereine bezahlen das Geld und hoffen, dass die Fans jedes Jahr wieder Millionen Euro für Merchandising und Eintrittskarten ausgeben. Ich persönlich bin der Ansicht, dass der Fußball in unserem Land einen viel zu hohen Stellenwert genießt. Die Umsätze sind gigantisch, jedoch verliert dieser Sport in der Zwischenzeit gänzlich den Bezug zur Realität. Einen Großteil der Vereine dürfte es aus finanzieller Sicht schon lange nicht mehr geben, siehe etwa Real Madrid. Loge statt Stehplatz!

Ich schätze, dass sich der typisch deutsche Durchschnittsdartzuschauer im Alter von 15 bis 50 befindet. Liebe Vodakom, auch das ist eure Zielgruppe! Wir brauchen deutsche Unternehmen, die junge Spieler aus diesem Land fördern und ihnen die Möglichkeit geben, in ein paar Jahren mit der Weltelite mithalten zu können. Immer mehr Deutsche aus den unterschiedlichsten Sozialschichten lieben mittlerweile den Dartsport. Es gibt nur sehr wenige Dartfans, die selbst noch nie einen Dart geworfen haben. Ganz im Gegensatz zum Fußball, bei dem es sehr viele Zuschauer gibt, die selbst noch nie gegen einen Ball getreten haben. Dartfans wissen die Leistungen der Profis zu würdigen, da sie verstehen, was auf der Bühne passiert. Sie können den nervlichen Druck und die Anspannung fühlen.

Eine werbewirksame Beteiligung im Dartsport wäre derzeit für deutsche Unternehmen noch für einen Schnäppchenpreis zu erwerben, gemessen an den Beträgen, die man im Fußball oder der Formel 1 auf den Tisch legen muss, um sein Produkt in der Halbzeitpause drei Sekunden auf der Anzeigetafel zu sehen. Ich bin mir aber sicher, dass sich dies sehr schnell ändern kann und wird, wenn die Arbeit der PDC Europe sich so gut weiterentwickelt. Dann ist Schluss mit Schnäppchen, dann muss man mit dem Koffer kommen und viele Unternehmen werden sich ärgern. Bis heute kann ich es nicht verstehen, dass Unternehmen wie Red Bull sich nicht für den Dartsport interessieren und als Hauptsponsor lieber beim Moto-Cross, Kunstfliegen und Mountainbike-Rennen in Erscheinung treten. Dabei wäre der Name Red Bull das Größte überhaupt. Kein Name wäre im Dartsport treffender! Und was macht Dietrich Mateschitz? Immer wieder Fußball und Formel 1, dabei haben die Ösis so gute Dartspieler! Ach, es ist manchmal zum Heulen, wie viel Geld manche Firmen für Schwachsinn regelrecht verbrennen.

Eine deutsche Brauerei als Hauptsponsor einer Turnierserie wäre auch toll. Krombacher und Warsteiner werben ja schon im Sport.

Okay, seriös bei der Nationalmannschaft mit alkoholfreiem Bier. Beim Dartsport sollte es aber schon richtiges Bier sein, also mit voller Umdrehung, denn mit so einer kastrierten Plörre macht man sich bei Dartern keine Freunde!

GRUND NR. 94

WEIL ES DIE »WORLD CHAMPIONS« GIBT!

Selbstverständlich können Frauen und Männer auch beim Darts einen Weltmeistertitel gewinnen, jedoch gibt es drei Verbände, die einen Weltmeister ermitteln. Die PDC ermittelt ihren Champion einmal im Jahr immer von Mitte Dezember bis Anfang Januar, die BDO folgt dann kurz darauf – ebenfalls jährlich – in der zweiten Woche des Januars mit einem Herren- und Damenwettbewerb. Darüber hinaus veranstaltet die WDF alle zwei Jahre den World Cup mit den Disziplinen Einzel bei den Herren und Damen, Doppel und dem Teamwettbewerb. All diese Wettbewerbe zählen ebenfalls als offizielle Weltmeisterschaften. Die PDC veranstaltete dagegen nur einmal eine Weltmeisterschaft für Frauen und eine im Doppel der Herren. Wer waren die bisherigen Weltmeister/innen beider Verbände?

MEHRFACHE WELTMEISTER (SORTIERT NACH ERFOLGEN):
- 16x Phil Taylor »The Power« (14x PDC, 2x BDO)
- 9x Trina Gulliver »The Golden Girl« (9x BDO)
- 5x Raymond van Barneveld »Barney« (4x BDO, 1x PDC)
- 5x Eric Bristow »The Crafty Cockney« (5x BDO)
- 3x Anastasia Dobromyslova »From Russia With Love« (3x BDO)
- 3x John Part »Darth Maple« (1x BDO, 2x PDC)
- 3x John Lowe »Old Stoneface« (3x BDO)
- 3x Martin Adams »Wolfie« (3x BDO)

- 2x Adrian Lewis »Jackpot« (2x PDC)
- 2x Dennis Priestley »The Menace« (1x BDO, 1x PDC)
- 2x Ted Hankey »The Count« (2x BDO)
- 2x Jocky Wilson »Jocky« (2x BDO)

EINMALIGE WELTMEISTER (OHNE WDF-TITEL):
- Stacy Bromberg »The Wish Granter« (1x PDC)
- Bob Anderson »The Limestone Cowboy« (1x BDO)
- Steve Beaton »The Bronze Adonis« (1x BDO)
- Richie Burnett »The Prince of Wales« (1x BDO)
- Tony David »The Deadly Boomerang« (1x BDO)
- Keith Deller »The Fella« (1x BDO)
- Andy Fordham »The Viking« (1x BDO)
- Jelle Klaasen »The Matador« (1x BDO)
- Leighton Rees »Marathon Man« (1x BDO)
- Les Wallace »McDanger« (1x BDO)
- John Walton »John Boy« (1x BDO)
- Mark Webster »The Spider« (1x BDO)
- Christian Kist »The Lipstick« (1x BDO)

Es ist der Wunsch eines jeden Darters, einmal auf dieser Liste zu erscheinen. Wenn es nicht dein Wunsch ist, dann bist du kein richtiger Darter! Da der WDF World Cup mit seinen drei Disziplinen ebenfalls als Weltmeisterschaftstitel gilt, können wir jetzt ausrechnen, wer »Over-All« die Top 5 der »Champion der Champions« ist:
- 20x Eric Bristow   (0x PDC, 5x BDO, 15x WDF)
- 17x Phil Taylor   (14x PDC, 2x BDO, 1x WDF)
- 16x John Lowe   (0x PDC, 3x BDO, 13x WDF)
- 13x Martin Adams   (0x PDC, 3x BDO, 10x WDF)
- 10x Raymond van Barneveld (2x PDC, 4x BDO, 4x WDF)

Natürlich darf man nicht vergessen, dass die PDC-Spieler seit Gründung ihres Verbandes nicht mehr beim WDF World Cup mitspielen durften. Ich bin mir sicher, dass »The Power« das Einzel hin und wieder gewonnen hätte. Den Doppelwettbewerb auch. Und den Teamwettbewerb ganz sicher. Man kann rechnen, wie man will, Phil Taylor bleibt »The King of Darts«!

GRUND NR. 95

WEIL ES DIE »ORDER OF MERIT« GIBT!

Bei der »Order of Merit« – kurz OoM – handelt es sich nicht um eine adlige Dartspielerin aus Norwegen oder den Niederlanden, sondern um die Weltrangliste der professionellen Darter der PDC. Ähnlich wie beim Golf ist die »OoM« die Geldrangliste, schließlich werden alle erzielten Preisgelder in dieser Rangliste addiert. Dies geschieht jedoch in einem zweijährig rollierenden System rückwärts. Bitte was? Gewinnt ein Spieler zum Beispiel in diesem Jahr (2013) die Europameisterschaft, dann erhält er 50.000 GPB. Diese muss er bei der Europameisterschaft 2015 »verteidigen«. Verliert er im Endspiel, werden ihm 20.000 GBP abgezogen. Das bedeutet, dass er immer darauf achten muss, welche Preisgelder er vor zwei Jahren bei welchem Turnier gewonnen hat. Ist jetzt nicht so schwer zu verstehen, oder? Der momentan Führende, ja, es ist Phil Taylor, wird derzeit von einem entfesselt aufspielenden Michael van Gerwen verfolgt. Drei Turniersiege innerhalb von acht Tagen im Monat Mai 2013 waren ein erstes Signal in Richtung Taylor. Die derzeit erfolgreichsten 16 Spieler sind (Stand 27. Mai 2013):

NAME	NATIONALITÄT	PREISGELD
1. Phil Taylor	England	GBP 741.000
2. Michael van Gerwen	Niederlande	GBP 394.800
3. Adrian Lewis	England	GBP 352.450
4. James Wade	England	GBP 338.800
5. Simon Whitlock	Australien	GBP 283.300
6. Andy Hamilton	England	GBP 247.800
7. Wesley Newton	England	GBP 240.200
8. Raymond van Barneveld	Niederlande	GBP 197.100
9. Dave Chisnall	England	GBP 188.050
10. Justin Pipe	England	GBP 187.700
11. Robert Thornton	Schottland	GBP 160.900
12. Kevin Painter	England	GBP 156.800
13. Gary Anderson	Schottland	GBP 149.450
14. Mervyn King	England	GBP 147.150
15. Paul Nicholson	Australien	GBP 143.000
16. Kim Huybrechts	Belgien	GBP 141.500

Sollte sich Adrian Lewis im Laufe des Jahres nicht erheblich steigern können, würde er unweigerlich in der Rangliste durchgereicht werden. »Wer viel hat, der muss viel verteidigen!« Phil Taylor wird dies wissen! Michael van Gerwen kann jetzt nach Lust und Laune Preisgelder einstreichen, die er erst in zwei Jahren verteidigen muss. Der Glückliche! Aber er wird der neue Gejagte ...

GRUND NR. 96

WEIL ES DIE »HALL OF FAME« GIBT!

Die Ruhmeshalle der PDC wurde 2005 mit dem Hintergrund ins Leben gerufen, um nachhaltig an Personen zu erinnern, die besondere sportliche Erfolge erzielten oder die sich durch heraus-

ragende Leistungen rund um den professionellen Dartsport verdient gemacht hatten. Seit 2005 wurden die folgenden Personen in die PDC »Hall of Fame« aufgenommen:
- **2005** – Eric Bristow MBE, fünfmaliger Weltmeister und eine Schlüsselfigur in der Gründungsphase der PDC.
- **2005** – John Lowe, dreimaliger Weltmeister in drei unterschiedlichen Dekaden.
- **2006** – Freddie Williams, der insgesamt 35 Jahre als offizieller Caller, Schreiber und Schiedsrichter im Dartsport fungierte, bevor er im Jahr 2006 im Alter von 69 Jahren seinen Abschied bekannt gab.
- **2007** – Phil Jones, der, seit der Fernsehsender Sky Sports Turniere der PDC live übertrug, als »Master of Ceremonies« arbeitete. Nach der WM im Jahr 2007 begab er sich in den Ruhestand.
- **2007** – John Raby, Inhaber der Firma JR Darts, trat als einer der Hauptunterstützer der PDC und als Sponsor verschiedener Turniere in Erscheinung. Raby verstarb im Jahr 2008 an einer Motoneuronenerkrankung.
- **2008** – Dave Lanning, der seit der ersten Live-Übertragung von Sky Sports als Darts-Präsentator und Kommentator arbeitet.
- **2008** – Sid Waddell, genannt »The Voice of Darts«, arbeitete für die PDC als Darts-Kommentator seit der ersten Fernsehübertragung im Jahr 1994. Waddell verstarb am 11. August 2012 an einer Darmkrebserkrankung.
- **2009** – Dennis Priestley, zweimaliger Weltmeister, der trotz einer Krebsbehandlung weiterhin an der Pro-Tour teilnahm.
- **2010** – Dick Allix, der seit Gründung der PDC als Veranstaltungsdirektor arbeitet.
- **2010** – Tommy Cox wurde aufgrund seiner Tätigkeit als Turnierdirektor, welche er seit Gründung der PDC ausübt, in die »Hall of Fame« aufgenommen.
- **2011** – Phil Taylor, 16-facher Weltmeister und Gründungsmitglied der PDC.

- **2013** – Bruce Spendley, der sich über einen Zeitraum von drei Jahrzehnten für den Dartsport einsetzte. Er war einer der Stammcaller der PDC und beendete nach dem Weltmeisterschaftsfinale 2013 seine aktive Laufbahn.

Wer wird der Nächste sein, der im Januar 2014 durch die PDC in die »Hall of Fame« aufgenommen wird? Raymond van Barneveld als fünffacher Weltmeister? Vielleicht ist er dafür noch zu jung. Oder Jocky Wilson, die schottische Dartlegende, die leider viel zu früh verstarb. Who knows? Lassen wir uns überraschen, auf jeden Fall wird es jemanden treffen, der es absolut verdient hat.

 GRUND NR. 97

WEIL MAN NICHT WEISS, WOHIN DIE REISE GEHT!

Wer die PDC McCoy's Premier League in diesem Jahr regelmäßig im Fernsehen bei Sport1 oder per PDC-Stream auf dem PC verfolgt hat, wird festgestellt haben, dass die Leistungen der Spieler extreme Formen annehmen. Extrem in der Hinsicht, dass fast alle Teilnehmer in der Lage waren, konstante Averages nahe der 100er-Marke werfen zu können. War man Ende der Achtziger- bis Mitte der Neunzigerjahre noch der König, wenn man einen Average von 90 Punkten erzielte, so wäre man heute wahrscheinlich mit einer solchen Leistung nicht über die zweite Runde eines Turniers hinausgekommen.

Gerade das Premier-League-Finale zwischen Michael van Gerwen und Phil Taylor war schier unglaublich. Das Niveau war derart hoch, dass man sich fragen muss, ob dies bereits das Ende der Fahnenstange im Dartsport war. Kann man noch besser spielen? Ja sicherlich, besser geht es noch, aber über welche Distanz kann ein Mensch einen Schnitt von 104 oder mehr Punkten pro Wurf halten? Phil Taylor spielte bereits vor einigen Jahren bei einem Match der

Europameisterschaft in Amsterdam einen Average in Höhe von 118 Punkten. Je länger ein Spiel dauert, umso niedriger wird der Average werden. Die Spieler werden müde, die Konzentration lässt nach, folglich wird der Schnitt schlechter.

War vor ein paar Jahren ein 9-Darter noch etwas völlig Spektakuläres, gehört er mittlerweile zu jedem guten Turnier fast schon dazu. Sehr gut beobachten kann man dies an den Players Championships, den kleineren Turnieren der Tour. Während dieser sogenannten »Floor Tournaments«, also Turniere ohne Bühne und Publikum, fallen 9-Darter reihenweise. Phil Taylor war der erste Spieler, dem es in der Premier League im Jahr 2010 gelang, zwei 9-Darter in einem Spiel zu erzielen. Michael van Gerwen wäre es bei der letzten Weltmeisterschaft beinahe gelungen, zwei 9-Darter hintereinander zu werfen. Raymond van Barneveld und Simon Whitlock spielen ebenfalls regelmäßig perfekte Legs. Was kann man noch besser machen? Eigentlich nichts.

Das mediale Interesse an Darts ist größer denn je. Niemals wurden so viele Stunden Live-Darts dem Zuschauer weltweit geboten. Wie kann man das Interesse der Zuschauer ausbauen oder zumindest halten, ohne dass es dem »Kunden« in kurzer Zeit vielleicht langweilig wird?

Die PDC hat es verstanden, dass Darts mittlerweile zu einem Familien-Event mutiert. Eltern gehen mit ihren Kindern zu Dartveranstaltungen, als sei es das Normalste auf der Welt. Leider hat es bisher aber keiner richtig verstanden, diesen derzeitigen Hype auszunutzen. Es ist komischerweise immer noch äußerst schwierig und vor allen Dingen umständlich, zum Beispiel ein Replica-Shirt seines Lieblingsspielers erwerben zu können. Aber das ist ein anderes Thema, dessen man sich hoffentlich den Fans zuliebe recht schnell annehmen sollte.

Was kann man also tun, um Fans weiterhin an Darts zu binden oder das Spiel interessanter zu machen? Man sollte über ein neues Turnier nachdenken, zum Beispiel 701 »Double Out« und warten, ob es einem Spieler gelingt, ein perfektes Leg zu spielen. Dreimal 180 und ein 161-Finish! Sowohl für Spieler als auch für die Zuschauer und Fans wäre dies eine gelungene Abwechslung. Gemessen an der neuen Herausforderung, könnte das Turnier ein echter Hit werden. Jeder wäre heiß darauf, der erste Spieler zu sein, der das perfekte Leg spielt. Die PDC könnte im Rahmen dessen einen schönen Jackpot einrichten.

Was noch? Über die erneute Einführung einer »echten World Championship Pairs«, also einer Weltmeisterschaft für Doppel, sollte man ernsthaft nachdenken. Die Konstellation der Doppel sollte unabhängig von ihrer Nationalität sein. So könnte sich zum Beispiel Barney mit Taylor als Doppel melden und gegen Michael van Gerwen und Gary Anderson spielen. Beim Modus werfen beide Spieler auf einen Score, das heißt, sie spielen gemeinsam alle Legs. So wie beim Doppel des World Team Cup in Hamburg, nur eben ohne die Einzel. Der Modus des World Cups ist ja ähnlich dem des Davis-Cups im Tennis. Dreimal wurde bereits eine Pairs-WM durch die PDC ausgetragen, die letzte im Jahr 1997 konnte Raymond van Barneveld ausgerechnet mit Roland Scholten gewinnen. Sie spielten gegen den heutigen Sky-Sports-Dartexperten und Co-Kommentator Rod Harrington und Richie »The Prince of Wales« Burnett aus Wales. Eine Neuauflage des Turniers wäre absolut wünschenswert.

Ich persönlich würde mir wünschen, wenn die PDC ein 701er-Turnier ins Leben rufen würde. Drei 180er hintereinander zu werfen ist schier unmöglich. Wem dieses Kunststück gelingen sollte, auf den würde noch zusätzlich ein 161er-High-Finish warten. Wer das Unmögliche schaffen sollte, der hätte zum Beispiel einen Scheck von 250.000 Euro oder mehr verdient. Alleine für dieses perfekte Leg sollte man einen Sponsoren-Pool schaffen. Was denkt ihr? Wäre das Turnier interessant oder hätte es gar einen Highlight-Charakter? Lasst es mich wissen …

GRUND NR. 98

WEIL ES DIE BDO GIBT!

Ja, es ist schön, dass es die British Darts Organisation gibt, denn mittlerweile wüsste man ja gar nicht mehr, wie man Darts am besten nicht präsentieren sollte. Die BDO wurde am 07. Januar 1973 durch Olly Croft gegründet und gehört wie 66 andere Verbände auch der World Darts Federation (WDF) an. Die BDO zählt zu den Gründungsmitgliedern der WDF, welche im Jahr 1976 ins Leben gerufen wurde. Übrigens ist die BDO eine Firma, genau wie die PDC auch, mit dem kleinen, aber feinen Unterschied, dass die PDC finanziell wesentlich mehr für ihre Spieler tut. Unter der Regie der BDO wurde in England begonnen, dass man Darts organisiert und nach allgemeinen Regeln spielt. Die Entfernung von der Oche bis zum Board wurde auf 2,37 Meter, die Höhe mit 1,73 Meter festgelegt. Auch die allgemeinen Maße des Boards wurden unwiderruflich schriftlich verankert.

Im Jahr 1978 veranstaltete die British Darts Organisation die erste Weltmeisterschaft, benannt nach der Zigarettenmarke Embassy aus dem Hause Imperial Tobacco, dem Hauptsponsor der Embassy World Professional Darts Championship. Wenn man über diese Weltmeisterschaft sprach, sagte man einfach »die Embassy«, und jeder Darter wusste, um was es sich handelt. Der heutige Hauptsponsor ist der Lakeside Country Club in Frimley Green, deshalb heißt sie heute Lakeside World Darts Championship oder kurz einfach Lakeside. Das zum angenehmen Teil der BDO ...

Bekanntermaßen fand 1994 die Revolution im Dartsport statt. Die damals besten Spieler verließen die BDO, um die WDC – heute PDC – zu gründen. Die BDO hat es bis heute verpasst, sich als echte Alternative zur PDC zu positionieren. Ein guter Spieler kann bei der BDO alleine vom Dartspielen nicht leben; das bedeutet, dass man eigentlich das Wort »Professional« aus dem Namen der WM streichen müsste. In den Augen der Dartfans ist die Lakeside schon seit Jahren »nur« die Amateur-WM. Die auf Eurosport präsentierte Lakeside erkennt man an der relativ gemäßigten Stimmung, der farbenfrohen Nintendo-Bühne und den meist schlechten Averages! Ich schau mir den Mist nicht an, schließlich endet kurz vorher die PDC-Weltmeisterschaft. Und beides direkt hintereinander ist nicht zu viel des Guten, nein, es ist grausam.

Vor einigen Jahren hatte die BDO noch einige Major-Turniere, die im Fernsehen übertragen wurden. Von denen blieben aber nur die Lakeside und die Winmau World Masters übrig. Das Wort »leider« habe ich mir geschenkt, da diese Turniere in meinen Augen völlig unnötig sind. Ein Turnier ist schlecht, wenn nicht alle teilnehmen können. Und gerade diese Ausgrenzung der Spieler war die große Leistung der BDO innerhalb der letzten Jahre.

Kommen wir zum größten Problem der Verbände namens BDO und WDF. Seit dem Bestehen der PDC boykottieren beide Organisationen eigentlich rigoros die Verbreitung des Dartsports. Sie schaden eher, als sie nützen. Spieler, die an einem Turnier der PDC teilgenommen haben, werden gerne aus den Turnieren der BDO/WDF ausgeschlossen. Leider geschieht eine solche Verbannung häufig auch, obwohl das Turnier bereits begonnen hat. Die BDO hat es sogar schon geschafft, ihre Spieler so zu »impfen«, dass sich einige von ihnen weigern, gegen einen Spieler der PDC antreten zu wollen. Das Tragische an der Sache ist, dass der Deutsche Dartverband (DDV) ebenfalls zur WDF gehört und somit deren irrsinnige Regeln auch auf Turnieren, die auf deutschem Boden stattfinden, umsetzen muss. Es ist schade, dass sich der DDV nicht stärker für eine Gleichstellung der Spieler – und wenn es wenigstens bei Turnieren in Deutschland ist – einsetzt.

Sich mit PDC-Spielern und Profis anderer Nationen messen zu wollen endet für die Deutschen damit, dass sie nicht mehr für die Nationalmannschaft des DDV berücksichtigt werden dürfen. Was für ein riesengroßer Schwachsinn! Ich hoffe, dass man endlich merkt, dass Deutschland mittlerweile eine Dart-Nation geworden ist. Die Grützköpfe der BDO haben schon einmal ein Übernahmeangebot der PDC abgelehnt. Beim nächsten Mal bekommt die PDC die BDO gratis, denn langsam gehen die Lichter aus. Altersstarrsinn hat sich noch nie ausgezahlt, und die BDO hat leider den Anschluss verpasst.

Schluss, aus, Blumenstrauß!

GRUND NR. 99

WEIL ES DIE WDF GIBT!

Es ist witzig, wenn man die Verbandsstruktur im Dartsport einmal genauer betrachtet. Viele Fernsehzuschauer denken, dass die Lakeside World Professional Darts Championship die Weltmeisterschaft der BDO ist. Das geht aber eigentlich gar nicht, denn die BDO ist nur ein Landesverband. Nur ein Weltverband kann (eigentlich) eine WM ausrichten, und dieser ist die WDF! Die World Darts Federation ist der offizielle Sportverband und Turnierorganisator im internationalen Dartsport, zu vergleichen mit der FIFA im Fußball.

Die WDF ist somit der Dachverband aller nationalen Dartverbände. Jedes Land kann mit seinem Verband der WDF beitreten. Die British Darts Organisation und der Deutsche Dartsverband sind zum Beispiel ebenfalls Mitglieder der WDF. Die World Darts Federation wurde im Jahr 1976 gegründet und vertrat zur damaligen Zeit 15 Länder. Mittlerweile sind der WDF 68 nationale Landesverbände angeschlossen. Die WDF hat sich, wie übrigens alle Dachverbände anderer Sportarten, auf die Fahne geschrieben, dem Dartsport weltweit zu größerem Ansehen zu verhelfen. Ob ihr das bis heute wirklich ausreichend gelungen ist, möchte ich an dieser Stelle stark bezweifeln. Wie wir alle wissen, war es eher die PDC, die einen wahren Dartboom auslöste. Aber die WDF hat ein grundlegendes und nicht zu unterschätzendes Problem mit dem englischen Dartverband, der British Darts Organisation (BDO).

Die BDO tritt nach außen auf, als sei sie der eigentlich einzig wahre Dartverband auf der Welt. Um es genau zu nehmen, und genau da liegt die Wurzel allen Übels, ist die Lakeside World Professional Darts Championship keine Weltmeisterschaft im klassischen Sinn, da sie nur in England und immer nach den Regeln der BDO und nicht denen der WDF ausgetragen wird. Die Spieler der WDF akzeptieren die Lakeside zwar als Weltmeisterschaft, obwohl die WDF eigentlich der einzige Verband wäre, dem es zustehen würde, eine echte Weltmeisterschaft ausrichten zu dürfen.

Stellt euch vor, der DFB würde jedes Jahr eine Fußballweltmeisterschaft ausrichten und jedes Spiel würde in der Münchner Allianz Arena stattfinden. Alle zwei Jahre würde dann die FIFA die offizielle Weltmeisterschaft ausrichten, wobei sich die Sieger beider Turniere mit dem Titel des Weltmeisters schmücken dürften. Man könnte wirklich auf die Idee kommen, dass sich einige Funktionäre im Dartsport das Gehirn weggesoffen haben. Seit Gründung der PDC, die, wie wir wissen kein Verband, sondern ein Unternehmen ist, gibt es somit drei Weltmeister, wobei die WDF die PDC nicht als Organ des Dartsports anerkennt. Neid war schon immer ein schlechter Ratgeber. Zugegebenermaßen ist der World Team Cup der PDC kein echter Wettbewerb der Nationalmannschaften, was der World Cup der WDF aufgrund des Fehlens der besten Spieler auch nicht ist. Denn die sind nun mal unbestritten alle bei der PDC.

Ziemlich verworrenes Zeug, oder? Es erinnert irgendwie an den Boxsport oder an E-Dart. *Drölfundfünfzighundert* Weltmeister in gefühlten 721 Klassen. Das Fairste wäre, wenn man die PDC als das Zuhause der Profis und die WDF als den Amateurbereich des Dartsports ansehen würde. Während die PDC mit dem Grand Slam of Darts immer wieder versucht, eine Brücke zur WDF und BDO zu schlagen, boykottieren diese im Gegenzug alles und jeden. Es ist wirklich jammerschade, dass alles zu Lasten der Spieler geht, nur weil manche Funktionäre ihre Eitelkeiten nicht hinten anstellen können.

Leider traut sich der DDV (Deutscher Dartverband) auch nicht, der WDF oder BDO hin und wieder die Stirn zu bieten. Schade, denn verstecken müssen wir uns nicht mehr. Wenn wir über »Pfeilchen werfen« sprechen, ist Deutschland schon lange kein weißer Fleck mehr auf auf der Darts-Landkarte.

GRUND NR. 100

WEIL ES DEN DDV (DEUTSCHER DART-VERBAND E. V.) GIBT

Wenn man aktives Mitglied eines Dartvereins ist und mit einem Team dieses Vereins am Ligabetrieb seines Landesverbandes teilnimmt, dann ist man nicht nur Mitglied seines Vereins und seines Landesverbandes, sondern zusätzlich auch noch automatisch Mitglied des DDV, also des deutschen Dachverbandes für Darts. Mal wieder das alte typische deutsche Problem, oder? Da will man in der Freizeit einfach nur ein paar Pfeilchen werfen, und schon ist man ein Dreifach-Mitglied (Verein, Landesverband und Dachverband). Der DDV (Deutscher Dart-Verband e. V.), gegründet am 21. August 1982, ist somit der Dachverband aller (ordentlich gemeldeten) Steeldarter Deutschlands. Das war jetzt aber eine schwere Geburt!

FOLGENDE LANDESVERBÄNDE GEHÖREN DEM DDV AN:
- BDV – Bayerischer Dartverband e. V.
- BWDV – Baden-Württembergischer Dart Verband e. V.
- DVBB – Dartverband Berlin-Brandenburg e. V.
- HBDV – Hansestadt Bremen Dart Verband e. V.

- HDV – Hessischer Dartverband 1985 e. V.
- LDVH – Landesdartverband Hamburg e. V.
- NDV – Niedersächsischer Dartverband e. V.
- NWDV – Nordrhein-Westfälischer Dartverband 1986 e. V.
- RPDV – Rheinland-Pfälzischer-Dartverband e. V.
- SADV – Saarländischer Dartverband e. V.
- SDV – Sächsischer Dartverband e. V.
- SHDV – Schleswig-Holsteiner Dartverband e. V.

Insgesamt hat der DDV circa 11.000 Mitglieder. In den genannten Landesverbänden gibt es feste Ligastrukturen, wobei der Meister der höchsten Liga eines jeden Landesverbandes die Chance hat, an einer Endrunde teilzunehmen. An der sogenannten Bundesligaendrunde kann man sich für die Teilnahme an der Bundesliga qualifizieren, die es seit 2005 gibt. Diese ist losgelöst von den Landesverbänden und unterliegt dem DDV, dem Dachverband.

Gleiches gilt für die German Masters, für die man über seinen Landesverband nominiert werden muss. Die German Masters erstrecken sich über zwei Tage, wobei am ersten Tag der Wettbewerb der Mannschaften ausgetragen wird. Je nach Mitgliederanzahl dürfen die Landesverbände verschieden viele Teams ins Rennen schicken. Die Teams tragen die Namen ihres Landesverbandes, zum Beispiel »HDV 1«, »NWDV 2, »BDV 3, »NDV 1« und so weiter. Darüber hinaus führt der DDV die Deutsche Rangliste für Herren, Damen, Junioren und Juniorinnen, et cetera. Die Position eines Spielers in der Rangliste ergibt sich durch die Ergebnisse, die er auf sogenannten Ranglistenturnieren erzielt. Diese sogenannten DDV-Ranglistenturniere werden von verschiedenen Vereinen in ihren Bundesländern ausgetragen. Lediglich die Turnierleitung liegt unter der Obhut des DDV.

Die wichtigsten Turniere auf nationaler Ebene sind die Deutschen Meisterschaften und die German Masters. Darüber hinaus finden mit den Bull's German Open in Bochum, dem

German Gold Cup in Bremen und den Dortmund Open drei WDF-Weltranglistenturniere statt. Mit knapp 1.600 Teilnehmern im Einzel (Senioren und Junioren) gehört die Bull's German Open zu den größten Dartturnieren der Welt. Solltet ihr Lust verspüren, in einem Dartverein das Dartspielen zu erlernen, dann schaut auf die Homepage eures Landesverbandes, welche Vereine in eurer Nähe sind. Wenn ihr bereits unzählige WDF- oder PDC-Turniere gewonnen habt, aus England seid und keinem Verein angehört, dann zieht bitte in die Nähe von Frankfurt am Main, am besten nach Rodgau, und meldet euch bei mir. Ihr seid mit den Herren Taylor und van Barneveld in hervorragender Gesellschaft!

GRUND NR. 101

WEIL ES DIE DDV-BUNDESLIGA GIBT!

Also nicht die, in der selbst der Schlechteste noch Millionen verdient oder einer seine Jungs für ein bisschen Kohle verrät. Ich rede von der Dart-Bundesliga, die es seit 2005 in unserem Land gibt und vom DDV (Deutscher Dartverband) organisiert wird. Die Bundesliga, in der die Teilnehmer nahezu alle Kosten ausnahmslos selbst tragen und trotzdem fantastische Leistung erbringen. Meister der Dart-Bundesliga zu werden ist richtig Stress. Da gibt es keinen Mannschaftsbus mit Fahrer, kein Ermüdungsbecken, keine Prämien, und meistens sehen die Spielerfrauen auch noch anders aus. Eine Schande ist das ... Und wo um alles in der Welt sind die Groupies?

Die bisherigen Bundesliga-Meister waren:
- 1984 – Jolly DT Berlin
- 1985 – Broadway Bremen
- 1986 – Post SV Hannover
- 1987 – Post SV Hannover

- 1988 – Post SV Hannover
- 1989 – 1. Kölner Dartverein
- 1990 – 1. Kölner Dartverein
- 1991 – DC Seligenstadt
- 1992 – DSC Essen
- 1993 – 1. DC Mülheim/Ruhr
- 1994 – 1. DC Mülheim/Ruhr
- 1995 – 1. DC Mülheim/Ruhr
- 1996 – 1. DC Mülheim/Ruhr
- 1997 – Irish Folk Pub München
- 1998 – 1. DC Mülheim/Ruhr
- 1999 – 1. DC Mülheim/Ruhr
- 2000 – 1. DSC Bochum
- 2001 – DIG Neu-Isenburg
- 2002 – 1. DC Wuppertal
- 2003 – 1. DSC Bochum
- 2004 – DIG Neu-Isenburg
- 2005 – 1. DSC Bochum
- 2006 – DC Vegesack Bremen
- 2007 – 1. DSC Bochum
- 2008 – Vikings DC Berlin
- 2009 – DC Vegesack Bremen
- 2010 – DC Vegesack Bremen
- 2011 – DC Vegesack Bremen
- 2012 – DC Vegesack Bremen

Der DC Vegesack Bremen ist derzeit der FC Barcelona des Dartsports. Ich hoffe, ihr versteht, warum ich eben nicht schreiben konnte, dass die Bremer der FC Bayern München des Dartsports sind!

Bremen und München passen so gut zusammen wie Uli Hoeneß und Willi Lemke oder Tante Käthe und das Lama (die Sau)! Außerdem hätte ich es mir auf Lebzeiten mit Andree Welge und Shorty Seyler verscherzt. Und wer will das schon?

Ich würde es der Dart-Bundesliga und ihren Mannschaften wirklich gönnen, wenn es dem DDV (nach knapp acht langen Jahren des leeren Versprechens) gelingen würde, einen Sponsor zu präsentieren. Man muss schon den Hut ziehen, wenn Teams aus reiner Liebe zum Darts all die Reisestrapazen auf sich nehmen und die finanziellen Belastungen alleine tragen, um am Ende einen feuchten Händedruck und einen Pokal zu bekommen.

Es muss doch möglich sein, für die Bundesliga, also das höchste Gut eines Dachverbandes, einen oder mehrere Sponsoren zu finden. Schließlich ist Darts nichts Exotisches mehr und wird mittlerweile wesentlich häufiger gesendet als zum Beispiel Tischtennis. Ich verstehe es einfach nicht ...

GRUND NR. 102

WEIL ES GUTE SPIELER IN DIESEM LAND GIBT!!

Ja, sie gibt es wirklich! Die guten Dartspieler aus Deutschland. Es gibt mehrere Gründe, warum diese Jungs auf großen Turnieren mit der PDC-Elite momentan noch nicht konstant mithalten können. Hier einige davon ...

Es geht schon sehr früh los. Ein vierjähriger Junge bekommt in England von seinem Vater zum Geburtstag einen Satz Darts geschenkt. Warum? Genau, weil dieser schon welche von seinem Vater bekam. Während in Deutschland eher Playmobil, LEGO und (nervtötende, beschissene) Furbys verschenkt werden, wird der kleine Engländer auf einen Stuhl gestellt und darf seine ersten Pfeile werfen. Darts gehört auf der britischen Insel quasi zum Erbgut, sprich, die Liebe für Darts wird vom Vater an den Sohn weitergegeben. In Deutschland ist es eher der Fußballsport. Ein deutscher Junge wird meist mit den peinlichen Ballfertigkeiten seines Vaters genötigt. Wenn der Vater zum Beispiel Fan von Borussia Dortmund,

Schalke 04 oder Bayern München ist – die Reihenfolge ist rein zufällig –, dann bekommt der Bub irgendwann ein Trikot von Papas Lieblingsverein. Dann geht's raus auf die Wiese, wo Papi sich beim ersten Ballkontakt einen Muskelabriss zuzieht, weil er Vollspann im Erdloch hängen bleibt. Das ist wie mit dem uralten Mantel, den irgendwann jeder Junge einmal von seinem Vater bekommt.

Ein deutscher Junge kommt eigentlich erst mit dem Dartsport in Berührung, wenn er nicht mehr als Junge tituliert werden möchte und schon selbst in die Kneipe gehen darf. Diesbezüglich wird der deutsche Dartsport noch ein paar Jährchen mit dem Nachwuchs so seine Probleme haben. Bei uns wird Darts eigentlich erst in dritter Generation gespielt, wobei ich mit meinen 45 Jahren schon zur ersten Generation zähle. Die berühmtesten ehemaligen Nachwuchsspieler Deutschlands sind Andree »Er hat noch keinen Spitznamen« Welge und Tomas »Shorty« Seyler. Beide sind nur fünf beziehungsweise sieben Jahre jünger als ich, zählten aber schon zur zweiten Generation. Spieler wie zum Beispiel Bernd Hebecker, Andy Kröckel und Colin Rice hingegen sind die Urväter des deutschen Dartsports.

Das größte Problem der deutschen Spieler war in den vergangenen Jahren, dass man nicht die Möglichkeit hatte, sich mit den Besten der Besten messen zu können. Der Deutsche Dartverband gehört zur World Darts Federation, und diese hat leider nichts mit der PDC zu tun. Erst seit einigen Jahren können die ambitionierten Spieler unseres Landes durch die PDC Europe auch auf deutschem Boden an hochklassigen Turnieren teilnehmen. Und dadurch wurde schnell klar, dass man von den Top 16 der Welt noch einige Dartwürfe entfernt war und immer noch ist.

Derzeit fehlt es uns in diesem Land noch an den nötigen Sponsoren, die einem jungen Talent unter die Arme greifen könnten. Dies als Ausrede zu nehmen wäre aber sicherlich zu einfach. Raymond van Barneveld sagte einmal: »Ich verstehe die deutschen Dartspieler nicht. Sie wollen erst einen Sponsor und dann gute Leistungen zeigen – so läuft das aber nicht! Man muss erst beweisen, dass man Talent hat, und dies mit Turniererfolgen belegen. Dann kann man auf einen Sponsor hoffen, nicht umgekehrt.«

Wo er recht hat, da hat er nun mal recht. Trotzdem ist dies leichter gesagt als getan. Auf keinen Fall darf man den nicht unerheblichen finanziellen Aufwand vergessen, geschweige denn unterschätzen. Ein »normaler« Dartspieler aus Deutschland geht in der Regel von montags bis freitags arbeiten (Ein Grieche zum Beispiel von montagmorgens bis montagmittags!). Dies bedeutet, dass man nach Feierabend trainieren muss, egal wie der Tag gelaufen ist. Üblicherweise reist man dann am Samstagmorgen zu einem Turnier, welches in der Regel samstags und sonntags um zwölf Uhr beginnt. Besser wäre es natürlich, wenn man bereits am Freitagnachmittag anreisen könnte, aber ob man immer auf einen verständnisvollen Chef hoffen kann, ist zu bezweifeln. Die An- und Abreise, Essen & Trinken, zwei Übernachtungen und das Startgeld sind Kosten, die für einen normalsterblichen Angestellten sicherlich zu stemmen sind, aber eben nicht jeden Monat. Und genau da liegt das Problem! Möchte man mit den Jungs von der Insel mithalten – und ich rede jetzt nicht von den Top 32 der PDC-Rangliste –, dann muss man regelmäßig PDC-Turniere besuchen, auch in England. Das heißt, hier schlagen nochmals die Kosten für Flüge zu Buche. Selbst wenn man ein Gehalt hat, welches sich über dem Durchschnitt befindet, ist es trotzdem schwer, dies alles zu finanzieren.

Wer sind die derzeit sehr guten Spieler in unserem Land? Andree Welge, Tomas Seyler, Jyhan Artut, Bernd Roith, Kevin Münch, Michael Rosenauer, Karsten Koch, Maik Langendorf (unser Quoten-Österreicher), Marko Puls und natürlich Max Hopp. Max wird am 20. August 17 Jahre alt und versucht sich als Jungprofi. Er ist der bisher einzige Spieler, der sich in Deutschland als echter Profi bezeichnen darf. Max lebt den Traum vieler Spieler, und seine Sponsoren tun ihr Bestes, damit der junge Mann möglichst lange von großen Titeln träumen und diese in die Realität umsetzen kann.

Für sein Alter hat er ein recht ungewöhnlich hohes Selbstvertrauen, was ihm leider hin und wieder als Arroganz ausgelegt wird. Ich kann euch aber versichern, dass Max ein sehr netter, gut erzogener, (riesengroßer) lustiger Typ ist. Ich kann bei ihm nicht die Spur von Arroganz erkennen. Und er ist ein unglaublich großes Darttalent. Richtig aufmerksam wurde die Dartwelt auf Max, als er bei einem PDC-Turnier in Holland gestandene Profis wie Terry Jenkins und Steve Beaton aus dem Turnier warf.

Vielleicht ist Max Hopp der große Hoffnungsträger des deutschen Dartsports. Richtig, vielleicht! Man sollte ihn einfach spielen und Erfahrung sammeln lassen und ihn nicht unter Druck setzen. Normalerweise spielen Jungs in seinem Alter nämlich an einer Playstation, dem Mofa oder an Ti... an Mädels.

KAPITEL 11

»GAME ON ...« – DIE WIRRE WELT DES WAHNSINNS!

GRUND NR. 103

WEIL 24:2 LEIDER AUCH MORGENS 12 IST!

Zu Beginn des Jahres 1993 war ich die Nummer eins der Herrenrangliste des HDV (Hessischer Dart-Verband). Ich war kein Taylor und kein van Barneveld, aber auch kein Glücksspieler oder darterischer Vollpfosten. So fuhr ich am 19. Februar 1993 frohen Mutes mit einigen Kollegen in Richtung Berlin zum WDF-Weltranglistenturnier. Natürlich nimmt man sich an einem solchen Turnier nichts vor, man möchte einfach nur nicht auf dem Opfertisch des Dartgottes liegen und geschlachtet werden. Nicht mehr und nicht weniger.

Die Top-Stars der Szene waren schließlich anwesend, und für uns deutsche Jungs war es eine fantastische Atmosphäre, die Luft der großen Dartwelt schnuppern zu dürfen. Stell dir vor, du nimmst als Bezirksklassekicker an einem Fußballturnier teil, und da sitzen Messi, Ronaldo, Schweinsteiger und die ganzen Pappnasen. Da flattert dir ganz schön das Höschen, versprochen! Dann macht man das eben genau wie die Profis auch. So stehe ich vorm Getränkewagen in einer Schlange von 30 bis 40 Spielern und möchte ebenfalls etwas Kurzes zu mir nehmen, damit die Fingerchen warm und die Nerven geschont werden. Plötzlich ertönt über Lautsprecher die Durchsage »Keith Deller Board 8, Keith Deller Board 8, please«.

Der Herr vor mir in der Schlange wird sichtlich nervös, und ich merke, dass es eben genau dieser Keith Deller ist. Er dreht sich zu mir um und fragt mich, ob ich ihm freundlicherweise 24 Wodka-O zu Board 8 bringen könne, schließlich müsse er jetzt dort spielen. Sicherlich kein Problem, nur bei der Anzahl musste ich doch noch einmal nachfragen. Tatsächlich, er wollte 24 Stück! Er drückte mir 100 D-Mark in die Hand und verschwand im Gewühl der knapp 1.200 Menschen in der Halle. Bepackt mit zwei Tabletts zu je zwölf kleinen Wodka-O, machte ich mich eine gefühlte Ewigkeit später auf den Weg zu Board 8. Zur Erklärung, bei uns in Hessen nennt man die Größes eines solchen Drinks »Hütchen«. Hinter jedem Board, an dem einer dieser Profis spielte, war eine riesige Menschentraube. Mein eigenes Spiel startete in circa 30 Minuten. Angekommen, stellte ich die zwei Tabletts auf den Tisch hinter den Spielern. Als Deller mich mit dem flüssigen Frühstück entdeckte, war er ganz aus dem Häuschen. Er schob ein Tablett in meine Richtung und forderte mich auf, mit ihm anzustoßen. Einen Wodka-O morgens zum Frühstück – lecker! Ich schüttelte mich, gab ihm das Wechselgeld und wollte gehen, bis er mir zu verstehen gab, dass das eine Tablett meins sei und er die Dinger jetzt eben auf die Schnelle noch mit mir abkippen wollte. Hau ab ... Aber man will ja nicht als deutsches Weichei gelten.

Elf Wodka-O später stand mir die Brühe »Oberkante-Unterlippe«. Ich hatte nichts gegessen, absolut 0,0 – und es waren noch 20 Minuten bis zu meinem Spiel. Leider war ich aber voll wie ganz Russland, und mein Kopf fühlte sich an, als hätte mir jemand von den »New York Yankees« den Schläger 29 Mal in die Zähne gehauen. Mein Entschluss, mir die Wodka-O noch mal anschauen zu wollen, kam zu spät. Ich verlor in der ersten Runde, ohne auch nur einmal auf Doppel geworfen zu haben. Gut, Meister Deller kam bis in die dritte oder vierte Runde, aber dann war auch Schluss! Den restlichen Samstag nutzte ich, um wieder nüchtern zu werden, ohne zu wissen, dass ich Keith Deller nachts wiedertreffen würde.

Übrigens habe ich Keith Deller diese Geschichte beim Grand Slam of Darts 2011 erzählt, und er konnte sich tatsächlich daran erinnern. Seine Aussage war »Crazy funny times!« ... Ja, und so herrlich voll waren wir!

GRUND NR. 104

WEIL ES DAS 170ER-FINISH GIBT!

Triple 20, Triple 20, Bulls-Eye! Ein 170er-Finish ist mit eigentlich nichts zu vergleichen. In den Genuss eines 9-Darters werden nur die Allerwenigsten von uns kommen. Als Hobbydarter musst du ein Glücksschwein gevögelt haben, damit dir das passiert. Das ist aber meistens utopisch. Aber ein 170er-Finish ist machbar, definitiv. Es ist wie eine 180, nur der letzte Dart muss eben in die Mitte. Jetzt kommt aber die Schwierigkeit, denn du musst es in einem Spiel und nicht im Training werfen. Dein Gegner hat zum Beispiel 64, 40 oder 36 Punkte Rest, und du gehst an die Oche und beendest das Spiel mit ebendieser 170er. Dieses Gefühl ist unfassbar, fast so grandios wie das blöde Gesicht deines Gegners!

Mein schönstes 170er-Finish gelang mir am 21. Februar 1993 morgens früh so gegen vier Uhr. Warum ich das heute noch so genau weiß? Nun ja, es waren die WDF Berlin Open im Innovationspark Wuhlheide, in einer unfassbar großen Turnhalle aus den »guten« DDR-Zeiten im Osten der Stadt. Auf den Straßen Schlaglöcher so groß, dass man im Westen darin ganze Feriendörfer hätte bauen können. 128 Boards und 874 Meldungen im Herren-Einzel. Internationale Top-Stars wie zum Beispiel Phil Taylor, Rod Harrington, Keith Deller, Eric Bristow, Cliff Lazarenko, Peter Evison, Alan Warriner (noch ohne Little), Jamie Harvey, Magnus Caris, Jann Hoffmann, Per Skau und Leo Laurens waren nach Berlin gekommen. Im Herreneinzel siegte samstags Phil Taylor mit 3:0 Sets (2:1, 2:0, 2:0) gegen Peter Evison, wobei Taylor in diesem Spiel einen 9-Darter verpasste, da ein Hund im Publikum leider bei der Doppel 12 anfing zu bellen. So tragisch diese Situation für Taylor war, umso lustiger war es für das Publikum. Als nämlich der Hund anfing zu bellen, rückten die Zuschauer von dem Mann mit seinem Hund ab. Somit stand er im Umkreis von drei Metern mutterseelenallein mit seinem Wauzi in dieser vollen Halle. Taylor hatte somit leichtes Spiel zu erkennen, wer der Störenfried war.

Berlin hatte keine Sperrstunde, das hieß, die Kneipen und Bars waren 24 Stunden rund um die Uhr offen. Für Engländer und Darter war dies gleichermaßen reizvoll. Ich entschloss mich, eine Dartkneipe zu besuchen, weil ich hörte, dass sich dort angeblich die englischen Profis treffen würden. In der Tat saßen dort Keith Deller, »BIG Cliff« Lazarenko und »The Crafty Cockney« Eric Bristow, der seit seiner Dartitiserkrankung mehr durch schlechtes Benehmen als durch tolle Spiele auf sich aufmerksam machte. Da saß er nun am Tresen, der Größte der Großen, mit seinem typisch roten Dartshirt, welches übersät war mit Cola-, Bier- und sonstigen Flecken. Und nur ein Barhocker am Tresen war noch frei und das war genau ebenjener neben Bristow. »Hi, ich bin Eric Bristow!«, nuschelte er leicht angetrunken auf Englisch. Ich gab zu verstehen, dass mir dies sehr wohl bewusst und es eine totale Ehre sei, neben so einer berühmten Volleule sitzen zu dürfen. Okay, ich sagte nicht »Volleule«, sondern irgendetwas Nettes. Er bestellte zwei Bier und einen Baileys. Den Baileys goss er mir mit der Bemerkung, »auf dass es im morgigen Doppelwettbewerb besser laufe«, über den rechten Ellbogen. Der Nette.

Irgendwann kam der betrunkene fünffache Weltmeister auf die Idee, dass man doch zu viert immer ein Leg 501 »Double Out« um Drinks spielen könnte. Der Verlierer ginge schreiben, der Sieger bliebe am Board. So geschah es, dass ich mehrere Stunden mit Bristow, Lazarenko und Deller abwechselnd spielte. Ein paar Spiele konnte ich gewinnen, aber überwiegend musste ich Lehrgeld bezahlen. Über dem Tresen hing eine riesige Messingglocke, die der Wirt bei einer Lokalrunde läutete. Irgendwann kam es zur Konstellation, dass ich gegen Bristow spielen musste. Ganze 32 Punkte hatte er übrig, als ich mit 170 Rest an die Oche trat. Triple 20, Triple 20 und Bingo, weg war das Ding! Ich konnte es nicht fassen, Bristow übrigens auch nicht. Es war einfach unbeschreiblich geil. Der Wirt läutete wie bekloppt seine Glocke, und Bristow sah so aus, als wolle er mir die letzten 27 Whisky-Cola zeigen, die er getrunken hatte. Lazarenko und Deller besorgten seiner Laune durch ihre Hänseleien den Rest. Er verzog sich wieder an den Tresen, um mit sich selbst noch ein paar Bier zu trinken. Das tut er nämlich am liebsten.

Einige Stunden später trat er zu Fuß die Heimreise ins Hotel an. Wollte er zumindest, leider goss es aber wie aus Eimern. Es regnete wirklich sintflutartig, was Bristow veranlasste zu bleiben. Also nicht in der Kneipe, sondern er rollte seine schwarze Lederjacke zu einer Art Kissen und legte sich damit bäuchlings auf den Bürgersteig. In den strömenden Regen – und schlief! Innerhalb weniger Minuten standen circa drei Zentimeter Wasser auf seinem Rücken. Die Leute strömten aus der Kneipe und fotografierten dieses seltsame Schauspiel. Ein pitschnasser, hackendichter und im Regen schlafender Eric Bristow, das hatte Top-Story-Niveau, keine Frage. Keith Deller und ich entschieden dann, den aufgeweichten Bristow mit einem Taxi ins Hotel befördern zu lassen. Das Taxi kam, der Fahrer stieg aus, sah die Alkohol-Wasser-Leiche und sagte: »Wat is det denn? Ick glob, ick spinne, wa! Der is voll, wa?« Ich fügte »... und nass!« hinzu, und dann schmissen wir den Cockney auf die Rückbank.

Am nächsten Tag bat Bristow uns darum, die Bilder niemals zu veröffentlichen. Seine Karriere wäre zu Ende, denn seine Sponsoren würden die Verträge kündigen, wenn sie so etwas sehen würden. Dies ist nun etwas über 20 Jahre her, und bis heute habe ich die Bilder nirgends gesehen. Soll mal einer sagen, dass Dartspieler nicht zusammenhalten. An mein 170er-Finish konnte er sich nicht mehr erinnern. Aber ich.

GRUND NR. 105

WEIL MAN LEBEN RETTEN KANN!

Das Turnier der PDC Europe in Halle/Westfalen gehörte immer zu meinen absoluten Lieblingsturnieren. Das Gerry Weber Convention Center ist eine unglaublich tolle Location. Dort auf der Bühne zu stehen und die Top-Stars auf die Bühne zu bitten, ist schon ein besonderes Erlebnis.

Ja und anscheinend kann man bei einem Dartturnier auch ein Menschenleben retten. Dies ist zumindest meiner Ehefrau und mir im November 2008 – Gott sei Dank – genau bei diesem Turnier geglückt. Erstmals schliefen wir nicht direkt im Gerry Weber Sports-Hotel sondern in einem der Nebengebäude. Darüber waren wir sehr froh, denn zum einen hatten wir unsere knapp sechs Wochen alte Tochter dabei, zum anderen wird es häufig nachts im Hotel ein wenig (zu) laut. Ihr wisst schon, wenn Dartspieler feiern ...

So war es auch an diesem Samstagabend. Bewaffnet mit einem Babyphone begaben sich meine Frau und ich an die Hotelbar. (Bevor mir jetzt einer das Jugendamt auf den Hals hetzt, es war das erste Mal, dass ich eine meiner Töchter in diesem Alter überhaupt irgendwo mit hinnahm! Aber ein sechs Wochen altes Baby lässt man nur ungern woanders!) Trotz mobiler Abhöranlage verließen wir die Hotelbar an diesem Abend zu einer für Dartspieler recht ungewöhnlichen Uhrzeit – nämlich früh.

Der Flur zu unserem Zimmer sah leicht verwüstet aus, als wir den kleinen Nebentrakt betraten. Meine Frau dachte sofort an Einbrecher, oder an einen mittleren Fall von Vandalismus. Obwohl ich eine rückwärts gegessene Portion Spaghetti fand, war ich immer noch recht entspannt. Kann ja mal passieren. Als ich unsere Zimmertür öffnete, sah ich, dass meine kleine Maus in aller Seelenruhe schlief, das war das Wichtigste. Die Tür des Zimmers gegenüber stand sperrangelweit offen, und meine Frau sagte: »Da liegt einer!«

Ich antwortete wie eigentlich immer in solchen Situationen: »Lass ihn liegen, er wird seinen Grund haben!« Wer weiß, hätte ich ihn geweckt, hätte ich ihm vielleicht seinen Rekordversuch fürs Guinnessbuch versaut. 40 Pils, 15 Bacardi-Cola und eine Portion Spaghetti in unter einer Stunde. So zumindest sah es im Flur aus. Gerochen hat es nach dem Doppelten.

»Der hier bewegt sich aber nicht mehr und atmen tut er, glaube ich, auch nicht!«, so meine Frau. Scheiße … Der Typ lag im Flur seines Hotelzimmers auf dem Rücken, in voller Montur alle viere ausgestreckt, das Dartshirt noch an. Auf jeden Fall sah er so aus, als hätte er den Guinness-Cup bereits vor acht Stunden gewonnen. Nun kam die Disziplin »Kontrollierter Lebensmittelauswurf« noch dazu! Ich stand da und schaute mir den Typen so an, bis meine Frau etwas unruhig sagte … »Der macht wirklich nix mehr!« Fuck – ja!!! Als ich ihm die Erste leuchtete, zuckten kurz die Augen. Bei der Zweiten zuckte das ganze Gesicht, und er fing an zu atmen, als habe er seit 20 Minuten die Luft angehalten. Ich drehte ihm den Kopf zur Seite, damit er nicht an dem erstickte, was er noch vor einer Stunde bestellt und 20 Minuten später im Hotelflur und in seinem Zimmer verteilt hatte. Ich beauftragte meine Frau, dem Herrn Gesellschaft zu leisten und ihn im Notfall kräftig zu hauen. Ich rannte zurück ins Hotel, wo ich auf unseren Security-Chef Paco Sanchez traf. Paco organisierte zwei Männer seiner Security-Mannschaft, einer davon war Altenpfleger. Perfekt, das war der richtige Mann für diesen Job, schließlich hatte ich es mit einem völlig orientierungslosen, vollgesoffenen, übel riechenden Herrn zu tun. Der Gute wurde gewaschen, bekam die Zähne geputzt und wurde ordentlich gekämmt ins Bett gelegt. Am nächsten Morgen wunderte er sich, seit wann er seine Klamotten so ordentlich über den Stuhl lege.

Wären meine Frau und ich in unser Zimmer gegangen und hätten ihn seinem Schicksal überlassen, wäre er sicherlich an seinen Spaghetti erstickt. Wann immer ich ihm auf irgendeinem Turnier begegne, bedankt er sich bei mir. Wenn ich ihn in der diesjährigen

Premier League sehe, dann freue ich mich, dass ich ihm so schön eine geballert habe und er weiterhin so tolle Darts spielt. Er ist ein lieber, supernetter Kerl ...

GRUND NR. 106

WEIL ES EINE »CHARITY« GIBT!

Will man als Dartfan in den Genuss eines Dartshirts kommen, welches der Lieblingsspieler auch noch selbst getragen hat, dann bedarf es einer äußerst geschickten Vorgehensweise. Die Spieler machen das natürlich nicht besonders gerne, denn so ein Players-Shirt kostet häufig sehr viel Geld, und das geht zu Lasten des Spielers. Die Shirts werden meist nach den Wünschen des Spielers angefertigt. Hinzu kommen die Sponsorenlogos und eigene Stickereien oder Aufdrucke. Solche Hemdchen kosten schnell mal 80 oder 90 Euro.

Die Person, die den Profi bezüglich der etwaigen Herausgabe eines solchen Shirts befragt, sollte möglichst kein Indianer-Englisch verwenden. Das Tippen mit dem Zeigefinger auf die Brust des Dartspielers verbunden mit der Frage beziehungsweise Aussage »You me shirt, yes?« verspricht eine suboptimale Reaktion des Profis. Geiler Satz, oder? Um den Profi gänzlich von der Herausgabe seines Shirts zu überzeugen, solltet ihr ihn mit ein paar Kröten locken. Natürlich nicht für sich selbst! Schlau wie ihr seid, verwendet ihr nun das Zauberwort ... »CHARITY«! Ihr sagt dem Herrn, dass ihr ihm Betrag X für das Shirt geben möchtet, wobei er dieses Geld bei einer Charity seiner Wahl spenden kann. Damit habt ihr den Sportsmann jetzt mächtig unter Druck gesetzt, denn in Großbritannien ist »charity« nach »fuck«, »fuck off«, »shit« und »fucking shit« das Wort mit der höchsten Bedeutung. Es kommt schon fast vor »beer« und »fucking beer«. Aber nur fast. Der Engländer veranstaltet nämlich für sein Leben gerne Charity-

Events. Wer nicht selbst veranstaltet, der spendet. Wer spendet, kann aber auch selbst veranstalten. Oder beides. Oder umgekehrt. Auf jeden Fall steht der gute Zweck immer im Vordergrund. Briten lieben es, anderen zu helfen. Ihr solltet euch aber trotzdem darüber im Klaren sein, dass die Spieler immer noch Nein sagen können. Freundlichkeit, Höflichkeitsbekundungen wie »please« und »thank you« sind oberstes Gebot.

Einer der Spieler, die zum Beispiel häufig »Nein« sagen, wenn es um solche Dinge geht, ist Raymond van Barneveld. Es liegt definitiv nicht daran, dass der gute Barney unfreundlicher als andere ist, ganz im Gegenteil, er ist nur einfach kein Brite. Raymond ist Holländer, und die haben nicht, genau wie wir Deutschen auch, dieses »Charity-Gen«. Barney wird oft gefragt, ob er bei Charity-Veranstaltungen auftreten würde. Wenn dir jemand eine solche Frage stellt, dann weißt du im Vorfeld, dass du kein Geld bekommst, der Veranstalter Eintrittskarten verkauft und der Erlös für einen guten Zweck gespendet werden soll. Nicht zu vergessen, dass Raymond Flug- und Hotelkosten in diesem Fall noch selbst finanzieren muss. Wer macht das schon? Da fragt man sich unweigerlich: Arbeiten die Engländer auch noch irgendwann ganz normal oder nur umsonst? Solche Events sind ja gut und schön, aber der FC Bayern München oder Borussia Dortmund spielen auch nicht 40 Wochen im Jahr für die Welthungerhilfe, die Hamsterpest- und Vogelgrippeopfer.

Zugegeben, die Nummer mit dem Shirt war hart. Aber lasst uns jetzt über das letzte Level, quasi den Endgegner, sprechen, okay? Ihr wollt einem Profi die Darts aus den Rippen leiern! Brutale Nummer, ich weiß … Ich sag's euch gleich, das geht nur, wenn ihr entweder supersympathisch seid und euch megamäßig benehmen könnt oder Bier mitbringt und tolle Brüste habt. Darter sind schließlich auch nur Männer. Ganz ehrlich? Am besten, ihr schickt gleich eure Freundin, aber die Nummer wird schwer, denn man soll es nicht glauben, es gibt tatsächlich einige Profidarter, die reisen mit nur einem Dartset von Turnier zu Turnier. Jetzt guckt nicht so doof, ich weiß, es klingt behämmert, aber das ist wirklich so! Normalerweise hat der Spieler seine Darts im Koffer, denn im Handgepäck sind sie strengstens verboten. Wenn der Koffer nicht am Zielort ankommen sollte, dann ist es egal, ob ihr ein oder drei Sets im Koffer hattet. Weg = nicht da!

Üblicherweise bekommt der Manager oder die Begleitperson zusätzlich ebenfalls ein Dartset ins Gepäck, denn dass beide Koffer nicht ankommen, ist eher unwahrscheinlich. Das ist übrigens genau der Grund, warum ich immer mit einem Sprengsatz im Koffer fliege, denn die prozentuale Wahrscheinlichkeit, dass zwei Bomben an Bord sind, geht gegen null! Aber ernsthaft, es ist bisher nur sehr wenigen Fans gelungen, den Heiligen Gral eines Darters zu bekommen. Die Pfeile sind des Darters höchstes Gut, denn oft sind die Barrels der Darts bereits über 20 Jahre alt und werden wie die eigenen Augäpfel gehütet.

Phil Taylor ist in diesem Punkt eine große Ausnahme und einer der ganz wenigen Spieler, die ihre Darts regelmäßig verschenken. Das macht sonst fast keiner. Meist trifft es kleinere Kinder, denen »The Power« die Darts überlässt. Wer also Lust auf ein Dartset von Phil hat, sollte nach einem Endspiel ganz schnell mit seinem Sprössling vor die Bühne kommen oder den Junior nach vorne werfen. Trägt das Kind dabei leider das Shirt eines anderen Spielers, könnt ihr die Zeit besser auf einem Indoor-Spielplatz verbringen. Kleiner Tipp, den Trick mit dem Charity-Spruch könnt ihr beim Großmeister stecken lassen. Der hatte zu viel Charity in seiner Karriere. Sicher, ihr könnt es probieren, aber normal nach den Darts fragen wäre besser, ansonsten hört ihr des Engländers zweitliebste Redewendung … »Fuck off«! Nur mal so, das dazugehörige Dartcase eines Profis gibt es eigentlich nie. Oder es ist euer Glückstag. Probiert es.

GRUND NR. 107

WEIL ES DIE »JÄGERMEISTER-BROTHERS« GIBT!

Seit sechs Jahren bin ich nun jeden Montag im House of Darts hinter dem Tresen anzutreffen. Sicherlich gibt es Zeiten, in denen ich nach einem langen Arbeitstag keine Lust mehr auf den Job des Barkeepers habe, aber was soll's. Wenn sich jeder um diese Aufgaben drücken würde, dann gäbe es den Laden über kurz oder lang nicht mehr. Irgendwann wurde mir erzählt, dass wir zwei neue Gäste hätten. Zwei Jungs, Zwillinge, beide seit Geburt im Rollstuhl und Dartfans. »Noch nie gesehen!«, so meine Antwort auf die Frage, ob ich beide schon kennengelernt hätte. Ich muss vorweg erwähnen, dass ich seit meiner Kindheit im Umgang mit behinderten Menschen sehr vertraut bin. Aufgrund ihrer spastischen Lähmung ist meine Tante seit Beginn ihres Lebens auf einen Rollstuhl angewiesen.

Florian – genannt Flo – und Gregor Keller, geboren am 03.10.1977, leiden seit ihrer Geburt an Spinaler Muskelatrophie (für die Mediziner unter euch, es ist Typ II). Beide können jeweils nur noch einen Arm und den Kopf bewegen, sie werden also 24 Stunden am Tag, sieben Tage die Woche betreut. Ihre Lebenserwartung wurde irgendwann einmal auf 15 bis 16 Jahre festgelegt. Mittlerweile sind beide 35 Jahre alt. Aufgrund dessen zählen sie zu den ältesten lebenden Menschen mit dieser Krankheit. Ich bin fest davon überzeugt, dass es sich bei den beiden ähnlich wie bei einem Rumtopf verhält. Eingelegt in Alkohol ... Hätten sie einen Organspenderausweis, dann wäre sicherlich bei beiden vermerkt: »Die Leber würde ich sein lassen – keine gute Idee!«

Was beide ausmacht, sind ein unfassbarer Humor, eine riesengroße Lebensfreude und der absolute Wille, dich unter den Tisch zu saufen! An jenem Abend, als ich beide kennenlernte, wusste ich nicht, was auf mich zukommen sollte. »Ding-Dong« und schon fuhren sie mit ihren 30.000 Euro teuren Hightech-Rollis vor meinen Tresen. Per Knopfdruck konnten sich die zwei Schnapsdrosseln doch tatsächlich per Teleskoparm auf meine Augenhöhe befördern. Beide haben die gleichen Hobbys, E-Roll-Hockey – hier spielten beide übrigens für die Nationalmannschaft –, Eintracht Frankfurt und Darts. Beide sind mittlerweile selbstverständlich Ehrenmitglieder meines Vereins, des Unicorn Hessen e. V.

Ich hatte von Anbeginn keine Probleme, sie auseinanderzuhalten. Sie sehen sich schon sehr ähnlich, sind aber doch zu unterscheiden. Charakterlich ist Flo eher der besonnene Denker und Stratege, Gregor der Bauchmensch, der dir gerne auch mal einen verbalen Hammer mit auf den Weg gibt. Das obere Ende des Joysticks seines E-Rollis ist der Korken einer Grappa-Flasche. Weil er so schön griffig ist! Fragen?

Wenn die Keller-Brüder zu Gast im House of Darts sind, hört man sehr oft den Satz: »Komm ma her ganz kurz!« Auf diese liebevolle Art bitten sie dich, zu ihnen zu kommen, weil sie dir unbedingt etwas erzählen möchten, etwas zu trinken bestellen wollen oder dich einfach nur verarschen wollen. Manchmal ist es etwas schwierig, gerade wenn du Thekendienst hast oder ein Dartmatch spielen musst. Natürlich gehört den beiden aber immer unsere vollste Aufmerksamkeit. Oft quatschen wir mehr, als dass wir Darts spielen.

Wenn beide Darts spielen, dann ist das schon ein sehr interessantes Unterfangen. Der Betreuer muss das Blasrohr festhalten, und durch kurze Anweisungen wird er von den beiden Brüdern quasi ferngelenkt, indem er die Anweisungen umsetzt. Kurze Kommandos wie »Hoch – mehr rechts – stopp – ein Stück runter – stopp, nein zu viel – ein Stück höher«, und dann wird der kleine Pfeil nach vorne gepustet. Flo ist der bessere Spieler von beiden, in der Regel spielt er einen Average von 30 bis 32 Punkten – pro Pfeil, und wie wir Dartexperten alle wissen, ist das sehr viel! Lustig ist, dass Flo sogar einen Lieblingsbetreuer hat, wenn es um das Halten des Blasrohrs geht. »Wenn wir das nächste Mal gegeneinander spielen, bringe ich meinen besten Betreuer mit!« Grandios.

Beide sind sehr große Fans von Phil Taylor. Aufgrund dessen habe ich beide 2008 mit in den Frankfurter Südbahnhof genommen, als dort die Europameisterschaft der PDC stattfand. Kennengelernt haben ihn aber beide bereits freitags vorher im House of Darts, und Flo durfte gegen ihn spielen. Zuvor zerlegte der gute Flo aber erst einmal den Sohn Taylors mit 2:0. Nun war also seine Sternstunde gekommen, und »The Power« schaute nicht schlecht, als Flo meist dreistellige Scores fabrizierte. »Dem lasse ich gleich die Luft aus den Reifen!«, lachte Taylor. Als Flo sich zum Schluss auf Doppel 16 stellte, flüsterte Phil: »Aber Doppel trifft er nicht so gut, oder?« Ich antwortete kurz mit »Leider doch«, und schon war das Spiel vorbei. Taylor schaute mehr als ungläubig, als der zweite Dart mittig im Doppel steckte. Der Abend war für Flo und Gregor ein Erlebnis.

Zwei Tage später bekam Flo im ausverkauften Südbahnhof von Phil den Siegerpokal überreicht. Mit den Worten »Meine Damen und Herren, an diesem Wochenende wurde ich nur von einem Spieler geschlagen, und das ist der Herr im Rollstuhl!« übergab er Flo den Pokal. Bleikristall, Wert 2.200 Britische Pfund! Das Foto von Taylor, den Keller-Brüdern und dem Pokal ging um die Welt. Das komplette Publikum hatte Tränen in den Augen, und für die zwei Jungs war es einer der größten Tage ihres Lebens.

Flo und Gregor Keller lieben das House of Darts, diesbezüglich haben sie uns den Pokal zur Aufbewahrung überlassen. Darauf bin ich sehr stolz. Mittlerweile mussten sie aufgrund des Fortschreitens ihrer Krankheit mit dem Dartspielen aufhören. Die Luft reicht momentan nicht mehr aus, um den Pfeil pusten zu können. Zum Glück haben sie vor einiger Zeit wenigstens mit dem Rauchen aufgehört. Da Phil Taylor aber sein Kommen angekündigt hat und ein Re-Match verlangt, wird Flo sicherlich demnächst wieder mit dem Training beginnen.

Wie vorhin erwähnt, ist Gregor nie um einen Spruch verlegen. Eines Abends war ich sehr frech zu ihm, was ihn veranlasste, mit seinem Rolli direkt auf mich zuzufahren. Kurz vorher stoppte er ab und fuhr seinen Sitz so weit nach oben, dass sein Fuß direkt zwischen meinen Beinen – kurz unter meinem besten Stück – zum Stehen kam. Er grinste und sagte: »Ich kann dir auch mal in die E*** treten!«

Ich muss gestehen, dass mir Gregor und Flo ganz arg ans Herz gewachsen sind. Wenn einer von beiden zum Beispiel eine Erkältung hat, dann nimmt es sie körperlich ganz schön mit. Es ist immer eine komische Sache für mich, wenn ich von beiden länger nichts höre oder sie nicht sehe. Ich denke dann immer: »Hoffentlich nicht.« Wenn nur einer von beiden krank ist, dann kommt oft der andere – eben alleine. Wir sind jetzt knapp sechs Jahre befreundet, und ich freue mich auf jeden Abend, an dem sie mich besuchen kommen. Ich hoffe, dass sie noch 1000 Jahre leben und wir noch viele Abende miteinander verbringen (trinken) können. Man kann sehr viel von den beiden Brüdern lernen. Ein Abend mit den Jungs, und man realisiert, dass die eigenen Probleme nichtig und mickrig sind. Wenn ich überlege, dass sich manche Menschen aufgrund eines Schnupfens zwei Wochen krankschreiben lassen, dann kommt es mir hoch. Zu sehen, wie Flo und Gregor ihre Situation meistern, verlangt größten Respekt. Oft schäme ich mich dann, da ich merke, dass ich eigentlich überhaupt keine echten Probleme habe.

Wer Dartspieler ist, sollte die Jungs einmal kennenlernen. Ohne Darts hätte ich sie nicht getroffen, und ich muss gestehen, es würde mir etwas fehlen. Warum sie »Jägermeister-Brothers« genannt werden, muss ich jetzt nicht extra erklären, oder? Wir haben eine Jägermeistermaschine im House of Darts ...

Am nächsten Montag habe ich wieder Thekendienst, und hoffentlich höre ich dann wieder: »Gordon, komm ma her ganz kurz!«

GRUND NR. 108

WEIL MAN SEIN SCHICKSAL IN DIE HAND NEHMEN KANN!

Und ich rede jetzt nicht von euren Pfeilen. Ich rede ganz einfach von der Situation, in der sich leider immer noch viel zu viele Darter befinden. Man muss sich mit dieser Situation aber nicht abfinden, ganz im Gegenteil. Von welcher Situation ich spreche? Na ja, dreht euch doch einfach mal im Kreis, öffnet die Augen und fragt euch, ob euch der Ort, an dem ihr euer Hobby ausübt, wirklich gefällt!

Habt ihr Probleme, eurem Wirt zu erklären, dass ihr ihm durch euren Umsatz und durch die Heimspiele eures Teams seinen Lebensunterhalt finanziert? Darts ist nicht mehr ein Spiel, das man am besten heimlich und im schäbigsten Raum einer verdreckten Kneipe ausüben muss. Ich bin kein Pfeile werfender, zahnloser Alkoholiker, der vom Amt lebt und keinen Bock auf Arbeit hat. Ich möchte einfach mein Hobby in einem ansprechenden Rahmen und ordentlichen Ambiente ausüben dürfen.

Über das alte Klischee des asozialen Dartspielers muss ich schon lange lachen. Ich weiß beim besten Willen nicht, was an einem Dorfkicker, Kegler, Skatspieler, Angler oder Möchtegern-Tennisspieler besser beziehungsweise weniger asozial sein soll. Diese ganzen Proll-Fußballer, die jeden Samstag mit ihrer Wampe in der Kreisklasse spazieren gehen, als hätte ihnen Messi oder Ronaldo die Absolution erteilt, genau diese fetten schmierigen Vögel sollen seriöser sein als ein Dartspieler? Die saufen nach dem Spiel mehr als ich in zwei Wochen! Und dann geht's abends mit dem tiefer gelegten 2er-Golf oder einem Polo Baujahr 78 mit nachgerüsteten LED-Scheinwerfern in die Dorfdisco. Prost. Nein, diese ganzen Proleten und Pseudo-Sportler sind nicht besser als wir Darter. Ganz sicher nicht!

Wir müssen uns nicht länger verstecken und es uns gefallen lassen, dass uns irgendwelche Pfeifen von oben herab belächeln. Wenn mir ein Kleintierzüchter, Briefmarkensammler oder Modelleisenbahner sagt, dass Darts Blödsinn ist, dann war er wahrscheinlich gerade beim Hirnspenden. Das Können der meisten Freizeitkicker hat eben nur für die Kreisliga gereicht. Da muss man mal der Wahrheit in die Augen blicken und auch mal die eigene Hose runterlassen und Farbe bekennen.

Viele sind ja mittlerweile regelrecht geschockt, dass man Darts seit einiger Zeit so oft im Fernsehen sehen kann. Mittlerweile wird den ganzen Gehirnartisten nämlich klar, dass Darts spannend, unterhaltsam und gar nicht so einfach ist. Gebt euch nicht damit zufrieden, wenn euer Wirt die Putzfrau nur einmal im Vierteljahr sauber machen lässt. Sucht euch eine Location, die den Dartsport zu würdigen weiß. Und wenn es keine Kneipen mit ansprechendem Umfeld und Ambiente gibt, dann setzt euch zusammen und besprecht, ob man eventuell mit einem eigenen Vereinsheim besser dran wäre. Jeder Einzelne von euch repräsentiert den Dartsport, und es liegt an jedem Einzelnen, dass man diesen in bestmöglicher Art und Weise nach außen darstellt. Wenn man sich wie ein Idiot benimmt, trinkt, bis der Arzt kommt, und dann Streit provoziert, dann muss man sich nicht wundern, wenn man wie ein Idiot behandelt wird. Fangt einfach bei euch selbst an und repräsentiert den Dartsport einfach so, dass sich keiner mehr schämen muss.

Ich habe bei Auswärtsspielen in der letzten Saison Kneipen gesehen, da würde ich normalerweise nicht reingehen, selbst wenn es die letzte Kneipe auf diesem Planeten wäre. Normalerweise müsste man solche Spelunken einfach vom Ordnungsamt schließen lassen. Und genau in diesen Kneipen wird Darts gespielt. Ich hasse diese Drecklöcher, in denen einfach zwei uralte Dartboards lustlos an die Wand geschraubt wurden, der Fußboden klebt und schmutzig ist und es auf den Klos so nach Urin stinkt, dass man keine Luft mehr holen kann. Nach all den vielen Jahren habe ich einfach keine

Lust mehr, in diesen Kneipen spielen zu müssen. In dem einen Puff zieht es wie Hechtsuppe, in dem anderen hängen in jeder Ecke Spinnweben, die Stifte sind leer, die Boards sind noch älter als die Frikadellen, die auf dem Tresen stehen, und die Heimmannschaft trägt Klamotten, dass man denken könnte, sie kämen nach acht Jahren gerade aus der Kriegsgefangenschaft. Und man selbst kommt mit seinem Team in diese nach altem Frittenfett stinkende Eckkneipe, und jeder trägt eine schwarze Stoffhose, geputzte Schuhe und ein schönes Dartshirt. Und dann hörst du, wie so ein Trottel seinem Kumpel zuflüstert: »Die meinen auch, sie sind etwas Besseres!« Gott verdammt, ja, in diesem Moment sind wir etwas Besseres, denn wir vertreten den Dartsport, und ihr lauft rum, als müsstet ihr gleich für drei Euro die Stunde Spargel stechen!

Freunde des gebleichten Sisals, wir reden hier über Darts im Jahre 2013 und nicht von Pfeilchen werfen in den Achtzigern! Ist es so schwer, einen Teppich an die Wand zu kleben, zwei neue Boards zu montieren, einfach eine der heutigen Zeit angepasste Boardanlage zu bauen? Ist das wirklich so eine unvorstellbar schwere Lebensleistung? So etwas versaut mir den ganzen Abend. Ich würde mich schämen, andere Teams in so einer Absteige begrüßen zu müssen. Eher würde ich aufhören oder nur noch zu Hause spielen. Ich verstehe es einfach nicht, wie man in einer solchen Location sein Hobby ausüben kann. Wie kann ich sagen, dass ich Darts liebe, wenn ich es zu einem Spiel für die absolute Unterschicht verkommen lasse? Sind die Leute in ihren Vereinen wirklich zu faul, um mal einen Eimer Farbe in die Hand zu nehmen oder den Dartraum mit ein paar Bildern zu verschönern? Da kommst du zu Teams, da stimmt weder die Höhe noch die Entfernung zwischen Board und Oche.

Was machen die seit Jahren? Sie spielen auf einer offensichtlich falsch ausgemessenen Anlage! Wie kann so etwas Spaß machen? Wie doof muss man sein, dass man 1,73 Meter und 2,37 Meter nicht richtig ausmessen kann? Das ist doch sinnlos. Dann stoppt den Mist, löst euren Verein auf, aber erzählt nie wieder, ihr würdet

Darts spielen. Nein, das tut ihr nicht, ihr macht Darts nämlich kaputt, so sieht das aus! Investiert mal ein paar Flocken und macht was aus eurem Dartraum in »Mariannes Pilspuff«. Da fährt man jedes Jahr Hunderte Kilometer zu Auswärtsspielen, um dann in solchen Absteigen spielen zu müssen. Und am Ende des Abends bist du der Depp, weil du die offensichtlichen Missstände in der Abschlussrunde angesprochen hast. Und wenn wir Mannschaften im House of Darts zu einem Ligaspiel begrüßen, dann gab es schon Spieler, die sagten, dass wir mit unserer Location »dick auftragen« und es übertreiben würden. Was stimmt da im Kopf einiger Leute nicht? Ist es vielleicht das Frittenfett, das dem kleinen Gehirn schadet?

Wie immer im Leben musst du dich auch im Dartsport entscheiden. Sekt oder Selters. Darts im Frittenloch oder in einer schönen Kneipe. Wir versuchen, mit unserem Vereinsheim den Dartsport so zu präsentieren, wie er es unserer Meinung nach schon lange verdient hat. Wir stellen sogar gratis Nüsschen und Knabbereien auf den Tisch, damit sich die Gäste wohlfühlen. In anderen Kneipen haben sie noch nicht einmal warmes Wasser in den Toiletten. Das macht verdammt viel Spaß, wenn man im Winter dort spielen muss und sich die Finger waschen will. Mit eiskalten Fingern kann man ganz hervorragend spielen. Jetzt glaube bitte keiner, dass da einer auf die Idee kommen würde, einen Boiler an die Wand zu schrauben. Ach Quatsch, das könnte ja Geld kosten. Auf so etwas habe ich keine Lust mehr.

Leider funktioniert die Einstellung, dass man mit dem geringsten Einsatz den größtmöglichen Erfolg erzielen kann, seit vielen Jahren nicht mehr. Na klar, Geiz ist geil, aber warum muss man bei den eigenen Zähnen, den Klamotten und meiner Spielstätte anfangen? Komisch, aber Geld für die Sauferei haben sie alle ... Helft einfach mit, den Dartsport weiterhin nach vorne zu bringen und ordentlich zu repräsentieren. Dann klappt's auch mit dem Nachbarn ... Arsch hoch!

GRUND NR. 109

WEIL ES DAS HOUSE OF DARTS GIBT!

Wer in der heutigen Zeit die Lust verspürt, ein wenig Darts spielen zu wollen, der muss unweigerlich in eine Gaststätte oder in eines der wenigen Vereinsheime. Wenn man jedoch manche Darts-Kneipen sieht, bleibt man lieber zu Hause und spielt im Wohnzimmer oder Hobbykeller. Die meisten Wirte sind mittlerweile nur noch selten dazu bereit, einen Dartverein in ihrer Lokalität aufzunehmen. Dies liegt zumeist daran, dass die Spieler heute weniger konsumieren, als es in den Achtzigern oder Neunzigern der Fall war. Früher wurde – und da muss man mal bei der Wahrheit bleiben – gesoffen, bis der Arzt kam. Und für 20 bis 25 Deutsche Mark konnte man sich damals noch hübsch die Leber veröden! Heute haben die Leute Angst um ihren Führerschein, und die meisten benötigen zwei, drei Jobs, mit denen sie versuchen, ihre Familien mehr schlecht als recht über die Runden zu bekommen. Da bleibt nicht mehr so viel übrig, und das merken die Wirtsleute als Erste.

So kommt es dann häufig vor, dass die meisten Kneipiers den Dartern, wenn überhaupt, nur noch lieblose Räumlichkeiten zur Verfügung stellen. Häufig ist es der kleinste Raum, in den mit aller Macht die zur Ligateilnahme benötigten zwei Boards reingequetscht werden, oder die Darter müssen in den muffigen Keller. Oft muss sogar nach dem Ligaspiel oder Trainingsabend der Tisch wieder vors Board gestellt werden, weil dieser nur wegen der Darter seinen Platz räumen musste. Dann lieber kein Darts … Die Wirte sind meistens nicht mehr bereit, ein wenig Geld zu investieren, damit sich der Darter wohlfühlt. Irgendwann ist es dann sogar den Verantwortlichen und den Mitgliedern der Vereine egal. Da hängen alte und jämmerlich aussehende Boards, die Beleuchtung erinnert an ein Candle-Light-Dinner, und die Stifte funktionieren sowieso meist nie. Die Spieler kommen zum Ligaspiel, wie sie wollen, und motiviert ist keiner. Und das soll dann Spaß machen? Nee, lass mal ...

Das oben genannte Szenario war nicht der Anlass, warum wir vor sechs Jahren mit der nahezu kompletten ersten Mannschaft unseres damaligen Vereins dessen Lokalität verließen. Die Gründe des »Warum« gehören nicht in dieses Buch, zumal Nachtreten ein schlechter Stil ist! Mein Freund und Teamkollege Kim Wehrs und ich kamen auf die Idee, die »etwas andere« Location schaffen zu wollen. Wir hatten uns in den Kopf gesetzt, ein Vereinsheim zu gestalten, welches einmalig in Deutschland war. Wir wollten ein Zeichen in puncto professionelle Präsentation des Dartsports setzen. Außerdem wollten wir durch ein eigenes Vereinsheim die Preise für die Getränke in einem der Zeit angemessenen Rahmen halten. Der Gast sollte sich wohlfühlen und nicht für ein Weizenbier fünf Euro bezahlen müssen. Hauptpunkt war aber, dass wir Geld für den eigenen Verein erwirtschaften wollten.

So bat ich den Hausmeister des Industrieparks, in dem ich ebenfalls meine Büroräume hatte und immer noch habe, die Augen und Ohren nach geeigneten Räumlichkeiten einmal offen zu halten. Ein paar Tage später zeigte er mir im dritten Stock des Büroturms, welcher sich in der Mitte des Gewerbeparks befindet, Räumlichkeiten, die wir nach kurzem Überlegen und in Eigenleistung in einer Zeit von knapp drei Monaten in eine Dartlocation verwandelten. Ein Pub mit Aufzug hat was ...

Kim Wehrs, Zoran Lukac, Oliver Vogel, Michael Spanheimer, Thomas Ortwein, Carsten Pöschko, Michael Rosenauer, Sven Heilig und meine Person waren allesamt am Bau unseres »Wohnzimmers« beteiligt. Manche glänzten durch handwerkliches Geschick, andere gaben Geld, andere taten beides. Fairerweise muss man trotzdem erwähnen, dass es ohne die Herren Vogel und Spanheimer unser Vereinsheim so auf keinen Fall geben würde. Oliver, genannt »Öli«, Meister der Elektrik und begnadeter Bastler, verwandelte mit seiner Vorliebe für alles Blinkende das House of Darts in eine bestens technisierte Location. Selbst auf den Toiletten wurden in der Decke Lautsprecher installiert und über die Zwischendecke verlegte er Kilometer an Kabel. Michael Spanheimer, genannt »Spani« oder »Maggit« (nach der alten Faschings-Hessin Maggit Sponheimer), war in der gesamten Bauphase unser »Bob der Baumeister«. Ich bin fest davon überzeugt, dass Spani alles bauen kann! Und ich meine alles … Und wenn er es nicht selbst bauen könnte, dann hätte er es schon einsatzbereit in seiner Scheune! Spani hat auf dem Grundstück seines Hauses eine alte Scheune – hessisch »Scheuer« –, in der er Tonnen von Dingen lagert, die man, und wenn es in 40 Jahren ist, wieder mal brauchen könnte. Vielleicht.

Ich selbst sammle seit vielen Jahren Darts-Souvenirs, also signierte Bilder, original Shirts und Darts der Spieler, und so weiter. All diese Dinge habe ich in unser Wohnzimmer geschleppt und die Wände damit dekoriert. Ich hatte es bereits kurz erwähnt, wir gaben unserem Baby den Namen House of Darts, und ich denke, dass dieser Name ganz gut passt. In den vergangenen sechs Jahren hatten wir Besuch von zahlreichen namhaften Dartprofis, insbesondere dem Besten aller Zeiten. Hier eine kleine Auswahl …

Phil Taylor, Raymond van Barneveld, Simon Whitlock, Paul Nicholson, Wayne Mardle, Andy Hamilton, Colin Osborne, Mark Walsh, Alan Caves, Roland Scholten, Jason Barrie, Colin Monk und Steve Maish. Natürlich waren die Top-Darter Deutschlands wie zum Beispiel Andree Welge, Jyhan Artut, Tomas Seyler, Max Hopp, Michael Rosenauer, Marko Puls, Maik Langendorf und Bernd Roith ebenfalls bei uns zu Gast.

Bei Phil Taylors erstem Besuch sagte er, dass er in den vergangenen 20 Jahren viele Dartpubs gesehen habe, jedoch das House of Darts die mit Abstand schönste Location sei. Dies aus dem Mund Phil Taylors zu hören kam einem Ritterschlag gleich. Das House of Darts befindet sich in Rodgau, Ortsteil Nieder-Roden, 25 Kilometer südöstlich von Frankfurt am Main und hat montags, mittwochs, donnerstags und samstags in der Zeit von 19:30 bis 23 Uhr geöffnet. Meist wird es jedoch später, speziell samstags, da hier unsere »Jedermann-Competition« stattfindet.

Das House of Darts ist eine Mischung aus Dartpub, Lounge und Museum. Die meisten Besucher sind beim ersten Besuch damit beschäftigt, sich die Bilder an den Wänden anzusehen, bevor sie selbst zu den Pfeilen greifen. Die Location ist in Deutschland einzigartig, und wir haben uns vorgenommen, dass dies möglichst lange so bleibt, denn auch für uns bleibt die Zeit nicht stehen. Wir versuchen stets, Dinge zu verbessern und unser Wohnzimmer zu modernisieren und zu verschönern.

Durch unsere Kooperation mit McDart, Deutschlands Dartshop Nr. 1, haben wir einen sehr großen Bestand an Darts, Boards und Zubehör ständig vor Ort. Was wir nicht auf Lager haben, können wir innerhalb weniger Tage besorgen. Mittlerweile verbinden viele Darter einen Abend im HoD mit einem Einkauf ihrer Dartutensilien. Wer noch nicht bei uns war, der hat wahrlich etwas verpasst. Jeder Darter und/oder Dart-Fan sollte einmal im House of Darts gewesen sein. Die Mitglieder Unicorn Hessens und ich freuen uns auf euren Besuch, und nicht vergessen, montags stehe ich hinter dem Tresen … Auf geht's!

GRUND NR. 110

WEIL ES »UNICORN HESSEN« GIBT!

Es wäre nicht mein Buch, wenn ich die Dart-Liebe meines Lebens nicht erwähnen würde. Der Verein »Unicorn Hessen« wurde aus der Taufe gehoben, weil es das Schicksal so wollte. Die Leute, die das House of Darts aufbauten, waren auch die Gründungsmitglieder des Vereins. Kim Wehrs, Zoran Lukac, Oliver Vogel, Michael Spanheimer, Thomas Ortwein, Carsten Pöschko, Michael Rosenauer, Sven Heilig und meine Person nahmen sich vor, den Dartsport in professioneller Art und Weise zu präsentieren, was bis heute wunderbar funktioniert. Etwas professionell zu präsentieren bedeutet nicht, dass man zwingend auf dem Niveau eines Profidarters spielen können muss. Das konnte von den Gründungsmitgliedern nur Michael Rosenauer, der zu damaliger Zeit quasi mit einem Dartboard verheiratet war. Täglich quälte er die Triple- und Doppelfelder zu Tode.

Ich habe bis heute keinen kennengelernt, der derart vom Ehrgeiz getrieben und vom Erfolg besessen war wie »Rosi501«. Selbst Phil Taylor hätte sich wahrscheinlich nach einem zehnstündigen Dauertraining mit einem freundlichen »Fuck off« aus Rosis Heimatort Bad Nauheim verabschiedet. Alle Mitglieder des neuen Vereins wollten ihren Teil dazu beitragen, dass man anders ist als andere Teams und deren Spieler. Man muss ja nicht die Augen vor der Wahrheit verschließen, schon gar nicht den Mund. Schaut man sich einige Mannschaften an, dann weiß man, warum heutzutage Darts noch immer von vielen belächelt wird. In jeder anderen Sportart tritt ein Team in einheitlicher Kleidung auf. Nur nicht beim Darts!

Die Ausnahme ist bereits, wenn alle zum Ligaspiel ein Teamshirt tragen. Das ist dann zwar meist geschmacklos, aber zumindest einheitlich. Irgendwelche Zehn-Euro-Rabattlappen bei »Waltrauds Print- & Kopierservice« billig beflocken zu lassen macht keinen Sinn und ist noch weniger unser Stil. Darts ist ein sehr günstiges Hobby, diesbezüglich kann das Outfit schon ein paar Euro kosten. Schließlich repräsentiert man nicht nur seinen Verein, sondern den Dartsport generell. Auch wenn sie von »True Religion« ist und 400 Euro kostet, eine Jeans hat im Dartsport absolut nichts zu suchen. Sicherlich kann man während des Trainings eine Jeans tragen, aber sobald es ein Spiel in der Liga oder auf einem Turnier ist, muss die Hose im Schrank verschwinden. Ab diesem Zeitpunkt gibt es nur noch eine schwarze Anzughose, die man in der heutigen Zeit schon zu einem guten Preis käuflich erwerben kann. Dazu kommen natürlich ein Paar schwarze Straßenschuhe. Turnschuhe, Sandalen und Badelatschen sind tabu.

Wenn jetzt jeder der Teamkollegen eine schwarze Hose, schwarze Schuhe und ein einheitliches Dartshirt trägt, dann kann man in den Augen »Unicorn Hessens« langsam von einem »TEAM« sprechen. Bitte nicht verwechseln, das Wort »Team« bedeutet nicht, dass allen in der Mannschaft die gleiche Anzahl an Zähnen fehlt, oder alle gleich riechen! Das muss nicht sein. Konzentriert euch einfach auf das Optische. Wenn ihr unsicher seid, dann fragt eure Frau, ob ihr so außer Haus gehen könnt. Ganz wichtig, bitte lasst sie auch noch einmal riechen!

Natürlich kann ich auch Mannschaften verstehen, die auf solch ein Auftreten keine Lust haben. Vielleicht liegt es aber nur daran, dass der Wirt ihnen den kleinsten Raum in der Kneipe oder ein Kellerloch zugewiesen hat. Nach dem Motto: »Warum soll ich mich toll anziehen, wenn ich im Keller spiele?« Ihr könnt eurem Wirt ruhig erklären, dass man Darts nicht mehr verstecken muss. Für das Spiel muss sich keiner mehr schämen. Ich kann solchen Teams nur raten, die Kneipe zu wechseln oder sich für euer Hobby stark zu machen. Darts kostet so wenig Geld, dass sich jeder ein schönes Shirt und eine schwarze Stoffhose leisten kann. Eine graue Hose geht auch, dann aber bitte alle in Grau.

Eigentlich wollte ich über kurze Hosen nichts schreiben, möchte es aber trotzdem erwähnen. In einer kurzen Hose wasche ich mein Auto, gehe damit ins Schwimmbad oder sitze so im Biergarten. Aber Dartspielen in kurzen Hosen geht nicht, das ist ein Unding. Man kann in einer Sommerliga gerne im T-Shirt oder Jeans spielen, da es nichts Öffentliches ist. Aber kurze Hose? Niemals. Genauso wenig trägt man Kappen, egal welcher Art. Eine Mütze, Kopfhörer oder Freisprecheinrichtungen am Ohr sind undiskutabel. Das steht übrigens auch so in den Regeln. Bei Unicorn Hessen haben wir genau dies von Beginn an umgesetzt. Ein einheitliches Auftreten wurde quasi in den Statuten des Vereins fest verankert. Jeder Spieler, der am Ligatag mit Jeans erscheint, darf leider nicht am Spielbetrieb teilnehmen. Ich muss ganz einfach von jedem Spieler unseres Vereins erwarten können, dass er versteht, dass eine schwarze Hose und Schuhe Pflicht sind. Wenn er am Abend für 30 Euro trinken kann, dann kann er sich sicherlich auch eine schwarze Hose und ordentliche Schuhe kaufen. Für alle Mitglieder Unicorn Hessens ist das Normalität. Warum aber der Name »Unicorn Hessen«?

Wir hätten uns auch Unicorn Rodgau nennen können, aber es wäre unfair denen gegenüber gewesen, die nicht in Rodgau wohnten. Die meisten Spieler unserer Mannschaft kamen damals aus anderen Orten. Deshalb haben wir uns für »Hessen« entschieden. Der Namensteil »Unicorn« bringt die Verbindung zum Hersteller Unicorn Darts Ltd. in England. Zum einen steht Unicorn in der Welt des Dartsports für Qualität, Professionalität und Erfolg, zum anderen war Unicorn zur damaligen Zeit – und ist es immer noch – Michael Rosenauers und mein Sponsor. Ganz einfach, wir wollten von allem das Beste. Was bringen dir das tollste Vereinsheim und ein tolles Auftreten, wenn du das Team dann »Uschis Tresentruppe« nennst? Richtig, nichts! Noch heute bekomme ich Gelbsuchtattacken, wenn ich die Spielstätten und die Outfits einiger Teams sehe. Aber mittlerweile entwickelt sich ein Trend, dass auch andere verstehen, dass man Darts zwar in einer Kneipe spielen kann, aber selbst nicht wie eine heruntergekommene Eckkneipe aussehen und rumlaufen muss. Ich weiß sehr wohl, dass Darts der Sport der sogenannten »Working Class« – der Arbeiterschicht – ist. Schon gut, aber die gibt es in Deutschland in dieser Form nicht so ausgeprägt wie zum Beispiel in Great Britain.

Wenn ein Spieler zu Unicorn Hessen wechselt, dann muss er sich darüber im Klaren sein, dass wir kein anderes Auftreten als das oben beschriebene akzeptieren werden. Für uns gehört eine ordentliche Kleidung zum Dartsport, genauso wie der Single-Bull die Farbe Grün und nicht Blau hat. Humor, Zusammenhalt und Freundschaft stehen bei uns an oberster Stelle. Habe ich was vergessen? Ja ... Liebe, Treue und Loyalität zum Verein, das setzen wir voraus. Man kann es sich wünschen; ob es dann der ein oder andere Spieler auch so sieht, steht auf einem anderen Blatt. Aber von diesen Spielern trennt man sich dann auch gerne mit zwei lachenden Augen.

In den letzten sechs Jahren, also seit Gründung, wurde die Mannschaft Unicorn Hessen I. bereits zweimal Hessenmeister. So viel haben wir nicht falsch gemacht. Besucht uns einmal oder meldet euch, wenn ihr ein Freundschaftsspiel veranstalten möchtet. Vielleicht ist das ein toller Grund, das House of Darts einmal (oder mehrmals) zu besuchen.

GRUND NR. 111

WEIL ICH SONST NICHT GORDON SHUMWAY HEISSEN WÜRDE!

»Gordon wie?« Ja ja, die Frage habe ich in den letzten Jahrzehnten zig Mal gehört. »Gordon Shumway, das ist doch ALF!« Ja, auch das ist richtig, trotzdem habe ich den Namen seit knapp 15 Jahren in meinem Personalausweis und Reisepass unter der Rubrik »Ordens- und Künstlername« eingetragen. Mit Ausnahme meiner Eltern nennen mich die allermeisten Menschen »Gordon«. Sollte man mich bei meinem richtigen Namen rufen, kann es passieren, dass ich mich nicht umdrehe oder erst gar nicht reagiere. Ist aber keine Absicht, es kommt einfach nur zu selten vor, dass sich überhaupt noch jemand an meinen »Mädchennamen« erinnert.

Selbstverständlich hat der Spitzname etwas mit Darts zu tun, obwohl meines Wissens ALF nie Dart spielte. Nun aber die Geschichte, wie es zu dem Namen kam … Bevor ich zum ersten Mal außer Haus Darts spielte, hatte ich schon ungefähr zwei Jahre alleine zu Hause vor meinem Dartboard mit täglichem Training verbracht. Ich war ein Wahnsinniger, wenn es um die kleinen Pfeile ging. Ich hätte 20 Stunden am Tag spielen können, ich war besessen von diesem Spiel. Und wenn ich ehrlich bin, ich bin es heute noch.

In einer Videothek in Rodgau-Weiskirchen hing in einem winzig kleinen Hinterzimmer ein Dartboard. Der Geschäftsführer des Ladens, Dieter Stöppler, spielte dort in ruhigeren Zeiten – also meist immer – mit ein paar Bekannten und Freunden Darts. Es wurde Alkohol ausgeschenkt, man durfte rauchen, und nach einiger Zeit wurde es eine tägliche Routine in meinem Leben, diesen Laden zu besuchen. Eigentlich müsste es heißen: »Es wurde gequalmt und gesoffen, und wir schlugen uns dort die Tage und Nächte um die Ohren« … So viel Zeit muss sein. Wir spielten um Runden Bier und Cognac-Cola – wer verlor, musste zahlen. Die Preise waren lächerlich, und so war es nicht schlimm, wenn man mal ein Spiel in den Sand setzte. Wie oft bin ich von dort mehr heimgekrochen als gelaufen …

Unsere Droge waren die VHS-Videobänder von Dartturnieren aus England. Diese Tapes wurden gehandelt wie Rohdiamanten. Für uns konnte es gar nicht schnell genug gehen, bis die neue »Ware« endlich ankam. Der Freund eines Freundes hatte einen Freund, der einen Freund hatte, und dessen Bruder lebte in England und nahm für uns Spiele der englischen Profis auf Video auf. Keith Deller gegen Leighton Rees war das erste Spiel, das ich jemals sah. Ich habe das Band mehr als 501-mal angeschaut.

Durch den täglichen Konsum dieser Videobänder wurde uns schnell klar, die Engländer waren die Könige des Dartsports und wir kleine unnütze Pfeilchenwerfer! Es schmerzte, feststellen zu müssen, dass du es in England nicht einmal unter die letzten 128 Teilnehmer geschafft hättest, selbst wenn nur 32 mitgespielt hätten! Für deren Verhältnisse waren wir Deutschen am Board armselige Würste, und keiner hätte vor uns Angst gehabt! Außer … mmmhhh … was wäre, wenn man einen englisch klingenden Namen hätte? Ein cooler englischer Name, damit könnte man bei manchem Gegner bestimmt schon vor dem Spiel Eindruck schinden – auf jeden Fall in Deutschland. Das war zumindest meine Idee, welche für ausreichend Lacher sorgte.

Unter dem Dartboard der Videothek hing ein Poster von ALF, dem zotteligen Außerirdischen, der Star einer neuen Vorabendserie. Auf diesem Poster trug ALF ein Football-Shirt mit der Nummer 67 und seinem Namen – »Shumway«. Witzigerweise ist die »67« mein Geburtsjahr ...

Von Zeit zu Zeit meldeten sich die Jungs aus der Videothek zu kleineren Turnieren an. Später kamen Ranglistenturniere des Hessischen Dartverbandes dazu. Die Startgebühren betrugen damals meist zwischen vier bis acht Deutsche Mark. Ich bat Dieter Stöppler, mich beim nächsten Turnier ebenfalls anzumelden. Irgendwann kam er an besagtem Tag zu mir und wies mich darauf hin, dass ich bereits zweimal namentlich von der Turnierleitung aufgerufen worden sei. Ich hatte meinen Namen aber nicht gehört! Kein Wunder, schließlich hatte er mich unter dem Namen »Gordon Shumway« angemeldet. »Jetzt hast du deinen englischen Namen!«, so sein damaliger Kommentar.

Obwohl ich den Spitznamen nun schon so lange habe, erlebe ich immer wieder lustige Geschichten. Ich bin mit Barney so viele Jahre eng befreundet, und trotzdem merkte er erst letztes Jahr, dass mein richtiger Name ein anderer ist. Es gibt auch Leute, die mich fragen, ob ich nicht sauer bin, dass man damals dem Zottelvieh ALF meinen Namen gab! Kein Spaß ... Ich habe den Namen seit vielen Jahren als Wort- und Bildmarke beim Deutschen Patentamt schützen lassen. Übrigens gibt es in Deutschland einen DJ, der unter dem Namen »Gordon Shumway« Platten auflegt ... Also, wenn der Kollege keine Ahnung von Musik hat und nur Mist auflegt – ihr dürft ihn verhauen, denn ICH BIN ES NICHT!!!

KAPITEL 12

DIE BONUS-GRÜNDE

BONUSGRUND 1

WEIL ES DIE LEGENDE »LANGER« GIBT!

Würde man am Eingang eines PDC-Events in Deutschland die Fans bitten, spontan die bekanntesten deutschen Dartspieler zu benennen, würden sicherlich derzeit die Namen von Max Hopp, Jyhan Artut, Maik Langendorf, René Eidams oder Dragutin Horvat zuallererst fallen, die Reihenfolge wäre willkürlich. Menschen, die sich dagegen seit 20 oder sogar 30 Jahren mit dem Dartsport in Deutschland beschäftigen, kommen ganz sicher zu einer anderen Reihenfolge. Ende der Achtziger startete eine äußerst erfolgreiche Epoche des deutschen Dartsports, in der aus meiner Sicht auf einem höheren Niveau als heutzutage gespielt wurde.

Spieler wie Bernd Hebecker, Colin Rice, Andree Welge, Didi Schutsch, Dieter Sentrup, Tomas Seyler, Wolfgang Damm, Michael Rosenauer, Kai Pfeiffer, Alfred Küchler, »Tiny« Hilger, Manni Hegmann oder Rainer Baumdick entstammen dieser Epoche, den stärksten Jahren der deutschen Dartsportgeschichte und würden mit großer Sicherheit als »bekannte Größen« genannt werden. Über allen steht jedoch ein Spieler in Deutschland, der Darts hierzulande wie kein Zweiter prägte. Kein deutscher Spieler hat bisher mehr Erfolge national als auch international vorzuweisen.

Die Rede ist natürlich von Andreas »Andy« Kröckel, von seinen Freunden liebevoll »Langer« genannt. Der am 07.12.1965 geborene Essener begann 1987 mit dem Dartsport, wobei sich zu dieser Zeit keiner wirklich getraute, das Wort »Sport« in einem Atemzug mit unserem Hobby zu nennen. Bis 1992 spielte er für den DSC Essen, danach wechselte er zum DSC Bochum, bei dem er in 2017 sein 25-jähriges Jubiläum feiert. Auch wenn heute die Bandscheibe sein größter Gegner ist, Kröckel bleibt bis heute ein positiv Besessener, wenn es um die drei kleinen Pfeile geht. Sein Auftreten auch abseits der Oche machte Andy zu einem Spieler, der über die Landesgrenzen hinaus bis heute respektiert wird und größte Wertschätzung erfährt. Als jungen Spieler faszinierte mich damals seine überhebliche, fast schon arrogante Art, Darts zu spielen. Wie er sich am Board gab war reine Provokation, ein psychologisches Kriegsspiel in Perfektion. Es hat mich fasziniert zu sehen, wie seine Gegner unter Andys Spiel psychisch einbrachen. Berühmt für seine »schrägen«, recht unkonventionellen Wege beim Checken, trieb er häufig nicht nur Caller in den Wahnsinn. Nur selten gab es Gegner, die sich auf eine Diskussion am Board mit ihm einließen. Was Kröckel sagte war eben Gesetz – er war die Macht am Board! Natürlich wurde der Lange aber nur respektiert, weil hinter dieser großen Klappe auch eine verdammt große Leistung steckte ...

Ganze 53 Mal wurde er in die Nationalmannschaft berufen und trug das deutsche Trikot mit stolzgeschwellter Brust. Kröckel ist unser »Loddar« des deutschen Dartsports – Rekordnationalspieler, eine echte Tungsten-Legende! Ganze 26 Titel bei deutschen Meisterschaften stehen auf seiner Erfolgs-Habenseite, ebenfalls zwei zweite Plätze im »Spring Cup«-Einzel. Zwei WDF-Turniere, also Weltranglistenturniere der World Darts Federation, konnte Andy gewinnen.

1995 belegte er Platz 13 der WDF/BDO-Weltrangliste, ein Jahr später war er Teilnehmer der berühmten »Embassy«. Ebenfalls 1996 schlug er bei den Winmau World Masters in London den amtierenden Weltmeister John Part mit einem Average von 105,25! Im besten Spiel des gesamten Turniers bezwang Kröckel den Kanadier mit 3:0 / 3:0 in Rekordgeschwindigkeit.

Beim Four Nation Cup 1997 in Irland gewann Kröckel gegen den heutigen PDC-Spieler Mick McGowan mit 3:0 und einem unfassbaren Average von 121,05 – selbstredend der höchste des gesamten Turniers. Selbst zehn Jahre später – also 2007 – bezwang er den amtierenden Weltmeister Jelle Klaasen bei den Belgium Open mit 3:0, wohlgemerkt checkte er jedes Leg bei einer Restpunktzahl von 120! Kröckel wäre aber nicht Kröckel, hätte er den üblichen »Shanghai«-

Weg über die 20 gewählt. Seine Wege waren T19/13/Bull, S19/T17/Bull und T19/T13/D12 – zum völligen Entsetzen Klaasens! #isso

Gegen den Waliser Richie Burnett warf Andy im Rahmen eines Einsatzes bei der Nationalmannschaft einen 13-Darter. Das wäre jetzt nicht besonders spektakulär, hätte Andy nicht das komplette Leg mit dem Flight voraus geworfen! Völlig bescheuert …

Vor allen Dingen aber beeindruckte Andy auf Bundesebene über Jahrzehnte mit sehr guten und konstanten Leistungen. Natürlich immer gepaart mit ein paar lustigen Sprüchen. Beispiel gefällig? Bei der Deutschen Meisterschaft 1990 musste Kröckel im Finale gegen Dieter Sentrup, die damalige Nummer 1 der Rangliste, antreten. Nach dem Münzwurf, den Andy gewann, sagte er zu Sentrup: »Du gewinnst ja noch nicht mal den Münzwurf!« Das Ergebnis lief ganz in Kröckel-Manier – 2:0/2:0/2:0!

Wie gerne würde ich einen Andy Kröckel in Bestform bei der PDC-Weltmeisterschaft auf der Bühne des »Ally Pally« sehen. Da hätte der Arsch Kirmes! Die meisten der deutschen WM-Teilnehmer sind mir auf der Bühne zu nett, zu glatt, einfach zu brav, fast schon devot. Kröckel wäre anders, es wäre seine Bühne. Ich muss lachen, wenn ich mir vorstelle, dass er gegen Michael van Gerwen spielen müsste. »Hör auf, dauernd die Luft zu boxen, du Kasper!«, wäre eine Ansage des Langen, die ich mir definitiv vorstellen kann! Dem Langen war es schon immer egal, wer gerade vor ihm stand. Am Board wurde es entschieden, und da behielt er meist die Oberhand.

Wer sich in Deutschland als Dartexperte ausgibt – und davon soll es eine ganze Menge geben –, der sollte den Namen Andy Kröckel zumindest einmal gehört haben, und wenn es nur die Geschichte von »Ab durch die Hecke ist!«. Noch nie gehört? Na dann los …

DDV-Turnier Dortmund Open 1992 – Für die Jüngeren unter euch, wir spielten damals noch auf Schwarz-Weiß-Boards! Natürlich ist das Blödsinn, die Triple- und Double-Felder waren damals genauso rot oder grün wie heute, aber YouTube, Twitter, Facebook und Sport1 gab es noch nicht!

An besagter Dortmund Open trat Andy als Nummer 1 der DDV-Rangliste zu seinem Erstrundenspiel ans Board. Gespielt wurde lediglich »Best of 5 Legs«, also bei gewonnenen 3 Legs hieß es fertig machen zum Jubeln. Die Halle ist zu diesem Zeitpunkt bereits gut gefüllt, und hinter den Cracks scharen sich schon immer die meisten Zuschauer. Es steht 2:2, und der Lange wirft bei einer Restpunktzahl von 180 für alle gut sichtbar eine 140, also Tops Rest! Der Schreiber notiert 83 geworfene Punkte … Andy bittet ihn, den Score zu korrigieren, doch zum Entsetzen aller beharrt der Schreiber auf seinem Rechenergebnis. Schließlich sei er als Schreiber auch der Schiedsrichter und er ließe da auch nicht mit sich diskutieren. Er habe nur 83 gesehen! Wer Andy Kröckel besser kennt weiß, dass er einer der liebsten Kerle überhaupt ist. Okay, zugegeben, meist bis zu dem Zeitpunkt, bis der andere nervt, Kacke wird, oder im schlimmsten Fall beides! Kröckels Halsschlagadern hatten zu diesem Zeitpunkt schon das Durchflussvermögen einer 0,5-Liter-Dose Hefeweizen erreicht. Ich stehe in dem Pulk der Zuschauer und denke mir so »Besser du korrigierst diesen Score!«. Selbst die Zuschauer versuchen den Schreiber auf seinen offensichtlichen Fehler hinzuweisen, jedoch ohne Chance. Gebetsmühlenartig wiederholt er immer wieder den gleichen Satz: »Als Schreiber bin ich auch Schiedsrichter, und ich habe nur 83 Punkte gesehen!«

Natürlich verliert Kröckel nach dem ganzen Zauber das Match und ist monströs geladen. Stunden später begegnet Kröckel dem Schreiber vor der Halle. Der Schreiber grinst Andy an und sagt zu seinem Kumpel: »Siehst du, heute habe ich die Nr. 1 aus dem Turnier geworfen!« Wenige Minuten später stehe ich ebenfalls vor der Halle und sehe zwei Beine samt Socken, Schuhen und einer schwarzen Hose aus einer Hecke ragen, wohlgemerkt ohne jegliche Regung. Kröckel steht da, Arm in Arm mit seinem Freund Ludger, und sagt: »Siehst du, heute habe ich meinen Schreiber in die Hecke geworfen.

Natürlich werden auch Legenden im Alter etwas ruhiger. Zumindest manchmal. In diesen ruhigeren Momenten ohne Darts kümmert sich Andy liebevoll um seine Frau Trixi und um seine Lieblinge namens »Bullseye« und »Jack«, zwei spanische Mischlingshunde, eine Kreuzung aus Sisal und Tungsten.

Wer Andy auf einem Turnier oder einer Exhibition trifft, der sollte sich ein Autogramm geben lassen, denn er ist Deutschlands erfolgreichster Dartspieler! 1993 bot ihm die WDC (heute PDC) für einen Wechsel 25.000 Britische Pfund an, welche er ablehnte, weil ihm die Karriere in der Nationalmannschaft wichtiger war.

An die Erfolge von Andreas Kröckel kann momentan kein aktiver Dartspieler Deutschlands ranreichen. Vielleicht ist das mal in 20 Jahren anders, aber dann ist es dem Langen und mir auch egal!

BONUSGRUND 2

WEIL ES DEN »DSP« GIBT!

Weil es den was gibt? Den »DSP«? Nein, es hat nichts mit dem Auto zu tun! Was sich anhört wie ABS und ESP ist der neuste Ideenwahnsinn des Hessischen Dartverbandes (HDV) – der »Dartsportpass«, kurz »DSP« genannt. Dieser wurde vom Leipziger-Bezirksfachausschuss Darts originalgetreu übernommen. Beim Begriff »Bezirksfachausschuss« bekomme ich schon wieder Gänsehaut! Das ist mir schon wieder viel zu Deutsch, zu bürokratisch, bierernst und fürchterlich verstaubt und so erzkonservativ. Darts hat mit Begriffen wie »DOSB«, »LSBH« und »Bezirksfachausschuss« rein gar nichts zu tun! Der Deutsche, also die offiziellen Verbandsorgane, möchten Darts aber unbedingt zu einer Sache machen, die man einordnen und kategorisieren kann. Es muss seitens dieser Organe eine Schublade »Darts« gebaut werden, in die man das Spiel dann stecken kann. Der Deutsche handelt hierbei fast unter Zwang. Was man nicht erklären kann, dass muss erklärbar gemacht werden. Was ist Darts? Ein Spiel, Sport, ein Geschicklichkeitsspiel oder doch ein Konzentrationssport? Es reicht nicht, dass Darts einfach Darts ist!

Ein Spiel wie Darts hat seine Traditionen, vor allen Dingen aber eine uralte Geschichte. Es kommt aus dem Pub, also aus der Kneipe. Und genau da fühlt sich Darts auch zu Hause und wohl, denn hier ist es gesellig, und es wird verstanden. Darts wird von geselligen Menschen gespielt und oft auch gelebt. Darts ist eine Philosophie, für die man keinen »Bezirksfachausschuss« benötigt. Der Deutsche kommt darin fast um, dass er Darts nicht greifen und schon gar nicht begreifen kann. Der Reiz des Spiels und die Magie der fliegenden Pfeile bleibt den meisten Menschen verborgen. Wrestling ist das Gleiche. Das versteht der Deutsche auch nicht, deshalb ist es in Deutschland nie richtig angenommen worden. Eine Kombination aus Show und Können ist dem Deutschen fremd. Entweder knallharte Leistung, oder aber reine Show! Beides zusammen bekommt man hierzulande nicht in die Birne.

Ein Spieler muss sich einem eingetragenen Verein (e.V.) anschließen. Dieser muss einem Landesband (LV) angehören. Die Landesverbände gehören dem Bundesverband an. Der Bundesverband muss dem europäischen oder gleich dem Weltverband zugeordnet sein. Erst dann ist der Deutsche zufrieden. Einfach Dartspielen geht nicht! Man bekommt einen Spielerpass mit ordentlicher Nummer und ist Mitglied. Und dann muss Darts ein Sport sein, sonst ist man in diesem Land quasi ein Niemand. Wer sollte einen auch ehren, wenn man etwas erreicht hat, wenn man nicht weiß, was es ist? Und genau hier kommt die große Stärke der Deutschen! Man versucht mit allen Mitteln, das Neue – also Darts – besser zu machen, als es im Herkunftsland bisher betrieben wurde. Der Bezirksfachausschuss war geboren! Wir müssen den Engländern jetzt erst einmal erklären, wie gut wir organisieren und verwalten können. Während der Brite und Holländer schon seit drei Stunden Pfeile wirft, ist der Deutsche noch dabei, ein geeignetes Datum für die Vollversammlung der Fachausschüsse zu finden. Ich möchte in Leipzig keinem zu nahe treten, aber wer gehört denn da zum Fach, und wer entscheidet, wie man beim Wurf aufs Doppel besser werden kann?

In einer aus 14 Folien bestehenden »PPP« (Powerpoint-Präsentation) wird einem der »Dartsportpass« erklärt. Der Hessische Dartverband möchte diesen zukünftig als Instrument zur Leistungsverbesserung bzw. Leistungsoptimierung verstanden wissen. Ich schlage gleich die Hacken zusammen und salutiere ... Powerpoint-Präsentationen bezeichne ich schon immer als das Bilderbuch der rhetorisch Minderbemittelten. Was ich einem Siebenjährigen nicht erklären kann, habe ich selbst nicht verstanden!

Laut der ersten Folie ist der DSP die ideale Ergänzung zum Sportabzeichen des DOSB (der Deutsche Olympische Sportbund) für alle Dartsportler. Wen zur Hölle interessiert ein Sportabzeichen? Ich will mein Doppel treffen, und das möglichst eher als mein Gegner! Und wen in aller Welt interessiert der DOSB? Das ist doch geisteskrank! Ich möchte kein Dartsportler sein, ich bin DartSPIELER, und ich spiele für mich, weil ich dieses Spiel und seine Geschichte liebe! Wer sein Idioten-Abzeichen machen möchte, der soll mit dem Einrad zum Bodenturnen fahren, oder sich einer Gymnastikgruppe anschließen, aber geht mir aus der Sonne mit diesem Gelaber und diesem erzwungenen Mist! Du füllst doch keine Halle mit 15.000 dartbegeisterten Menschen, weil der Typ auf der Bühne sein Seepferdchen bestanden hat und Träger irgendeines Sportabzeichens ist! Warum kann man nicht aufhören, sich aufzuführen, als hätte man nicht mehr alle Tassen im Schrank?

Folie 2 – Mit dem DSP zum besseren Spiel! (Hört, hört ...) Durch Leistungsüberprüfung und durch Grundlagentraining! Jetzt mal ehrlich, das hat schon was von »Dartbrigade Zwickau«, oder? Weiter im Text ... »Der Dartsportpass wird unter Aufsicht eines Wettkampfrichters abgelegt ... Während der Dartsportler die Übungen zum Dartsportpass absolviert, ist ihm das Rauchen und der Genuss von Alkohol untersagt.« Ganz ehrlich, habt ihr ein Ei am Wandern? Wie blitzverstrahlt muss man eigentlich sein, um einen derart geistigen Durchfall in Worte fassen zu können? Im Gesamten umfasst der »DSP« fünf Übungen, die dem geneigten deutschen Dartsportler dabei helfen sollen, nach ungefähr 5000 Übungseinheiten gegen Michael van Gerwen unter 300 Punkte Rest zu kommen. Bullshit!

Ich möchte die erste Übung aus dem Dartsportpass kurz erläutern: Man muss die Singlefelder in ihrer numerischen Reihenfolge mit möglichst wenigen Darts treffen. Beginnend mit der Single 1, und am Ende wartet das Single-Bull. Ganz ehrlich? Interessiert es überhaupt jemanden, wie der Absolvent der Übung an der Oche steht, wie er seinen Dart hält oder wie er seinen Arm bewegt? Wer kann denn einem Neuling überhaupt Darts beibringen – in **DEUTSCHLAND**? Wer denn? Der Typ aus dem Leipziger »Bezirksoberfachspezialistenausschuss« kann das? Er kann einen Menschen zu einem erfolgreichen Dartspieler machen? Ich werf mich weg …

Man kann niemandem zeigen, wie er seinen Dart festhalten soll, denn das ist eines der individuellsten Dinge beim Darts überhaupt! Man kann einem Anfänger zeigen, wie er am besten stehen oder den Arm bewegen muss, aber ein Patentrezept ist dies auch auf keinen Fall. Sicherlich können erfahrene Spieler einem »Beginner« helfen, grundlegende Fehler zu vermeiden, aber treffen muss derjenige schon selbst.

Die erste Übung des DSP wäre gar nicht so gruselig, würde sie sich rein auf Anfänger beschränken. Aber die Idee, diese Übung genau den Spielern abzuverlangen, die Darts seit 10, 20 oder sogar seit über 30 Jahren sowohl im Liga- als auch im Turnierbetrieb aktiv betreiben, muss entweder in einem Anflug geistiger Umnachtung oder im Vollrausch entstanden sein. Das wäre genau so, als würde man von einem seit 20 Jahren praktizierenden Arzt verlangen, dass er einem Patienten eine Tetanus-Spritze geben soll, wohlgemerkt unter Aufsicht!

Das »German Masters« ist das renommierteste Turnier des Deutschen Dartverbandes (DDV). Es gibt einen Einzelwettkampf und einen Teamwettbewerb, wohlgemerkt auf Landesebene. An dem »GM« spielen Auswahlteams für ihre Bundesländer, also z.B. Bayern gegen Nordrhein-Westfalen, oder Hessen gegen Baden-Württemberg. Wie viele Teams ein Landesverband stellen darf, hängt von der Anzahl seiner Mitglieder ab. Hessen darf z.B. drei Herrenteams stellen. In der Vergangenheit nahm man zur objektiven Bewertung der Spielstärke einzelner Spieler die hessische Rangliste zuhilfe. Die Rangliste spiegelte die erzielten Punkte auf den dazugehörigen Ranglistenturnieren wider, also ein guter Gradmesser für die Spielstärke und den Erfolg eines jeden Spielers. Und genau hier liegt das Problem des Dartverbandes aus Hessen. Zukünftig soll es genau diese Ranglistenturniere nicht mehr geben. Und genau hier soll nun der DSP als ein Leistungsmesser zum Einsatz kommen. Die Auswahlteams Hessens, also die Besten der Besten, werden nun nach ihrem Abschneiden beim DSP bewertet. Hinzu kommen noch eine Hand voll kleinerer Sichtungsturniere und die Erfassung der Averages selbst in den untersten Ligen.

Selbst an der Hessenmeisterschaft 2017 dürfen nur 90 Spieler/Spielerinnen teilnehmen, die sich vorher qualifizieren mussten. Wäre es nicht so lustig, man müsste bitterlich weinen! Das Spiel Darts verdient mehr, als dass man es nun in Zeiten des größten Booms der Lächerlichkeit preisgibt.

Die meisten Dartspieler/innen in Deutschland sehen Darts rein als Freizeitaktivität, sprich Hobby. Man spielt, um Spaß zu haben, sich mit Freunden zu treffen und hin und wieder im Wettkampf zu messen. Der Dartspieler, der ein wenig ambitionierter ist, schließt sich eventuell einem Verein an und kämpft irgendwann mit einem Team im Ligabetrieb um Ruhm und Ehre. Wenn einen dann der Ehrgeiz gepackt hat, versucht man, sein Können und Talent auf einem Ranglistenturnier zu demonstrieren. Ein Ranglistenturnier, also der Kampf »Mann gegen Mann« (auch Frau gegen Frau), ist das beste Training, welches es im Dartsport gibt! Sich möglichst oft mit anderen Spielern im direkten Vergleich zu messen, also im Spiel gegeneinander, ist auch für die Psyche ein unglaublich wichtiger Baustein, wenn man ein kompletter Spieler werden möchte. Sicherlich ist das Grundlagentraining, das Werfen auf Doppel und Triple, sehr sehr wichtig, aber die Fähigkeit, genau dies in einem Spiel umzusetzen, bedarf einer großen Abgeklärtheit, die man nur durch ausreichend Matchpraxis erlangt. Das nahezu stupide Werfen auf Doppel- und Dreifachfelder kann man wunderbar zu Hause üben. Gute Musik und Gas geben! Auch die Finish-Wege und das Spielen derselben kann man in unzähligen Trainingsspielen am heimischen Board erlernen und perfektionieren.

Das wichtigste Trainingsspiel von allen ist und bleibt aber das Spielen gegeneinander. Spielt mit euren Freunden so oft es geht »501 Double out«. Nur so erlernt man, seine Spiele unter Druck zu beenden und Finishes zu checken. Spielt so viele Turniere und Competitions, wie es euch möglich ist. Nur so könnt ihr lernen, wie ihr mit eurer Nervosität umgehen müsst, besser noch, wie ihr diese im Vorfeld in den Griff bekommt. Wer denkt, dass man durch den Dartsportpass besser wird und diesen als Instrument für eine Leistungssteigerung sieht, irrt hier leider.

Gerade der Hessische Dartverband (HDV) sollte sich schnellstens Gedanken machen, wie man wieder mehr Spieler für die Teilnahme an einem Ranglistenturnier begeistern kann. Der Weg muss einfach aus den Turnhallen herausführen! Es gibt unzählige Seminarhotels, die an einem Wochenende leer stehen und sich über die Vermietung eines großen Seminarraumes freuen würden. Wahrscheinlich müsste man für den Raum noch nicht einmal Geld bezahlen, wenn man mit dem Hotelbetreiber einen Deal bezüglich der Bewirtung schließen könnte. Man könnte aber auch den ausrichtenden Verein bei der Durchführung finanziell unterstützen. Warum muss ein Verein den Mietpreis der benötigten Boardanlage selbst tragen, wenn es ein Ranglistenturnier des Verbandes ist?

Apropos Dartboardanlage ... Warum lässt der Verband nicht eine professionelle Dartboardanlage bauen? Man könnte ja mit 16 Boards anfangen und schauen, ob man wieder mehr Leute begeistern kann. Sollte sich ein Teilnehmerzuwachs einstellen, könnte man die Anlage problemlos um acht oder mehr Boards erweitern. Gerade in der heutigen Zeit würde man sicherlich auch für den Bau einer Boardanlage Sponsoren gewinnen können. Ob diese im Bereich der Getränke- und/oder Wettindustrie lägen, wäre mir persönlich völlig egal!

Des Weiteren sollte man dringend diesen weichgespülten Doppel-K.-O.-Modus endgültig abschaffen! Einfach zu Beginn je nach Bedarf in 3er-, 4er- oder 5er-Gruppen »Round Robin« (jeder gegen jeden), wenn die letzten 32 oder 16 (auch nach Bedarf) feststehen, geht man in den K.-O.-Modus! Das gute, altbewährte »VSH«-System! Verlieren-Schreiben-Heim ... Wer nach der Gruppenphase nicht zu sehr frustriert ist, kann an einem Loser-Turnier oder einem anderen Darts-Wettbewerb teilnehmen. Oder pokern, angeln oder was weiß ich machen ...

Aber hört mir auf, das Rad neu erfinden zu wollen! Man muss nicht die »7 Tibeter« im Rahmen des DSP ablegen, damit man ein erfolgreicher Dartspieler wird. Die etablierten Darter halten den Dartsportpass sowieso für den größten Schwachsinn seit Erfindung des »Flightschoners«. Darüber freuen sich lediglich die Gastwirte, die ihre Kneipe für diesen Quatsch zur Verfügung gestellt haben, oder so ihre Chance wittern, selbst einmal für das erste Team Hessens spielen zu dürfen! Unter den Blinden ist der Einäugige König – mit oder ohne DSP!

 BONUSGRUND 3

WEIL ES »SPORT1« GIBT!

»Sport1«? Ist das nicht der Sender, bei dem die Bauarbeiter-Pornos durch Werbung, kurze Sportbeiträge und die Aufforderung, jemanden spätabends anrufen zu müssen, unterbrochen werden? Wenn morgens noch die Küchenrolle auf dem Wohnzimmertisch steht, dann weiß die Gattin, dass Vati wieder ganz lang Sport1 gesehen hat ...

Aber was wären Dartfans ohne Sport1 vormals DSF – Deutsches Sport-Fernsehen? Nichts, rein gar nichts. Ohne den in München ansässigen Sportsender müssten sogar Größen wie Phil Taylor weiterhin Toilettengriffe aus Keramik basteln, van Barneveld auch bei Regen wieder Briefe austragen und Michael van Gerwen zum Entsetzen seiner Eltern wieder die Schulbank drücken. Gott sei Dank hat sich Sport1 dieser armen Seelen väterlich angenommen ...

Trotz allergrößter Satire steckt natürlich in solchen Aussagen immer ein Funken Wahrheit. Darts ist natürlich kein bayrisches Wirtshausspiel, und trotzdem hat Sport1, vormals DSF, auch einen gewissen Anteil daran, dass das Spiel mit den drei kleinen Pfeilen in die deutschen Wohnzimmer transportiert und dadurch bekannt wurde. Mit steigendem Zuschauerinteresse wuchs aber auch leider aufseiten der Fernsehmacher die Gier nach Umsatz. Recht schnell hatte man einen Onlineshop, den man mit allen Mitteln und bis zum Gehörsturz seiner Zuschauer bewarb. Gerade bei der letzten WM nahm es mit der CD, dem WM-Buch, dem Magazin und der Uhr etwas überhand. Natürlich ist es klar, dass sich ein Spartensender über Werbeeinnahmen finanziert. Aber inwieweit man dies zu ertragen vermag, ist eine andere Sache.

Ich habe allergrößten Respekt davor, dass das DSF beim damals angebotenen Sportpaket zuschlug und somit Darts quasi aus der Not heraus übertragen musste. Ich bedanke mich an dieser Stelle wirklich aufrichtig dafür, dass sich einer der schweren Geburt namens »Darts« annahm. Aber jetzt sollte es mit den Huldigungen auch mal wieder gut sein! Sport1 macht das ja nicht, weil sie der Samariter oder die Bahnhofsmission der Fernsehwelt sind. Mittlerweile verdienen sie damit ordentlich Kohle. Wenn die Geldquelle Darts noch drei bis vier Jahre weiterhin so sprudelt, kann sich Sport1 bestimmt auch ein paar hübsche Mädels für die »Sexy Sportclips« leisten. Momentan muss ja offensichtlich die 450-Euro-Putze herhalten, die hin und wieder Elmars und Shortys Sprecherkabine feucht durchwischt. Als sich das damalige DSF für Darts als neue Super-Randsportart entschied, gab es ja schon den DDV, die Landesverbände, Taylor war schon zig Mal Weltmeister, Barney war in den Niederlanden ein Superstar, und Deutschland hatte ebenfalls ein paar ganz hervorragende Spieler. Man musste Darts in Deutschland nicht mehr den Spielern, sondern den Zuschauern schmackhaft machen. Wer Darts schon damals liebte, schaltete sowieso ein, wenn DSF übertrug, besuchte Turniere in Holland, England, der Schweiz oder fuhr zu den German Open nach Bochum. DSF, später Sport1, haben Darts in Deutschland nicht erfunden, sondern einem großen Publikum zugänglich gemacht. Und genau darum ging es. Damit Darts lukrativ werden konnte, mussten die Einschaltquoten wachsen und stetig steigen.

Die reine Übertragung englischer Turniere hätte für einen Erfolg des Senders jedoch niemals ausgereicht. Daran hätte auch »die Stimme des Darts« nichts ändern können. Der Erfolg kam mit Werner von Moltke. Hätte er nicht viel Geld und Zeit investiert und die nötige Ausdauer bewiesen, würde es heute nur sehr wenig Darts auf Sport1 zu sehen geben, wenn es nicht sogar wieder aus dem Programm verbannt worden wäre. Aufgrund der Tatsache, dass die PDC Europe große Turniere in Deutschland ausrichtet, sicherte man dem Sender hohe Einschaltquoten, wenn sie die Major-Turniere aus Großbritannien übertragen. Die Massen, die sonst bei der PDC Europe die Hallen füllen, sitzen dann nämlich vorm Fernseher. Der deutsche Dartfan wurde hervorragend angefixt, und Sport1 macht sich als Dealer sehr gut. Man zeigt Darts, weil man damit Geld verdienen kann, und nicht, weil man die Deutschen in Hinsicht auf Darts missionieren will.

Sport1 wäre außerdem gut beraten, Darts nicht unbedingt so übertrieben flachwitzig zu präsentieren. Es ist mir schon klar, dass ein Spruch wie »3 Frische« bei der Zielgruppe der Neun- bis Elfjährigen granatenmäßig ankommt, aber es nervt die Zielgruppe, die nicht »zum Bleistift« sagt, oder Aussagen wie »alter Falter« nicht verwendet. Die Kommentation auf Sport1 erinnert mich immer an die Ed-Hardy-Mode. Schrill, bunt und recht niveaulos. Zum Teil einfach grausam »prollig«. Darts muss nicht immer lustig sein und wie die Seite 3 der *Praline* rüberkommen. Es muss nicht alles auf übertrieben witzig getrimmt werden. Man kann doch auch ganz normal reden, oder ist das nicht machbar? Der Dart wird doch nicht ins oder neben das Doppel oder Triple »geschraubt«. Was ist das für ein flacher Kack? Humor ist doch etwas anderes. Ich werfe den Dart neben das Doppel, ich schraube ihn nicht. Selbst der Kommentator plappert es jetzt schon nach. Grausam. Das künstliche Auf-Kommando-lustig-Sein, erinnert stark an Karneval, und der ist auch nicht zu ertragen. Dieses Hineinsteigern in immer noch lustigere Sprüche nervt ungemein. Seit der letzten WM schätze ich die Mute-Taste meiner Fernbedienung.

Es ist in meinen Augen legitim und völlig logisch, dass ein kleiner Sender möglichst viel Geld verdienen muss, womit ich aber ein Problem habe, ist die Tatsache, dass man bereits am späteren Abend Titten und Ärsche zu sehen bekommt, obwohl man vielleicht das letzte Match noch gemeinsam mit seinen Kids anschaut. Gerade in den Weihnachtsferien dürfen die Kinder ja schon mal etwas länger aufbleiben. Ich habe einfach ein Problem damit, meiner achtjährigen Tochter zu erklären, warum die hässliche Alte nichts anhat und nicht stöhnt, weil sie friert. Bei der letzten WM fragte Nele mich:

»Papa, warum soll man die Frau jetzt anrufen?«

Unbezahlbar!

BONUSGRUND 4

WEIL »GAME ON ...« IN IST!

Der Ausspruch »Game on« wird von Callern und Master Callern des Dartsports überall auf der Welt verwendet, wenn es darum geht, den Spielern zu signalisieren, dass das Match nun beginnt. Vorher gibt es in der Regel sechs oder neun Darts »Practise«, also die Möglichkeit des Einwerfens. Dieses »Einwerfen« dient dazu, dass sich die Protagonisten an die Begebenheiten der Bühne und des Finalboards kurz gewöhnen können. Natürlich werfen sie auch hier aus einer Entfernung von 2,37 Meter, jedoch ist die Aus- und Beleuchtung einer Bühne und des Boards immer ausschlaggebend für die optische Wahrnehmung eines jeden einzelnen Spielers. Ich persönlich spiele am liebsten, wenn die Umgebung etwas schummrig ist, also das Licht des Raumes gedämpft und nur die Dartscheibe richtig hell ist. Deshalb wäre die Bühne des »Ally Pally« für mich persönlich überhaupt nichts. Dort ist es so, als würde man mittags um zwölf Uhr in der Sahara auf ein Board werfen müssen ... Gleißendes Licht und eine unglaubliche Wärme.

Beim Ausruf »Game on ...« weiß der Spieler, dass nun »Schluss mit lustig« ist. Jetzt heißt es möglichst schnell abtauchen in den Tunnel aus Konzentration, einer Mischung aus positiver Nervosität, einer Spur Aggression, etwas Nervenflattern und einer Menge »coole Sau«. Nichts außer dem Board wahrnehmen, die Zuschauer und den Lärm möglichst ausblenden und hoffen, dass die Triple des Boards groß wie Scheunentore werden. Wer nie auf einer Bühne vor Publikum in einem Endspiel stand, der weiß nicht, wie der besagte Ausspruch des Callers auf den eigenen Puls und den Blutdruck Einfluss nimmt.

Als Patrick Exner, Betreiber von www.dartn.de, der größten deutschen Dartsplattform, mich im Frühjahr 2007 fragte, ob ich Lust hätte, eine Kolumne für seine Seite zu schreiben, war mir klar, dass diese »Game On ...« heißen würde. Seit ungefähr 15 Jahren unterschreibe ich nämlich darts-relevanten Schriftverkehr stets mit »Game On ...«. Warum ich das »O« groß schreibe, hat ausschließlich etwas mit der Optik zu tun. Es gefällt mir einfach besser. Die drei Punkte nach »On« stehen dafür, dass man nicht genau weiß, was danach kommt, oder passiert. So wie »Abwarten, was kommt!«. Für mich als Master Caller hat der Ausspruch »Game on ...« eine sehr große Bedeutung und erinnert mich an viele tolle Momente, die ich im Dartsport erlebt habe. Diesbezüglich trage ich »Game On ...« in Form eines Tattoos an der rechten Seite meines Halses.

Umso erstaunter war ich, als ich 2015 erstmals feststellen musste, dass Elmar Paulke, seines Zeichen Kommentator bei Sport1, eine Kolumne zum Thema Darts auf der Homepage seines Arbeitgebers schrieb und diese mit »Game on!« endete. Sicherlich habe ich nicht die Rechte an der Aussage »Game on«, jedoch kennen Elmar und ich uns seit 2005, also nicht erst seit gestern. Er wusste natürlich, dass ich eine Kolumne bei dartn.de schrieb. Egal, speziell wurde unser Verhältnis erst, als er mich fragte, ob er mich anrufen könne, wenn er Fragen habe, denn er war im Begriff, ein Buch zu schreiben, nämlich *DARTS – Die Erde eine Scheibe*. Zu diesem Zwecke besuchte er mich, bewaffnet mit einem Laptop und Papier, auch im House of Darts. Wann immer er Fragen hatte, rief er mich an, Uhrzeit völlig egal. Meine Aussage, dass man das Buch doch als »Die Bibel des Dartsports« bezeichnen könne, gefiel Elmar so gut, dass er exakt diese Aussage auf der Rückseite seines Buches niemand Geringerem als Phil Taylor in den Mund schob. Ich traute meinen Augen nicht, als ich es sah. Da stand tatsächlich:

»Für mich die Bibel der Sportart Darts!« Phil Tailor

Ich hatte das Wort »Bibel« verwendet, und nicht Herr Power! Aber solche Dinge verkaufen sich dann anscheinend besser. Woher sollte Taylor wissen, was in dem Buch steht? Nicht eine Zeile hatte er gelesen oder gar übersetzt bekommen. Dass der Name Taylor auf der Rückseite des Buches mit »i« geschrieben wurde, war in meinen Augen für eine sogenannte Darts-Bibel mehr als peinlich, ein absolutes No-Go. Es wäre das Gleiche, wenn ich ein Buch über Golf schreiben und die Aussage des Golfers mit »Tiger Wutz« kennzeichnen würde. Die Tatsache, dass Paulke mich in diesem Buch als Darts-Freak bezeichnete, empfand ich auch als nicht besonders nett, nachdem ich ihm sogar noch aufgrund meiner Freundschaft zu Barney zum Nachwort verhalf.

Ich befand mich gerade auf der Autobahn Richtung Den Haag, als mein Handy klingelte. Elmar Paulke fragte mich, ob ich Raymond van Barneveld fragen könne, ob dieser das Nachwort zu seinem Buch schreiben könne. Ich versprach ihm, mein Bestmöglichstes zu tun, damit sein Wunsch in Erfüllung ginge. In Den Haag angekommen, fragte ich Raymond, ob er Elmar den Gefallen tun könne, wobei ich ihm natürlich vorab erklären musste, um was es sich in diesem Buch handelte. Raymond sagte Ja, und ich informierte Elmar, dass alles klar gehen würde. Elmar war sehr erfreut und dann diktierte er mir die Zeilen, die er gerne als Nachwort von Raymond hören würde. Der gute Barney war mindestens genauso irritiert, als ich ihm den Zettel vorlas, den Elmar mir am Telefon diktiert hatte und ich ihm nun als seinen Text verkaufen musste. Egal, Elmar war glücklich und fertig.

Keine drei oder vier Wochen später erhielt ich eine Nachricht von Raymond über WhatsApp. Jemand hatte ihn informiert, dass sich Elmar Paulke bei einer Live-Übertragung über ihn sehr abfällig geäußert habe. Er würde immer aufgeben, den Kopf schütteln, nicht genug kämpfen und Spiele einfach so herschenken. Er sei mental schwach! Ich konnte dies nicht verneinen, hatte ich es schließlich selbst gehört und mich auch sehr darüber geärgert. Da tut man jemandem einen Gefallen und bemüht sich, und dann wird derjenige, den man um einen Gefallen bittet, einfach live im Fernsehen den Schweinen zum Fraß vorgeworfen. Das macht man nicht! Raymond war unfassbar sauer und konnte es nicht glauben. »Das war das letzte Mal, dass ich mich für so etwas hergebe! Du siehst, was er jetzt über mich erzählt!« Ich konnte ihn verstehen und bin froh, dass er zu diesem Buch das Vorwort schrieb. Ich schwöre, er hat es selbst verfasst, geschrieben vor meinen Augen an seinem Schreibtisch …

Ich hatte immer den Wunsch, ein Buch über Darts zu schreiben. Lange bevor mich Oliver Schwarzkopf fragte, ob ich ein Dartsbuch in der *111 Gründe*-Reihe seines Verlages veröffentlichen wolle, stand für mein ureigenes Buch schon immer der Titel fest: *Game On … – Behind the Oche*. Nachdem *111 Gründe, Darts zu lieben* im September 2013 erschien, veröffentlichte ich auf Facebook meine Idee, mein zweites Dartsbuch *Game On … – Behind the Oche* nennen zu wollen. Leider musste ich dann 2016 feststellen, dass Elmar Paulke genau diesen Buchtitel wählte. Er ließ zwar den Zusatz »Behind the Oche« weg, jedoch bewarb Paulke das Buch mit den Worten »Hinter den Kulissen der Dartsszene«, was dem Sinn nach natürlich exakt das Gleiche war. Meine Begeisterung hält sich bis heute in Grenzen. Ich finde es einfach moralisch verwerflich, wenn man wahllos und ohne Rücksicht auf Verluste Ideenklau betreibt. Das ist schlechter Stil!

Im Buch selbst versucht der Sport1-Kommentator dann sofort wieder mit abstrusen Geschichten zu glänzen. Berichtet er doch vom »Meet the Power«-Turnier in München und dass ich dort als Caller mit einer hektischen Bewegung meines Mikrofons der Legende Phil Taylor einen 9-Darter versaut hätte. Erstaunlich … Taylor, darauf angesprochen, erwidert, es sei riesengroßer Bullshit und Wichtigtuerei. Danke! Wohlgemerkt schreibt Elmer Paulke in dieser Geschichte meinen Vornamen mit a, also »Gordan« anstatt »Gordon«. Die Geschichte, dass man eine Dartscheibe bestehend aus Schweineborsten der Marke Jim Pyke sein Eigen nannte, möchte ich unkommentiert lassen. Dass John Part unter dem Spitznamen »Darth Marple« und nicht »Darts Vader« bekannt ist, sollte hinlänglich bekannt sein. Echte Experten wissen, was davon zu halten ist. Und dass das Vorwort des neuen Buchs vom Sinn her fast das gleiche ist wie das des alten – so what! Einer hat Darts in

Deutschland so groß gemacht, dass es selbst die Superstars der PDC in jedem Vorwort erwähnen müssen, bzw. in den Mund geschoben bekommen. Hahaha ...

Man könnte meinen, dass es mit der Kopiererei auch mal ein Ende finden würde, leider weit gefehlt. Egal ob es uralte T-Shirt-Motive sind oder Gott weiß was, es wird alles unter »Copy + Paste« mitgenommen.

Ich habe dieses Thema für mich persönlich abgehakt. Mich braucht keiner auf irgendetwas anzusprechen, oder mich anzurufen, denn ich bin mit der Nummer durch. Man lernt im Leben immer dazu, und ich kann immer noch verdammt gut schlafen und in den Spiegel schauen. Doch manchmal wache ich nachts auf und stelle mir immer und immer wieder die gleiche Frage ... Gab es wirklich dieses »Schweinsborstenboard« Anfang der Neunziger in einer Studentenbude in Köln, oder ist die Geschichte genauso echt wie die innige Freundschaft zu MvG? Er muss es wissen – nicht ich! Es kommt mir aber eher so vor, als solle dieses dünne Geschichtchen nun belegen, dass die Fan-Ikone eigentlich auch schon gaaaaaaanz lang mit dem Dartfieber infiziert ist. *gähn*

»Game on ...«

BONUSGRUND 5

WEIL MAN PRIORITÄTEN SETZEN MUSS!

In den letzten zehn Jahren, also seit Bestehen unseres Dartvereins, habe ich bei Unicorn Hessen bisher fast drei Doppelpartner verschlissen. Okay, der Dritte lebt noch und erträgt mich noch ganz gut. Tobi Höntsch wechselte zu einem anderen Club, und Arne »Elton« Witt zog leider wieder in seine alte Heimat – den hohen Norden! Mein jetziger und dritter Doppelpartner ist Florian Götz, genannt »MvGötzi«, 26 Jahre alt und grüner, als es Claudia Roth und

Renate Künast jemals sein könnten. Ich rede bei Götzi aber nicht von politischem Grün, sondern dem Grün der »Green Machine«!

Götzi ist nämlich der größte Michael-van-Gerwen-Fan, den ich jemals kennengelernt habe. Ich glaube, er besitzt sogar MvG-Duschgel und die original schwarzen Socken, die man nach oben ziehen muss, wenn man in den nächsten Gang schalten und den Gegner vernichten will. Selbst wenn Michael van Gerwen einen 115er-Average spielt, sitzt Götzi immer noch nervös vorm TV. Der Gute könnte ja noch von der Bühne kippen und sich den Arm brechen. Er wäre sogar noch nervös, wenn Michael 17:0 führen würde, und es wäre nur noch ein Leg zu spielen! Nach seinem Verständnis dürfte van Gerwen jedes Jahr alle Turniere gewinnen, es wäre für meinen Doppelpartner nie langweilig. Götzi geht am Dartboard hin und wieder bei einem tollen Check oder einer 180 genauso ab wie sein Vorbild! Er liebt das Spiel so wie ich, deshalb kann es bei einem Doppel-Match von uns beiden sehr gut passieren, dass wir uns ordentlich pushen und motivieren – zum Leidwesen unserer Gegner!

Trotz all meiner Verbindungen, Beziehungen und Freundschaften schaffte ich es jedoch nicht, meinem Doppelpartner ein Spiel gegen seinen Hero zu beschaffen. Erst ein Besuch von Werner von Moltke – Inhaber und Gründer der PDC Europe – im House of Darts brachte die ersehnte Chance. Werner erzählte eigentlich völlig beiläufig, dass eine »Privat-Exhibition« in ganz kleinem Rahmen vorm PDC-Turnier in München mit Michael van Gerwen stattfinden würde. Dies war meine Chance, dem guten Götzi seinen Traum näher zu bringen. Ich zeigte auf Götzi und sagte zu Werner: »Florian ist der größte MvG-Fan aller Zeiten, würdest du ihn für die Exhibition auf die Gästeliste setzen? Vielleicht kann er ja mal gegen ihn spielen!« Werner rief Götzi zu sich und sagte »Ich habe gehört, dass du ein Fan von Michael van Gerwen bist. Hast du Lust, nach München zu kommen und gegen ihn zu spielen? Ich lade dich ein!« Götzi und Werner kannten sich zwar, aber jetzt konnte man die Fassungslosigkeit in seinen Augen sehen. »Echt jetzt?«, war das Einzige, was er sagen konnte.

Die nächsten Wochen verbrachte mein Doppelpartner mit einer unfassbar akribischen Vorbereitung. Kamera, Stifte für die Autogramme, Fotos und Shirts zum Signieren, alles wurde eingepackt, aber seine größte Angst, keinen Urlaub zu bekommen, war allgegenwärtig. Am kommenden Montag wurde er gleich bei seinem Abteilungsleiter vorstellig. Nein, Urlaub wäre zu dieser Zeit nicht möglich! Entsetzt fragte er den Vorgesetzten des Vorgesetzten per E-Mail. Auch da eine Absage! Götzi bekam keinen Urlaub, um seinen Traum leben zu können!

Trotzdem kam er bestens gelaunt am Montagabend zum Training ins House of Darts. »Stell dir vor, ich bekomme keinen Urlaub!«, sagte er zu mir. Ich wusste, was es ihm bedeutet hätte, van Gerwen persönlich kennenzulernen. »Und jetzt?«, fragte ich ihn. »Ach, kein Problem, ich habe gekündigt!« Völlig ungläubig schaute ich ihn an – »Du hast was gemacht?« Götzi lachte … »Ich habe meinem Chef gesagt, wenn er mir keinen Urlaub gibt, dann muss ich kündigen, denn ich lasse mir meinen Traum nicht kaputt machen – von niemandem!«

Was soll ich sagen? Ist es nicht genau die Art und Weise, wie wir leben sollten? Ich bewunderte ihn für seinen Mut und seine Entschlossenheit, seinen Traum erleben zu können. Ich bin 23 Jahre älter als er, also fast doppelt so alt, und könnte sein Vater sein. Und als sein Papa hätte ich ihm ebenfalls gesagt, dass er kündigen soll, denn ich habe in diesem Alter Ähnliches getan, um 1989 bei den Oberschwaben Open gegen John Lowe spielen zu können. Das Grandioseste an dieser Geschichte war aber, dass Götzi noch am selben Abend einen neuen Job fand und somit zufrieden und glücklich nach München reiste.

Als er nach dem Wochenende zurückkehrte, war aus dem riesengroßen MvG-Fan ein noch größerer Bewunderer des Mannes aus Holland geworden. »Gordon, der Typ ist bekloppt!«, hörte ich an diesem Abend nicht nur einmal. Jede Geschichte bekam ich erzählt, jedes Bild gezeigt, und man konnte spüren, was es Götzi bedeutete, in München gewesen zu sein. Drei Jahre Arbeitslosigkeit wären es ihm sicherlich wert gewesen.

Sein Leg gegen Michael van Gerwen begann er mit 60, 60 und einer 5, worauf MvG vorschlug, er solle sich doch beim morgigen Qualifikationsturnier anmelden. Danach hat er Götzi verdroschen ... Zum Match checkte MvG 120 Rest mit dreimal Tops. Götzi mag ihn aber immer noch! Hahaha ...

Wenn solche Erinnerungen bleiben, sollten wir häufiger unsere Träume leben. Das Treffen und sein Spiel gegen »The Green Machine« kann ihm kein Chef der Welt mehr nehmen. Alles richtig gemacht, Götzi!

 BONUSGRUND 6

WEIL ES DEN DART-BOOM GIBT!

Wie oft hatte ich mir in den letzten knapp 30 Jahren gewünscht, dass mein Hobby einem größeren Publikum näher gebracht wird und eine klitzekleine Wertschätzung erfährt? Ich war es leid, bei meinen Verwandten und Freunden der »Pfeilchenwerfer« zu sein, eben einer, der sich nicht viel bewegt. Eigentlich war es mir egal, aber zum Teil nervten die hirnlosen Kommentare schon. Die Zusammenfassung aller Vorurteile, die ich bisher über Darts hörte, klingen ungefähr so: »Alle Darter sind fett, tätowiert, saufen wie die Bergziegen, haben verfaulte oder nur noch wenige Zähne und stinken morgens schon nach Schweiß!« Genau, »arbeitslos« habe ich vergessen. Arbeitslos sind auch alle Darter!

Ups ... Das sitzt natürlich, selbst wenn die allermeisten Vorurteile natürlich völliger Blödsinn sind. Klar kenne ich auch übergewichtige Tätowierte, die Darts spielen, dafür brauche ich nämlich nur in den Spiegel zu schauen. Es gibt auch Stinker, aber die gibt es in jedem Verein, unabhängig von der Sportart. Das mit der Sauferei wird beim Darts immer Thema sein und bleiben. Darts kommt aus der Kneipe und wird meist nicht in dafür eigens gebauten Lokalitäten gespielt. Es ist nun mal der Pub um die Ecke, in dem ich meine Darts werfe, und ich finde, genau dort gehört dieses Spiel hin.

Trotz allem war ich natürlich aus dem Häuschen, als Darts in Deutschland den Babyschuhen entwuchs und laufen lernte. Egal ob »Meet the Power«, Taylor zu Gast bei Stefan Raab in *TV Total,* einige Exhibitions und Pro-Tour-Turniere, gefolgt von der GDC und der ersten, eigenen Turnierserie für dartwillige Deutsche. Meist war ich hautnah dabei, und es war wirklich sensationell! Die ersten deutschen Teilnehmer bei einer Weltmeisterschaft der PDC waren unglaubliche Meilensteine für unser Hobby. Deutsche Darter bekamen die Chance geboten, ihren Lebensunterhalt mit »Darts werfen« zu bestreiten. Die Generation meines Vaters hätte sich vor Lachen eingenässt. Was die PDC Europe gerade hier in unseren Gefilden schuf und immer noch schafft, ist wirklich toll. Barry Hearn, Gründer und Inhaber der englischen Mutter namens PDC, dürfte mit dem lukrativen Boom mehr als zufrieden sein, stampft er doch regelmäßig immer wieder neue Turniere aus dem Boden. Wenn Michael van Gerwen innerhalb eines Jahres 26 Turniere gewinnen kann, dann bedeutet dies, dass man einen Zirkus geschaffen hat, der den Spielern alle 14 Tage eine Bühne bietet.

Obwohl wir uns bisher keinen deutschen Darts-Superstar (auch nicht mit Gewalt) basteln konnten, ist der Darts-Boom in Deutschland anscheinend angekommen. Und schon wird es mir zu viel. Ich hätte es mir niemals träumen lassen, dass gerade ich einen solchen Satz schreiben würde. Mir ist es tatsächlich zu viel, und ich kenne sehr sehr viele Darter, denen es genauso geht. Vielleicht müssen wir wirklich in Zukunft die Lager der Dartbegeisterten teilen. Die Dartspieler und die »Ich habe Lust auf Party, kaufe mir ein Kostüm und mache mich zum Vollidioten, kaufe eine CD, ein WM-Buch, ein

T-Shirt, eine Uhr, 50 Tickets und hau mich mit Fusel bis zum Verlust der Muttersprache mit ungefähr 20 Kumpels in die Schwerelosigkeit«-Fans. Ich bin mir sicher, dass wir zwischen diesen beiden Gruppen unterscheiden müssen. Dem interessierten Fan, also dem, der selbst auch Darts spielt, wird es irgendwann einmal zu viel. Die Informationen werden gebetsmühlenartig durchgenudelt, bis auch der Letzte die Grundregeln verstanden hat. Warum wiederholen die bei SKY eigentlich nicht in jeder Sendung, dass ein Leg nur durch einen Wurf in den äußeren Ring – das Doppel – beendet werden kann? Bekommt SKY nie neue Zuschauer, oder gehen sie davon aus, dass das Stammpublikum die Regeln kennt und Neue es schnell verstehen werden? Dass das Triple 8 mm schmal ist, obwohl es schon seit Jahren 9 mm sind, das wissen SKY-Zuschauer! Das erzählt auf SKY keine Sau mehr, schon gar nicht immer und immer wieder, vor allen Dingen aber nicht jeden Tag. Auch bei ITV machen sie aus einer Dart-Sendung kein Deppen-TV für Menschen mit Verlust des Kurzzeitgedächtnisses!

Ich möchte behaupten, dass ich sehr viele Stunden meines Lebens im Bereich des Dartsports verbracht habe. Momentan blicke ich aber selbst nicht mehr durch. In meinen Augen wird es für den Darts-Fan unübersichtlich. Z.B. mit welchem Turnier man sich für welches Turnier qualifizieren kann – wer zur Hölle soll da noch den Überblick behalten? Order of Merit, Pro Tour Order of Merit, UK Open Order of Merit, Challenge Tour Order of Merit, Development Tour Order of Merit ... Alleine ein Blick auf den Turnier-Kalender 2017 lässt erahnen, dass die Top 16 nicht das ganze Jahr spielen können oder Lust dazu haben. Dies wird natürlich hin und wieder dazu führen, dass die Fans mit Absagen rechnen müssen.

Und als wäre es nicht schon schlimm genug, kommt Pro7 und veranstaltet die Promi-Darts-WM. Prost ... Nicht dass die Idee schlecht wäre, ganz im Gegenteil, aber warum musste dieser Event ebenfalls zu einer Dauerwerbesendung verkommen? Das macht doch eigentlich schon Sport1 mit seinen Übertragungen ... Aber mal unter uns, wo waren denn die sogenannten Promis? Loddar Matthäus, Tim Wiese und Mario Basler ... Anscheinend definiert sich Deutschland generell nur über den Fußball! Die Sendung hätte ohne Weiteres »Dschungel-Camp goes Darts« heißen können. Wer Loddar zwei Minuten zuhört weiß, warum es auch für Erwachsene Schuhe mit Klettverschluss gibt. Ich habe große Angst, dass in der nächsten Ausgabe Til Schweiger, Roberto Blanco, Costa von Frosta Cordalis und »Allround Helene« mit dabei sind. Oder Jürgen Drews und der zwangslustige Oliver Pocher. Es ist echt zum Heulen, was machen diese Leute aus dem Spiel, das ich so liebe? Sie quetschen diesen kleinen Dart-Boom aus, als sei er eine reife Orange, dabei hat er erst die Größe einer Beere. Die Übersättigung namens »Darts« wird kommen – ganz sicher. Deshalb sollte man das Thema sehr behutsam anpacken und pflegen. Ich habe die Befürchtung, dass Darts wieder in der Versenkung verschwinden wird, wenn man es jetzt schonungslos übertreibt. Die Merchandising-Maschinerie läuft bereits auf Hochtouren. Es gibt nichts, was es nicht gibt. Es hört nicht auf und ist so leicht zu durchschauen.

Leider kommt der Darts-Boom aber nicht in den Verbänden und Vereinen unseres Landes an. Man hat sich leider die begeisterten Menschen falsch erzogen. Sie kaufen lieber Tickets für das 418. Event in den Reutlinger Bumshallen, anstatt sich selbst ans Board zu stellen um ein guter Spieler zu werden. Und wenn sie es tun, dann lieber im heimischen Wohnzimmer oder Hobbykeller, aber in den Pub, die Kneipe oder das Vereinsheim gehen immer noch die Gleichen, nämlich die, die schon da waren, bevor »The Green Machine« seinen ersten PDC-Erfolg feierte. Und jetzt sollen die Hallen auch noch größer werden – Mahlzeit! Mit wachsender Kapazität sinkt das Niveau. Schwer vorstellbar, wenn man sich aber den ausverkauften »Ally Pally« (im Norden Londons, 6,8 Millionen Jahre alt, West-Hall, blablablaundsülz ...) einmal anschaut, dann muss man schon feststellen, dass der stetig wachsende Boom immer mehr Fußballfans in die Hallen treibt. Dies bedeutet, dass es immer mehr Zuschauer geben wird, die vom Spiel »Darts« sehr wenig bis überhaupt keine Ahnung haben, geschweige denn Respekt den Akteuren gegenüber bekunden. Kein echter Dartfan würde jemals einem Spieler in den Wurf schreien. Darter singen keine Lieder, in denen sie andere als »Hurensöhne« bezeichnen. Genau das machen diese Party-und Fußball-Prolls, die vom eigentlichen Spiel absolut keinen Schimmer haben. Leider ein Verhalten, welches jetzt auch immer häufiger in deutschen Hallen zu beobachten ist. Das ist beschämend für das Spiel und unfair gegenüber den Spielern.

Darts erinnert mich momentan so ein bisschen an die Zeit, als American Football in Deutschland populär wurde. Keiner hatte auch nur die leiseste Ahnung von den Regeln, aber alle rannten in ihren lila-orange-farbenen Football-Shirts ins damalige Waldstadion nach Frankfurt und feierten mit »Frankfurt Galaxy« eine riesengroße Party – wie das Spiel ausging, wussten die Allerwenigsten. Der Boom verschwand nach ein paar Jahren wieder, und die gleiche Angst habe ich auch, wenn ich mir die momentane Entwicklung des Dartsports anschaue. Natürlich kann man jetzt versuchen, alles aus diesem Boom herauszuquetschen. Die Gefahr ist aber, dass das, was übrig bleibt, gerade gut genug für die Tonne ist. Weniger ist manchmal eben mehr …

Ich für meinen Teil werde den Darts-Boom jetzt ebenfalls rigoros ausnutzen. Bezüglich des Erscheinens der 2. Auflage meines Buches werde ich Lesungen im Rahmen einer Open-Air-WorldTour durchführen. Beginnen werde ich in der Allianz-Arena, und enden wird die Tour im ausverkauften Maracanã-Stadion in Rio de Janeiro. Die Tickets wird es ab 125 Euro (Stehplatz Innenraum) geben. Für das Ticket ab 250 Euro gibt es dann natürlich auch Häppchen, Schnittchen und Sektchen. Für die VIPs selbstverständlich Nuttenbrause, leichte Weiber und ein Meet & Greet mit mir selbst! Als Warm-up kommen Mario Barth und Helene Fischer. Saugeil.

BONUSGRUND 7

WEIL ES DAS LIGASPIEL GIBT!

Ein Ligaspiel erinnert mich irgendwie immer an den Ausflug einer Grundschulklasse. Es wird viel gelacht, Blödsinn gemacht, und zwischendurch feuert man sich an und unterstützt den anderen lautstark. So ist es zumindest bei uns. Wie bereits mehrfach erwähnt, spielt mein Team im Hessischen Dartverband (HDV) in der Bezirksliga. Bezirksliga ist der Name der untersten Liga. Es ist die Spielklasse entweder für Einsteiger also Neulinge, oder Teams, die sich im Umbruch befinden, oder für alte Hasen, denen der ganze Zauber etwas zu viel wird. Vor ein paar Jahren spielten wir noch in der Landesliga und wurden zweimal Hessenmeister.

Aber auch im Darts findet man immer wieder Menschen, die sich einem Verein bzw. ihrem Team nicht verbunden oder verpflichtet fühlen. Ich bezeichne das immer als die sogenannte Legionärskrankheit im Dartsport. »Wessen Brot ich ess, dessen Lied ich sing« – ein altes Sprichwort, das die Situation ganz gut beschreibt. Man spielt eine Saison bei Team X, wechselt danach zu Team Y, bei dem man zwei Jahre bleibt. Danach geht es zu Team A, oder vielleicht doch wieder zu Team X. Verrückt, aber so ist es oft. Es fehlt vielen Spielern die nötige Identifikation mit dem Verein oder dem Team, für das sie an der Oche stehen. In meiner Amateurkarriere war ich in 32 Jahren bei vier Vereinen. Die letzten zehn Jahre nun schon bei Unicorn Hessen, zu deren Gründungsmitgliedern ich zähle. Ich werde keinem anderen Verein mehr angehören, das steht fest. Für mich hat es etwas mit Charakter zu tun! Ich kann den Verein nicht verlassen, den ich einmal selbst gegründet habe. Der Kapitän geht als Letzter von Bord …

In der Bezirksliga spielen wir in sogenannten 8er-Teams. Das heißt acht Einzel und vier Doppel, immer 501 Best of 5 Legs. In dieser Liga ist es erlaubt, mit sechs Spielern anzutreten. Zwei Spieler dürfen dann doppelt gestellt werden und folglich zwei Mal zum Einsatz kommen. Die zwei Spieler werden vor Beginn des Spiels ausgelost. Vor 15 oder 20 Jahren war es wesentlich einfacher, acht Spieler an einem Spieltag zusammenzubekommen. Heute ist es aufgrund der wirtschaftlichen Lage eines jeden Einzelnen unterschiedlich anstrengend, ein Team zu organisieren. Viele haben zwei Jobs, arbeiten evtl. auch in der Nachtschicht, sind auf Fortbildung oder haben schlichtweg andere Probleme, die ein Erscheinen unmöglich machen. Unser Team besteht momentan aus 14 gemeldeten Spielern, und trotzdem kommt es hin und wieder vor, dass wir mit Hängen und Würgen am Ligatag nur fünf Leute (blöd) aufbieten können. Aufgrund dessen mussten wir im letzten Jahr schon viele Spiele verlegen. So ärgerlich und peinlich das ist, man macht es nicht absichtlich. Es ist nervig und trägt nicht unbedingt zur Stimmung im Team bei.

Diesbezüglich ist der Modus eines Achterteams in meinen Augen völlig veraltet. In Zeiten, in denen jeder zusehen muss, wo er bleibt, sollte das Spielsystem angepasst werden. Am sinnvollsten wäre der Modus, den man aus dem E-Dart kennt. 16 Einzel und zwei Doppel, wobei man mit vier Mann (Frauen natürlich auch) antreten kann. Dies bedeutet, dass jeder Spieler vier Einzel spielen dürfte. Da die Spieltage des Hessischen Dartverbands an einem Wochentag stattfinden, müsste man einfach testen, ob es zeitintensiver wäre, wenn man auf den E-Dart-Modus umstellen würde.

Eines ist aber definitiv klar, wenn man zum Ligaspiel geht, dann möchte man auch zum Einsatz kommen und spielen. In Zeiten, in denen Freizeit knapp bemessen ist, fährt keiner gerne 100 Kilometer, um seinen Teamkollegen beim Spielen zuzuschauen.

Ein Dartspieler muss ja von Hause aus schon sehr leidensfähig sein, anders lässt es sich zumindest nicht erklären, warum er manche Spielstätten ohne Widerworte akzeptiert. Ich hatte es bereits an anderer Stelle erwähnt, aber es bleibt für mich eines der großen Rätsel, warum sich viele Darter damit begnügen und vor allen Dingen abfinden, in solchen Kaschemmen spielen zu müssen. Der Fußboden und die Tische kleben, es knirscht beim Laufen, die Spinnweben hängen von der Decke, die Fingernägel des Wirts sind nikotingelb, haben die Länge meiner Shafts, und das Beste, was es zu essen gibt, sind diese türkisfarbenen Klosteine, nach denen es in dem gesamten Dreckspuff penetrant riecht. Mahlzeit! Ich würde bei solchen Auswärtsspielen am liebsten aus Dankbarkeit in die Kneipe kotzen. Wenn du versuchst, die Klotür mit dem Ellbogen zu öffnen … Das Papier, welches man gerne zum Abtrocknen der Hände benutzt hätte, ist selbstverständlich alle, und das karierte Handtuch hängt klatschnass, stinkig und völlig verdreckt am Haken nebendran. Genau jetzt wird es einem klar, warum man beim Ligaspiel eine schwarze Stoffhose tragen sollte. Wie oft habe ich mir schon die Finger an meiner Hose abgewischt, damit mir die Fingerkuppen nicht abfaulen! Mein Lieblingsszenario ist, wenn ein Spieler der gegnerischen Mannschaft vom Klo kommt und du auf 600 Meter erkennen kannst, dass er sich schon gestern nicht die Hände wusch und danach vor dir in die Schüssel mit den Erdnüssen greift! Mega …

Ganz schlimm wird es, wenn der Wirt selbst kein Darter ist und völlig gelangweilt und teilnahmslos hinterm Tresen steht. Die alten Frikadellen auf dem Teller vor ihm sehen frischer und motivierter aus als er selbst. Oder er sitzt an einem Geldspielautomaten, und du musst die Bestellung mindestens dreimal wiederholen, bevor er seinen ranzigen Hintern bewegt. Du merkst in jeder Minute, dass er von dir und deiner Mannschaft genervt ist und eigentlich lieber mit seinen Frikadellen alleine wäre. Dart könnte so schön sein, würden es auch die Wirte erkennen. Mittlerweile würde ich mir wünschen, dass Darts mehr und mehr – ganz so wie in Holland – in Cafés gespielt werden würde. Die typische Kneipe in Deutschland macht halt erst am späten Nachmittag auf, wobei ein Café um 09:30 oder 10:00 Uhr bereits öffnet. Wie sehr hasse ich es noch heute, wenn ich im Winter beim Auswärtsspiel in die Kneipe komme und es eiskalt ist, weil der Wirt erst vor fünf Minuten aufgeschlossen hat. Geht es euch auch so? Je mehr Darts-Jahre ich auf dem Buckel habe, umso mehr nerven mich diese Dinge. Für andere sind es vielleicht Kleinigkeiten, aber ich kann mich damit nicht abfinden.

Ich will Ligaspiele erleben, die einfach Spaß machen, mit Leuten lachen und guten Sport zeigen. Ich möchte mich in der Lokalität wohlfühlen, nett behandelt werden und als Darter willkommen sein – mehr nicht! Einige Wirte sollten schon mal überlegen, ob sie nicht einen Teil des Geldes, das sie durch die Darter einnehmen, hin und wieder dazu verwenden, um den Spielort etwas angenehmer zu gestalten. Oder die Spinnweben entfernen.

Aufgrund der medialen Präsenz des Dartsports sind wir Pfeilchenwerfer nun aber in einer guten Position, um uns nicht mehr alles gefallen lassen zu müssen. Geht zu eurem Wirt und erklärt ihm, was ihr wollt! Sagt ihm …

»Let's make darts great again!«

 BONUSGRUND 8

WEIL ES DIE SCHWEIZER GIBT!

Wie wir bereits wissen, haben die Schweizer »Darts« nicht erfunden, und trotzdem hat das Spiel mit den drei kleinen Pfeilen im Land der Eidgenossen eine sehr lange Tradition. Spieler wie Walter Tschudin, Gaudenz Coray und Beat Basler sind weit über die Grenzen der Schweiz im Dartsport seit sehr langer Zeit bekannt. Bevor ich aber jemals einen dieser Namen hörte, war mir der Name des folgenden Herrn schon viele Jahre geläufig … Beni Petris, genannt »Big Ben«, der ebenfalls zu den Urgesteinen der Schweizer Dartsportgeschichte gehört. Er ist so etwas wie der »Doctor of Darts« im Alpenstaat. Beni hat eine unfassbare Sammlung an Darts, Dart-Pins, Boards, Buckles, Büchern und sonstigen Dingen, die mit Darts zu tun haben. Auf seiner Homepage (www.darter.ch) kann man sich unter dem Punkt »Collection« einen detaillierten Überblick verschaffen, was sich im Laufe von Benis Darterleben so ansammelte. Zugegeben, ich bin schon ein wenig neidisch auf das ein oder andere Stück aus Benis Sammlung, aber ich habe ihn im Januar dieses Jahres zum ersten Mal persönlich kennengelernt und ein ganz tolles Geschenk erhalten – doch dazu später mehr.

Anfang der Neunzigerjahre nahm ich drei oder vier Mal an der Swiss Open teil. Die Swiss Open ist ein Weltranglistenturnier der WDF (World Darts Federation) und somit das bekannteste und größte Turnier in der Schweiz. Zu meiner Zeit fand das Turnier in Basel statt. Die damalige Boardanlage war ein Meilenstein in puncto Qualität und Verarbeitung. Da es die Zeit vor der Abspaltung der heutigen PDC-Spieler betraf, hatte man auf der Swiss Open immer die Möglichkeit, den weltbesten Spielern einmal beim Werfen über die Schulter schauen zu können. Für mich als jungen deutschen Spieler war dies ein sehr beeindruckendes Erlebnis. So sah ich 1993 meinen ersten Live-9-Darter, geworfen von Per Skau, wahrscheinlich einem der besten dänischen Darter aller Zeiten. Bis heute zählt die Swiss Open gemeinsam mit der Dutch Open zu den traditionsreichsten Dartturnieren außerhalb Großbritanniens.

Im April 2014 kontaktierte mich Andy »The Legend« Kröckel, um mich zu überreden, mit ihm und einer Truppe Dartwahnsinniger zu der Malta Open zu fliegen. Leider war mir dies aber aus beruflichen Gründen nicht möglich, obwohl ich solche Turnierurlaube bis heute liebe. Meistens stehen die Turniere gar nicht so im Vordergrund, sondern eher das Treffen von alten Freunden, der Spaß und die Geselligkeit. Darter sind eine große Familie. So blieb es mir auch 2014 vorbehalten, zu Hause zu bleiben und mir die ganzen Geschichten erzählen zu lassen. Kröckel erzählte mir von einem Schweizer, den ich unbedingt einmal kennenlernen müsse. »Der ist genauso doof wie wir!«, so Andy. Das machte die Sache für mich natürlich unglaublich interessant, schließlich gibt es im Dartsport nicht mehr so viele Doofe wie Kröckel und mich. Im Juni oder Juli 2014 kontaktierte mich dann ein Darter namens Sven Gut über Facebook und outete sich als der von Andy Kröckel bezeichnete »bekloppte Schweizer«! Allein der darauf folgende Schriftverkehr mit Sven machte ein Treffen unausweichlich. »Ich komme zu dir ins House of Darts und bringe noch zwei Leute mit!«, so Sven. Gesagt, getan ...

Am 1. August 2014 war es dann so weit. Sven besuchte das House of Darts, im Schlepptau Patrick »Pädi« Rey und Thomas »TJ« Junghans, der sich kurze Zeit später als gebürtiger Sachse und waschechter Deutscher zu erkennen gab. »TJ« ist die Schweizer Nummer 1 und ein fantastischer Dartspieler, der 2015 bei den Winmau World Masters als erster Deutscher überhaupt das Halbfinale erreichte. So hatte ich an diesem Abend drei unglaublich nette Typen im HoD und jeder von uns hatte am nächsten Tag Kopfschmerzen. Schnell wurden die nächsten Treffen vereinbart, und Svens nächster Besuch fand dann mit seiner Partnerin Jasmin Tartari statt, wobei er auch hin und wieder für kurze Abstecher alleine vor meiner Tür stand.

So auch 2015, als er mich im Rahmen des World Cup of Darts in Frankfurt besuchte. Auf der Rückfahrt von der Eissporthalle zum House of Darts entschieden wir uns, ein Taxi zu nehmen. Nicht selten hat man in der Mainmetropole einen Inder als Fahrer. So auch in dieser Nacht. Beim Einsteigen fiel uns auf, dass die Tankklappe des Taxis offen stand und der Tankdeckel fehlte. Darauf angesprochen erwiderte der Fahrer – wir nannten ihn Ranshid –, dass dies kein Problem sei, und machte sich daran zu schaffen, einen Lappen in den offenen Tankstutzen zu stecken. Ich erklärte ihm, dass dies nicht die beste Idee sei, schließlich hatten Sven und ich keine Lust, dass irgendein Spaßvogel an der nächsten Kreuzung den Lappen anzündete und wir als fahrender Molotowcocktail endeten. »Dann erst Tankdeckel kaufen!«, so der Fahrer in typisch indischem Singsang. So fuhren wir mitten in der Nacht mit Molotow-Ranshid durch halb Frankfurt, um einen passenden Tankdeckel zu kaufen. Zwei Tankstellen später wurde er fündig, und wir konnten die Heimreise antreten. Mit den Worten »Los, du fahre Mumbai«, forderte Sven den Kutscher auf, den Pferden nun die Sporen zu geben. Wir nannten diese Tour »Taxi nach Mumbai«, die bis heute immer noch für Lacher sorgt. Unsere Gesichter, als er den dreckigen Lappen in den Tankstutzen steckte, hätte man filmen müssen. Zum Glück hat Ranshid nicht alles verstanden, was wir ihm an Nettigkeiten so mit auf den Weg gaben.

2016 wurde ich dann als Caller von Sven für den Regi-Cup, ein Turnier seines Schweizer Heimatverbandes, nominiert. An diesem Wochenende war ich zu Gast in der »Jägersburg«, kurz »JBs« genannt, einer wirklich tollen Bar in Dübendorf. Die Inhaber Dani und Daniela waren, was Getränke und Essen betraf, an diesem Wochenende meine Sponsoren. Es wurde eines der spektakulärsten Wochenenden meines Lebens. Noch nie hatte ich vorher so viele unfassbar positiv bekloppte Menschen auf einem Haufen kennengelernt. Würde ich in Dübendorf wohnen, das »JBs« wäre mein zweites Wohnzimmer. Samstagnachts traf ich dann auf einen jungen Mann, der sich mir mit »Schweizer Meister, 7 Kräne« vorstellte. Die Rede ist von Rico Jakob Pleisch, ehemaliger Schweizer Meister im Curling, Bauunternehmer und im Rahmen dessen Besitzer von sieben Kränen. Rico wurde einmal von einer attraktiven Dame gefragt, was er denn für ein Auto fahre. Daraufhin antwortete er, dass ihm Autos egal seien, er habe sieben Kräne. Das sorgte für reichlich Gelächter, und so entschied sich Rico, dies bei der Vorstellung der eigenen Person gleich mit einzubauen. Im »JBs« wird Gin Tonic nicht getrunken, sondern vernichtet. Auch Champagner wird dort nahezu inhaliert. Das Turnier wurde ein großer Erfolg, Svens, TJs und Pädis Team die »Rangers« holten den Titel. Der Abschied fiel mir ungemein schwer, denn es ist wirklich selten, dass man so viele tolle Menschen an einem Ort zurücklässt.

Im Januar 2017 wurde ich dann als Caller erneut verpflichtet. Drei Tage Dragons Open in Grenchen stand auf dem Programm.

Die Stadt Grenchen und Umgebung ist als Heimat der bekanntesten Uhrenmarken wie Rolex, Breitling oder Fortis weltbekannt. Aufgrund dessen hat die Stadt einen eigenen kleinen Flughafen mit Hotel, in dem ich für die nächsten drei Nächte einquartiert war. Von meinem Hotelzimmerfenster aus konnte ich den Hangar, die Start- und Landebahn sehen. Kurz nach meiner Ankunft kam ich zum ersten Mal mit einer Schweizer Spezialität in Berührung. Nach dem Auspacken meines Koffers war ich mit Sven, TJ und Jeanette Stoop, einer der besten Damen des hiesigen Dartsports, in der Bar des Hotels verabredet. Jeanette saß vor einem Glas, und die Farbe des Getränks ließ auf einen Tee schließen. Weit gefehlt, es handelte sich um einen »Kaffee Luz«, quasi ein uraltes Nationalgetränk. Das Wort »Luz« steht für die Abkürzung der Stadt Luzern, aus der das Getränk ursprünglich stammt. Es handelt sich um einen Zwetschgenschnaps, aufgegossen mit heißem Wasser, zwei Stück Würfelzucker und ein paar Bröseln löslichem Kaffee, der dem Getränk seine Farbe verleiht. Die Farbe muss so sein, dass man durch das Glas hindurch noch eine Zeitung lesen können muss, erklärte mir Daniela – die Wirtin des JBs – sonntags beim Frühstück. Ja, man trinkt einen Kaffee Luz auch schon morgens zum Frühstück, oder spätestens kurz danach. Drei Tage später, also am Tag meiner Abreise, bekam ich von Dani eine Flasche des Zwetschgenschnapses mit auf den Weg nach Deutschland. Anscheinend konnte ich meine neue Liebe zu diesem Getränk nicht ganz verbergen.

Die Dragon Open war für den ausrichtenden Verein, den DC Chillout Dragons, ein großer Erfolg. Alle Vereinsmitglieder schufteten wie die Wahnsinnigen, die Küche war sehr gut, und die Damen hinter dem Tresen ließen einem nicht den Hauch einer Chance, verdursten zu können. Sascha Masanti als Planer des Ganzen machte einen tollen Job. Die Location selbst erinnerte an ein altes, großes Schulgebäude, das man aus Filmen mit Theo Lingen oder Heinz Rühmann kennt. In der Tat war es eine alte Turnhalle mit Empore, wobei sich die Bühne samt Finalboard und dem Thekenbereich im Erdgeschoss, die Halle aber im ersten Stock befand. Ich traute meinen Augen kaum, aber bei der Boardanlage handelte es sich tatsächlich um die gleiche, auf der ich schon vor 27 Jahren bei der Swiss Open in Basel spielte. Es geht eben nichts über Qualität …

Immer wenn ich Patrick Rey treffe, bietet er mir eine Prise seines Schnupftabaks an. Das Schnupfen von Tabak wird in der Schweiz regelrecht zelebriert und ist eine alte Tradition. Pädi hat eine Schnupftabakdose, die in der Schweiz gefertigt wird, gefräst aus einer Stange Aluminium. Da ich seit Jahren leider ohne Nasenspray fast keine Luft bekomme, ist dies eine schöne Abwechslung, den Rüssel freizubekommen. Da Pädi und ich nicht die Einzigen waren, die an diesem Tag Schnupftabak konsumierten, gab es immer wieder das gleiche Bild zu beobachten. Fünf oder acht Typen stellten sich im Kreis auf, ballten eine Faust, wobei Daumen und der kleine Finger abstehen, ganz wie das »Hang Loose«-Zeichen der Surfer, nur eben waagrecht. Jeder bekommt dann zwei Häufchen des Schnupftabaks auf seinen Handrücken. Der kleine Finger und der Daumen berühren die Finger des Nebenmannes. Danach wünscht man sich »Pris«, und los geht's … Mittlerweile habe ich daran Gefallen gefunden, und es kommt mir so vor, als sei es gesünder als mein Nasenspray. Pädi sagte mir, dass er mir den Schnupftabak mitbringen würde, den er konsumiert. Den gäbe es aber nur in der Apotheke seines Vertrauens. Ich kann es kaum erwarten …

Im April 2017 bin ich wieder für ein weiteres Turnier bei meinen Freunden in der Schweiz. Wenn die Deutschen auch nur die leiseste Ahnung hätten, dass wir einen unserer allerbesten Darter an die Alpenrepublik verloren haben. Ich tröste mich mit dem Wort »ausgeliehen«. Thomas »TJ« Junghans spielt wirklich einen brutal guten Dart, und es ist für den Deutschen Dart Verband nahezu tragisch, dass »TJ« nicht mehr für uns an den Start geht. Die Hoffnung, dass er irgendwann einmal wieder in Deutschland lebt, halte ich für nahezu ausgeschlossen. Ganz ehrlich, ich kann ihn verstehen. Er hat mit Sven, Pädi, Jeanette, Dani und Daniela Freunde fürs Leben gefunden. Freunde, die man nicht mehr missen möchte. Und ich freue mich jedes Mal wieder, wenn ich meine Schweizer im House of Darts begrüßen oder in ihrem wunderschönen Land zu Gast sein darf. Guys, I miss you!

»Priiiiiiiis ...«

BONUSGRUND 9

WEIL ES DIE VEREINSMITGLIEDER GIBT!

Leider hat der Darts-Boom auch in unserem Verein noch nicht für einen großen Zuwachs an neuen Mitgliedern gesorgt. Aufgrund unseres Vereinsheims, des House of Darts, scheuen viele die Arbeit, die man hin und wieder als Mitglied unseres Vereins verrichten muss. Mal ein Thekendienst oder bei einem Event die Tische abzuräumen ist vielen schon zu viel. Aber gerade das House of Darts als Location bietet unglaublich viele Möglichkeiten, um eine tolle Zeit verbringen zu können. Wem aber ein paar Arbeitsstunden zu viel sind, der ist bei uns wahrscheinlich wirklich fehl am Platz.

Es ist natürlich einfacher, in eine Kneipe zu gehen, seine Getränke zu konsumieren, und wenn man heimgehen möchte, dann muss man sein leeres Glas nicht in die Spülmaschine stellen, sondern man geht einfach. Oder den Kühlschrank im Barbereich auffüllen. Das ist nämlich sonst die Aufgabe des Wirtes oder seines Personals. Oder mal ein bisschen saugen und die Spinnweben entfernen. Das ist auch die Aufgabe des Wirtes. Sollte es zumindest sein. Eigentlich. Es gibt Kneipen, da fällt dir ein Dart runter, und wenn du ihn aufhebst, wiegt er drei Gramm mehr als vorher. Mahlzeit. Das hatte ich so viele Jahre und genau davon die Schnauze gestrichen voll. Ich wollte einen Spielort, an den ich gehen konnte, wann immer ich wollte. Ich war es leid, dass ich mich an Öffnungszeiten und den Launen des Wirts orientieren musste. Ich wollte es sauber haben, wann immer ich wollte, auf neuen Boards spielen und mich möglichst nicht mehr finanziell ruinieren, wenn ich Lust hatte, mit meinen Jungs einen trinken zu gehen. Dies war nämlich auch ein großer Aspekt eines eigenen Vereinsheims – die Preise!

Vielen Dartspielern sind die Vorteile eines solchen Vereinsheims aber gar nicht bewusst. Man kann das Aussehen des Spielorts nach eigenen Vorstellungen gestalten, kann sogar eine eigene Preispolitik umsetzen, Events veranstalten, Geburtstagspartys veranstalten, einen Dartshop integrieren, und am Ende des Tages kommt alles dem eigenen Verein zugute. Natürlich muss man den Mitgliedern aber offen gegenübertreten und ihnen klar sagen, dass sie sich zum Gelingen der Sache mit einbringen müssen. Ein intaktes Vereinsleben fordert eben auch die Investition von Freizeit. Wer dazu bereit ist, ist in unserem Verein jederzeit herzlich willkommen. Jedes einzelne unserer Mitglieder repräsentiert unseren Verein und das House of Darts. Durch die Mitglieder des Vereins ist unsere Spielstätte nahezu auf der ganzen Welt bekannt.

Aber trotz der Bekanntheit unseres Vereins suchen natürlich auch wir neue Vereinsmitglieder. Derzeit haben wir ein Team im HDV, möchten aber gerne wieder mit zwei, besser noch mit drei Mannschaften vertreten sein. Man könnte aber auch Teams für andere, also freie Ligen bilden. Selbst die Gründung einer eigenen, also vom Verband losgelösten Liga wird momentan in unserem Verein rege diskutiert. Mit den »Unicorn Steelers« haben wir sogar ein eigenes Junioren-Team, auf das ich als Präsident Unicorn Hessens sehr stolz bin. Meine Kollegen aus dem Vorstand sehen dies genauso. Wer also Interesse hat, Mitglied in einem seit 2007 bestehenden Dartverein zu werden, kann sich gerne über die Homepage Unicorn Hessens mit uns in Verbindung setzen. Das Alter und eure Spielstärke sind völlig egal. Vom blutigen Anfänger bis hin zum (zukünftigen) PDC-Weltmeister – genau euch suchen wir!

Nur eines sollte noch erwähnt werden! Es gibt nur einen Grund, warum man bei uns kein Mitglied werden kann. Wer keinen Humor besitzt, sollte sich lieber einen anderen Verein suchen. Wer aber aus dem Rhein-Main-Gebiet kommt und mit einer verrückten Truppe gerne im House of Darts ein paar Pfeilchen werfen möchte, der ist bei uns genau richtig. Kommt vorbei, überzeugt euch von unserem Vereinsheim und den Leuten, die Darts lieben.

 BONUSGRUND 10

WEIL ES »THE REAL DEAL« GIBT!

Bei »The Real Deal« handelt es nicht um einen Schnäppchenposten bei Aldi oder Walmart, ganz im Gegenteil, es ist der Spitzname eines jungen Mannes, der sein unglaubliches Talent beschreibt. Ein Talent, das es im deutschen Dartsport nur sehr sehr selten gibt – wenn überhaupt.

Die Rede ist natürlich von Nico Blum, geboren am 13.12.2000 in Bensberg, im Süden von Bergisch Gladbach. Nico lebt mit seinen Eltern Günter und Birgit und seiner Schwester Laura in Overath. Die Nähe zu Köln ist auch der Grund, warum der junge Mann ein großer Fan des 1. FC Köln und der Kölner Haie ist. Neben Darts schlägt Nicos Herz nämlich für Fußball, Eishockey und Currywurst mit Pommes.

Kennengelernt habe ich Nico durch Zufall am 17.10.2015, einem Samstagmorgen, im House of Darts. Nico war zu Gast bei Leon und seinem Vater Michael Wilhelm, Mitgliedern unseres Vereins. Michael betreut bei uns die Junioren und karrt diese, wann immer er eine freie Minute hat, auf irgendwelche Turniere, und sei es in Holland. Nico war an diesem Samstag lediglich im House of Darts, um sich einzuspielen, denn er sollte mit Leon die Hessischen Doppelmeisterschaften spielen. Ich selbst war an diesem Tag eigentlich in meinem Büro, welches sich zur damaligen Zeit noch im Nebengebäude befand. Als ich das HoD betrat, sah ich einige

Junioren an der Oche stehen, teilweise in Begleitung ihrer Eltern, die es sich an den Tischen gemütlich machten. Ich weiß nicht mehr, wer an diesem Samstagmorgen für die Verpflegung der Gäste zuständig war, auf jeden Fall bat ich die Person hinterm Tresen mir einen Kaffee zu machen, da mir einer der Jungs nach kurzer Zeit bereits aufgefallen war. Es war nicht unbedingt der Score, der mich beeindruckte, klar, das, was er warf, war sehr gut, nein, es war eher die Art, wie er warf, an der Oche stand und sich gab. Er strotzte vor Selbstbewusstsein, und man konnte in jeder Sekunde förmlich spüren, wie sehr er dieses Spiel liebte. Schwarze Hose, schwarze Schuhe, schwarzes Poloshirt, bei einem Bub in seinem Alter eher die Ausnahme. Er wusste, dass er besser war als die anderen Jungs, ließ dies aber nicht besonders raushängen, obwohl seine Klappe der eines Champions würdig war.

Bereits seit Ende 2014 entwickelte sich Nico zum Abonnement-Sieger auf den Ranglistenturnieren seines Heimatverbandes, des Nordrhein-Westfälischen Dartverbandes, kurz NWDV. Nahezu jedes Juniorenturnier wurde seine Beute.

Nicos Vater erklärte mir, dass sein Sohn nur Darts im Kopf habe. Im Alter von drei Jahren bekam er von seinem Großvater Theo ein Board und Darts geschenkt. Bis heute hält die Faszination bei ihm an, und ich bin mir sicher, dass keine Freundin oder Frau auf dieser Welt ihm das Spielen verbieten könnte. Obwohl er noch so jung ist, ist Darts sein Leben. Dies äußert sich vor allen Dingen darin, dass er jeden Tag stundenlang trainiert. Je länger ich mich mit Nico und dessen Vater unterhielt, umso schneller wurde mir klar, dass ich Nico bei Unicorn Darts in England unterbringen wollte. Ich wusste, welchen Stellenwert die Jugend bei den Engländern hatte.

Und in der Tat, im Februar 2016 unterschrieb Nico bei Unicorn, dem weltgrößten Darthersteller, einen Sponsorvertrag und bekam seine eigenen Darts. Nico war natürlich mehr als begeistert, schließlich spielte er nun für die gleiche Firma wie sein großes Idol Raymond van Barneveld. Nico traf Barney aber bereits vorher bei einer Exhibition in Wesel am Niederrhein. Auf sich aufmerksam machte Nico, als er bei verschiedenen Exhibitions Spieler wie Stephen »The Bullet« Bunting und David Pallett schlug. Gegen Barney verlor er zwar, jedoch fiel auf, dass er vor großen Namen keinerlei Angst hatte. Derzeit führt Nico souverän die Junioren-Rangliste des DDV (Deutscher Dart Verband) an, und hin und wieder nimmt er dann tags drauf am Sonntagsturnier der Herren teil und ärgert die Großen.

In jeder freien Minute trainiert »The Real Deal« für sein großes Ziel. Er will sich für ein PDC-Turnier qualifizieren. Er trainiert so viel, dass mir sein Sponsor mitteilte, dass er einen höheren Flight- und Shaftverbrauch hat als fast alle Profis, die bei Unicorn unter Vertrag sind. Wohlgemerkt alle zusammen! Die Anmeldung für das Qualifikationsturnier eines PDC-Events kostet Geld, genauer gesagt 125 Euro! Dies ist für einen 16-Jährigen eine verdammt große Summe. All unsere Top-Darter wären sicherlich noch besser, wenn sie Sponsoren hätten, die sich wenigstens an den Reisekosten und Startgebühren für genau diese Turniere beteiligen würden. Aber auch hier habe ich die Befürchtung, dass es noch Jahre dauern wird, bis deutsche Firmen auf den Dartsport aufmerksam werden.

In der Zwischenzeit hat sich Nico für die »Target Superleague« der PDC Europe qualifiziert. Für einen 16-Jährigen ist dies eine unfassbare Leistung. 169 Herren spielten im Düsseldorfer Maritim Hotel um drei Startplätze für die beste deutsche Liga für Einzelspieler. An fünf Spieltagen kämpft Nico nun um den Startplatz zur PDC Weltmeisterschaft. Damit ist es aber nicht getan. Nico wird weiterhin die Jugendturniere des NWDV, des DDV und einige ausgesuchte Qualifikationsturniere der PDC Europe besuchen. Dies alles muss er tun, um weiterhin wichtige Erfahrungen zu sammeln. Dies bedeutet im Gegenzug einen immens hohen finanziellen Aufwand für seine Eltern.

Genau dieses finanzielle Problem trifft den gesamten Nachwuchs mit voller Wucht. Nicos Eltern tun wirklich alles Menschenmögliche, damit Nico die meisten relevanten Turniere besuchen kann, aber irgendwann kann man die Kosten alleine nicht mehr stemmen. Wo ist die Förderung seitens unserer Verbände, oder die des DOSB? War nicht immer die Rede von einer fulminanten Förderung, wenn man die Aufnahme in den DOSB erst einmal geschafft hat? Ich hoffe wirklich, dass es bald einige Firmen geben wird, die z.B. Nicos Eltern beiseite stehen und dem jungen Mann die Möglichkeit bieten, ein erfolgreicher Darter zu werden. Wohlgemerkt ein DEUTSCHER Darter! Ansonsten dürfen wir uns nicht beschweren, wenn uns die Holländer und Engländer im Dartsport einfach überrennen. Ich bin aber guter Dinge, dass wir für Nico sehr bald einen tollen Sponsor finden werden.

 Nico und mich verbindet die Liebe zum Dartsport. Dürfte ich mir einen Sohn nach meinen Vorstellungen basteln, er wäre genau wie Nico. Seine freche Schnauze, sein großes Herz gepaart mit seinem Humor und gesegnet mit einem grandiosen Talent, Darts werfen zu können – perfekt! Würde er mir nicht immer meine Energydrinks wegsaufen und meinen Kühlschrank auf links ziehen, hätte ich ihn total gern! Spaß beiseite … Ich drücke ihm von ganzem Herzen die Daumen, dass er seinen Traum leben kann, der mir leider verwehrt war. Ich hoffe, dass ich ihm noch oft mit Rat und Tat zur Seite stehen kann. Ich würde mir wünschen, dass er in acht Jahren Weltmeister der PDC wird. Vorher wäre ungeschickt, dann müsste ich nämlich mit dem Autogramm der »Fan-Ikone«, als Tattoo am Arsch, durch die Gegend laufen! Ich würde bei seinem Matchdart im »Ally Pally« sitzen, genüsslich einen Pfefferminztee trinken und sagen …

 »I told you – he's THE REAL DEAL!«

 BONUSGRUND 11

WEIL ES DAS MYSTERIÖSE »S« GIBT!

Wann begann eigentlich dieser unfassbare Schwachsinn, dass man »Darts« anstatt »Dart« sagt? Schon bei der Erstellung dieses Buches in der ersten Auflage habe ich wahrscheinlich ganze Heerscharen von Lektoren zur Verzweiflung getrieben. Zumindest fragte mich eine Lektorin, ob ich wüsste, wann man denn nun Dart oder Darts sagen würde. Gute Frage, aber ich habe bis heute nicht die leiseste Ahnung! Aber eines weiß ich sehr wohl, denn meistens hört es sich mit »s« falsch und völlig bescheuert an!

Spiele ich Dart oder Darts? Wenn ich Darts spiele, dann bin ich Dartsspieler. Aber wer sagt das? Man sagt doch Dartspieler! Wer sagt Dartsboard, oder Dartsturnier? Ist es nicht das Dartboard und das Dartturnier? Aber man sagt »Good Darts« anstatt »Good Dart«, oder? Das ist mein Dart, das sind meine Darts. So weit, so klar. Einzahl, Mehrzahl – logo.

Das sind meine Dartboards, oder sagt man »das sind meine Dartsboards«? Das hört sich wie ein Sprachfehler an! »Die verrückte Welt des Darts« klingt in meinen Ohren wie phonetischer Durchfall. Mal passt das »S«, aber auf der anderen Seite ist es schrecklich, wenn man Dartbegriffe (eigentlich Dartsbegriffe) in der deutschen Sprache verwendet.

Ich denke, dass ich es einfach je nach Situation entscheiden werde, ob ich Dart oder Darts sage. Auf jeden Fall sollten die nachfolgenden Worte ohne »s« auskommen: Dartspieler, Dartboard, Dartturnier und Dartsport

Macht es einfach, wie ihr wollt, ich für meinen Teil sage – seit Phil Taylor zu Gast bei Stefan Raab war – eh viel lieber »Pfeilchen werfen«!

EPILOG

In life there are people who can infect you with their passion, Gordon does just that. I've been involved in darts for the last thirty years and I consider myself fortunate to know someone who loves the sport of darts so much.

Wayne »Hawaii 501« Mardle

Im Leben gibt es Menschen, die dich mit ihrer Leidenschaft infizieren können. Und genau das tut Gordon! Seit 30 Jahren bin ich im Dartsport involviert, und ich schätze mich glücklich, einen Menschen zu kennen, der Darts so sehr liebt, wie Gordon es tut!

Wayne »Hawaii 501« Mardle

*

»One of the best jobs in Darts is the calling, Ringside seat, meet and watch the very best in the world, a major job in itself, adding, counting, subtracting, calling in your own unique style ... and always with a passion. In 2006 at a darts exhibition, I had the honour and pleasure of meeting Gordon. We instantly became very good friends, we were made Team Unicorn members together as Mastercallers, of which Gordon Shumway is one of the very best.«

Russ »The Voice« Bray

»Einer der besten Jobs im Dartsport ist der des Callers. Man hat einen Logenplatz, trifft und sieht die Besten der Besten. Addieren, zählen und subtrahieren, das Callen in einem eigenen Stil ... Aber immer mit Leidenschaft! Während einer Exhibition im Jahr 2006 hatte ich die Ehre und das Vergnügen, Gordon kennenzulernen. Wir wurden sehr gute Freunde, und gemeinsam sind wir im Team Unicorn als Mastercaller, von denen Gordon Shumway einer der Besten ist.«

Russ »The Voice« Bray

ICH SAG »DANKE SCHÖN!«

An dieser Stelle möchte ich mich bei einigen Menschen recht herzlich bedanken: Mein größter Dank gilt meinen Töchtern, Lilly und Nele, die in den vergangenen Monaten viel Verständnis aufbringen und auf mich verzichten mussten. Es ist nicht selbstverständlich, aber Kids wissen, was mir Darts bedeutet. Darts ist mein Leben … Danke, dass ihr mir die Zeit gegeben habt, ein Buch schreiben zu können. Dafür liebe ich euch!

Dem Verleger Oliver Schwarzkopf möchte ich ganz herzlich danken, dass er mir die Chance gab, ein Buch über Darts schreiben zu dürfen. 1000 Dank, es macht mich sehr stolz und glücklich, dass mein Buch im Schwarzkopf & Schwarzkopf Verlag nun schon in der zweiten Auflage erscheint!

Spezieller Dank gilt meinem Literaturagenten und Lektor Dr. Martin Brinkmann, der mir zu jeder Tag- und Nachtzeit mit Rat und Tat zur Verfügung stand. Vielen Dank, Martin!

Den Mitgliedern meines Dartvereins Unicorn Hessen e.V. möchte ich danken, dass sie mich jetzt entweder mit »Hera Lind«, oder »Rosamunde Pilcher« ansprechen. Spezieller Dank gilt meinen Freunden Arne »Elton« Witt, Ralf »Heizer« Hofmann und Klaus »The Flying Gotzman« Gotzmann für die Übernahme meiner Thekendienste im House of Darts!

Zu guter Letzt möchte ich mich bei Tony Bennett und Sammy Davis Jr. für ihre musikalische Unterstützung in den Nächten des Schreibens herzlich bedanken. Ihr seid die Größten, keine Frage! 1000 Dank euch allen!

Liebe Grüße & »Game on …«
Gordon Shumway

Ach so, habt ihr wirklich gedacht, dass ich beim Fach-Chinesisch beim Punkt »High-Finish« wirklich die 166 vergessen habe? Und jetzt hattet ihr euch so gefreut, oder? Hahaha … Ihr seid klasse …

Gordon Shumway und Phil »The Power« Taylor

GORDON SHUMWAY, geb. 1967, geschieden und glücklich verliebt in Linda, zwei Töchter Lilly und Nele, eine Englische Bulldogge namens »Miss Holly«, Mietmaul, Dartspieler, Deutschlands Master Caller und Master of Ceremonies, lebt seit 32 Jahren Darts. Dank seiner Jobs als Master Caller, Master of Ceremonies und seiner jahrelangen Freundschaften zu Spielern wie »Barney« Raymond van Barneveld und Phil »The Power« Taylor, den Top-Stars des Sports, kennt er fast alle Gründe, das Spiel mit den kleinen Pfeilen zu lieben. Mit der Gründung des House of Darts in Rodgau (bei Frankfurt am Main) hat sich der Darts-Fanatic einen darterischen Kindheitstraum erfüllt. In diesem Buch erklärt Gordon Shumway das Phänomen »Darts« und nennt seine persönlichen 111 + 11 Gründe, warum er es so liebt. »Game on …«

Gordon Shumway
111 GRÜNDE, DARTS ZU LIEBEN
*Aktualisierte und erweiterte Neuausgabe
mit elf zusätzlichen Bonusgründen*

ISBN 978-3-86265-656-1
© Schwarzkopf & Schwarzkopf Verlag GmbH, Berlin
Aktualisierte und erweiterte Neuausgabe, März 2017
Alle Rechte vorbehalten. Dieses Werk ist urheberrechtlich geschützt. Jede Verwendung, die über den Rahmen des Zitatrechtes bei korrekter und vollständiger Quellenangabe hinausgeht, ist honorarpflichtig und bedarf der schriftlichen Genehmigung des Verlages. | Lektorat: Thorsten Wortmann | Hintergrundfoto auf dem Cover: © Getty Images | Autorenfoto auf dem Cover: © Reflexion – Das Photoatelier / www.reflexion.info

KATALOG
Wir senden Ihnen gern kostenlos unseren Katalog.
Schwarzkopf & Schwarzkopf Verlag GmbH
Kastanienallee 32, 10435 Berlin
Telefon: 030 – 44 33 63 00 | Fax: 030 – 44 33 63 044

INTERNET | E-MAIL
www.schwarzkopf-schwarzkopf.de
www.facebook.com/schwarzkopfverlag
info@schwarzkopf-schwarzkopf.de